国家社科基金重点项目（项目批准号：14AFX026）

涉外民事关系
法律适用法实施研究

总论编

齐湘泉　齐　宸　李　旺　◎著

中国政法大学出版社

2021・北京

图书在版编目（CIP）数据

涉外民事关系法律适用法实施研究. 总论编/齐湘泉，齐宸，李旺著. —北京：中国政法大学出版社，2021.4

ISBN 978-7-5620-9812-6

Ⅰ.①涉… Ⅱ.①齐… ②齐… ③李… Ⅲ.①涉外民事法－法律适用－法的实施－研究－中国 Ⅳ.①D923.04

中国版本图书馆CIP数据核字(2021)第001233号

书　　名	涉外民事关系法律适用法实施研究（总论编）
	Shewai Minshi Guanxi Falü Shiyongfa Shishi Yanjiu（Zonglunbian）
出 版 者	中国政法大学出版社
地　　址	北京市海淀区西土城路 25 号
邮寄地址	北京 100088 信箱 8034 分箱　邮编 100088
网　　址	http://www.cuplpress.com（网络实名：中国政法大学出版社）
电　　话	010-58908289(编辑部) 58908334(邮购部)
承　　印	保定市中画美凯印刷有限公司
开　　本	720mm×960mm　1/16
印　　张	21.25
字　　数	355 千字
版　　次	2021 年 4 月第 1 版
印　　次	2021 年 4 月第 1 次印刷
定　　价	85.00 元

绪 论
Introduction

　　光阴荏苒，岁月如梭，弹指一挥间《中华人民共和国涉外民事关系法律适用法》（以下简称《法律适用法》）已实施 10 年。* 10 年来，《法律适用法》在解决涉外民事争议，维护当事人合法权益等方面发挥了重要作用的同时，也暴露出了立法中的一些问题。学界对这部法律进行了理性的反思，评价也趋于客观公正，褒扬与非议同在，赞美与责难齐飞。学者对《法律适用法》总体上认同、肯定，认为该法"虽然不无可商榷之处"，但"理念的先进性、系统内部规则的完整性、应用于实践的可操作性"居于主导，应予肯定，"从我国法律适用法发展的历史来评价，堪称上乘"。[1]

一、《法律适用法》的创新与发展

（一）《法律适用法》的创新

　　《法律适用法》借鉴国际社会及各国立法经验，参考国际通行做法和最新立法成果，集成我国多年来行之有效的法律适用规则和制度，立足于中国国情，实现立法的本土化，创新了我国的涉外民事关系法律适用制度。

　　在立法体例上，结束了几十年来零打碎敲的立法格局，建立了总则、分则和附则体例。在章节编排和内容设计上由人及物，坚持以人为本，强化人的主体性，提升人的尊严和价值，反映出整个社会对与人的身份有关的权利保护的加强，对人的基本价值和平等地位的重视，对弱势群体的人格地位与权利保护

---

　　* 本书是在国家社科基金重点项目"涉外民事关系法律适用法实施研究"结项报告基础上修改而成。2020 年 6 月本书定稿交付中国政法大学出版社出版。本书付梓之时，《中华人民共和国民法典》尚未生效，故本书中使用的相关法律法规，如《中华人民共和国合同法》《中华人民共和国侵权责任法》等，均是 2021 年以前有效的法律法规。特此说明。

　　〔1〕 刘宁元："论我国法律适用法体系及其协调和冲突"，载《东方法学》2011 年第 3 期，第 24 页。

的关注，符合当代法律适用法发展潮流。

在内容上，《法律适用法》提升意思自治原则为法律适用基本原则、属人法由国籍国法变革为经常居所地法、动产物权法律适用引入意思自治原则、允许当事人协议选择动产物权适用的法律，这些规定在世界上独一无二，独领风骚，世界范围内尚属首创。国内外学界对这些创新褒贬不一，引发了"创新"与"冒进"的理论争鸣。《法律适用法》的创新能否与 16 世纪杜摩林（Dumoulin）提出的意思自治原则、1804 年《法国民法典》弃住所地法转采国籍国法为属人法、19 世纪动产物权由适用所有人住所地法变更为物之所在地法相媲美，仍然有待实践检验和历史评判。

《法律适用法》创制了中国的强制性规定法律制度，规定了定性、宣告失踪或者宣告死亡、人格权的内容、代理、信托、仲裁协议、夫妻关系、亲子关系、遗嘱继承、遗产管理无人继承遗产的归属、有价证券、权利质权、网络或者其他方式侵权、不当得利、无因管理、知识产权领域的法律适用，填补了国内立法空白，完善了法律适用法律制度。

（二）《法律适用法》的发展

《法律适用法》较之此前立法有了长足的发展。

第一，最密切联系原则由法律选择方法擢升为补充性法律原则，提高了定位，在法律对涉外民事关系的法律适用未作规定，或无法确定准据法的情形下，拾遗补阙，适用最密切联系原则确定应适用的法律。确立最密切联系原则为补充性原则在各国立法中并不多见，这是我国立法的重大进步。

第二，条文数量增加，内容显著充实。该法计有 52 个条款，较为全面、集中地规定了涉外民事关系的法律适用，而且多数条款是新规定。2012 年颁布的《最高人民法院关于适用〈中华人民共和国涉外民事关系法律适用法〉若干问题的解释（一）》［以下简称《司法解释（一）》］计有 21 个条款，细化了《法律适用法》总则。我国已经形成了以《法律适用法》为核心的相对完备的法律适用法体系，立法已达到较高的水准，各领域涉外民事关系的法律适用大都有了具体规定，未作规定的因有《法律适用法》第 2 条兜底，法律适用亦可无虞。

第三，冲突正义与实质正义有机结合。冲突正义是法律适用的基本要求，法律作为普遍性规则，应当平等地适用于所有法律主体，法律的适用应当具有可预见性和判决结果的一致性;〔1〕实质正义强调法律适用的公正性,追求具体涉外民事关系适用的法律对象化、个别化、具体化,符合特定的目的需求。〔2〕《法律适用法》巧妙结合冲突正义与实质正义,在致力于法律适用的确定性和可预见性,避免机械性和僵化性的同时,寻求法律适用的公正性,努力实现个案的实质正义。首先,《法律适用法》总则中规定了意思自治原则,这为增强法律适用的灵活性和公正性提供了条件。其次,复数连接点广泛使用。《法律适用法》分则条款多采用复数连接点规定涉外民事关系可选择的法律,增加了可供选择法律的数量。科学地运用选择性法律适用规范,有利于冲突正义和实质正义达到平衡。再次,主观性、客观性连接点结合使用,根据不同的法律关系有所侧重,体现法律选择的灵活性。最后,弱者利益保护充分展现。《法律适用法》的价值取向从冲突正义走向实质正义,加强了对弱者权利的尊重,特别是对弱势群体的保护,通过健全制度切实保障弱势群体利益,彰显现代法律适用法立法蕴涵的人文关怀,映射法律适用法价值取向趋于高度文明。〔3〕

二、《法律适用法》立法存在的问题

《法律适用法》在制定过程中受"宜粗不宜细""成熟一条制定一条"的立法理念以及立法技术不够成熟的影响,尚存在以下可讨论之处:

法律适用法应当法典化。法律适用法独立成典已是发展趋势,也是中国学界梦寐以求的夙愿,中国国际私法学会为此制定了《中华人民共和国国际私法示范法》。现行《法律适用法》是单行法,同属法律适用法范畴的涉外民事案件管辖权、外国判决、外国仲裁裁决的承认与执行等程序性规范未纳入其中,这意味着在相当长的一段时间内,一部体系完整、逻辑严密、内容全面的法律适用法法典与中国无缘,〔4〕这与中国的国际地位不匹配。《中华人民共和国民

〔1〕 赵振华:"论国际私法的价值取向及其对我国立法的影响",载《中南大学学报(社会科学版)》2008年第3期,第346页。

〔2〕 谭岳奇:"从形式正义到实质正义——现代国际私法的价值转换和发展取向思考",载《法制与社会发展》1999年第3期,第23页。

〔3〕 陈卫佐:"涉外民事关系法律适用法的中国特色",载《法律适用》2011年第11期,第52页。

〔4〕 丁伟:"论中国国际私法立法与理论研究的良性互动",载华东政法学院国际法研究中心编:《当代国际法论丛》(第6卷),北京大学出版社2006年版,第1页。

法典》（以下简称《民法典》）已颁行且不含调整涉外民事关系的法律，《法律适用法》法典化应当重新提上议事日程。

法条竞合现象较为突出。法律适用法法条竞合，有些是必须且必要的，而多数则属于立法技术不甚精湛所导致。《民法典》实施后法条竞合现象大为缓解，但依然存在。如何"从立法技术层面对该法与现行有效的其他法律、法规中法律适用规范之间存在的潜在冲突进行理论辨析与实证分析，以避免和消除这些潜在的冲突"是《法律适用法》实施过程中面临的艰巨任务。[1]

《法律适用法》未对涉外民事关系做出与时俱进的界定。《法律适用法》回避了涉外民事关系的界定，《司法解释（一）》延续了"要素说"，增加了一个兜底式条款，以囊括司法实践中可能存在的其他应当被认定为涉外民事关系的情形。"要素说"理论已不适合社会发展，应当把"列举式"界定与"原则式"界定结合起来，赋予法官一定范围内的自由裁量权，理性判断民事关系中的涉外因素，提高涉外民事关系认定的质量。

《法律适用法》第3条的性质模糊不清。第3条是基本原则还是宣示性条款，因立法措辞概括抽象，意旨不明，导致产生了不同的理解。《司法解释（一）》作了解释，但疑义犹存，该解释第6条限定当事人只可在法律允许的范围内选择法律，可第8条第2款又规定允许当事人无限意思自治默示选法，构成对第6条的否定。

外国法查明制度存在缺陷。《法律适用法》第10条采用"谁主张，谁举证"原则分配查明外国法责任，该条规定产生的法律问题是仲裁机构、行政机关查明外国法是否适用与法院查明外国法同样的途径？法院依职权查明外国法，可否要求当事人提供？当事人选择适用外国法律应当提供该国法律，该法律应由双方当事人共同提供？还是由一方当事人单独提供？外国法无法查明的认定标准模糊，是穷尽《司法解释（一）》第17条规定所列途径仍不能获得外国法律为外国法无法查明，还是采用其中一种方法未能查明外国法即为外国法无法查明，应当有明确规定。

民事主体的规定不严谨。"民事主体"的规定严宽不一，存在应该规定未作规定，不应该在第二章规定的却作了规定的情形。我国的合伙企业是与自然

---

[1] 丁伟："论中国国际私法立法与理论研究的良性互动"，载华东政法学院国际法研究中心编：《当代国际法论丛》（第6卷），北京大学出版社2006年版，第1页。

人、法人并列的第三种民事主体，具有独立的法律地位，应作为民事主体但未列入。代理关系、信托关系、仲裁协议属于合同范畴，其法律适用不应放在主体一章，应放入适当的章节中。[1]

《法律适用法》第14条第2款逻辑颠倒。《法律适用法》和《司法解释（一）》均未对法人经常居所地的界定作出规定，界定自然人经常居所地规则能否类推适用于法人亦无明确说法。第14条第2款规定法人经常居所地为法人主营业地，那么经常居所地尚未界定的如何确定法人主营业地？《中华人民共和国民法通则》第63条、《中华人民共和国民法总则》第39条都规定法人以它的主要办事机构所在地为住所，由此可以推导出法人的经常居所地以主营业地为判断标准，《法律适用法》第14条第2款应规定法人主营业地为其经常居所地。

分则体例编排与法条顺序有瑕疵。《法律适用法》的体例编排是"人—物—权利"，根据这一序次，物的法律适用应置于权利之前。《法律适用法》第五章为"物权"，第六章为"债权"，第七章为"知识产权"，知识产权是准物权，应当编排在第五章"物权"之后，列为第六章，"债权"应为第七章。

关于《法律适用法》条文顺序的编排，第11条、第12条、第13条分别是自然人权利能力、行为能力和宣告失踪或者宣告死亡法律适用的规定，第19条和第20条分别是自然人国籍积极冲突、经常居所地消极冲突法律适用的规定，第19条和第20条应该前置至第13条之后，以使关涉自然人法律适用的规定体现出整体性。

《法律适用法》第45条是产品侵权责任的法律适用，第46条是网络侵害姓名权、肖像权、名誉权、隐私权等人格权的法律适用，第45条是针对物的，第46条是针对人的，依据由人到物的排序，第45条与第46条的位序应做颠倒，使法条衔接和布局更加有条理。

三、《法律适用法》应当增加或者修改的条款

《法律适用法》第6条规定了区际法律冲突适用的法律，应当增加人际法律冲突和时际法律冲突法律适用条款；第8条规定涉外民事关系的定性适用法

---

[1] 刘宁元："论我国法律适用法体系及其协调和冲突，"载《东方法学》2011年第3期，第18页。

院地法，应当增加当事人选择了解决争议的法院或者在争议发生之前选择了准据法，可以适用当事人选择的法律定性条款；第13条规定宣告失踪或者宣告死亡适用自然人经常居所地法，建议增加适用国籍国法和财产所在地法条款；第20条规定了经常居所地消极冲突的法律适用，建议增加经常居所地积极冲突法律适用条款；第三章"婚姻家庭"部分建议增加婚生子女推定、婚生子女否定和认领法律适用条款；第四章"继承"部分建议增加无人继承财产确定法律适用条款；第六章"债权"部分建议增加损害消费者权益赔偿、不正当竞争损害赔偿、环境污染损害赔偿法律适用条款。

《法律适用法》第9条否定了反致制度，这并不科学，建议修改为以自然人法律地位和身份关系作为例外接受反致；第10条规定建议修改为应当适用的法律为外法域法律时，法院承担查明外国法的主体责任，依职权查明该外法域法律的存在与内容，查明途径可以责成当事人提供或者证明该外法域法律的相关内容。仲裁机构、行政机关如何查明外国法另行规定。

四、《法律适用法》实施的司法情况

《法律适用法》从文本走向实践，从"应然"走向"实然"已有10年。10年来，我国涉外民事案件数量持续上升，案件审理质量持续向好。2011年各级法院审结涉外商事和海事海商案件2.2万件，涉港澳台案件1.5万件；2012年一审审结涉外商事案件5364件，海事海商案件1.1万件，涉港澳台案件1.5万件；2013年至2017年5年间，各级法院审理涉外民商事案件7.5万件，平均每年受理的涉外案件为1.5万件。2018年一审审结涉外民商事案件1.5万件，审结涉港澳台案件1.7万件；2019年审结涉外民商事案件1.7万件，海事海商案件1.6万件，涉港澳台案件2.7万件，涉侨案件2475件。[1]各级法院审理涉外案件，多数能够准确确定准据法，平等保护中外当事人合法权益。

涉外民事案件数量持续上升带动了司法协助、司法互助案件的大幅度增长，2011年我国与外国、外法域之间相互委托送达司法文书、协助调查取证案件6325件，2019年司法协助互助案件增长为9648件。我国基本实现内地与香港地区民商事司法互助全覆盖，建成内地与澳门地区司法互助网络平台。

---

[1] 各年审理涉外案件数量的统计来自最高人民法院工作报告。

为扩展改革开放成果，加强国际法治合作，为"一带一路"建设提供公正高效法律服务和司法保障，最高人民法院于 2018 年 6 月 29 日组建了国际商事法庭，通过一系列司法解释和司法文件创新制度、优化机制。国际商事法庭选任了法官，首创了国际商事专家委员会制度，聘请了专家委员，建立"一站式"国际商事纠纷解决平台，为公正、高效、便利、快捷且低成本地解决国际商事纠纷提供了制度保障。2019 年，最高人民法院域外法查明统一平台正式上线，标志着全国法院域外法查明统一平台的正式建立。

五、涉外民事诉讼存在的问题

随着《法律适用法》的施行，我国涉外民事诉讼的总体水平不断提升，案件审理的质量不断提高，涉外民事诉讼中存在的某些痼疾得到一定程度的克服，但仍然存在需要注意的和需要改进的问题。

（一）裁判文书公开的数量严重不足

最高人民法院公布的涉外案件审结数量与各级人民法院公开的裁判文书数量相差悬殊，在中国裁判文书网嵌入关键词进行检索，可以检索到的裁判文书不足结案数量的 7%，公布涉外案件裁判文书最多的年份为 2017 年，可也仅有 2251 份，与每年审理的数万案件不成比例，"促进司法公正，提升司法公信力"[1]，加强社会监督的宗旨较难实现。

（二）涉外民事关系定性不准确

定性是涉外民事诉讼的基础性环节，案件性质认定出现偏差，直接导致法律适用规则选择错误、准据法确定错误、案件审理结果错误。涉外民事关系定性不准确的情况由来已久，社会各界一直呼吁重视涉外民事案件的定性，学者们也提出不应"过度识别"，法院也着力解决这一问题，情况虽有改观，但到目前为止取得的结果不尽如人意。"过度识别"在侵权案件、侵权责任与违约责任请求权竞合案件、监护权与抚养权竞合案件、婚姻家庭中的不动产与物权中的不动产竞合案件呈现高发态势，尤其需要重视并寻找解决路径。

（三）泛用自由裁量权导致判决结果确定性缺失

《法律适用法》具有概括性、抽象性和前瞻性的特点，以实现对所调整对

---

[1] 《最高人民法院关于人民法院在互联网公布裁判文书的规定》（2016 年修订），法释〔2016〕19 号。

象有最大程度的涵射性、包容性和开放性。《法律适用法》总则规定最密切联系原则为补充性原则，这一弹性条款赋予执法者较为宽泛的自由裁量权。《法律适用法》分则多为以弹性的、复合的连接点为主要形式的法律适用规范，目的在于增加法律适用的灵活性，为执法者预留一定的自由裁量空间。我国最密切联系原则的规定过于宏观，没有细化规则，立法对弹性法律适用规范仅有原则性规定，没有实施规则，整部法律缺乏配套的监督自由裁量权行使的规定，造成司法实践中法官的自由裁量空间过大，导致案件审判结果呈现不确定现象。调查结果显示，有的法院50%的法官适用密切联系原则确定准据法，适用案件比例在80%以上，原因是密切联系原则是弹性条款，适用该原则一般不会出错，[1]"最密切联系原则软化冲突规范的价值功能某种程度上已经沦为法官属地主义的工具"。[2]弹性的、选择性的法律适用规范意在增加法律选择的灵活性，增强法律适用的公正性，有效保护弱者利益，但在实践中，这些法律适用规范的价值功能同样沦为法律属地主义的工具。以《法律适用法》第25条、第29条和第30条为例，这三个条款是著名的保护弱者利益条款，法官适用时应对每个连接点指向的法律分别适用于案件，然后对适用结果进行比较，从中选出有利于弱者的准据法。司法实践中，法官适用这三个条款时，看哪个连接点指向的法律是中国法就适用这个连接点指引选择法律，中国法律成为有利于弱者法律的代名词。

（四）法院怠于查明外国法

《法律适用法》第10条、《司法解释（一）》第17条规定了查明外国法的责任、路径和无法查明外国法的认定标准。司法实践中，法院怠于查明外国法，多数情况下要求当事人提供，查明外国法成为当事人的义务。当事人无法提供外国法律，或者法院认为当事人未能提供被认可的外国法律时，法院轻而易举的以外国法无法查明为由适用法院地法律，致使外国法查明制度形同虚设，外国法查明的规定几近"具文"。法官如何查明外国法，下多大气力查明外国法，全凭法官自觉。法官能够查明的外国法，或者经过努力能够查明的外国法而不去查明，径直适用法院地法，这种不作为被默许，致使外国法查明成

---

〔1〕"乱象与统一：涉外公司关系法律适用问题之实证分析"，载湛江市麻章区人民法院：http://www.zjmzcourt.gov.cn/Html/?311.html，最后访问日期：2019年6月4日。
〔2〕田洪鋆、李芳："多维视角下最密切联系原则在中国国际私法实践中的适用"，载黄进、肖永平、刘仁山主编：《中国国际私法与比较法年刊》（2015·第18卷），法律出版社2016年版，第55页。

为我国涉外民事案件审判中的顽疾。

（五）裁判文书规范性不足

我国涉外民事案件裁判文书存在的亟待解决的问题主要有：①涉外案件性质认定的表述普遍阙如。②少数判决书中缺少法律选择过程的阐述，直接认定中国法为准据法，表现出明显的法院地法倾向。③相当数量的判决书中大量引用《法律适用法》《司法解释（一）》及单行法中的法律适用规范，与案件有关联的、没有关联的法律适用规则一并罗列，具体规则和基本原则并用，让人不知所云，如坠浩渺烟云，折射出执法者涉外民事关系法律适用基础知识的匮乏和对《法律适用法》的一知半解。④判决书不说明法律选择的理由或者说理不全面、不充分、不透彻现象依然严重和普遍存在。

（六）二审法院在准据法确定上不作为

从公布的法院判决书来看，涉外案件上诉较为普遍。上诉案件审理过程中，二审法院对一审法院确定的准据法基本上听之任之，予以维持：一审法院未就准据法确定过程进行阐述，不符合裁判文书写作规范，罕见二审法院进行纠正；当事人提起上诉，案件事实发生变化，二审法院仍沿用一审法院确定的准据法且不说明理由；二审法院变更一审法院判决案由，应当重新确定准据法，但二审法院仍然对一审法院适用的准据法进行确认；上诉人对一审法院适用的准据法提出异议，二审法院理应进行审理，但二审法院几乎不做审理，维持一审法院的准据法认定。二审法院在准据法确定上的不作为具有普遍性，应当引起重视。

六、《法律适用法》理论研究

《法律适用法》理论研究一直与该法的制定、颁布、实施相伴相随。在2002年至2010年立法阶段，学者们积极投身法律草案的拟定与条款设计，开展立法研究，探索如何制定一部与中国国情相适应的调整涉外民事关系的法律。2010年《法律适用法》颁布，学者们以该法文本为基础，结合不同研究主题、借助不同研究方法、基于不同研究视角，对这部法律的立法宗旨、基本原则、法律制度和具体条款展开了全方位的学术研究，提出了大量建议性意见，其中不乏真知灼见。随着《法律适用法》实施的深入，学界已从"立法中心主义"向"司法中心主义"范式转换，重点研究《法律适用法》实施过程中的法律问题。

《法律适用法》实施研究能够检视立法、反思立法，检验该法实施的社会效果。调整涉外民事关系的法律在我国是舶来品，采用"拿来主义"移植而来。《法律适用法》制定过程中大量吸收了西方国家的思想理念、立法经验、法律制度和法律条款，结合中国实际"本土化"。借鉴而来的西方文明是否符合我国国情，是否存在"水土不服"情形，需要关注法律适用规范"在社会生活中的运用与实现的活动与过程"，[1] 全面地、系统地考察实施状况、评估实施效果、反思并解决实施中暴露出的问题，获取全面、直观、动态、真实的信息，为《法律适用法》修改和完善提供翔实的数据，这是理论研究的重要任务，也是职责所在。

我国调整涉外民事关系法律适用的理论研究，从理论到理论，从书本到书本，避实就虚，很少提出问题，更遑论分析问题和解决问题了。近年来，学界涌现一股清流，旋起隽永清风，许多学者注重实践，开展实证研究，实实在在地研究判例、探讨问题，通过具体案例分析法律制度，考察法律条文，丰富和发展了法律适用法理论，"这样的实践性研究与实证研究应该被看作中国法学的一个转向"。[2] 就目前研究现状而言，学界对实证研究的重视程度仍然不够，实证研究的氛围不浓，案例分析未成习惯，实证研究成果未获应有的肯定。实现法学研究方法的转型，运用实证方法进行法律适用法研究尚需扎扎实实地做更多工作。

《法律适用法》作为重要的涉外立法，其实施牵涉到政府组织、外国国家、法人、其他组织及个人利益，必为各国及境外投资者、商人所关注。对中国法律适用法规范实施情况进行系统考察研究，向国际社会展示中国司法的公正性，有助于传播中国法律文化，有利于各国更好地把握和理解中国法律适用法，推动人员和经贸的跨国交流与合作。

世界变幻莫测，云谲波诡，面临百年变局。中国倡导人类命运共同体理念，实施"一带一路"倡议，推进国内法域外适用的法律体系建设，推动了国际秩序的重塑。《法律适用法》弘扬尊重主权、法律平等的国际主义，高度吻合我国全球治理法律体系建设。我们应当不负重托，不辱使命，完善《法律适用法》立法，繁荣法律适用理论，充分发挥这部法律在国际经济秩序建设中的作用。

---

〔1〕 舒国滢主编：《法理学导论》（第2版），北京大学出版社2012年版，第191页。

〔2〕 刘作翔："案例研究的作用及价值"，载《法律适用》2017年第2期，第20页。

目 录
Contents

绪　论 …………………………………………………………………………… 1

第一章　涉外民事关系的界定与思考 ……………………………………… 1
　第一节　我国涉外民事关系界定理论的移植与本土化 ………………… 2
　第二节　涉外民事关系界定的立法与立法缺失的司法补位 …………… 7
　第三节　国际社会与各国界定涉外民事关系的立法 ………………… 16
　第四节　界定涉外民事关系理论 ……………………………………… 20
　第五节　我国涉外民事关系界定的思考 ……………………………… 24

第二章　《法律适用法》第 2 条的定位与争鸣 ………………………… 29
　第一节　基本原则与基本原则设立的必要性 ………………………… 29
　第二节　最密切联系原则在《法律适用法》中的定位 ……………… 31
　第三节　最密切联系原则立法考察 …………………………………… 40
　第四节　我国最密切联系原则的立法与实践 ………………………… 49
　第五节　《法律适用法》第 2 条立法、理论与实践的思考 ………… 55

第三章　宣示性条款与法律基本原则之辩 ……………………………… 61
　第一节　界定《法律适用法》第 3 条性质的不同观点 ……………… 61
　第二节　宣示性条款考证 ……………………………………………… 66
　第三节　基本原则与宣示性条款之争的因由 ………………………… 70
　第四节　《法律适用法》第 3 条为基本原则的理论与实践证成 …… 74
　第五节　《法律适用法》第 3 条是意思自治原则的升华 …………… 80

第四章　国际条约与国际惯例的适用 ······························· 83

第一节　国际条约与法律适用法的关系 ······················ 83

第二节　当事人意思自治与国际条约的适用 ················ 97

第三节　国际惯例在我国的适用 ······························· 112

第五章　强制性规定法律制度 ··································· 135

第一节　从"直接适用的法"到强制性规定法律制度 ············ 135

第二节　中国强制性规定法律制度理论、立法与实践 ········· 145

第三节　强制性规定法律制度与相关法律制度关系 ··········· 155

第四节　法院地国家强制性规定、准据法所属国强制性规定与第三国
强制性规定的适用 ··· 164

第五节　强制性规定法律制度在国际商事仲裁中的运用 ··········· 175

第六章　涉外民事关系定性的理论与实践 ··················· 186

第一节　识别的主体 ··· 186

第二节　识别的对象与识别的作用 ······························· 190

第三节　识别的依据 ··· 195

第四节　我国法院识别的实践 ····································· 201

第七章　外国法查明的立法、理论与实践 ··················· 204

第一节　外国法查明的概念与外国法查明的主体 ··············· 205

第二节　外国法查明的责任分配 ··································· 215

第三节　我国外国法查明制度实施中的问题 ····················· 227

第四节　我国外国法查明制度的重新建构 ······················· 237

第八章　法律适用法法条竞合的法律选择 ··················· 247

第一节　法条竞合理论的起源、移植与发展 ····················· 247

第二节　我国法律中的法律适用规范竞合 ······················· 254

第三节　法律适用规范竞合的成因 ······························· 263

第四节　法律适用规范竞合的解决路径 ··························· 267

第九章　民事主体法律适用的变革与发展 ……………………………… 275

　　第一节　自然人民事权利能力的理论、立法与实践 …………… 275

　　第二节　自然人民事行为能力的立法与实践 …………………… 291

　　第三节　自然人宣告失踪或者宣告死亡的法律适用 …………… 297

　　第四节　法人能力及有关事项的法律适用 ……………………… 301

　　第五节　人格权的法律适用 ……………………………………… 305

　　第六节　涉外代理的法律适用 …………………………………… 307

　　第七节　信托的法律适用 ………………………………………… 310

　　第八节　自然人国籍、经常居所地冲突的解决 ………………… 314

后　记 …………………………………………………………………… 325

第一章

涉外民事关系的界定与思考

　　法律适用法的调整对象是涉外民事交往和经济流转过程中产生的具有涉外因素的民事关系,[1] 涉外民事关系的界定关涉到法律适用法的调整范围和法律适用法学的研究范围, 由此, 涉外民事关系的界定成为立法机关必须直面的立法内容, 也是法律适用法这一法律学科必须解决的基本理论问题。涉外民事关系的广泛性、复杂性和特殊性以及各国法律制度、历史文化的不同使得各国立法对涉外民事关系界定的情况不一, 具体界定的有之, 原则界定的有之, 明示界定的有之, 不以概念方式明示规定而以对涉外民事关系调整的具体规定默示界定的有之,[2] 根据个案具体情况法官自由裁量界定的亦有之。由于各国立法对涉外民事关系界定方法不一, 对涉外民事关系内容规定不同, 导致各国学者对涉外民事关系内涵和外延认识差异, 从而引发了旷日持久的争论。争论的焦点凝聚在是否需要对涉外民事关系进行界定, 如果需要界定, 如何界定, 是原则性界定, 还是列举性界定, 或者是融原则性界定、列举性界定为一体混合界定。

　　我国立法机关没有采用立法形式对涉外民事关系内涵和外延做出一般性的明示规定, 而是通过对涉外民事关系法律适用具体条款的规定默示界定涉外民

---

　　[1] 调整涉外民事关系的法律, 我国立法上称之为法律适用法, 学理上称之为国际私法, 立法和学理对这部法律的称谓不统一。调整涉外民事关系的法律, 大陆法系国家多称之为国际私法, 英美法系国家多称之为冲突法。本文根据不同的语境分别使用不同的称谓进行表述, 其含义相同。

　　[2] 本文将涉外民事关系的界定区分为明示界定和默示界定。明示界定是指在本国调整涉外民事关系的法律中以概念的方式对涉外民事关系内涵和外延做出具体的或者概括的界定; 默示界定是指一国立法不以概念的方式界定涉外民事关系, 而是规定该国法律适用法调整的领域即为涉外民事关系的范围。例如, 2000 年《阿塞拜疆共和国关于国际私法的立法》第 1 条规定了 "涉外民事法律关系, 适用本法之规定", 该条规定就是将该法调整的民事关系界定为涉外民事关系。

事关系的范围。默示界定的涉外民事关系边际模糊，不利于司法确认，悖逆我国法律传统和法律习惯。为弥补立法缺失，最高人民法院依据"要素理论"先后四次以司法解释的方式对涉外民事关系进行了界定。我国法学界一直遵循最高人民法院司法解释来阐释涉外民事关系，主流观点始终与司法解释共进退，界定涉外民事关系理论与最高人民法院司法解释保持了高度一致，尽管存在些许争议但并无本质上的差异。

近年来，我国有学者将西方国家界定涉外民事关系新近理论介绍到国内，向沿袭已久的传统"要素理论"发起冲击；也有学者坦言《最高人民法院关于适用〈中华人民共和国涉外民事关系法律适用法〉若干问题的解释（一）》[以下简称《司法解释（一）》]对涉外民事关系的界定"可能导致涉外与非涉外民事关系的界限模糊不清";[1] 更有学者否定涉外民事关系界定，认为法律适用法的调整对象不是涉外民事关系，而是由涉外民事关系引起的有关国家之间的法律适用关系或法律冲突关系。[2] 质疑"要素说"和否定涉外民事关系界定的学者只占极少数，但不能忽视这些不同观点的理论价值，相反应当引起重视，不同学术观点交汇和碰撞引起学术争鸣更有助于接近事物的客观本源。为厘清涉外民事关系，有必要对涉外民事关系界定的历史源流进行追溯，对涉外民事关系界定的立法进行考察，对涉外民事关系界定的理论进行思考，对法院认定涉外民事关系的实践进行剖析，从而科学界定涉外民事关系内涵和外延，把立法、理论、司法对涉外民事关系的认定协调起来，维护法制的统一。

第一节　我国涉外民事关系界定理论的
移植与本土化

一、我国涉外民事关系界定理论的移植

中国是世界上最早进行法律适用法立法的国家之一，汉朝、唐朝的法律中

---

〔1〕 洪莉萍、宗绪志：《国际私法理论与实践探究》，中国法制出版社 2014 年版，第 60 页。

〔2〕 李玉生："国际私法调整对象新论"，载《南京师大学报（社会科学版）》1997 年第 4 期，第 37 页。

已经出现了法律适用法规范。中国法律适用法立法并不晚于多数西方国家，但中国法律适用法理论并非从本土产生，而是清朝末年舶来于英国和日本。作为法律适用法组成部分的界定涉外民事关系理论同样是在清朝末年"中学为体，西学为用"的变法运动中莅临中国，经过百余年的演进羽化成为当下具有中国特色的本土理论。

中国历史上先后进行过三次较大规模的法律适用法移植。第一次法律适用法移植发生在清朝末年，延续到民国初年。1839 年，林则徐命其属下收集西方国家出版的国际法书籍后，在中国活动的西方政府官员和传教士陆续翻译、出版了西方国家国际法著作，[1] 西学东渐。1895 年，英国传教士傅兰雅翻译出版了《各国交涉便法论》（*Private International Law on Comity*）一书，[2] 这是我国历史上出版的第一本法律适用法著作。《各国交涉便法论》出版后曾盛行一时，但终因中国和英国法律、文化间的巨大差异归于消隐。《各国交涉便法论》一书没有明示界定涉外民事关系，但通过涉外案件的法律适用间接阐释了涉外民事关系。

我国涉外民事关系界定理论移植于日本。1903 年，李广平翻译出版了日本学者太田政弘、加藤正雄、石井谨吾撰写的《国际私法》一书，由（东京）译书汇编社出版；[3] 同年，范迪吉等人翻译出版了日本学者中村太郎所著的《国际私法》一书。1905 年，留学生郭斌、曹履贞整理了日本学者山田三良的讲义，参考其他学者著述，分别出版了《国际私法》专著。上述四部法律适用法著作是中国学者在日本出版的，这些著述不同程度地论及了涉外民事关系界定理论，其深刻程度可与我国现行的涉外民事关系界定理论相媲美。[4] 此后，

---

〔1〕 何勤华："《万国公法》与清末国际法"，载《法学研究》2001 年第 5 期，第 137 页。

〔2〕 1895 年，江南制造局出版了英国牛津大学民法学博士费利摩巴德著、英国传教士傅兰雅译、钱国祥校的《各国交涉便法论》一书，该书是根据费利摩巴德《国际法评论》第 4 卷《国际私法和礼节》译出的。该书初版的时间是根据史料推断的，发现有时间记载的翻印本是光绪二十四年（1898 年）上海书局出版的排印本。

〔3〕 该书为李叔同翻译出版，出版时使用的李广平系笔名。

〔4〕 1905 年郭斌在《国际私法》一书中对涉外民事关系做了如下界定："涉外的法律关系者，谓有外国的元素之法律关系也。例如外国人在我国为法律行为；或两方皆外国人，或一方为外国人，皆与内国人之法律关系异，此当事人之国籍有外国的元素也。又如内国人通常之法律行为，其一方或双方住在外国，亦与通常法律关系异，此当事人之住所居所有外国的元素也。又由买卖之目的物件，存在外国，其法律行为不拘何国取结，但使目的物之所在地为外国，亦与普通之法律关系异，此目的物之所在地有外国的元素也。"参见郭斌编：《国际私法》，载《法政丛编》（第 12 种），湖北法政编辑社 1905 年版，第 4~5 页。

留日学生陆续归国并带回了《日本法例》和其法律适用法理论进行了广泛的传播，出版了数部《国际私法》著作，这些著作中对涉外民事关系的界定采用"四要素"理论。[1] 我国学者普遍认为涉外民事关系界定的"要素理论"最早移植于苏联，[2] 这与事实不符，该理论最早移植于日本。[3] 第一次移植时中国处于农耕文明而不是商品经济社会，移植的涉外民事关系理论用武之地极其有限，束之高阁成为常态。第一次移植因 1949 年中国新旧政权更迭而终止。

第二次移植开始于 1950 年。1949 年 2 月 22 日，中共中央发布了《关于废除国民党〈六法全书〉和确定解放区司法原则的指示》，明确废除《六法全书》，以《六法全书》为基础建立起来的法学理论失去了存在的基础，取而代之的是苏联法律适用法理论。

中华人民共和国成立后即成为"社会主义阵营"的一员，实行向苏联"一边倒"的基本国策，全面移植了苏联的政治制度、经济制度、司法制度和教育体制。新中国成立后数年里，法学教育尊崇苏联模式，法学理论袭用苏联体系，法学教材大量翻译出版苏联学者著述。1950 年我国翻译出版了一套苏联法学丛书，其中一本是由隆茨著作的缩写本《苏联国际私法》，这是新中国出版的最早的法律适用法书籍；1951 年 10 月，人民出版社出版了隆茨著、顾世荣译的《国际私法》；同年上海大东书局出版了隆茨著、陆丰译的《苏联国际私法教程》。在《苏联国际私法》一书中，隆茨对涉外民事关系进行了阐述：涉外民事关系"可以说是特别的民事权利关系，在这些权利关系上始终有'国际'或'涉外'的因素。这种权利关系上涉外因素的发生：或是由于权利的关系人（主体）为外国人；或是由于权利关系的客体为在国外的物；或是由于发生、变更或消灭权利关系的法律因素产生于国外"。[4] 隆茨著、顾世荣译

---

〔1〕 1909 年吴兴让著述的《国际私法讲义》将涉外民事关系界定为："涉外的法律关系先辨当事者之国籍，双方或者一方为外国人均为涉外的法律关系。外国人与内国人区别当以国籍为定。然有时虽为同国籍人，而其双方或一方在本国无住所居所者，自其本国观之，亦为涉外的法律关系。从目的物关系言之，凡法律行为必有目的物，其法律行为无论在何国，但目的物所在地在他国，自其本国观之，亦为涉外的法律关系。从行为地之关系言之，行为包括法律行为及不法行为，行为地在他国，自其本国观之，亦为涉外的法律关系。"

〔2〕 徐妮娜："国际私法调整对象相关问题研究"，载《求索》2010 年第 2 期，第 123 页。

〔3〕 吴兴让："国际私法讲义"，载《北洋政法学报》1909 年第 95 期。

〔4〕 汪毓源、徐步衡编译：《苏联国际私法》，上海三民图书公司 1950 年版，第 4 页。《苏联国际私法》一书系汪毓源、徐步衡根据 1949 年苏联司法部在莫斯科出版的、隆茨教授所著的、被苏联教育部定为高等法学校教科用书的俄文版《国际私法》择要编译而成。

的《国际私法》中亦有相同论述。[1] 隆茨关于涉外民事关系的论述对我国界定涉外民事关系"三要素"理论的形成有重要影响,[2] 为我国法学界所接受并沿用至今,这是我国涉外民事关系"三要素"理论的由来。

第二次移植成果因中苏交恶而中断。中国实行改革开放政策后又进行了第三次移植,这次移植规模宏大,时间久长,持续到当下,可以预测将延续到未来。这次移植有多渠道、多路径、多国别的特点:①翻译出版的国际组织和各国法律适用法、各国著名学者的法律适用法著作和论文,国际组织、世界各国法律适用法立法动态、立法情况和制定的法律、各种有影响的学术观点和经典的法律适用法判例能够第一时间反馈到国内。②"请进来""走出去",开展广泛的学术交流,定期或者不定期的互派访问学者,举办各种讲座、开办各种论坛,召开各种学术会议,增强各国之间的相互了解,引入先进的思想理念。③求学于世界各国的留学生归国带回体系完整的涉外民事关系界定理论和制度,现代社会文明传播速度加快。④互联网等新兴媒体、载体的有效利用。信息时代的互联网已经成为人们生活中不可或缺的获取信息的重要手段和便捷工具,法律信息能够以前所未有的速度传播,这为各国法律的相互移植、相互借鉴建立了快速通道。

法律适用法的三次移植提升了理论研究的水平和高度,推进了具有本土和民族特色的中国法律适用法学与各国法律适用法学之间的对话和交流,使我国学者与法律实践者能够综合考量各种有效的理论与思想资源来进行真正的法律制度改进与法治实践的设计与建造,[3] 建立起与我国现行社会制度相适应的法律体系和理论体系,推进了我国法律适用法立法、理论和实践的现代化,丰富了我国涉外民事关系的界定理论。

二、我国涉外民事关系界定理论的本土化

清朝末年至整个民国时期,中国处于战乱之中,日本学者界定涉外民事关

---

〔1〕 〔苏〕隆茨:《国际私法》,顾世荣译,人民出版社1951年版,第7页。

〔2〕 苏联国际私法调整对象和涉外民事关系界定理论是苏联学者佩列杰尔斯基在20世纪30年代创立的,我国学者没有翻译出版佩列杰尔斯基的著作,而是通过对隆茨著作的翻译出版来了解国际私法调整对象和涉外民事关系界定理论的。参见〔苏〕Л.A.隆茨等:《国际私法》,吴云琪等译,法律出版社1986年版,第2页。

〔3〕 姚建宗:"法学研究及其思维方式的思想变革",载《中国社会科学》2012年第1期,第137页。

系的理论虽然移入我国，但没有得到应有的继受。我国实行改革开放政策后，深受日本法律熏陶的台湾地区学者界定涉外民事关系理论对大陆产生了间接影响。1950 年我国引入的苏联界定涉外民事关系理论，当时因历史原因也未得到很好的继受。涉外民事关系"三要素"理论移植后的 30 年里没有得到应有的理论阐释和实践运用，究其原因有四：一是新中国成立之后的 30 年里，我国实行计划经济体制，对外贸易由国家垄断经营，贸易伙伴主要是苏联和东欧社会主义国家，贸易结算由国家统一进行，出现的贸易纠纷由国家之间通过协商方式解决；二是以美国为首的西方国家对中国进行经济封锁，断绝与中国的贸易交往和人员往来，没有对涉外民事关系理论实行本土化的社会条件；三是我国在一定程度上限制企业、公民对外交往，特别是 1966 年至 1976 年，生产陷于停顿，失去了涉外民事关系产生的社会基础；四是中苏两国蜜月期很短，从 1949 年到 1958 年不足 10 年，1958 年中苏两党交恶进而影响到两国关系，苏联法学理论在中国的传播受到遏制。

1978 年中国实行改革开放政策，政治上拨乱反正，经济上开放搞活，经济运行模式由计划经济转变为市场经济，提供优惠条件吸引外资，创造条件扩大商品出口，公民出入境限制逐步解除直至完全放开，涉外民事关系显著增加，涉外民事争议不断出现，对涉外民事关系法律适用的研究提上议事日程。正是在这种大背景下，我国学者重启了包括涉外民事关系界定在内的法律适用法理论研究。

涉外民事关系理论继受的标志性事件是《法学研究》1980 年第 3 期发表了姚壮、任继圣撰写的《论国际私法的对象和规范》一文，作者在文中全面承袭苏联学者的理论和观点，认为法律适用法的调整对象是"具有涉外因素的民法关系"；"具有涉外因素的民法关系"的界定采用"三要素"理论，即民法关系的主体、客体、内容（权利与义务）这三个要素中，有一个或者一个以上为外国因素。具体说来，就是作为民事法律关系主体的一方或双方当事人是外国公民或外国法人；作为民事法律关系客体的物或财产位于外国境内；据以产生当事人之间权利义务的法律事实发生在外国，等等。[1] 新中国成立以后我国出版的第一本本土的法律适用法专著，被法学界称之为拓荒之作的《国际私法基础》，对"具有涉外因素的民法关系"做了与前文几近相同的论述，有所

---

[1] 姚壮、任继圣："论国际私法的对象和规范"，载《法学研究》1980 年第 3 期，第 52 页。

不同的是扩大了涉外民法关系主体范围，把国家纳入其中，提出涉外民法关系主体"在个别场合也可能是外国国家"。[1]

1983年司法部组织编写的高等学校法学教材《国际私法》对涉外民事关系的表述同样继受了苏联学者的"三要素"理论，但摒弃了"民法关系"的表述，采用了"民事关系"一词。这部《国际私法》教材将"涉外民事关系"表述为：民事法律关系的诸因素（即主体、客体和权利义务）至少有一个因素是与外国有联系的。[2] 统编教材《国际私法》是司法部组织全国各高校对法律适用法颇有研究的资深学者编写的，具有权威性；同时由于该教材出版时间较早，当时全国绝大多数高校不具有编写、出版本校国际私法教材的能力，各高校都选用统编教材《国际私法》作为教科书。各高校此后出版的国际私法教材，很大程度上借鉴、吸收了统编教材的精华。统编教材《国际私法》对"三要素"理论的传播起了很大的推动作用，判断涉外民事关系采用"三要素"标准在我国成为主流观点。

1988年1月26日通过的《最高人民法院关于贯彻执行〈中华人民共和国民法通则〉若干问题的意见（试行）》（以下简称《民通意见》）尊重学界界定的涉外民事关系理论，结合司法实践对涉外民事关系作出了具体规定。学者们根据该规定对涉外民事关系的表述做了进一步的规范："民事关系主体、客体、内容三者之一具有涉外因素即为涉外民事关系"，[3] 涉外民事关系界定理论实现了由移植到本土的蜕变。

第二节 涉外民事关系界定的立法与立法缺失的司法补位

一、我国涉外民事关系界定的立法

自1979年我国开始制定调整涉外民事关系的法律以来，立法机关未对涉

---

〔1〕 姚壮、任继圣：《国际私法基础》，中国社会科学出版社1981年版，第2页。
〔2〕 法学教材编辑部《国际私法》编写组编：《国际私法》，武汉大学出版社1983年版，第2页。
〔3〕 齐湘泉主编：《涉外民事关系法律适用法》，人民出版社2003年版，第28页。

外民事关系做出一般性界定，仅在个别部门法中对某一领域的涉外民事关系做出过界定，而且这种界定具有局限性，仅限于法律关系主体的涉外性，不是一种涉及民事关系主体、内容、客体的全方位界定。

我国以法律形式界定涉外民事关系仅在 1985 年的《中华人民共和国涉外经济合同法》（以下简称《涉外经济合同法》）中出现过，该法第 2 条规定了："本法的适用范围是中华人民共和国的企业或者其他经济组织同外国的企业和其他经济组织或者个人之间订立的经济合同。但是，国际运输合同除外。"根据该规定，当事人一方是外国企业、外国经济组织或者外国自然人的合同为涉外合同。

1986 年 12 月 11 日，我国加入了 1980 年《联合国国际货物销售合同公约》（以下简称《销售合同公约》或 CISG），该公约第 1 条第 1 款对国际货物销售合同进行了界定，"营业地在不同国家的当事人之间所订立的货物销售合同"是国际货物销售合同。我国缔结或者加入的国际条约是我国法律的组成部分，公约对国际货物销售合同的界定亦是我国法律的界定。

我国涉外民事关系界定仅有上述两条规定，且集中在涉外合同领域，立法严重缺失。涉外民事关系界定对案件管辖权的确定、诉讼程序的选择、当事人之间的权利义务分配有举足轻重的影响，学者们一直强烈呼吁全国人大在总结《民通意见》第 178 条规定实施经验的基础上对涉外民事关系做出一般性界定，[1] 这一呼声在《中华人民共和国涉外民事关系法律适用法》（以下简称《法律适用法》）制定过程中尤其高涨。《法律适用法》从起草到通过七易其稿，七稿草案分别由专家、学者、社会团体和全国人民代表大会常务委员会法制工作委员会（以下简称"全国人大法工委"）撰写，从《法律适用法》的制定过程可以清楚看出学界对以法的形式界定涉外民事关系的坚定与执着和立法机关在该问题立场上的徘徊和游离。

《法律适用法》第 1 稿由全国人大法工委委托专家、学者起草，该稿草案学界称为"专家稿"。2002 年 4 月，费宗祎、刘慧珊、章尚锦起草的第 1 稿草案《国际民商事关系法律适用法》问世，草案第 2 条采用"四要素"理论对

---

[1] 《民通意见》采用"三要素"理论界定涉外民事关系：民事法律关系是民事法律规范所调整的社会关系，主体、客体、内容是构成民事法律关系的必要因素。民事法律关系主体、客体、内容三者之一具有涉外因素的即为涉外民事关系。

涉外民事关系进行了界定。[1]

2002 年 9 月 14 日，全国人大法工委起草了第 2 稿草案《〈中华人民共和国民法（草案）〉第九编"涉外民事关系的法律适用法"》（该稿草案称为"人大稿"），该草案第 1 条借鉴《民通意见》第 178 条规定对涉外民事关系进行了界定，采用了"三要素"标准。

在专家稿和人大稿基础上，全国人大法工委第三次起草《法律适用法（草案）》，该草案因提交 2002 年 12 月 23 日第九届全国人大常委会第三十一次会议第一次审议故被法学界称之为"送审稿"。送审稿采用"四要素"标准对涉外民事关系进行了界定，内容与专家稿相同，但增加了一款限制性规定，"中华人民共和国的自然人之间、法人之间或者自然人和法人之间的民事关系，其标的物以及履行地不在中华人民共和国领域外的，不得选择适用外国法律"。

2005 年 12 月，中国政法大学国际私法研究所起草了第 4 稿草案《国际民商事关系法律适用法》（该稿草案称为"政法稿"），该草案第 1 条对涉外民事关系进行了界定，采用了和专家稿相同的"四要素"标准。

2010 年 3 月 1 日，中国国际私法学会起草的第 5 稿草案《涉外民事关系法律适用法》出台（该稿草案称为"学会稿"），该草案第 2 条对涉外民事关系进行了界定，同样采用了"四要素"标准。与专家稿、送审稿、政法稿有所不同的是增加了兜底条款，该草案第 2 条第 5 款规定涉外民事关系包括"中华人民共和国法律、法规规定的其他涉外民事关系"。

在前五稿草案的基础上，全国人大法工委起草了《法律适用法》第 6 稿草案，该稿草案是提交全国人大常委会第二次审议的草案，学界称其为"二次审议稿"，二次审议稿通过时删除了涉外民事关系界定条款，学者们对这种做法持不同意见。2010 年 9 月 25—26 日，中国国际私法学会 2010 年年会暨涉外民事关系法律适用法研讨会在天津举行。25 日下午，全国人大法工委领导和工作人员与与会代表座谈，直接听取专家、学者对《法律适用法》草案的修改意见。座谈会进行了 2 个小时，有 39 位代表做了发言，提出了 100 多条修改建

---

　　[1]　《国际民商事关系法律适用法》草案第 2 条规定，本法所称的国际民商事关系，是指民商事关系中至少含有下列一个国际因素：①至少有一方当事人是外国人、无国籍人、外国法人或者其他非法人组织、外国国家或者国际组织；②至少有一方当事人的住所、惯常居所或者营业地位于中华人民共和国领域外；③当事人争议的标的在中华人民共和国领域外，或者争议标的物的移转越出一国国界；④导致当事人之间民商事关系的产生、变更或者消灭的法律事实发生在中华人民共和国领域外。

议，这些建议涉及法律名称、立法模式、立法体系、立法理念、立法指导思想、具体条文设计等内容，在《法律适用法》终审稿中增加界定涉外民事关系条款是与会专家、学者的强烈呼吁和学界的共识。

二次审议稿通过后，全国人大在其网站上公布了审议稿全文，在全国乃至世界范围内征求修改意见。网络征集到的立法建议涵盖面广泛，在《法律适用法》中增加界定涉外民事关系条款是征集到的重要立法建议。

2010 年 10 月 28 日，第十一届全国人大常委会第十七次会议第三次审议并通过《法律适用法》，至此，《法律适用法》履行了全部立法程序，成为我国正式法律。全国人大第三次审议《法律适用法（草案）》过程中，没有采纳专家、学者建议，坚持了第 6 稿草案的立场，未对涉外民事关系的界定作出规定。

全国人大常委会第二次、第三次审议《法律适用法（草案）》时，对于在该法中是否对涉外民事关系做出界定有两种意见。一些常委委员支持对涉外民事关系做出界定。2010 年 8 月 24 日上午，第十一届全国人大常委会第十六次会议分组审议法律适用法草案，审议过程中，沈春耀等委员提出草案中有一个非常重要的概念——涉外民事关系。[1]涉外民事关系如果界定清楚的话，相应的法律适用也就清楚了，法律适用就是在这种关系下适用什么法律、如何适用法律的问题。对于很专门的涉外民事关系的概念，现在草案中还不够清晰，应该有一个基本的界定。[2] 2010 年 10 月 25 日下午，第十一届全国人大常委会第十七次会议分组审议《法律适用法（草案）》，一些常委委员再次提出，应在草案中明确规定涉外民事关系的概念。金硕仁等委员表示涉外民事关系是这部法律草案的基本法律概念，在草案中应当予以界定。[3] 虽然一些常委委员支持在《法律适用法》中界定涉外民事关系，但这些建议最终被否定。

《法律适用法》不对涉外民事关系做出界定的权威解释是："从法律适用

---

[1] 沈春耀委员认为，对涉外民事关系的界定可以考虑以下几个情形：一是民事主体的一方是外国人，包括外国的公民、法人和其他组织；二是民事法律关系的财产，或者说是标的位于国外或者境外，或者是与境外发生某种联系；三是法律行为或者后果发生在境外，或者与境外有某种联系；四是法律事实发生在境外或者与境外有某种联系；五是法律文书涉外，比如在继承关系中，假如立了一个遗嘱，遗嘱在中国立就没有问题，如果是在外国立的，可能就有涉外民事法律问题。所以，"涉外民事关系"应该是在法律主体、标的、行为等方面，至少有一个涉外因素，同国外或者境外发生一定联系的。

[2] 陈丽平："对'涉外民事关系'应界定"，载《法制日报》2010 年 8 月 25 日，第 7 版。

[3] 陈丽平："应明确界定涉外民事关系"，载《法制日报》2010 年 10 月 27 日，第 7 版。

角度研究涉外民事关系，一是有无必要区分国内民事关系和涉外民事关系，区分的意义有多大。二是仅形式上、表面上、偶然地具有涉外因素就属于涉外民事关系呢，还是实质上、内在地、必然地具有涉外因素才属于涉外民事关系？对涉外因素的认定不能拘泥，形式上、表面上偶然地具有涉外因素在确定法律适用上一般不发生作用，至少不发生重要作用。三是民事关系的主体、客体、权利义务等因素因民事关系的种类、发生民事纠纷的原因不同而不同，在确定法律适用中的地位是不同的。什么是涉外，也可以说是法律施行中的具体问题，法律可以不作规定。"[1] 立法机关从法律权威性、科学性、严肃性、严谨性角度否定对涉外民事关系进行界定，并非恣意和专横，很大程度上是立法理念的差异，同时也基于对以法的形式界定涉外民事关系条件是否成熟的考量。

《法律适用法》颁布后，学者们纷纷撰文评析界定涉外民事关系立法缺失的优劣得失，普遍认为对"涉外民事关系"界定的缺失实为该法遗憾之一，此问题仍须进一步厘清。结合司法实践来看，法院对于认定"涉外民事案件"的标准也宽严不一、难以统一，有损于法律规范适用结果的稳定性与可预见性。[2] 学者们对《法律适用法》拒绝界定涉外民事关系是失落和失望的，失望之余又寄希望于最高人民法院以司法解释形式对涉外民事关系进行界定。

二、我国涉外民事关系界定的司法补位

（一）界定涉外民事关系"三要素"标准的确立

涉外民事关系界定是立法、司法、理论必须解决的法律问题，各国国情不同，解决这一问题的方式、方法亦不同。我国是成文法国家，法官审理案件须以法律为准绳，立法机关没有以立法的方式明示界定涉外民事关系，最高人民法院则以司法解释的形式进行补位。司法补位一石二鸟，既可弥补立法缺失，又可指导司法实践。立法不能或者不宜作出规定而司法实践又急需法律规则规范的领域或者事项，我国采取的解决方法就是授权最高人民法院制定司法解释，这在我国已是通例，也是一种具有中国特色的立法模式。

〔1〕　王胜明："涉外民事关系法律适用法若干争议问题"，载《法学研究》2012年第2期，第188页。

〔2〕　王小骄："对涉外民事关系'涉外性'界定的再思考——兼议《〈涉外民事关系法律适用法〉若干问题解释（一）》第一条的完善"，载《新疆大学学报（哲学·人文社会科学版）》2013年第4期，第53页。

1986 年《中华人民共和国民法通则》（以下简称《民法通则》）颁布，该法第八章是"涉外民事关系的法律适用"的规定，但未对涉外民事关系做出明示界定。1988 年《民通意见》第 178 条第 1 款借鉴"三要素"理论规定，"凡民事关系的一方或者双方当事人是外国人、无国籍人、外国法人的；民事关系的标的物在外国领域内的；产生、变更或者消灭民事权利义务关系的法律事实发生在外国的，均为涉外民事关系"，以司法解释的形式确立了界定涉外民事关系的"三要素"标准。

1992 年印发的《最高人民法院关于适用〈中华人民共和国民事诉讼法〉若干问题的意见》第 304 条对涉外民事关系做了与《民通意见》第 178 条规定完全一致的再次界定，[1] 两次界定的区别在于第一次是从实体法角度，第二次是从程序法角度进行的界定。

（二）"四要素"标准的孕育与搁置

实践是理论的源泉，创新是发展的跃变，法学理论的发展和创新，多数情形是实践中出现了新的法律问题，在解决这些法律问题过程中，创新和发展了法学理论并使其升华，界定涉外民事关系"四要素"标准的产生即是如此。

2002 年 4 月，北京市第二中级人民法院受理了清华同方股份有限公司、清华同方光盘股份有限公司申请撤销（2002）贸仲裁字第 0095 号仲裁裁决一案，该案提出了双方当事人国籍相同，一方当事人经常居所地在中国，另一方当事人经常居所地在日本，双方当事人形成的法律关系是国内民事关系还是涉外民事关系，案件的性质是国内民事案件还是涉外民事案件这样一个法律问题。北京市第二中级人民法院就案件性质和法律关系性质认定问题向北京市高级人民法院进行请示。北京市高级人民法院在案情分析过程中形成两种意见：一种意见认为该案双方当事人国籍相同，法律事实发生在中国境内，民事关系的标的物在我国领域内，不符合《民通意见》第 178 条规定的涉外民事关系认定标准，因此主张该案是国内民事案件。另一种意见认为该案虽然不符合涉外民事关系构成"三要素"条件，不符合最高人民法院司法解释规定的涉外案件认定标准，但该案中一方当事人已经定居日本，经常居所地在外国，在中国境内的

---

〔1〕 1992 年《最高人民法院关于适用〈中华人民共和国民事诉讼法〉若干问题的意见》第 304 条规定：当事人一方或双方是外国人、无国籍人、外国企业或组织、或者当事人之间民事法律关系的设立、变更、终止的法律事实发生在外国，或者诉讼标的物在外国的民事案件，为涉外民事案件。

投资款项来源于境外，因此，不能拘泥于现有的涉外民事关系界定理论，受限于最高人民法院区分国内案件与涉外案件的司法解释将此案认定为国内民事案件。涉外民事案件的确定标准不是一成不变的，社会发展了，新的情况出现了，应当与时俱进地完善涉外民事关系界定标准。

2003 年 1 月 5 日，北京市高级人民法院就此案中的法律问题向最高人民法院进行请示，[1] 请示的事项之一是民事关系的一方当事人具有中国国籍，经常居所地在外国且常年在外国居住，该当事人与中国国内企业经济往来形成的法律关系是否是涉外民事关系，产生的争议在性质上能否认定为涉外案件。

2003 年 2 月 28 日，最高人民法院复函北京市高级人民法院："经研究，答复如下：一、关于本案的性质问题，同意你院请示报告中对该问题的第二种意见，即本案属于涉外仲裁案件。本案一方当事人鱼谷由佳系旅日华侨，其经常居住地在日本，此类案件在性质上类似于涉及香港、澳门、台湾地区的当事人的案件，即当事人国籍虽然是中国国籍，但考虑到客观上存在涉外因素，应作为涉外案件处理……"[2]

---

[1]《北京市高级人民法院关于清华同方股份有限公司、清华同方光盘股份有限公司申请撤销（2002）贸仲裁字第 0095 号仲裁裁决一案的请示》，（2003）京高法 6 号。该案案情为：1999 年 3 月 6 日，中国公民鱼谷由佳与清华同方股份有限公司、清华同方光盘股份有限公司签订《赠与及相关领域合作合同》，约定三方在中国信息数字化、集约化领域开展广泛、深入的多种合作，鱼谷由佳向清华同方股份有限公司、清华同方光盘股份有限公司无偿赠送先进的科研开发、制作、生产和应用设备。2001 年 2 月 23 日，鱼谷由佳以清华同方股份有限公司、清华同方光盘股份有限公司未按合同约定的内容履行赠与协议附加义务为由向中国国际经济贸易仲裁委员会提起仲裁，请求撤销申请人的赠与，裁决被申请人返还财产，赔偿损失。仲裁庭于 2001 年 8 月 21 日、2001 年 11 月 1 日先后两次开庭审理此案，两名被申请人均出庭并做了答辩。

2002 年 3 月 29 日，仲裁庭作出裁决，裁定被申请人返还申请人 400 万美元。清华同方股份有限公司、清华同方光盘股份有限公司不服仲裁裁决，向北京市第二中级人民法院提起诉讼，请求法院撤销仲裁裁决。北京市第二中级人民法院受理案件后，就有关问题向北京市高级人民法院进行请示。

北京市高级人民法院审查过程中，对仲裁裁决性质的认定产生争议，出现两种意见：一种意见认为，鱼谷由佳持中国护照，为中国公民，清华同方股份有限公司、清华同方光盘股份有限公司系中国法人，双方当事人国籍相同，本案属国内仲裁案件，应当依据《中华人民共和国仲裁法》第 58 条规定进行审查。另一种意见认为，单纯依据国籍认定自然人主体性质有失偏颇。虽然鱼谷由佳持中国护照，但其经常居住地为日本东京，按照国际上通行做法，本案属涉外仲裁案件，应当依据《中华人民共和国仲裁法》第 70 条规定进行审查。

北京市高级人民法院认为本案涉及的问题属于司法实践中争议较大且有一定代表性的问题，故请示最高人民法院如何认定本案的性质。

[2]《最高人民法院关于清华同方股份有限公司、清华同方光盘股份有限公司申请撤销（2002）贸仲裁字第 0095 号仲裁裁决一案的请示的复函》，（2003）民四他字第 2 号，2003 年 2 月 28 日。

最高人民法院发展了涉外民事关系认定标准，扩大了涉外民事关系的内涵，增加了"经常居住地"这一新的确定涉外民事关系的连接点，扩展了涉外民事关系的范围，我国界定涉外民事关系的标准由"三要素"发展为"四要素"。

界定标准的发展是涉外民事关系内涵扩充的一个有影响的事件，遗憾的是这次事件是最高人民法院以复函形式发布的，复函是针对北京市高级人民法院的请示，复函数年后才公开，因此，"四要素"标准的出台未引起学界的关注，甚至从事涉外民事审判的法官也没有注意到，以致"四要素"标准在理论上没有得到应有的阐释，在实践中未得到广泛适用。2004 年辽宁省沈阳市中级人民法院审理的闫向阳与劳文离婚上诉案，[1] 2005 年大连海事法院审理的王凤魁与中国大连航运集团大连海运总公司海上旅客运输合同人身损害赔偿纠纷案，都是常年居住在国外，经常居所地位于国外的中国公民在国内提起的诉讼。根据 2003 年 2 月 28 日最高人民法院的复函，这两起案件的性质应当认定为涉外案件，这两起案件的当事人也认为经常居所地位于国外的中国公民在国内提起诉讼的其案件性质应当为涉外案件，但受案法院坚持适用"三要素"标准将案件性质识别为国内民事案件，驳回当事人提出的案件性质为涉外案件的诉讼请求。[2]

（三）"四要素"加兜底条款标准

《法律适用法》令人略感失望之处是未对学界热切期盼的界定涉外民事关系标准作出规定，为弥补立法缺失，最高人民法院进行了补位。《司法解释（一）》第 1 条规定："民事关系具有下列情形之一的，人民法院可以认定为涉外民事关系：①当事人一方或双方是外国公民、外国法人或者其他组织、无国籍人；②当事人一方或双方的经常居所地在中华人民共和国领域外；③标的物在中华人民共和国领域外；④产生、变更或者消灭民事关系的法律事实发生在中华人民共和国领域外；⑤可以认定为涉外民事关系的其他情形。"

《司法解释（一）》界定涉外民事关系采用了"四要素"标准，规定民事关系主体、客体、内容、当事人经常居所地四者之一具有涉外因素，人民法院可以认定为涉外民事关系。为防止"四要素"标准不能涵盖所有涉外民事关

---

〔1〕 辽宁省沈阳市中级人民法院民事判决书，（2004）沈民（4）权终字第 1 号。
〔2〕 大连海事法院民事判决书，（2005）大海商外初字第 21 号。

系，《司法解释（一）》增加了兜底条款，规定"四要素"标准之外人民法院认为"可以认定为涉外民事关系的其他情形"，法官可以行使自由裁量权，认定其为涉外民事关系。

《司法解释（一）》对涉外民事关系的界定较此前有了一定的发展，但这种发展只是量的增加而非质的飞跃。从指导思想来看，《司法解释（一）》仍然以民事关系构成"要素理论"为基础，缺乏锐意创新；从方法上看，仍然以事实因素为圭臬，以事实因素所处地理位置为契点考察民事关系的涉外性，没有摆脱机械、呆板的束缚。《司法解释（一）》所取得的成果是对《民通意见》界定涉外民事关系的内容进行的完善：①增加了一个界定涉外民事关系的事实因素。《法律适用法》把我国的属人法由国籍变更为经常居所地，以经常居所地为连接点确定涉外民事关系应适用的法律贯穿于整个单行法。基于这一根本性变革，《司法解释（一）》在民事法律关系主体方面不再单一强调国籍这一连接点，而是将"当事人一方或双方的经常居所地在中华人民共和国领域外"作为界定涉外民事关系的主要连接点。民事主体双方具有中国国籍，一方当事人经常居所在国外的，这样的民事关系也为涉外民事关系。②完善了对涉外主体的表述。《民通意见》将涉外主体表述为"凡民事关系的一方或者双方当事人是外国人、无国籍人、外国法人的"，这种表述是同义的重叠，外国人包括外国自然人、外国法人及其他组织，《司法解释（一）》纠正了《民通意见》第178条表述上的重合，将涉外主体表述为"外国公民、外国法人或者其他组织"，法律用语更加严谨、更为贴切。③将《民通意见》第178条"民事关系的标的物在外国领域内的；产生、变更或者消灭民事权利义务关系的法律事实发生在外国的"表述修正为"标的物在中华人民共和国领域外""产生、变更或者消灭民事关系的法律事实发生在中华人民共和国领域外"，不再使用"外国"一词，使条文的表达更为准确、合理。④增加了法院"可以认定为涉外民事关系的其他情形"这样一个兜底条款，以囊括实践中可能存在的其他应当被认定为涉外民事关系的情形，[1]增强了涉外民事关系界定的灵活性。

《司法解释（一）》在一定程度上将界定涉外民事关系确定性和灵活性的矛盾辩证地统一起来。"四要素"标准是对具体涉外情形明确的规则化规定，

───────────

〔1〕　张先明："正确审理涉外民事案件切实维护社会公共利益——最高人民法院民四庭负责人答记者问"，载《人民法院报》2013年1月7日，第6版。

体现了涉外民事关系界定的确定性和可预见性；兜底条款拾遗补阙，覆盖"四要素"标准以外的所有涉外民事关系，力求无漏网之鱼，体现了涉外民事关系界定的全面性和灵活性，以便适应复杂多变的现实生活。

《司法解释（一）》确立的界定涉外民事关系标准符合我国国情，受到法学界和司法界充分肯定，但也有学者对可能产生的法律问题提出了不同的看法。《司法解释（一）》"以'法律关系要素说'为基础理论，对涉外民事关系的界定作了明确规定。'法律关系要素说'界定方法给法官实际操作以简化直观等益处，但也存在客观连结点指标易引发隐性的法律规避、虚假涉外的无法排除、形式涉内但实质涉外案件的无法纳入等隐患。虽然引入了自由裁量权，但缺乏适用标准，带给实践的将是无法操作或被滥用的硬伤。对涉外民事关系的界定应将规则与方法辩证统一，对自由裁量权给予合理限制，赋予当事人异议的权利。"[1] 兼听则明，偏信则暗，倾听不同意见有助于界定涉外民事关系标准的完善。

2014 年 12 月 18 日，最高人民法院审判委员会第 1636 次会议通过《最高人民法院关于适用〈中华人民共和国民事诉讼法〉的解释》，[2] 对涉外民事关系做出了第 4 次界定，其内容与《司法解释（一）》完全相同。

第三节　国际社会与各国界定涉外民事关系的立法

中国作为一个已融入国际社会的国家，其法律制度应当与国际社会相协调，与国际社会保持应有的一致性。它山之石，可以攻玉，考察国际社会和各国界定涉外民事关系立法和理论，对于建构或者重构我国涉外民事关系界定标准大有裨益。

---

〔1〕 王小骄："对涉外民事关系'涉外性'界定的再思考——兼议《〈涉外民事关系法律适用法〉若干问题解释（一）》第一条的完善"，载《新疆大学学报（哲学·人文社会科学版）》2013 年第 4 期，第 55 页。

〔2〕《最高人民法院关于适用〈中华人民共和国民事诉讼法〉的解释》（法释〔2015〕5 号），由最高人民法院审判委员会第 1636 次会议通过，自 2015 年 2 月 4 日起施行。参见该司法解释第 522 条。

一、界定涉外民事关系的国际立法

国际社会一直期许制定一部统一的法律适用法公约，虽努力卓绝却未能实现宏愿，仅制定了一定数量的调整某一领域法律关系的国际公约和若干区域性法律适用法公约。这些调整某一领域国际民事关系的国际公约和区域性法律适用法公约对其调整领域的国际民事关系的界定情形不一，可以分为明确界定调整领域的国际民事关系，原则性界定调整领域的国际民事关系和对调整领域的国际民事关系不做界定三种情况。

（一）明确界定调整领域的国际民事关系

明确界定调整领域的国际民事关系的国际性公约、区域性公约数量有限，且集中在国际收养、国际合同领域。1965 年海牙《收养管辖权、法律适用和判决承认公约》第 1 条界定了跨国收养关系，规定作为一方的个人具有缔约国之一的国籍并在缔约国之一国内有其惯常居所者，或者作为一方的夫妻均有缔约国之一的国籍而在缔约国之一国内有其惯常居所者，和作为另一方的儿童在申请收养时未满 18 周岁，并且尚未结婚，而具有缔约国之一的国籍并在缔约国之一国内有其惯常居所者。该公约采用重叠性连接点界定跨国收养关系，收养人与被收养人国籍不同且在不同国家有惯常居所，被收养人被收养时年龄不满 18 周岁且未婚的收养关系为国际收养关系。

为了促进国际收养，1993 年《跨国收养方面保护儿童及合作公约》扩大了国际收养的范围，对国际收养的界定废除了国籍要件，将收养人与被收养人惯常居所地位于不同国家作为界定国际收养关系的主要要素。根据公约第 2 条规定，惯常居所地位于不同国家，被收养人跨国移送，收养人与被收养人之间产生永久的父母子女关系的收养为国际收养。

全球性国际条约、区域性国际条约对国际合同关系都进行过界定。1985 年《国际货物买卖合同法律适用公约》第 1 条对国际货物买卖合同的界定是：①营业所位于不同国家的当事人之间订立的货物买卖合同；②在其他所有情况下涉及不同国家法律之间进行选择的合同。1980 年欧洲共同体（以下简称"欧共体"）《关于合同义务法律适用公约》（以下简称《罗马公约》）从合同法律适用角度对国际合同进行了界定，该公约第 1 条规定，任何情形下涉及需在不同国家的法律之间进行选择以解决合同债务的合同是国际合同。

除法律适用法公约对国际民事关系进行界定外，尚有实体法性质的国际条约对国际合同关系做出界定。1980 年《销售合同公约》第 1 条对国际货物销售合同进行了界定，规定营业地在不同国家的当事人之间所订立的货物销售合同为国际货物销售合同，当事人国籍、住所、销售的货物是否跨境移送、当事人之间权利义务是否具有涉外性等因素公约不予考虑。

（二）原则性界定调整领域的国际民事关系

原则性界定调整领域的国际民事关系是指国际条约原则性规定其调整的对象和范围是某一领域的国际民事关系，但未对所调整的国际民事关系做出具体界定。1955 年海牙《国际有体动产买卖法律适用公约》第 1 条规定本公约适用于国际性的货物买卖，1958 年海牙《国际有体动产买卖所有权转移法律适用公约》第 1 条规定本公约适用于动产的国际性买卖，1972 年海牙《产品责任法律适用公约》序言规定公约调整国际案件中产品责任，上述三公约分别通过原则性规定调整了国际性货物买卖关系、动产国际性买卖关系、国际案件中的产品责任，至于什么是国际性货物买卖关系、动产国际性买卖关系、国际案件中的产品责任，公约并未做出具体性界定，各缔约国法院可根据公约结合本国实际情况做出界定。

（三）对调整领域的国际民事关系不做界定

海牙国际私法会议自成立起先后制定了 36 个调整国际民事关系的法律适用法公约，一些区域性国际组织也制定了若干个法律适用法公约。这些国际公约除少数明确界定或者原则性界定调整领域的国际民事关系外，多数国际公约对调整领域的国际民事关系未做界定。实践中，各缔约国法院根据公约内容结合案件的具体情况确定案件是否具有涉外性，是否适用公约调整。

二、各国界定涉外民事关系的立法情况

各国法律适用法对涉外民事关系界定情况不一，各有千秋。①以法律关系构成要素的涉外性为标准界定涉外民事关系。越南、俄罗斯、亚美尼亚等国家立法采用要素标准界定涉外民事关系，民事关系诸要素中有一要素具有涉外性，该民事关系即为涉外民事关系。②以民事关系主体国籍不同兼顾其他因素界定涉外民事关系。吉尔吉斯斯坦、白俄罗斯、哈萨克斯坦等国家以民事关系主体一方为外国人并兼顾其他涉外因素界定涉外民事关系。③以案件是否与外国有联系界定涉外民事关系。从世界各国立法看，采用案件与外国是否有联系标准界定涉外民事关系的国家为数不多，德国、土耳其、美国、保加利亚是采用这一标准的国家。德国、土耳其对案件与外国的联系程度未做限定，美国、保加利亚则要求案件必须与本国有"重要联系"。④以案件是否与外国法或者与外国法律制度有联系界定涉外民事关系。摩尔多瓦、委内瑞拉等国家以案件是否与外国法或者与外国法律制度有联系为标准界定涉外民事关系。[1] ⑤默示界定。斯洛文尼亚、马其顿等国家采用默示方式界定涉外民事关系。《斯洛文尼亚共和国关于国际私法与诉讼的法律》第1条规定"本法包括用以确定具有国际因素的人之身份关系、家庭关系、劳务关系、财产关系和其他物权关系的准据法之规则"。

通过对国际条约、各国法律适用法界定涉外民事关系条款的归类和分析，可以得出以下结论：①对涉外民事关系采用立法形式进行界定和不采用立法形式界定的国家都存在，从数量上分析，不以立法形式明确界定涉外民事关系国家的数量高于以立法形式界定涉外民事关系的国家；②在采用立法形式界定涉外民事关系的国家中，对涉外民事关系进行原则性界定，仅规定法律适用法调整对象为涉外民事关系或者国际民商事关系，未对"涉外性"或"国际性"作出明确解释国家的数量高于对涉外民事关系进行明确界定、规定涉外民事关系具体情形的国家；③在对涉外民事关系进行具体界定的国家中，明确采用"三要素"理论的国家只有越南，其他国家界定涉外民事关系，重点考虑民事关系主体的涉外性，兼顾民事关系客体、内容的涉外性；④20世纪80年代至今国际社会掀起了立法高潮，数十个国家以法典、单行法或者民法典法律适用法编的方式制定或者修订了本国的法律适用法，这些国家的法律适用法多开宗明义原则性界定了涉外民事关系；⑤西方发达国家一般采取比较灵活的做法，规定凡与外国或与本国法以外的某种法律体系发生联系的就构成国际或涉外民事关系，[2] 发展中国家对涉外民事关系的界定往往是具体的，明确指出民事关系诸要素之一具有涉外性即为涉外民事关系。

〔1〕 邹国勇译注：《外国国际私法立法精选》，中国政法大学出版社2011年版，第58页。
〔2〕 ［英］J. H. C. 莫里斯：《法律冲突法》，李东来等译，陈公绰、李东来校，中国对外翻译出版公司1990年版，第1页。See René van Rooij, Maurice V. Polak, *Private International Law in the Netherlands*, Kluwer Law and Taxation Publishers, 1987, p.4.

第四节　界定涉外民事关系理论

　　界定涉外民事关系的法律规则与研究该规则的法学理论犹如一对双胞胎，有共生性，不论是法律规则先出台，还是法学理论先问世，其另一半不是紧随其后，就是不期而至。法律规则与法学理论有共存性，总体说来，法学理论以法律规则为基础，法律规则调整的社会关系越广泛、越复杂，该领域的法学理论就越繁荣、越深刻。法律规则被废弃，研究该规则的法学理论也会随之衰弱，甚至消亡。界定涉外民事关系立法与界定涉外民事关系理论之间的关系同样如此。涉外民事关系界定的立法关涉法律适用法的调整对象和调整范围，各国无不以法律的形式明示或者默示进行规范，因此，建立在涉外民事关系界定立法基础上的理论研究如火如荼、经久不衰。各国界定涉外民事关系的方式、方法不同，因而形成了形形色色的界定涉外民事关系理论。

一、法律关系要素说从兴盛到式微

　　19 世纪末至 20 世纪中叶，民事法律关系构成要素具有涉外因素即为涉外民事关系的要素理论在国际社会居于主导地位，各国都不乏"要素说"理论的拥趸者。追根溯源，日本学者是"要素说"理论的始作俑者，"日本国际私法的先驱学者"山田三良谓之代表之一，山田三良界定涉外民事关系采用"四要素"理论。[1] 20 世纪 40 年代，苏联产生了一个包括著名学者隆茨在内的法律适用法法学群体，该群体对涉外民事关系的界定采用"三要素说"，我国学者对隆茨界定涉外民事关系的"三要素说"耳熟能详。苏联法律适用法学家鲍古斯拉夫斯基等的"三要素说"有别于隆茨，鲍古斯拉夫斯基认为法律适用法

---

　　〔1〕［日］山田三良：《国际私法》，李倬译，陈柳裕点校，中国政法大学出版社 2003 年版，第 3~4 页。山田三良对涉外民事关系界定如下："涉外的法律关系者，谓有外国的元素之法律关系也。夫其法律关系所由有外国的元素者，或关于当事者国籍之如何，如外国人与外国人在我国为某法律行为时，其当事者为外国人，自与本国人间之法律行为所生关系之异。又或关于当事者之住所或居所之如何，如虽为本国人间之法律行为，苟在本国，斯当认为通常之法律行为，而若其一方或双方在外国，则其当事者虽本国人，其住所所则在外国，则亦与普通之法律行为为异。又或依法律关系之目的物所在地之如何，如为买卖目的之物件在外国者，则其法律行为，不问结于何国，以其目的物之所在国属外国，则又与普通之法律行为为异。"

的调整对象是"具有外国或国际因素的民法关系，家庭和劳动关系"，而对其中的"外国或国际因素"，他以财产关系为例说明具体包括主体涉外、客体涉外以及相关法律事实涉外三种情形。[1] 鲍古斯拉夫斯基界定涉外民事关系的理论对一些东欧国家产生了影响，斯洛文尼亚、马其顿等国家采用了具体列举涉外民事关系的领域的方式界定涉外民事关系。德国学者马丁·沃尔夫（Martin Wolff）赞同"要素说"理论，在论述法律适用法范围时其对涉外案件进行了界定：当事人一方有外国国籍或者住所在外国，或者事件全部或者一部发生在外国，或者事件的预期效果发生在外国的是涉外案件。[2] 法国学者多从外国人民事法律地位切入研究法律适用法，对涉外民事关系的界定侧重于民事关系主体的涉外性。[3]

随着社会的发展，以民事关系构成要素界定涉外民事关系理论式微，逐步为新兴起的界定涉外民事关系理论所取代。

二、联系说占有一席之地

（一）外国法联系说

外国法联系说主张民事关系与外国法律、外国法律制度或者外法域有联系，该民事关系即为涉外民事关系。外国法联系说不仅是西方国家学者界定涉外民事关系的理论，也为一些发展中国家学者首肯。英国学者戴西（Dicey）和莫里斯（Morris）对外国法联系说理论的阐述很有代表性："'外国因素'单纯指除英格兰法外，与某一法律体系的联系……在冲突法中，外国因素和外国是指非英格兰因素和英格兰以外的国家。从冲突法的观点来看，苏格兰和北爱尔兰虽不是在全部意义上，但在很大意义上是像法国或德国一样的外国。"[4] 美国学者西格尔（Siegel）也持类似的观点，他认为在广义上冲突法调整所有与两个或两个以上法域有联系的案件。[5] 加拿大法律适用法学者也强调法律

---

〔1〕 ［苏］鲍古斯拉夫斯基："国际私法的对象和体系"，马柳春译，载《现代外国哲学社会科学文摘》1985 年第 7 期，第 21 页。

〔2〕 ［德］马丁·沃尔夫：《国际私法》，李浩培、汤宗舜译，法律出版社 1988 年版，第 17 页。

〔3〕 ［日］北胁敏一：《国际私法——国际关系法 II》，姚梅镇译，法律出版社 1989 年版，第 2 页。

〔4〕 ［英］J. H. C. 莫里斯主编：《戴西和莫里斯论冲突法》（上），李双元等译，中国大百科全书出版社 1998 年版，第 3 页。

〔5〕 David D. Siegel, *Conflicts in a Nutshell*, West Publishing Co., 1982, p. 1.

适用法调整的案件是"与一个以上法域相联系而具有一个或多个涉外因素的案件"。[1]

（二）外国联系说

外国联系说主张以民事关系是否与外国有联系为标准界定涉外民事关系。"涉外因素系指某法律关系之构成要素非仅属于一国，而系与二个以上国家发生关联。"[2] 认真分析外国联系说我们不难发现，外国联系说与其说是界定涉外民事关系的标准，不如说是界定涉外民事关系原则，因为民事关系与外国有联系只是具体事实概括性表述，并非具体事实本身，揭开"与外国有联系"的面纱，可以看到与外国联系的具体形态。曾陈明汝教授是采用外国联系说界定涉外民事关系的倡导者，但她同时对"与外国有联系"进行了阐释：最主要者系指法律关系之当事人，至少有一造具有外国国籍或在外国设有住所；其次即法律关系之行为，包括法律行为、事实行为、诉讼行为与犯罪行为等，有一部或全部发生于国境以外者，至于原因行为或结果行为则非所问；此外尚有法律关系之标的物处于国外者。至于标的物系在构成行为成立时或成立前已在国外，抑或于其成立后暂由国内移至国外，均非所问。[3] 从上述解释中可以看出，曾陈明汝教授主张的外国联系说是以民事关系要素与外国有联系为基础的。

外国法联系说与外国联系说二者之间有联系，但二者以不同的方式界定涉外民事关系理论，也以不同的方式界定涉外民事关系标准。国内有学者将这两种观点视为同一理论，这有失偏颇。与外国法有联系的民事关系不一定与该外国有联系，与外国有联系的民事关系不一定与该外国法有联系。所以，应将外国联系说和外国法联系说区分开来，不能混为一谈，外国联系说涵射的范畴比外国法联系说涵盖的范畴要宽泛得多。

---

〔1〕 刘仁山：《加拿大国际私法研究》，法律出版社 2001 年版，第 4 页。

〔2〕 曾陈明汝、曾宛如：《国际私法原理（上集）——总论篇》（改订 8 版），新学林出版股份有限公司 2008 年版，第 6～7 页。

〔3〕 曾陈明汝、曾宛如：《国际私法原理（上集）——总论篇》（改订 8 版），新学林出版股份有限公司 2008 年版，第 7 页。

三、主观决定说

（一）法官决定说

与"要素理论"要求法官按图索骥，对照法律条文将法律事实对号入座界定涉外民事关系不同，法官决定说主张含有涉外因素的民事关系是否构成法律意义上的涉外民事关系凭借法官自由裁量。20世纪50年代至80年代，美国开展了一场冲突法革命，开始寻求冲突法从传统理论的僵化向现代理论的灵活转变。拉开了冲突法革命序幕的凯弗斯（David Cavers）教授以其冷静的思维、敏锐的视角揭示了传统规范的痼疾所在，提出了结果选择法说。紧随其后，沃尔特·惠勒·库克（Walter Wheeler Cook）的本地法理论、布雷纳德·柯里（Brainend Currie）的利益分析方法、威廉·巴克斯特（William Baxter）的比较损害方法、艾伦茨威格（Ehrenzweig）的法院地法理论、莱弗拉尔（Leflare）较好的法理论、冯·莫亨（Von Mohen）和道纳·德陶特曼（Donald Tautman）的功能主义方法、冯·梅伦（Von Mehren）和特劳特曼（Trautman）的功能分析说、罗伯特·莱弗拉尔（Robert A. Leflar）的价值定向法说纷纷出台，重构了美国冲突法理论体系。[1] 这场革命产生的一些重要的理论和司法判决导致概念主义衰微，功能主义勃兴，实践中不再机械地抽象预设单一连接因素以供做选法之媒介，而是综合考量法律关系各种要素实现判决结果的个案公正和实体正义。美国纽约州最高法院富勒法官审理贝柯克诉杰克逊案（Babcock v. Jackson，1963）摒弃了法律关系的涉外因素，采用最密切联系原则确定准据法，从而使该案判决成为法律适用法发展史上的经典。[2]

（二）当事人决定说

20世纪50年代末，法国最高法院出现了任意性适用法律适用规则的判例，在观念上极大地冲击了大陆法系依职权适用的传统立场。1970年德国学者弗莱斯纳（Flessner）著文主张任意性适用模式，在大陆法系国家引起了广泛而热烈地讨论。20世纪90年代，荷兰学者德波尔（De Boer）以"任意性冲突法"为题，在海牙国际私法会议发表专题演讲，将任意性适用模式的观点和理

---

〔1〕 ［美］拉夫·迈克尔："美国冲突法革命的衰落与回归"，袁发强译，载《华东政法大学学报》2011年第6期，第134页。

〔2〕 Babcock v. Jackson, 12N. Y. 2d 473, 191N. E. 2d 279, 240 N. Y. S. 2d 743（1963）.

论论证发挥到了极致。欧洲大陆学者对于法律适用规则适用模式的理论探索，又激发了普通法系国家的学者从实用主义的基点出发，努力用理论来证成法律适用法任意性适用的实践立场。[1] 20 世纪 70 年代以来，英美法系国家的法律适用法理论输出大陆法系国家，受其影响的大陆法系国家出现了"选择性冲突法理论"。该理论主张民事案件的"案由"应当根据当事人的诉讼请求确定，民事关系的涉外性应由当事人决定。该理论质疑民事案件的涉外性由法院依职权判断，认为涉外案件由法官判断，法律适用规则依职权适用，面临着逻辑上和操作上的困境；从结果来看，也有很大的不确定性，很可能导致一些虚假的涉外案件被当作涉外案件处理或者一些真正的涉外案件被当作非涉外案件处理掉了。[2]

第五节　我国涉外民事关系界定的思考

以法律调整的对象和法律的内容划分法的种类，法律适用法是与实体法、程序法并列并具有同等地位的法律。但不无遗憾地说，法律适用法并未得到与其地位相匹配的尊严和荣誉，实践中往往成为实体法、程序法适用的配角或者一种陪衬。随着我国对外开放的广泛和深入，越来越多的民事法律关系需要界定其是否具有涉外性，是否需要适用国际条约或者外国法，法律适用法与实体法、程序法并驾齐驱的这种地位逐渐为社会所承认、为人们所认知，法律适用法的适用逐渐为各级法院所接受，涉外民事关系界定的重要性在越来越多的案件中体现出来。

法律适用法在我国没有受到应有的重视，涉外民事关系界定在司法实践中往往被忽视，这既有历史的原因，也有现实的因素。从历史方面来看，法律适用法理论是从外国移植而来，引入至今仅有百余年的历史，整个法律适用法的理论体系是西方学者构建的，中国学者没有取得在世界范围内的话语权，没有取得能够影响世界的理论建树，司法实践中，相当一部分执法者缺乏对法律适

---

〔1〕 宋晓："程序法视野中冲突规则的适用模式"，载《法学研究》2010 年第 5 期，第 184 页。
〔2〕 杜涛："法律适用规则的强制性抑或选择性——我国涉外民事法律适用法的立法选择"，载《清华法学》2010 年第 3 期，第 96 页。

用法的认知。从立法方面来看，中华人民共和国成立后，自 1985 年才开始进行法律适用法立法，当年的《涉外经济合同法》以及《中华人民共和国继承法》（以下简称《继承法》）中出现了法律适用条款，1986 年《民法通则》制定了涉外民事关系法律适用编，2010 年制定了《法律适用法》单行法，法律适用法仅有 30 多年的立法史。从调整对象来看，法律适用法调整涉外民事关系，其范围有一定的局限性。法律适用法与根植于本土、有着两千多年的立法历史、调整具有普遍性社会关系的实体法、程序法相比，没有被赋予同等地位有其可以理解的客观原因。

1978 年实行改革开放政策以来，特别是 2001 年加入世界贸易组织之后，我国已经逐步融入国际社会，涉外因素已经渗透到社会肌体各个细胞；2007 年我国实施"走出去"战略，10 年时间我国对外投资已有 200 个国家和地区，遍布世界七大洲；2013 年我国实施"一带一路"倡议，与沿线国家开展了交通基础设施、贸易与投资、能源、区域一体化、人民币国际化等领域的深度合作，新生的生产关系形成了新的社会关系，涉外民事关系种类增加、内容丰富，需要我们从理论上重新认识。

涉外民事关系的界定存在一个世界各国普遍存在而又难以解决的共性问题，那就是法官对涉外案件界定、审理的畏难心理。这是因为涉外民事案件的界定、审理有一套完全有别于国内案件的特别程序，涉及案件性质的识别、准据法的确定、外国法的查明、排除或者限制外国法的适用等专业性知识，"法官适用外国法时难免畏畏缩缩，像个一知半解的初学者，而他们在适用法院地法时却是信心百倍的专家和主权者。"[1] 专业知识的匮乏是法官畏惧涉外民事关系界定，回避民事关系中的涉外因素，把涉外案件当作国内案件审理的原因所在。

涉外民事关系的界定存在诸多不尽如人意之处，我们有理由认为这是法律适用法发展过程中的必然现象，近年来，学界已为解决涉外民事关系界定立法和司法问题开展了两次全国性的大讨论，极大地推动了法律适用法的发展，强化了人们对于涉外民事关系界定重要性的认识。第一次大讨论是在《法律适用法》制定过程中至《司法解释（一）》颁布后展开的，这次讨论围绕着是否应

---

〔1〕 See Zweigert, "Some Reflections on the Sociological Dimension of Private International Law: What is Justice in the Conflict of Law?", 4 *U. Colo. L. Rev.* 283, 293 (1973).

当进行涉外民事关系界定的立法展开，延续十余年。第二次大讨论从 2015 年初开始，延续至今，这次大讨论围绕着涉外民事关系在司法实践中如何界定展开。[1] 讨论涉及的两起案件分别发生在北京和上海，案情相似。2013 年北京市第二中级人民法院受理了一起申请承认及执行韩国仲裁裁决的案件，该案件一方当事人为中国法人，另一方当事人是外国人来华投资在中国注册成立的公司；同年，上海市第一中级人民法院受理了一起申请承认及执行新加坡仲裁裁决的案件，该案件双方当事人是外国企业来华注册的公司。两案中的当事人都以合同方式约定发生争议分别到韩国、新加坡仲裁机构仲裁。争议发生后，当事人在上述仲裁机构提起仲裁并获得仲裁裁决，胜诉当事人分别向北京市第二中级人民法院、上海市第一中级人民法院申请承认及执行大韩商事仲裁院仲裁裁决、新加坡国际仲裁中心仲裁裁决。北京市第二中级人民法院审查认为，双方当事人均为中国法人，案件不具有涉外因素，当事人不得向外国仲裁机构提起仲裁，裁定不予承认大韩商事仲裁院仲裁裁决。[2] 上海市第一中级人民法院综合案件整体情况，认定案件具有涉外因素，作出承认新加坡国际仲裁中心仲裁裁决的裁定。[3] 通过同一时期不同法院对相同内容案件作出的截然相反裁定的比较，媒体、学者们普遍认为上海市第一中级人民法院作出的裁定是对我国现行界定涉外民事关系规则的突破，对同类案件有指导意义。

涉外民事关系界定的讨论中有学者提出民事关系是否需要进行是国内民事关系还是涉外民事关系的界定，这一疑问是一个伪命题，一个客观上存在涉外事实因素的民事关系是否构成法律意义上的涉外民事关系需要进行界定。各国立法机关在制定调整涉外民事关系法律时，都要对涉外民事关系做出界定，所不同的是，有的国家通过概念表达明示界定，有的国家采用法律适用规范对民事关系的具体调整默示界定。法官审理案件时依职权查明涉外事实因素，裁量

---

〔1〕 2016 年 1 月 1 日《人民法院报》发表"自贸区首例申请承认与执行外国仲裁案一槌定音——上海一中院突破固有涉外因素识别限制 确认外国裁决效力"。2016 年 1 月 6 日《解放日报》发表"上海一中院审理自贸区企业外国仲裁争议，裁定承认法律效力并予以执行 识别'涉外因素'成为审理突破口"。2016 年 7 月 17 日《法制晚报》发表"涉外民事关系究竟该咋界定？"一文，对这两起案件进行了探讨。2016 年 4 月 27 日上海第一中级人民法院召开新闻发布会，发布《上海市第一中级人民法院自贸区司法保障白皮书》，西门子公司诉上海黄金置地公司申请外国仲裁裁决一案被列为具有代表性的涉自贸区典型案例。

〔2〕 北京市第二中级人民法院民事裁定书，（2013）二中民特字第 10670 号。

〔3〕 上海市第一中级人民法院民事裁定书，（2013）沪一中民认（外仲）字第 2 号。

是否吻合法律规定，并据此对是否构成涉外民事关系作出判定。不界定涉外民事关系的法律适用法立法是不存在的，差异仅在于界定的方式不同而已。

对涉外民事关系的界定方式，是采用列举方式具体界定，还是采用原则性界定方式高度概括，或者融列举式界定与原则性界定为一体混合界定，并无一定之规，需要根据一国具体国情而定。上述三种涉外民事关系界定方式各有特点，孰高孰低不能一概而论，一国在不同的历史时期或者发展阶段立法可能采用不同的方式界定涉外民事关系。一般说来，列举方式具有直观性、确定性、便捷性和可预见性特征，在市场经济初级阶段，涉外民事关系数量不多、内容单一，采用列举方式界定涉外民事关系较为适宜，法官可直接按照法律规则所列举的涉外因素作用于法律事实，高效准确地确定民事关系的内在属性。列举式界定以规则为导向，定性过程中强调规则的适用和遵守。列举式界定与成文法国家法律渊源联系密切，此方式的采用有时是成文法国家法律渊源使然。

采用原则性方式高度概括界定涉外民事关系更具有生命力，是涉外民事关系界定的发展方向和最后归宿。原则性界定具有抽象性、灵活性、包容性特征，能够有效克服列举性界定机械性、单一性的弊端，能够适应复杂多变的社会关系，透过涉外因素的客观现象，探求涉外因素是否与民事法律关系有着实质的、内在的、必然的联系，从而在错综复杂的社会关系中对形式的、表面的、偶然的涉外因素做出取舍。现代社会生活中，民事关系并非非此即彼、非"国内"即"涉外"，如同小葱拌豆腐般一清二白，更多的是国内因素和涉外因素交织在一起。例如，在多当事人的民事案件中，原告、被告均是既有中方当事人又有外国当事人，此种案件的定性，单一以一方当事人国籍、经常居所地事实因素界定涉外民事关系的列举式方法难当此任，只能由法官行使自由裁量权，权衡居于主要地位的是国内因素还是涉外因素，依据占主导地位的因素定性案件。原则性界定涉外民事关系方法注重界定过程中"方法"的运用，不再拘泥于"规则"划定的条框，能够充分发挥法官的主观能动性，准确、合理界定涉外民事关系。

有学者批评原则性界定赋予了法官过大的自由裁量权，如果没有有效的监督，可能造成自由裁量权的滥用。这种观点只是一种理论假设，实践中也有可能出现法官滥用自由裁量权界定涉外民事关系的情况，但我们不能因噎废食，与原则性界定发挥的巨大作用相比，自由裁量权的滥用是微不足道的，法律实施的监督机能够纠正、遏制自由裁量权的滥用，因此，原则性界定涉外民事关系应当得到充分的肯定。

　　我国涉外民事关系界定的立法、理论和实践与时俱进并不断发展。改革开放之初，针对涉外民事关系数量少、法律关系简单的特点，我国采用列举式方式界定涉外民事关系。我国全面融入国际社会以后，最高人民法院颁布了《司法解释（一）》，将界定涉外民事关系确定性和灵活性辩证地统一起来，制定了"四要素加兜底条款标准"。现行涉外民事关系界定标准虽然仍有不足，但还是向前跨越了一步，与我国现实的国情和司法水平相适应。随着社会的发展和司法水平的提高，我国终将进入以立法方式原则性界定涉外民事关系的时代。

第二章

《法律适用法》第2条的定位与争鸣

《法律适用法》第2条第1款规定,"涉外民事关系适用的法律,依照本法确定。其他法律对涉外民事关系法律适用另有特别规定的,依照其规定。"该条第2款规定,"本法和其他法律对涉外民事关系法律适用没有规定的,适用与该涉外民事关系有最密切联系的法律。"该条规定位于《法律适用法》第一章"一般规定"之中,因此被认为是基本原则性质的规定,是我国涉外民事关系法律适用立法的重大突破,反映出我国立法理念的重大变化,提升了我国涉外民事关系法律适用立法水平,使我国《法律适用法》在各国林立的调整涉外民事关系法律适用法律中处于居前的地位。[1]《法律适用法》实施过程中,学者们对规定于总则中的最密切联系原则是否是法律适用基本原则展开了讨论,发表了不同的学术观点,从不同的角度诠释第2条性质,形成学术争鸣之象。这些针锋相对的学术观点展现出学界学术研究的繁荣,也有助于我们全面、准确地对第2条规定进行定位。

第一节　基本原则与基本原则设立的必要性

现代文明国家法律适用法立法大都采用了总则、分则和附则的体例。总则在大陆法系国家亦称为"基本原则""基本规定""一般规定"或者"共同规定",在英美法系国家称之为"突出问题""普遍问题"或者"基本问题"。总

---

[1] 齐湘泉:《〈涉外民事关系法律适用法〉原理与精要》,法律出版社2011年版,第67页。

则是一部法律对其所调整的社会关系所做的具有统领性、全局性、普遍性的基本原则、基本制度和其他一般问题的规定，是对整部法律内容的概括和综合，是贯穿于整部法律的灵魂，在整部法律中居于核心地位。总则的内容具有高度的抽象性和概括性，这为法律的前瞻性提供了充分条件，为法律的解释预留了充足空间，为司法的自由裁量奠定了基础，为法律的稳定性做出了保障，增强了法律的进化能力和适应能力，实现了法典的灵活、简练和安全价值。总则对于整部法律具有整合化一的功能，一部法律有了总则就有了一个"一以贯之"的精神格调和指导原则，法典的全部内容据此展开也就能够前后贯通、和谐统一，从而成为一个有机联系的整体。[1] 总则能够拓展法典的覆盖面，强化法律内容的全面性和完整性，扩大法律调整范围，弥补因成文法概括性产生的难以面面俱到的不足，能够保持法律的先进性，提高了法律的周延性，克服了立法的滞后性。

一部法律中设立总则，其作用之一在于确立法律基本原则（或称之为法律原则），通过法律原则指导法律规则的制定和实施。法律原则是"用来证立、整合及说明众多具体规则与法律适用活动的普遍性规范，它是高层次法律推论的权威性出发点"。[2] 原则是法律的基础性原理，是为其他法律要素提供基础性或综合性的准则。把法律原则作为突出的法律问题，尤其是作为法律要素来论述，是美国当代法学家罗纳德·M.德沃金（Dworkin）的重要贡献。任何事物都既有其个别规定性，也有其共同规定性。从外部视角看，法律原则是一般法律所调整的社会关系之共同规定性的国家化与公共化的符号呈现；以内部视角看，在法律体系中，法律原则对其他规则具有统摄功能和指导价值。一般说来，法律原则具有如下特征：①法律原则在法律中具有纲领性，是一部法律的核心和精髓。②法律原则在法律中具有融贯性，其法律精神贯穿每一个具体条款。③法律原则在法律中具有号令性，法律原则变化意味着法律整体性质的变异，而法律规则的修改并不决定法律整体性质的变化。④法律原则在法律中具有抽象性，法律是实践经验的总结，是人类精神实践的制度结晶，法律原则是实践和制度的精品，是"精神的精神"。⑤法律原则在法律中具有稳定性，社会发展乃至变革以及具体法律规则的修改并不必然导致法律原则的变更。

---

〔1〕 黄进、杜焕芳："关于国际私法总则的若干思考"，载 http://www.wypaper.com/lunwen/gjf/08312DG.html，最后访问日期：2018年10月2日。

〔2〕 See David M. Walker, *The Oxford Companion to Law*, Oxford: Clarendon Press, 1980, p.739.

一部法律之所以要设立基本原则，是因为任何国家制定的任何法律都不可能十全十美，法律规则具有规范性和局限性，难以涵摄调整领域所有社会关系，法律漏洞在所难免。法律的制定以现时的社会现状为基础，而社会不断发展进步，新的社会关系不断涌现，这无疑导致法律的滞后。立法上的漏洞与制定法的滞后性使得法律必须根据社会关系的变化进行修改和补充，致使变动性成为法律的内在属性。法律必须具有权威性，法律这一本质特性又要求在一定的时空之内法律所规定的权利义务、法律的形式保持不变，保持法律的稳定性。法律的稳定性是相对的，变动性是绝对的，法律既不能朝令夕改，又不能不顾社会发展的现实而一成不变。协调法律的稳定性与变动性这一矛盾，既需要加强立法预测，提高立法技术，增强法律的适应性与灵活性，赋予法律前瞻性，又需要根据法律所调整领域的不同，制定能适用于整部法律所调整领域的法律原则，以保证出现法律缺漏、社会发展变化现行法律规则无法适用于新的社会关系时，适用法律原则解决争议，弥补法律漏洞，避免无法可依。

我国是典型的成文法国家，以制定法作为法律渊源，不可避免地要面对法律漏洞和法律滞后该如何弥补的问题。《法律适用法》立法与时俱进，与国际接轨，弘扬中华法律文化传统，吸纳西方法律文化精髓，在总结我国法律适用法立法经验基础上，借鉴西方国家的立法成果，采用了总则、分则、附则的结构形式，在总则中融入了法律原则，提升了立法质量，提高了《法律适用法》在我国法律体系中的地位，扩大了涉外民事关系法律适用立法在世界范围内的影响，使我国调整涉外民事关系的法律能够满足涉外民事关系日益发展的需求，也使得我国法律适用法立法与时代潮流齐头并进，[1] 对可能出现的法律漏洞和法律滞后问题有效地进行了预防。

第二节 最密切联系原则在《法律适用法》中的定位

《法律适用法》第 2 条规定的最密切联系原则的立法定位，学者们共识其为涉外民事关系各领域法律适用的兜底条款（miscellaneous provisions）。规定于总则之中作为兜底条款的最密切联系原则仅具法律原则之形式，无法律原则

---

〔1〕 齐湘泉：《〈涉外民事关系法律适用法〉原理与精要》，法律出版社 2011 年版，第 67 页。

之实质，还是既具有法律原则之形式，同时具有法律原则之实质，是该条规定立法和实施过程中的争议焦点。多数学者赞同《法律适用法》第 2 条规定的最密切联系原则是基本原则性质的补充性规定，普遍适用于涉外民事关系各领域，并以此为基础做了不同的理论阐述。与此相左的观点也做了强烈的表达，认为第 2 条规定的最密切联系原则仅具有拾遗补阙功能，不能作为涉外民事关系法律适用基本原则。《法律适用法》第 2 条规定的性质如何定位，有必要从理论和实践两个方面进行探讨。

一、《法律适用法》第 2 条性质的争议

（一）《法律适用法》第 2 条具有基本原则性质

《法律适用法》广泛采用了代表当代国际私法立法潮流与理论研究最新成果的最密切联系原则，并将该原则上升为法律适用的一般原则。[1] 赞同《法律适用法》第 2 条的性质是该法基本原则性质的补充性规定的学者认为，20 世纪以来的各国国际私法立法及判例、全球性及区域性的统一国际私法文件无不给予最密切联系原则突出的位置，是现代国际私法的一般原则。[2] 我国法律适用法体系基本建立，《法律适用法》给我国冲突法体系带来的重要革新之一就是明确将最密切联系原则规定为整个体系的突出原则。[3]《法律适用法》并未明确将最密切联系原则规定为基本原则，但这并不妨碍最密切联系原则具有法律原则的地位。从《法律适用法》相关规定来看，最密切联系原则具备了法律适用法基本原则的基本特征，是我国法律适用法的基本原则。

第一，《法律适用法》充分肯定了最密切联系原则的补阙功能。对于某一类涉外民事关系，如果我国法律适用法缺乏相应的法律适用规范，法院可以适用最密切联系原则直接确定该涉外民事关系应适用的法律。《法律适用法》第 2 条规定属于兜底性条款，旨在为我国法律尚未规定领域的法律适用提供依据。

〔1〕 丁伟："涉外民事关系法律适用法与'其他法律'相互关系辨析"，载《政法论坛》2011 年第 3 期，第 16 页。
〔2〕 陈卫佐："当代国际私法上的一般性例外条款"，载《法学研究》2015 年第 5 期，第 197 页。
〔3〕 涂广建："解读我国《涉外民事关系法律适用法》"，载《时代法学》2011 年第 2 期，第 12 页。突出原则即为法律原则，法律原则理论是美国著名法理学家罗纳德·M.德沃金创立的，德沃金创立法律原则理论时将法律原则称之为突出原则。德沃金法学理论在英美法系国家有重要影响，英美法系国家把法律原则称之为突出原则。

第二，《法律适用法》第 2 条在充分肯定最密切联系原则补缺功能的同时，也昭示着该原则是制定具体法律选择规则的依据，或者说我国法律适用法的具体法律适用规则均体现了最密切联系原则。涉外民事交往纷繁复杂，涉外民事关系必然复杂多样，每一种涉外民事关系都有与其有最密切联系的法律，且各不相同。《法律适用法》中的具体法律选择规则所指引的准据法，一般来说是与各涉外民事关系有最密切联系原则的法律，也可以说这些具体的法律选择规则是最密切联系原则的具体体现。

第三，《法律适用法》赋予最密切联系原则矫正功能。依照《法律适用法》规定的具体法律选择规则确定的法律与涉外民事关系不具有最密切联系，允许法院不适用该法律，转而根据案件的具体情况适用与涉外民事关系有最密切联系的国家的法律。依据法律适用规则确定的准据法一般来说是与涉外民事关系有最密切联系的法律，但在制定具体法律选择规则时，立法者无法预见将来要发生的每一个案件的具体情况，不可能针对每一个具体案件指明应适用的法律，只能根据每一种法律关系的特点和性质，指出与案件有联系、最适合适用的法律，并期望适用这一法律获得良好的结果。实践中，具体案件的案情复杂多样，即使是依据最密切联系原则制定的法律选择规则，所指明的法律可能也与该案件联系并不密切，如果机械地适用预定的法律选择规则，难免会发生法律适用上的偏差。法律允许法官行使自由裁量权修正这种偏差。法院审理涉外民事案件发现法律选择规则援引的法律与该案件联系并不密切，而未被援引的另一法律与该案件联系密切，法官可以行使法律赋予的自由裁量权不适用法律选择规则指引的法律，适用与该案件真正有最密切联系原则的法律。[1]

（二）《法律适用法》第 2 条是立法或者司法指导原则

赞同最密切联系原则是补充性法律原则的学者对该原则的定位不尽相同，存在差异。有学者认为《法律适用法》第 2 条是立法指导原则。《法律适用法》颁布之前最密切联系原则在我国适用的领域较为有限，但在立法初期，最密切联系原则在有限的法律适用条文中多次出现不能不说明我国对该原则的肯定态度。2010 年《法律适用法》将最密切联系原则的地位提升到法律选择的指导原则这一高度，从个别领域的法律选择方法上升到了立法上的兜底规则。

---

[1]　万鄂湘主编：《中华人民共和国涉外民事关系法律适用法条文理解与适用》，中国法制出版社 2011 年版，第 24~25 页。

虽然这一规定并不意味着最密切联系原则能够成为法律选择的基本原则，但兜底性条款的兜底救济性质至少确立了最密切联系原则指导性原则地位，最密切联系原则终于实现了从一般性的法律适用方法向法律选择的指导原则的转变，[1]成为立法指导原则。

有学者认为《法律适用法》第2条是法律选择的指导原则。最密切联系原则在《法律适用法》中不是具有统领地位的基本原则，因为该法并没有像《奥地利关于国际私法的联邦法》那样宣称自己规定的冲突规则是最密切联系原则的具体体现，最密切联系原则是我国涉外民事关系法律适用中具有补缺功能的法律选择原则。[2]有学者认为《法律适用法》第2条是开放性的法律适用原则。最密切联系原则的确立是当代法律适用法发展的重要里程碑，它的发展和确立克服了传统国际私法的僵硬性和机械性，它以高度的灵活性和技术性更好地面对国际上日新月异的民商事关系。第2条以补充原则形式赋予最密切联系原则一席之地，间接地扩大了这一原则适用范围，使之成为一条开放性的法律适用原则。[3]

有学者提出最密切联系原则既是法律选择的指导原则又是法律选择的方法。对于最密切联系原则的地位，将其作为法律适用法的基本原则或法律选择的基本原则或法律适用的补充原则都是值得商榷的。最密切联系原则作为一个系统，是有层次的，既是法律选择的指导原则又是法律选择的方法。最密切联系原则的客体应表述为既包括"法域"也包括"法律"，二者不可割裂，它是在立法和司法层面的综合表征，诠释了在不同阶段立法选择权与司法选择权的相互结合、相互补充。最密切联系原则指向国际条约或国际惯例容易为当事人所接受，也为法院提供了便利，且可以满足国际商业活动追求便利和效率的需要，因此有一定的可行性。[4]

（三）《法律适用法》第2条是拾遗补阙条款

最密切联系原则是《法律适用法》基本原则性质的补充性规则的观点也受到部分学者的质疑、批判甚至是强烈的反对，这些学者截然相反地认为：第2

---

〔1〕 叶竹梅："《涉外民事关系法律适用法》中'最密切联系原则'之立法定位"，载《甘肃政法学院学报》2014年第3期，第112页。

〔2〕 邹淑环："《涉外民事关系法律适用法》视野下的最密切联系原则"，载《天津商业大学学报》2013年第4期，第70页。

〔3〕 糜毅华、王柯："最密切联系原则在中国的构建与完善：兼评《涉外民事关系法律适用法》相关条款"，载《湘潮（理论版）》2013年第3期，第45页。

〔4〕 马志强："最密切联系原则的地位思辨"，载《西南政法大学学报》2011年第5期，第61页。

条第 2 款"赋予最密切联系规则以兜底救济的地位，也因此将其排除在涉外民事关系法律适用的基本原则之外"。[1] 从法理学角度看，当某一法律规则上升为法律基本原则，需要满足适用于一部法律调整范围内的所有领域、贯穿该部法律始终、构成该部法律的制度支撑三方面的品质要求，最密切联系原则的兜底功能内在地限制了其上升为基本原则的可能。①基本原则必须能够适用于其所在法律部门的所有领域。兜底规则在理论上虽然也能够适用于涉外民事关系法律适用的所有领域，但其发挥作用限于消极层面。从逻辑上讲，作为兜底规则的最密切联系规则只能在没有具体法律适用规则规定的领域被用来援引应适用的法律。随着我国涉外民事立法的完善和精进，法律适用规范日趋体系化和系统化，缺乏法律适用规范调整的领域日益减少，在很多领域排除了最密切联系规则的兜底救济功能。②基本原则必须是贯穿始终的规范。基本原则既统摄一部法律的精气神，又驾驭该部法律的规则表达和技术结构。从《法律适用法》的精神和规则来看，最密切联系的精义得到确认，但尚不至于此，其间还包括对弱者利益保护、司法任务的简化、意思自治等价值取向的偏重。③基本原则必须是贯穿一部法律的中心线索和建构整部法律的龙骨。综观我国涉外民事立法，最密切联系原则只是法律适用法中一些规则的立法根据，远未成为整部法律的制定基础。《法律适用法》只是将最密切联系原则作为无法可依时的补充规则而已，并无意将其提升至法律基本原则的地位。[2]

概括说来，学者们对最密切联系原则在《法律适用法》中的立法定位持三种观点：第一种观点认为最密切联系原则是《法律适用法》基本原则性质的补充性规定，能够适用于涉外民事关系所有领域，贯穿其始终；第二种观点认为最密切联系原则并非《法律适用法》基本原则，仅为涉外民事关系法律适用无法可依时的兜底规则；第三种观点可谓上述两种观点的折中，定位最密切联系原则为指导原则。持这种观点的学者对最密切联系原则的定位不尽相同，可以分为三种情况：①定位最密切联系原则为法律选择原则，倾向于该原则是立法指导原则；②定位最密切联系原则为法律适用原则，倾向于该原则是司法指导原则；③定位最密切联系原则兼具法律选择原则和法律适用原则双重属性，倾向于该原则既是立法指导原则，又是涉外民事关系法律适用的指导原则。

---

〔1〕 刘想树："论最密切联系的司法原则化"，载《现代法学》2012 年第 3 期，第 132 页。

〔2〕 刘想树："论最密切联系的司法原则化"，载《现代法学》2012 年第 3 期，第 132 页。

二、最密切联系原则是制定《法律适用法》的基本原则

《法律适用法》是以最密切联系原则为基本原则制定的，这一结论似乎故弄玄虚，甚至危言耸听，不过事实的确如此。回顾《法律适用法》的制定过程，可以为该结论做出有理有据的解释。

《法律适用法》自 2002 年 2 月起草，至 2010 年 10 月 28 日通过，历时 8 年 8 个月，期间七易其稿。第 1 稿到第 4 稿草案未将最密切联系原则纳入总则部分，仅在分则中规定该原则为若干领域的法律选择方法或者法律选择规则。2009 年 9 月，中国国际私法学会起草的第 5 稿草案总则赋予最密切联系原则新的定位，"中华人民共和国法律和对中华人民共和国生效的国际条约就涉外民事关系的法律适用没有规定的，可以适用当事人选择的法律。当事人没有选择法律的，适用与该涉外民事关系有最密切联系的法律"，[1] 改变了以往立法只规定法律选择规则，不规定法律选择原则的做法，在法律适用法立法史上第一次把最密切联系原则提升为兜底条款。

《法律适用法》第 6 稿草案进一步提高了最密切联系原则的定位，该草案第 3 条第 1 款规定，"涉外民事关系适用的法律，应当与该涉外民事关系有最密切联系"，确立最密切联系原则为《法律适用法》基本原则；第 2 款规定，"本法或者其他法律对涉外民事关系的法律适用没有规定的，适用与该涉外民事关系有最密切联系的法律"，该规定是对最密切联系原则为基本原则的补充。该条规定是不折不扣的基本原则条款，确定涉外民事关系适用的法律应当与该涉外民事关系具有最密切联系（基本原则）；应适用的法律与该涉外民事关系不具有最密切联系，则排除适用，转而适用与该涉外民事关系具有最密切联系的法律（例外原则）；法律对涉外民事关系法律适用没有规定的，适用与该涉外民事关系有最密切联系的法律（补充原则）。《法律适用法》第 6 稿草案是以最密切联系原则为基本原则制定的，该草案所规定的涉外民事关系各领域的法律适用应当理解为都是与该民事关系有最密切联系的法律。

就第 3 条规定本体而言，并无不妥，但如果将第 6 稿草案第 3 条规定与整部法律联系起来总体考察，不难发现该条规定还存在些许问题。

---

〔1〕 黄进主编：《中华人民共和国涉外民事关系法律适用法建议稿及说明》，中国人民大学出版社 2011 年版，第 11 页。

第一，难以实现涉外民事关系适用的法律都与该民事关系有最密切的联系。《法律适用法》分则规定的涉外民事关系应适用的法律，难以实现都是与涉外民事关系有最密切联系的法律。如果依据这些具体规定所援引的法律与涉外民事关系不具有最密切联系，则出现总则的规定与分则规定抵触，进而导致总则的规定与司法实践抵触，产生的直接后果是《法律适用法》基本原则落空。

第二，最密切联系原则在成文法国家能否作为法律适用法基本原则值得探讨。最密切联系这一连接点是主观意识作用于客观事实通过分析、判断、归纳、推理整合确定的，不是一个确定的、固定的、不变的客观事实，而是一个具有主观性、模糊性和不确定性、主观判断和客观事实融为一体的法律概念。判定最密切联系连接点，受法律制度、文化传统、风俗习惯、法官素质等多方面因素的制约，因案件案情不同各异。英美法系国家实行判例法制度，法官立法，法官是案件的主宰，拥有自由裁量权，法官可以根据案件性质的"质"或者与特定法域联系的"量"确定连接点，援引准据法；而大陆法系国家实行成文法，法官的自由裁量权受到限制和约束，法官必须依法办案，最密切联系经过立法程序或者司法解释途径蜕变为"特征性履行"，"涉外民事关系适用的法律，应当与该涉外民事关系有最密切联系"实质上是立法机关的立法原则，或者是最高人民法院司法解释的遵循，对法官司法而言，没有发挥主观能动性的余地，只能被动地依据法律条文司法，这在事实上是背离了最密切联系原则的初衷和本源，最密切联系原则发生了质的变异，最密切联系原则在成文法国家能否作为法律适用法基本原则值得探讨。

第三，违反法律确定性要求。法律适用法在数百年演进过程中以超强的稳定性著称，以致人们不得不对其进行各种"软化"处理以增强其灵活性。对法律适用规则"软化"处理必须在合理限度内，不能过分强调法律适用规则的灵活性而忽视确定性。法律的确定性是法的基本特征，反映了整个社会和法律学人对立法和司法的期待和要求，"确定性是和谐之母，因而法律的目的就在于确定性"。[1] 任何社会制定的法律，都是把确定性置于首位，使法律具有客观性和稳定性。20世纪以来，在后现代主义、多元化思潮的推动下，西方国家一些法哲学流派强调法律的不确定性，现实主义法学和批判法学把法律的不确定性推向了

[1] ［美］埃德加·博登海默：《法理学——法律哲学和方法》，张智仁译，上海人民出版社1992年版，第293页。

极致，以致对各国立法都有一定的影响。最密切联系原则作为法律适用法基本原则和补充性原则，将使法律适用规则处于不稳定状态，违反法律的确定性要求。

第四，《法律适用法》第6稿草案第3条与第4条关系的捋顺。第3条是基本原则性质的规定，第4条"当事人依照法律规定可以明示选择涉外民事关系适用的法律"也是基本原则性质的规定，这两条规定的价值取向是不同的，第3条规定将应适用法律的选择权赋予了法官，由法官依据最密切联系原则确定准据法，第4条规定将应适用法律的选择权赋予了当事人，由当事人选择涉外民事关系应适用的法律。第3条与第4条规定处于同一法律之中，同为法律原则，法律位阶和法律地位相同，这势必为法律选择方法冲突埋下伏笔，因为最密切联系原则与意思自治原则有相互否定的一面，二者之间只能是主次关系，不能是并列关系。第3条规定如果不做修改，第4条规定存在的基础或者法律效力将严重削弱。第3条与第4条并列规定且最密切联系原则位于意思自治原则之前实质上是把法律的选择权赋予法院，这与当前国际社会普遍认可的当事人意思自治协商选择涉外民事关系应适用的法律的潮流相悖，也与《法律适用法》立法宗旨相违。最密切联系原则与意思自治原则之间的关系应当是意思自治原则在前，最密切联系原则置后，在当事人没有选择涉外民事关系应适用的法律或者当事人选择的法律无效的情况下，最密切联系原则作为意思自治原则的补充发挥作用。

《法律适用法》第6稿草案通过第二次审议后，全国人大法工委与《法律适用法》起草工作小组采取多种形式征求社会各界修改意见，许多专家、学者发表了建议。有学者不赞同将最密切联系原则作为《法律适用法》基本原则，认为最密切联系原则如果作为涉外民事关系适用的基本原则，那么整部法律只要有了这一条法律原则就够了，其他条款都是多余的，所有涉外民事案件法官可以适用最密切联系原则确定应适用的法律。有学者提出如果最密切联系原则和意思自治原则都作为涉外民事关系法律适用基本原则，则意思自治原则应位于最密切联系原则之前，涉外民事关系首先适用的是当事人选择的法律，当事人没有选择法律时，依据最密切联系原则确定涉外民事关系应适用的法律。[1]

专家、学者们的意见对全国人大常委会定位最密切联系原则起到了一定的促进作用，《法律适用法》第三次审议时删除了《法律适用法》第6稿草案第2条第1款，将第2条第2款和第3条合并为《法律适用法》第2条。第三次

---

〔1〕 齐湘泉：《〈涉外民事关系法律适用法〉原理与精要》，法律出版社2011年版，第30页。

审议稿修改最密切联系原则为基本原则性质的补充性原则，是立法机关基于对最密切联系原则内涵的界定及该原则在适用中可能出现的法律问题的预判。从该条规定可以看出，合并后《法律适用法》第 2 条将最密切联系原则变更为涉外民事关系法律适用总的补充原则，捋顺了最密切联系原则与意思自治原则的关系，协调了最密切联系原则与具体法律适用规则的关系。

最密切联系原则由基本原则修改为补充性法律原则的原因，全国人大法工委负责人在《法律适用法》颁行后作了解释。最密切联系原则作为《法律适用法》基本原则包含三方面含义："一是涉外民事关系应适用的法律应当与该涉外民事关系具有最密切联系；二是法律适用规范援引的准据法与该涉外民事关系不具有最密切联系的，则适用与该涉外民事关系具有最密切联系的法律；三是国际条约、国内法律对涉外民事关系法律适用问题没有规定的，适用与该涉外民事关系有最密切联系的法律"。[1] 这三方面内容各自独立，相辅相成，互为补充。"第一层含义是涉外民事关系法律适用的基本原则，第二层和第三层含义是不同条件下的补救条款，确保最密切联系原则在涉外民事关系中得以适用。最密切联系原则的三方面含义在《法律适用法（草案）》第二次审议稿中得以体现"。[2] 全国人大常委会第三次审议通过《法律适用法》时保留了第三层含义，删除了第一方面、第二方面的内容，删除的主要原因是考虑到第二方面内容的存废。"第二方面内容有积极意义，涉外民事关系纷繁复杂，不可能保证确定适用的法律与该涉外民事关系之间衔接的天衣无缝，没有纰漏。有了第二方面的内容，就能纠正偏差，弥补缺失，使涉外民事关系的法律适用回归最密切联系原则道路。正因如此，比利时、瑞士等国家国际私法都规定了最密切联系原则的第二方面内容。第二方面内容也是一柄双刃剑，用得不好，会妨碍正确适用《法律适用法》。有了第二方面内容，民事主体、婚姻家庭、物权、债权等领域涉外民事关系的法律适用变得不那么确定了，都有可能被推翻；涉外民事关系相当复杂，对确定适用的法律与该民事关系是否有最密切联系可能理解不一，加上各种各样的人为因素，也有可能抛弃正确选择的法律而走到错误的法律适用道路上去。权衡比较，还是删去第二方面内容更好一些，故我国《法律适用法》第三次审议稿删去了第二方面内容。第二方面内容的删

---

〔1〕　王胜明："涉外民事关系法律适用法若干争议问题"，载《法学研究》2012 年第 2 期，第 189 页。
〔2〕　王胜明："涉外民事关系法律适用法若干争议问题"，载《法学研究》2012 年第 2 期，第 189 页。

除对第一方面的内容起到了釜底抽薪的作用，第一方面的基本原则在立法过程中已经尽量体现在各个具体的法律适用规范中，第一方面内容隐含的如果确定适用的法律与该涉外民事关系没有密切联系时该如何处理，恰恰是第二方面内容要解决的问题。从这个意义上，可以说第一方面内容是对第二方面内容的铺垫，或者说第二方面内容是对第一方面内容的进一步明确。所以，删去了第二方面内容，再删去第一方面内容，就顺理成章，不觉得可惜。"〔1〕

从全国人大法工委负责人的论述可以看出，作为《法律适用法》基本原则的"最密切联系原则的三方面含义在《法律适用法》第二次审议稿中得以体现"，但是因为最密切联系原则作为该法基本原则产生的弊端是有可能造成法律选择的混乱，正确选择的法律得不到适用，影响法律选择和法律适用的公正性，最终不得不做出割舍，删除了最密切联系原则为法律适用基本原则条款，保留为补充性法律原则。这里需要特别提及的是全国人大常委会通过的《法律适用法》只是对第二次审议稿第 3 条做了修改，未对以第 3 条作为基本原则制定的分则条款进行修改，涉外民事关系各领域的法律适用仍然是以最密切联系原则为指导思想制定的。

比较《法律适用法》两次审议稿条文的数量也可以说明这一问题。第二次审议稿有 54 条，第三次审议稿有 52 条，后者对前者的修改为合并第 2 条和第 3 条为第 2 条，合并第 15 条和第 16 条为第 14 条，合并第 20 条和第 21 条为第 19 条，第 10 条调整为第 6 条，增加了第 18 条，其他条款未做变动，内容完全一致，这足以佐证《法律适用法》是以最密切联系原则为基本原则制定的。《法律适用法》第 2 条虽为兜底条款，仍不失基本原则性质。

第三节　最密切联系原则立法考察

最密切联系原则的产生经历了从理论到实践，从实践到规则，从规则到法律原则这样一个渐进的过程。在这个渐进的过程中，最密切联系原则理论和立法不断发展并获得各国首肯。最密切联系原则一经问世，便以其特有的灵活性、追求法律适用的公正性对世界各国产生了重大影响，为各国的立法、司

---

〔1〕　王胜明："涉外民事关系法律适用法若干争议问题"，载《法学研究》2012 年第 2 期，第 189 页。

法、理论所广泛接受并不断得到充实和完善，一些国际条约也采纳了这一原则，使其成为整个人类的共同财富。

一、最密切联系原则的产生与各国最密切联系原则立法

（一）从理论到实践

我国学界有一种观点，认为最密切联系原则是美国纽约州法院法官富德（Fuld）在奥汀诉奥汀案（Auten v. Auten）[1]和贝柯克诉杰克逊案（Babcock v. Jackson）的审理中创立的，1971 年美国哥伦比亚大学教授里斯（Willis L. M. Reese）编纂美国《冲突法重述（第二次）》时完成了最密切联系原则的理论化、系统化和规范化，从而把创立最密切联系理论的殊荣归功于富德和里斯。但追溯最密切联系原则演进的历史，可以看出，最密切联系原则的产生沿袭从理论到实践这样一个发展过程，富德和里斯是沿着前辈的足迹，踏着前辈搭建的阶梯摘取了桂冠。1849 年，德国学者弗里德里希·卡尔·冯·萨维尼

---

[1]　308 N. Y. 155，124 N. E. 2d99（1954）. 奥汀诉奥汀案案情是：奥汀夫妇是英国人，1917 年在英国结婚，婚后与其两子女居住于英国。1931 年，奥汀先生（被告）遗弃妻儿来到美国，于第二年在墨西哥经法院判决获准离婚，然后与另一女子成婚。1933 年，奥汀夫人（指在英国的原妻，原告）来到纽约与被告达成分居协议。双方约定，被告每月支付 50 英镑给原告作为其与子女的扶养费，双方维持分居现状，任何一方不得向对方提起有关分居的诉讼，且原告不得以被告离婚或再婚为由对其提起诉讼，否则算毁约，不再享有协议中的权利。协议签订后，原告返回英国。被告支付了几个月的扶养费后不再支付，致使原告与孩子的生活出现困顿。原告在英国法院起诉（1934 年），以被告通奸为由提出分居要求，并请求被告支付抚养费。英国法院作出裁定，令被告向原告支付生活费。英国法院作出判决之后的几年，被告仍未向原告支付抚养费，原告到纽约州法院提起诉讼（1947 年），要求被告按约支付扶养费 26 564 美元。被告辩称，原告在英国法院提起分居诉讼是撕毁协议的行为，因而不再享有协议上的权利。初审法院根据纽约州法律，驳回原告的起诉。原告上诉，上诉审维持了原判。原告不服，诉至纽约州上诉法院。负责此案的富德法官主张在本案中采用"重力中心地"（Center of Gravity）或"联系聚集地"（Grouping of Contacts）的法律选择方法，认为应着重强调与争议事件有最密切联系的国家的法律得到适用，而不是仅仅考虑当事人的意图或合同订立地或履行地。考察本案，纽约州与案件的联系仅在于它是合同订立地。英国才是本案争议的"重力中心"，与本案有关的诸多联系均聚集于此：双方当事人是英国人，其婚姻在英国缔结，其子女在英国生育，一家人在英国共同生活了十几年，妻子在纽约签订协议后即回到英国抚育子女，扶养费也是由纽约的受托人汇到英国，并且是用英镑支付，协议还规定丈夫如果回英国可以看望子女。总之，该协议确定了一位作为丈夫和父亲的英国男人对他在英国继续生活的妻儿所尽的婚姻义务和扶养责任。由此看来，该协议产生的争议事关丈夫的婚姻家庭义务。因此，确定与争议有联系的因素应当考虑婚姻缔结地和家庭生活地等重要背景。显然，比起美国纽约，英国与争议事件的联系要密切和重要得多，因而应适用英国法而不是纽约州的法律。富德法官还认为，英国在本案中具有最大的利益，因为案件涉及英国的婚姻家庭关系。再从保护当事人的正当期望考虑，奥汀夫人不可能期望将她依英国法所享有的权利交由一个对她完全陌生的法律来保护。基于以上理由，富德法官得出结论：英国与本案有着真正重要的联系，所以应当适用英国法。

（Friedrich Karl Savigny）创立"法律关系本座说"，提出任何法律关系都与一定的地域相联系，每一法律关系都具有各自的"本座"，法律关系的准据法应是"本座"所在地法律。[1]"法律关系本座说"揭示了法律关系与特定地域之间联系，这为最密切联系原则的建立铺平了道路。

最密切联系理论的发祥地是英国而不是美国。1880年，英国学者韦斯特莱克（Westlake）提出"在英国选择支配合同内在有效性和合同效果的法律应基于实质意义的考虑，优先选择与交易有最真实联系的那个国家的法律，而不是诸如合同缔结地法"的理论观点，[2]开启了最密切联系原则的理论探索。牛津大学法学教授戴西在韦斯特莱克思想基础上创立了合同自体法理论，认为合同应适用当事人明示选择的法律；当事人没有明示选择的，合同由与其有最密切、最真实联系的法律支配。20世纪50年代，莫里斯承继了戴西的理论，在其著述中多次论及合同适用"与交易有最密切、最真实联系的法律"，[3]并将合同自体法理论扩展至侵权领域，提出了"侵权行为自体法"理论，主张侵权行为依最密切联系原则确定准据法。在英国，权威学者的理论就是法律，合同自体法理论多次适用于司法实践。在罗萨诺诉制造商人寿保险公司案（Rossano v. Manufacturers Life Insurance Co.）中，被保险人居所地在埃及，保险公司总部在安大略省，法官麦克奈尔（McNair）认定与保险合同有最密切、最真实联系的法律是安大略省法律并适用了该法。[4]在英国，最密切联系原则的适用也是有争议的，瑞联铁路有限公司案（Re Unite Railways Ltd.）中，莫里斯勋爵主张适用"最密切、最真实联系的法律"，丹宁勋爵（Lord Denning）坚持适用法律适用规范确定的法律。[5]韦斯特莱克、戴西和莫里斯"最密切、最真实联系的法律"的思想为里斯"最密切联系原则"的建立架起了理论阶梯。

（二）从实践到规则

美国最密切联系原则理论体系的建立至少比英国最密切联系思想的出现晚

---

〔1〕［德］弗里德里希·卡尔·冯·萨维尼：《法律冲突与法律规则的地域和时间范围》，李双元等译，法律出版社1999年版，"译者序"第2页。

〔2〕 Westlake, "A Treatise on Private International Law" (1922), at 288, cited in Fridrich K. Juenger, "Choice of Law and Mud Choice of Law", 71 *Colum. L. Rew.* 551 (1971).

〔3〕［英］J. H. C. 莫里斯主编：《戴西和莫里斯论冲突法》（下），李双元等译，中国大百科全书出版社1998年版，第1131~1132页。

〔4〕 Rossano v. Manufacturers Life Insurance Co. [1963] 2 Q. B. 352, 361, pp. 368-369.

〔5〕［英］J. H. C. 莫里斯主编：《戴西和莫里斯论冲突法》（下），李双元等译，中国大百科全书出版社1998年版，第1131~1132页。

半个世纪，但对世界的影响令英国望尘莫及，最密切联系原则在美国完成了从实践到规则的跨越。1954 年美国纽约州法官富德审理奥汀诉奥汀案，该案初审法院依据当事人在纽约州订立的分居协议中的法律适用条款适用纽约州法律，判决原告败诉。富德法官突破了传统法律适用规范的束缚，提出了"重力中心地"（Center of Gravity）、"联系聚集地"（Grouping of Contact）、"最密切联系地"（Most Significant Contact）理论，主张不应机械地依据法律适用规范确定准据法，而应该对案件综合分析，适用与案件有最密切联系的法律。在奥汀诉奥汀案中，富德认为案件与英国有最密切联系，应适用英国法。奥汀诉奥汀案是第一个在涉外合同案件的审判实践中否定传统法律适用规范的判例，该判例为最密切联系原则的形成奠定了实践性基础。[1]

1963 年，富德法官在贝柯克诉杰克逊案的审理中，[2] 延续了最密切联系

---

〔1〕　Auten v. Auten，308 N. Y. 155，124 N. E. 2d99（1954）。

〔2〕　12 N. Y. 2d. 473，240 N. Y. 2d 743，191 N. E. 2d 279（1963）. 贝柯克诉杰克逊案案情为：美国纽约州罗彻斯特市（Rochester）居民杰克逊（Jackson）夫妇周末邀请住在同城的贝柯克（George Babcock）小姐周末到加拿大旅行。杰克逊先生驾驶的汽车行至加拿大安大略省时突然失控，撞向路边石墙，发生了车祸，导致贝柯克小姐受重伤。贝柯克小姐返回纽约以后，在纽约法院提起诉讼，要求杰克逊先生赔偿其损失。杰克逊援引加拿大安大略省 1960 年《高速公路法》（Highway Traffic Act）第 105 条第 2 款规定，主张驾车时并不是执行公务，无须赔偿乘客所受损害。依侵权行为地安大略省的法律，车主和驾驶人对免费乘车的乘客所发生事故而造成的损失是免责的，可不负任何赔偿责任。依纽约州的法律，即使乘客是免费乘车，若发生了交通事故，车主或驾驶人也要负赔偿责任。初审法官根据传统的"侵权依侵权行为地法"的法律适用规范适用了安大略省的法律，判原告败诉。原告不服，提出上诉。负责审理此案的美国纽约州最高法院的富德法官指出，"贝柯克案"中的问题很明确，就是应该适用侵权行为地安大略省的法律还是适用与本案有更密切联系的纽约州的法律。富德法官指出，传统法律适用法所赖以生存的既得权理论，忽视了侵权地外的其他州对解决案件所具有的利益。正鉴于此，尽管传统的侵权行为地法具有确定性、适用的方便性和可预见性等优点，但在"贝柯克案"及以后的其他案件的审理过程中，不能再墨守成规。在"贝柯克案"中，将纽约州与安大略省在该案中的利益和联系进行比较，很容易发现，纽约州对该案的利益和联系比安大略省的更大，联系更具有实质性，因为原告和被告均是纽约州居民，且主客观法律关系的成立地、旅行的开始地和返回地以及车的保险地都在纽约，而加拿大只是极为偶然的侵权行为事实发生地。富德法官进一步分析，纽约州的政策是要保护乘客，要求侵权人对其疏忽行为承担赔偿责任，这点是无可否认的。因此，纽约州法院没有理由仅因为事故偶然发生在他州，就背弃纽约州的政策而不保护乘客。另一方面，一个纽约州的原告由于在安大略省受到侵害而对另一个纽约州的被告的侵权行为提出指控，根据安大略省的法律规定，该被告的行为亦属侵权行为。在这种情况下，如果依照安大略省的法律不给予原告补偿，安大略省也不会因此而获得利益。安大略省那条法律的目的在于防止乘客与驾驶员串通一气对保险公司提出欺诈性指控。很明显，安大略省法律所追求的目的是要保护安大略省的保险公司，而不是纽约州的保险公司。在"贝柯克案"中，乘客和驾驶员不可能串通欺诈保险公司，因为如果他们串通欺诈，就不会在安大略省制造事故，而会在一个给原告赔偿的地方制造事故。经过上述分析可以得出结论，纽约州与本案的联系最密切，适用纽约州的法律有利于维护纽约州的政策利益，同时加拿大也没有政策利益上的损失。因此，法院最后判决贝柯克小姐胜诉。

思想，再次运用"重力中心地说"和"联系聚集地说"否定了侵权行为适用侵权行为地法规则，而适用当事人共同本国法裁断争议，推动了最密切联系原则的确立。贝柯克诉杰克逊案是美国近几十年来最有影响的判例之一，对各国法律适用法发展的影响也是空前的，现代各国法律适用法立法，无一不把最密切联系原则纳入本国法律之中，作为调整涉外民事关系的重要规则。

美国学者里斯总结了司法实践经验，在编纂《冲突法重述（第二次）》时，以法律的形式确立了"最密切联系原则"的地位。《冲突法重述（第二次）》采用最密切联系原则十分慎重，限制该原则适用范围，对适用设置了限制条件。以涉外侵权法律适用为例，《冲突法重述（第二次）》对涉外侵权法律适用作了规定，该法第145条规定涉外侵权法律适用总体原则是适用"与该事件及当事人有最重要联系的州的本地法"，适用时要受两方面约束：一是《冲突法重述（第二次）》第6条规定的原则性约束，要考虑法院地、相关州的政策和利益，维护法律的确定性、可预见性和一致性；[1] 二是第145条的具体约束，在确定所要适用的准据法时，应考虑损害发生地、行为实施地、当事人住所、居所、国籍、公司所在地以及营业地、双方当事人关系集中地等因素。从第6条、第145条对最密切联系原则适用规定的原则性的和具体的限制性条件可以看出，里斯的冲突法思想强调的是政策分析和规则细化，最密切联系原则在里斯眼中实为无奈之举和过渡策略。[2]《冲突法重述（第二次）》是最密切联系原则正式确立的标志，此后，最密切联系原则逐渐成为美国法院解决法律冲突的一项重要的指导性原则。最密切联系原则是美国法律适用法理论争鸣的最终结论，也是司法实践经验的总结，更是理论与实践相互交融的结晶。

最密切联系原则发轫于英国学者韦斯特莱克、戴西和莫里斯"最密切、最真实联系的法律"的思想，建立于富德法官审理奥汀诉奥汀案、贝柯克诉杰克逊案经验之上，完成于里斯的美国《冲突法重述（第二次）》，大陆法系国家

---

[1]《冲突法重述（第二次）》第6条规定为：法律选择原则一是法院在接受宪法约束的前提下应遵循其所在法域关于法律选择的成文法规定。二是在无此种规定时，选择准据法规则考虑的因素包括：①州际和国际秩序的需要；②法院地相关政策；③其他利害关系州的相关政策及在决定特定问题时这些州的有关利益；④对正当期望的保护；⑤特定领域法律所依据的政策；⑥法律的确定性、可预见性和一致性；⑦将予适用的法律易于确定和适用。

[2] 许庆坤："美国冲突法中的最密切联系原则新探"，载《环球法律评论》2009年第4期，第75页。

对最密切联系原则的规定只是移植、借鉴，特征性履行理论是对最密切联系原则的吸收和细化，这在我国法学界已成定论。我们的定论是否准确，是否符合历史的真实，还是需要进一步思考。世界范围内最先以法律形式规定最密切联系原则为合同准据法的选择规则和选择方法的当属希腊，1946年《希腊民法典》第25条规定"契约债务人适用当事人自愿受制的法律，如果没有这种法律，适用按照全部具体情况对该契约适当的法律"。该规定虽然没有使用最密切联系原则这一提法，但其内容与英国韦斯特莱克、戴西和莫里斯"最密切、最真实联系的法律"的思想如出一辙，希腊的立法是否借鉴了英国学者的理论？美国最密切联系原则的实践和立法都晚于希腊，其内容与希腊的立法别无二致，那么美国制定最密切联系原则规则时是否借鉴了希腊的立法？英国学者最密切联系原则的思想、希腊最密切联系原则的立法、美国最密切联系原则的实践之间是否存在逻辑关系，学术界尚未进行研究并做出合理的解释。就现有资料我们可以得出的结论是大陆法系国家最密切联系原则的立法早于英美法系国家；法律产生的渊源具有多样性，可以是思想，也可以是立法，还可以是实践。同一法律规则，可以同时或者先后在不同的国家产生，只要这一法律规则符合社会发展规律。

（三）从规则到基本原则

最密切联系原则抛弃了依赖单一客观连接因素确定准据法的机械和僵化，倡导对案件进行多方位的综合考察，把法官的公正意识和与案件有关的各种连接因素有机结合确定准据法，强化法律适用的灵活性，追求法律适用的合理性，实现法律适用的公正性，完成了法律选择从"冲突法正义"向"实体法正义"的转型，在法律选择方法上可谓一次成功的突破。最密切联系原则契合了人类社会公平正义理念，因而，各国无不以法律形式规定最密切联系原则为具体涉外争议的法律选择规则或者同类案件的法律选择方法。

随着英国、希腊在合同领域、美国在侵权领域创立的最密切联系原则适用领域和范围不断扩展，法律地位不断得到提升，以致出现了把最密切联系原则作为涉外民事关系法律适用基本原则的国家。

1978年《奥地利国际私法》第1条规定，"①与外国有连结的事实，在私法上，应依与该事实有最强联系的法律裁判。②本联邦法规（冲突法）所包括的适用法律的具体规则，应认为体现了这一原则。"奥地利是第一个把最密切联系原则上升到了法律适用法基本原则的国家，继后，也有国家借鉴奥地利立法，规定最密切联系原则为法律适用基本原则。例如，2005 年《保加利亚共和国关于国际私法的法典》第 2 条第 1 款规定，"具有国际因素的私法关系，由与其有最密切联系国家的法律支配，本法典有关确定准据法的条款均为该原则的体现"；第 2 款规定，"如果依照本法典第三编的各条款不能确定应适用的法律，则适用依其他标准与该私法关系有最密切联系的国家的法律"。

瑞士、比利时等国家定位最密切联系原则为基本原则性质的例外性规则。1987 年《瑞士联邦国际私法》第 15 条规定，"如果根据所有情况，案件显然与本法所指引的法律仅有较松散的联系，而与另一法律却有更为密切的多的联系，则本法所指引的法律例外地不予以适用"。2004 年《比利时国际私法典》第 19 条与瑞士的规定相同。瑞士、比利时等国家准许本国法院"在正常的冲突规则所指定的法律体系与案件并无密切联系时，例外地适用与案件有最密切联系的另一法律体系，从而在保持法律适用的可预见性和安定性的同时，避免或克服了传统冲突规则的固定性、僵化性、机械性和盲目性。将一般性例外条款纳入一国的国际私法法典或主要的国际私法制定法已成为当代国际私法立法的一大趋势"。[1]

摩尔多瓦将最密切联系原则定位为补充性基本原则，《摩尔多瓦共和国民法典》第 1576 条第 2 款规定"依照本条第一款无法确定准据法时，适用与涉外民事关系有最密切联系的法律"，[2] 亚美尼亚、吉尔吉斯斯坦等国家也做了相同的规定。

梳理各国最密切联系原则立法可以看出，最密切联系原则已为各国普遍接受，是各国普遍认可的法律选择规则或者法律选择方法。由于各国国情不同，法律传统不同，必然对最密切联系原则定位不同，赋予法官的自由裁量权也不相同。最密切联系原则的适用范围，主要在合同和侵权领域，近年来适用范围有所扩展，在与人的身份有关的继承、扶养、国籍冲突的解决、区际法律冲突的解决等领域，一些国家也引入了最密切联系原则。在立法上，奥地利、瑞士、摩尔多瓦等国家将最密切联系原则作为基本法律原则广泛适用于涉外民事关系。

---

〔1〕 陈卫佐："当代国际私法上的一般性例外条款"，载《法学研究》2015 年第 5 期，第 197 页。

〔2〕《摩尔多瓦共和国民法典》第 1576 条第 1 款规定，"与外国法律有联系的民事法律关系，其准据法依摩尔多瓦共和国签署的国际条约、本法典、摩尔多瓦共和国其他法律以及摩尔多瓦共和国认可的国际习惯确定"。

近年来，一些国家立法中出现了更密切联系的规定，更密切联系原则是在最密切联系原则基础之上对涉外民事关系法律适用进一步进行优化的选择，其作用在于强化涉外民事关系法律适用的公正性和合理性。在最密切联系原则大肆扩张之际，部分国家对最密切联系原则适用范围有所限制。英美法系国家采用灵活的方法适用最密切联系原则，法官在审理案件时，有权根据案件的具体情况就案件与哪一国家有最密切联系进行裁量，并决定是否适用最密切联系原则。这种柔性的法律适用方式有助于保证法律适用结果的合理性，这种方式的弊端在于过分强调法官的作用，会影响法律适用结果的确定性。最密切联系原则产生于英国、美国，但美国、英国、土耳其等国家对最密切联系原则的适用范围予以限制，规定最密切联系原则适用于合同和侵权领域；[1] 希腊、法国等国家规定最密切联系原则仅适用于合同领域。[2]

二、国际条约对密切联系原则的采纳

最密切联系原则不仅为各国立法所借鉴，也为一些国际条约所采纳。国际条约所规定的最密切联系原则，多为补充性规则或者例外性规则。

1984 年海牙《信托的法律适用及其承认的公约》以补充性规则的方式规定了最密切联系原则的适用。该公约第 6 条规定信托应依财产授予人所选择的法律，第 7 条规定"如适用的法律未经选择，信托应依与之有最密切联系的法律。确定与信托有最密切联系的法律时，特别应考虑：①财产授予人指定的信托管理地；②信托财产的所在地；③受托人的居住地或营业地；④信托的目的及其目的实现地"，最密切联系原则是意思自治原则的补充。

1985 年海牙《国际货物买卖合同法律适用公约》以例外性规则方式规定了最密切联系原则的适用。该公约第 8 条第 1 款规定"在未按照第 7 条选择销售合同适用法律时，合同应受卖方在订立合同时设有营业所的国家的法律管辖"；第 2 款规定"销售合同应受买方在订立合同时设有营业所的国家的法律

---

〔1〕 1971 年美国《冲突法重述（第二次）》第 6 条、第 145 条、第 188 条规定；英国适用最密切联系原则通过"自体法"形态，以合同自体法和侵权行为自体法方式将最密切联系原则适用于司法实践；参见 1982 年《土耳其国际私法和国际诉讼程序法》第 24 条、第 25 条规定。具体内容参见李双元等编：《国际私法教学参考资料选编（上册：总论·冲突法）》，北京大学出版社 2002 年版，第 162、371~403、444、457、462 页。

〔2〕 1946 年《希腊民法典》第 25 条。1967 年《法国民法典国际私法法规（第三草案）》第 2313 条。

管辖，如果：甲、谈判在该国家进行，并且参加谈判的各当事人在该国订立了合同；或乙、合同明确规定卖方在该国履行其交货义务；或丙、合同主要依买方确定的条件和应买方向投标人发出的投标邀请而订立"；第 3 款规定"作为例外，如果根据整个情况……合同明显地与本条第 1 或第 2 款应适用于合同的法律以外的另一法律有更密切的联系，则合同受该另一法律的管辖"。

1988 年《死者遗产继承法律适用公约》同样以例外性规则方式规定了最密切联系原则的适用。该公约第 3 条第 2 款规定，"在特殊情况下，如果他死亡时与当时是其国民的国家有明显的更密切联系，则应适用该国法律"；第 3 款规定"其他情况下，继承受死亡人死亡时是其国民的国家的法律支配，除非死亡人当时与另一国有更密切的联系。这种情况下，应适用该另一国家的法律"。

1980 年《罗马公约》以补充性规则和例外性规则两种方式规定了最密切联系原则的适用。该公约第 3 条规定，合同应适用双方当事人选择的法律。第 4 条规定，"对于没有规定法律选择的合同适用的法律（一）在当事人未根据第三条对合同适用的法律作有效选择时，该合同应适用与它有最密切联系的国家的法律；但如合同的可分离部分与另一个国家有更密切的联系，则该部分合同作为例外，可适用那个国家的法律"。

2008 年 6 月欧洲议会和（欧盟）理事会《关于合同之债法律适用的第 593/2008 号（欧共体）条例》（以下简称《罗马条例Ⅰ》）延续了《罗马公约》第 3 条的规定，"在内容上不想做任何实质性修订"。

2007 年 7 月欧洲议会和（欧盟）理事会《关于非合同之债法律适用的第 864/2007 号（欧共体）条例》（以下简称《罗马条例Ⅱ》）以补充性规则方式规定了最密切联系原则的适用。该公约第 4 条规定，"①除非本条例另有相反规定，由损害事实引起的非合同之债应适用损害发生地国家的法律，至于损害的原因事实发生于何国、该事实的非直接后果发生于何国，在所不问。②尽管如此，若损害发生时责任人和受害人的惯常居所位于同一国家，则适用该国法律。③如果全部情况导致损害事实与第 1 段或第 2 段所指以外国家存在明显更加密切的联系，则适用该另一国家的法律。通常，明显更加密切的联系可能基于当事人之间已经存在的关系，如合同，与争议损害事实存在密切的联系"。

法律适用性质的国际条约数量不多，所涉涉外民事关系的领域有限。国际条约对最密切联系原则的采纳，集中在合同、侵权和继承领域，其规定皆为补充性或者例外性规定。在国际条约中，尚未出现定位最密切联系原则为法律适用基本原则的先例。

第四节 我国最密切联系原则的立法与实践

一、我国最密切联系原则的立法

我国涉外民事关系法律适用立法借鉴、吸收了世界各国立法成果，在涉外民事关系各领域，广泛规定了最密切联系原则的适用。从立法方法来看，我国多将最密切联系原则作为涉外民事关系准据法的选择方法加以规定，之后，由最高人民法院通过司法解释方式细化成为法律适用规则。

我国最先采用最密切联系原则确定准据法的是合同领域，1985 年《中华人民共和国涉外经济合同法》第 5 条规定，合同当事人可以选择合同争议所适用的法律，当事人没有选择的，适用与合同有最密切联系的国家的法律。[1] 1986 年《中华人民共和国民法通则》第 145 条、1992 年《中华人民共和国海商法》第 269 条、1995 年《中华人民共和国民用航空法》第 188 条、1999 年《中华人民共和国合同法》第 126 条规定了合同的法律适用，其内容与《中华人民共和国涉外经济合同法》的规定相同。

1986 年《中华人民共和国民法通则》除规定合同适用最密切联系原则选择准据法外，该法第 148 条还规定"扶养适用与被扶养人有最密切联系的国家的法律"，该条规定的意义不仅在于我国立法把最密切联系原则的适用扩展到婚姻家庭领域，更重要的是首开先河，在世界范围内，是第一个规定采用最密切联系原则确定扶养的准据法。

最高人民法院以司法解释形式两次细化了最密切联系原则，第一次是 1988 年最高人民法院发布的《民通意见》，具体规定了最密切联系原则的适用：①有双重或多重国籍的外国人，以其有住所或者与其有最密切联系的国家的法律为其本国法（第 182 条）。②当事人的住所不明或者不能确定的，以其经常

---

[1] 1985 年《中华人民共和国涉外经济合同法》于 1999 年废止，1999 年颁布的《中华人民共和国合同法》沿袭了 1985 年《中华人民共和国涉外经济合同法》的规定。

居住地为住所。当事人有几个住所的，以与产生纠纷的民事关系有最密切联系的住所为住所（第183条）。③当事人有二个以上营业所的，应以与产生纠纷的民事关系有最密切联系的营业所为准；当事人没有营业所的，以其住所或者经常居住地为准（第185条）。④父母子女相互之间的扶养、夫妻相互之间的扶养以及其他有扶养关系的人之间的扶养，应当适用与被扶养人有最密切联系国家的法律。扶养人和被扶养人的国籍、住所以及供养被扶养人的财产所在地，均可视为与被扶养人有最密切的联系（第189条）。⑤依法应当适用的外国法律，如果该外国不同地区实施不同的法律的，依据该国法律关于调整国内法律冲突的规定，确定应适用的法律。该国法律未作规定的，直接适用与该民事关系有最密切联系的地区的法律（第192条）。

2007年《最高人民法院关于审理涉外民事或商事合同纠纷案件法律适用若干问题的规定》第二次细化了最密切联系原则。该规定第5条第1款和第2款明确了涉外合同的法律适用：当事人未选择合同争议应适用的法律的，适用与合同有最密切联系的国家或者地区的法律。人民法院根据最密切联系原则确定合同争议应适用的法律时，应根据合同的特殊性质，以及某一方当事人履行的义务最能体现合同的本质特性等因素，确定与合同有最密切联系的国家或者地区的法律作为合同的准据法。[1]

从上述法律和司法解释来看，最密切联系原则在我国主要适用于合同领域，此外，在自然人国籍、自然人住所、法人营业地的确定、扶养、区际法律冲突领域，我国采用依据客观连接因素指引确定准据法，把最密切联系原则作为客观连接因素指引不能情况下确定准据法的补充规则。我国接受更密切联系

---

[1] 2007年《最高人民法院关于审理涉外民事或商事合同纠纷案件法律适用若干问题的规定》第5条中规定了合同的法律适用：①买卖合同，适用合同订立时卖方住所地法；如果合同是在买方住所地谈判并订立的，或者合同明确规定卖方须在买方住所地履行交货义务的，适用买方住所地法。②来料加工、来件装配以及其他各种加工承揽合同，适用加工承揽人住所地法。③成套设备供应合同，适用设备安装地法。④不动产买卖、租赁或者抵押合同，适用不动产所在地法。⑤动产租赁合同，适用出租人住所地法。⑥动产质押合同，适用质权人住所地法。⑦借款合同，适用贷款人住所地法。⑧保险合同，适用保险人住所地法。⑨融资租赁合同，适用承租人住所地法。⑩建设工程合同，适用建设工程所在地法。⑪仓储、保管合同，适用仓储、保管人住所地法。⑫保证合同，适用保证人住所地法。⑬委托合同，适用受托人住所地法。⑭债券的发行、销售和转让合同，分别适用债券发行地法、债券销售地法和债券转让地法。⑮拍卖合同，适用拍卖举行地法。⑯行纪合同，适用行纪人住所地法。⑰居间合同，适用居间人住所地法。如果上述合同明显与另一国家或者地区有更密切联系的，适用该另一国家或者地区的法律。该规定因与《法律适用法》相冲突，于2013年4月8日被废止。

理论，规定合同领域适用更密切联系原则确定准据法。

《法律适用法》颁布前，我国最密切联系原则立法存在与国际社会接轨不足问题。在侵权领域，许多国家规定依据最密切联系原则确定准据法，扩大法律选择范围，力求审判结果公正。我国未规定涉外侵权适用最密切联系原则确定准据法，有学者对此有所责难和诟病，认为"未能为复杂多变的现实留下充足的回旋余地"。[1]

2010 年《法律适用法》提升最密切联系原则为基本原则性质的补充性原则，扩大了该原则的适用范围，涵盖了涉外民事关系所有领域，涉外民事关系法律适用各具体条款均体现了与所调整的民事关系有最密切联系。此外，《法律适用法》第 6 条、第 19 条、第 39 条和第 41 条直接规定最密切联系原则是区际法律冲突、双重国籍或者多重国籍和有价证券法律冲突的法律选择方法。[2] 较世界其他国家立法，我国最密切联系原则的适用范围宽泛，可与奥地利、保加利亚国家的立法归为一类。

二、《法律适用法》第 2 条适用的实践

通过"中国知网"等媒体收集到适用《法律适用法》第 2 条的案例 230 起，其中合同案件 155 起，与法人相关的案件 30 起，侵权案件 7 起，不当得利案件 4 起，知识产权案件 12 起，物权案件 9 起，婚姻家庭案件 4 起，继承案件 1 起，强制执行异议案件 8 起。这些案件中，正确适用《法律适用法》第 2 条的不足 20%，其余案件对《法律适用法》第 2 条的适用，不是错误就是存在瑕疵。

剖析这 230 个案例可以看出：正确适用《法律适用法》第 2 条的案件集中在债权人撤销权纠纷案、法人破产争议案、强制执行异议案和夫妻财产争议案件。债权人撤销权纠纷案、法人破产争议案和强制执行异议案的法律适用，在《法律适用法》中没有规定具体的法律适用规则，受案法院依据《法律适用

---

〔1〕 赵相林主编：《国际私法》，中国政法大学出版社 2005 年版，第 307 页。

〔2〕 《法律适用法》第 6 条规定，涉外民事关系适用外国法律，该国不同区域实施不同法律的，适用与该涉外民事关系有最密切联系区域的法律；第 19 条规定，自然人具有两个以上国籍的，适用有经常居所的国籍国法律；在所有国籍国均无经常居所的，适用与其有最密切联系的国籍国法律；第 39 条规定，有价证券，适用有价证券权利实现地法律或者其他与该有价证券有最密切联系的法律；第 41 条规定，当事人可以协议选择合同适用的法律。当事人没有选择的，适用履行义务最能体现该合同特征的一方当事人经常居所地法律或者其他与该合同有最密切联系的法律。

法》第 2 条适用最密切联系原则确定解决争议的准据法。[1] 夫妻财产争议案件的法律适用，《法律适用法》第 24 条规定可以适用当事人协商选择的一方当事人经常居所地法律、国籍国法律或者主要财产所在地法律。当事人没有选择的，适用共同经常居所地法律；没有共同经常居所地的，适用共同国籍国法律。[2] 当事人没有选择准据法，亦无共同经常居所、共同国籍国，出现这种情况，法院依据《法律适用法》第 2 条第 2 款规定适用与该涉外民事关系有最密切联系的法律。

在这 230 个案例中，合同争议案件有 155 起，占收集到的适用《法律适用法》第 2 条案件的 67.4%，而合同争议适用《法律适用法》第 2 条没有正确性可言，因为《法律适用法》第 41 条规定当事人没有选择合同争议的准据法，法官可以采用最密切联系原则确定应适用的法律。在具体规则完全可以确定准据法的情况下，无须启动基本原则条款的适用。

分析这 230 个案例可以看出《法律适用法》第 2 条的适用存在以下问题：

第一，基本原则与具体规则不分，混同适用。基本原则是立法的指导思想，也是司法的指导原则。基本原则将一部法律的宗旨渗透到具体的法律条文中，司法实践中，具体规则对法律选择作出了具体规定，适用具体规则选法即可，不可基本原则与具体规则不分，将法律原则作为具体法律规则适用。从《法律适用法》第 2 条的适用情况分析，许多执法者不清楚法律原则与具体规则的地位和作用，混同基本原则与具体规则的界线共同适用。在肖水玉诉杨秋銮等民间借贷纠纷一案中，法院认为，肖水玉为台湾地区居民，故本案诉讼主体具有涉台因素，属涉台民商事案件，根据《最高人民法院关于适用〈中华人民共和国民事诉讼法〉的解释》第 551 条的规定，本院决定本案参照适用涉外民事诉讼程序的特别规定进行审理。因本案当事人未协议选择本案适用的法律，依据《中华人民共和国涉外民事关系法律适用法》第 2 条、第 41 条之规定，本院根据最密切联系原则，确定中华人民共和国法律作为本案合同适用的

---

〔1〕 典型案例如下：沈龙根诉安昌荣债权人撤销权纠纷案，江苏省南京市中级人民法院民事判决书，（2012）宁商外初字第 30 号；广东银一百创新铝业有限公司等诉中国建设银行股份有限公司佛山市分行等普通破产债权确认纠纷案，广东省高级人民法院民事判决书，（2017）粤民终 637 号；邱春鹏等诉邱财加等案外人执行异议之诉案，广东省高级人民法院民事判决书，（2017）粤民终 579 号。

〔2〕 中山盈亿纺织贸易有限公司诉彭富国等财产损害赔偿纠纷案，广东省中山市第一中级人民法院民事判决书，（2015）中一法民三初字第 27 号。

准据法。[1]

第二，罗列基本原则和法律适用规则，眉毛胡子一把抓，不知然否。在林述志与李宁合同纠纷案中，法院认为，"林述志与李宁均援引中华人民共和国法律且未提出法律适用异议，故本案应适用中华人民共和国法律作为处理本案争议的准据法"。在当事人默示选择适用中国法律情况下，以《司法解释（一）》第 8 条第 2 款"各方当事人援引相同国家的法律且未提出法律适用异议的，人民法院可以认定当事人已经就涉外民事关系适用的法律做出了选择"作为选法依据足矣。一审法院画蛇添足，在判决书中表述依据《法律适用法》第 2 条、第 3 条、第 41 条以及《司法解释（一）》第 8 条第 2 款确定适用中国法律。[2] 法院堆砌法律条文，反证对《法律适用法》缺乏基本的了解，因为《法律适用法》第 2 条、第 3 条分别规定了不同的基本原则，这两项基本原则不能同时并用；当事人默示选择了准据法，无须适用基本原则选法；《法律适用法》第 41 条规定的是当事人明示选择时的法律适用以及当事人没有选择法律的情况下适用何种规则选法，该条规定在本案中亦无适用空间。北京市海淀区人民法院在本案中出现低级选法错误，北京市第一中级人民法院理应纠正，遗憾的是二审法院认定"一审判决认定事实清楚，适用法律正确，应予维持"，[3] 延续了一审法院的低级错误。

在黄朝勇诉珠海市林贵商贸有限公司等民间借贷纠纷一案中，法院认为，黄朝勇是香港特别行政区居民，本案为涉港借款合同纠纷，应当参照我国有关涉外民事关系法律适用的相关规定选择解决本案争议的准据法。双方当事人没有协商选择本案争议所应适用的法律，根据《中华人民共和国合同法》（以下简称《合同法》）第 126 条第 1 款以及《法律适用法》第 2 条、第 41 条的规定，适用与合同有最密切联系国家的法律。本案所涉借款合同的合同履行地在中国内地，中国内地与本案有最密切联系，因此，本院依法适用中华人民共和国内地实体法律作为处理本案争议的准据法。[4]《合同法》第 126 条第 1 款与《法律适用法》第 41 条相同，择一选法即可，不应罗列；《法律适用法》第 2 条是基本原则，不能与《合同法》第 126 条第 1 款和《法律适用法》第 41 条

〔1〕 福建省三明市中级人民法院民事判决书，（2017）闽 04 民初 11 号。
〔2〕 北京市海淀区人民法院民事判决书，（2015）海民（商）初字第 44882 号。
〔3〕 北京市第一中级人民法院民事判决书，（2018）京 01 民终 2145 号。
〔4〕 广东省珠海市中级人民法院民事判决书，（2016）粤 04 民初 35 号。

并列适用。

第三，特别法应当优先于一般法适用。绍兴县金斯顿针纺织有限公司与日本三井株式会社（Mitsui）海上货物运输合同纠纷上诉案是一起海上运输合同纠纷案，[1] 依据《法律适用法》第 2 条第 1 款的规定，"涉外民事关系适用的法律，依照本法确定。其他法律对涉外民事关系法律适用另有特别规定的，依照其规定"，应适用《中华人民共和国海商法》（以下简称《海商法》）第 269 条的规定确定准据法。[2]《法律适用法》是一般法，《海商法》是特别法，本案应当适用特别法而不是一般法。而法院根据《法律适用法》第 2 条之规定适用中华人民共和国法律，系属错误适用法律、适用规则。

第四，一审法院错误适用法律原则，二审法院维持一审法院的错误适用。在 PUM 发展有限公司与威海港集团有限公司、威海市人民政府、山东高速集团有限公司合同纠纷一案中，山东省高级人民法院认为："PUM 公司为在英属维尔京群岛注册的公司，本案为涉外商事纠纷。PUM 公司起诉所依据的合同的签订地、履行地均在中华人民共和国境内，中华人民共和国法律与本案中的民事关系有最密切联系，依照《中华人民共和国涉外民事关系法律适用法》第 2 条的规定，应当依照中华人民共和国法律处理本案实体争议"。[3] 本案是合资合同纠纷，应当适用《合同法》第 126 条第 2 款 "在中华人民共和国境内履行的中外合资经营企业合同、中外合作经营企业合同、中外合作勘探开发自然资源合同，适用中华人民共和国法律" 的规定确定准据法，山东省高级人民法院适用《法律适用法》第 2 条确定准据法，系属错误适用法律适用规则。PUM 发展有限公司不服一审判决提出上诉，最高人民法院审理认为："本案是具有涉外因素的合同纠纷，当事人没有约定合同准据法，涉案合同签订地、履行地均在中华人民共和国境内，中华人民共和国法律与该合同有最密切联系，一审法院适用中华人民共和国法律处理本案实体争议正确"，[4] 二审法院支持了一审法院对法律适用规则的错误适用。

第五，一审法院适用法律适用规则正确，二审法院改判错误。林健生等诉

---

〔1〕 浙江省高级人民法院民事判决书，（2016）浙民终 480 号。

〔2〕《海商法》第 269 条规定，"合同当事人可以选择合同适用的法律，法律另有规定的除外。合同当事人没有选择的，适用与合同有最密切联系的国家的法律"。

〔3〕 山东省高级人民法院民事判决书，（2015）鲁民四初字第 7 号。

〔4〕 最高人民法院民事判决书，（2016）最高法民终 326 号。

王建明等借款合同纠纷一案，双方当事人在《借款合同》中约定适用中国澳门地区法律。一审法院认为《法律适用法》第 41 条规定当事人可以协议选择合同适用的法律，该案中当事人选择适用澳门地区法律没有违反我国涉外民事关系法律适用法的相关规定，亦没有违反《澳门民法典》的相关规定，本案以中国澳门地区法律为准据法。二审法院改判为：依照《民法通则》第 145 条第 1款，《法律适用法》第 2 条、第 3 条、第 41 条，《司法解释（一）》第 13 条规定适用澳门法律。[1]一审法院法律适用规范的选择和准据法的确定准确无误，二审法院改判扑朔迷离，令人不知所云。当事人已经选择了准据法，《法律适用法》第 2 条、第 3 条不可适用。

第六，一审法院适用法律适用规则错误，二审法院予以纠正。在容志坚等诉英华兴民间借贷纠纷一案中，当事人没有选择应适用的法律，一审法院依据《法律适用法》第 2 条确定本案应适用内地法律。二审法院认为一审法院适用内地法律正确，但适用《法律适用法》第 2 条选法不当。本案中，容志坚系香港特别行政区居民，本案为涉港民间借贷纠纷案件，应当参照《法律适用法》第 41 条规定确定准据法。民间借贷合同的法律适用应当适用最能体现该合同特征的一方当事人经常居所地法律或者其他与该合同有最密切联系的法律，由于英华兴、黄水清经常居所地均在中国内地，涉案借款合同的签订地及履行地均在中国内地，中国内地与本案有最密切联系，本案应当适用内地法律作为判断双方借贷合同法律关系的准据法。[2]

第五节　《法律适用法》第 2 条立法、理论与实践的思考

一、《法律适用法》第 2 条的立法思考

《法律适用法》制定过程中，最密切联系原则的立法定位跌宕起伏，变化很大。立法机关曾尝试借鉴奥地利、保加利亚等国家立法模式，规定最密切联

---

〔1〕　广东省珠海市中级人民法院民事判决书，（2016）粤 04 民初 28 号。
〔2〕　广东省珠海市中级人民法院民事判决书，（2016）粤 04 民终 1634 号。

系原则为《法律适用法》基本原则。在社会各界的呼吁下，立法机关充分考虑我国国情，在通过《法律适用法》时仅保留了最密切联系原则作为基本原则三项功能中的一项，定位为补充性条款，既保证法律缺漏出现时有法可依，又可防止最密切联系原则的泛化适用。实践证明，立法机关的担忧不无道理，并非空穴来风。《法律适用法》实施以来，第 2 条泛化适用现象比较突出，法官滥用自由裁量权也非个例，这些现象严重违背了《法律适用法》的立法初衷，也违反了基本原则的适用规则。

客观评价《法律适用法》第 2 条的功过是非尚需实践提供更多的材料，就现实而言，提升最密切联系原则为补充性原则，是涉外民事关系法律适用法立法的历史性进步，也是立法本土化的重要成果，最密切联系原则由涉外民事关系各领域法律适用选法方法或者具体规则上升为法律原则的做法应当予以充分肯定。

最密切联系原则作为基本原则性质的补充性原则在我国又称之为"兜底条款"，在一部法律中设立兜底条款是一项现代立法技术。兜底条款能将一部法律所有具体规则没有涉及的，或者难以包括在内的，或者立法时不可预测的事项都囊括于一身，以弥补法律的不周严性，消除社会情势变迁造成的无法可依情形。成文法的特点决定了法律一经制定出来必然产生相对的滞后性，立法机关或者立法者受主观认识能力等方面的局限，不可能精准预见法律所规范的社会关系可能出现的或者发生变化的全部情形，因此，通过兜底条款的设计来减少人类主观认识能力不足所产生的法律缺陷，保持法律的相对稳定性十分必要。司法机关可以依据法律原则和法律精髓在不修改法律情况下，运用兜底条款解决法律尚未调整的社会关系，以适应社会情势发展、变化的客观要求。

最密切联系原则作为涉外民事关系法律适用补充性原则并非我国所创，世界上早有先例。补充性原则具有拾遗补阙、解决立法缺漏或者不足、维护正常民事交往、促进经济秩序稳定的作用已为许多国家所认识。《法律适用法》颁布之前，俄罗斯等国家早已把最密切联系原则作为补充性原则。以俄罗斯为例，2001 年《俄罗斯联邦民法典》第 1186 条第 1 款规定，涉外民事关系应适用的法根据俄罗斯联邦签署的国际条约、本法典、其他法律（第 3 条第 2 款）和俄罗斯联邦承认的惯例确定。第 2 款规定如果依照第 1 款不能确定应该适用的法律，则适用与涉外民事法律关系有最密切联系的国家的法律。类似俄罗斯将最密切联系原则作为补充性原则的国家已有十几个，《法律适用法》把最密切联系原则作为补充性原则是与国际社会接轨的做法，也是《法律适用法》本土化的重要举措。

二、《法律适用法》第 2 条的理论思考

《法律适用法》第 2 条确立了最密切联系原则兜底条款的地位，将其由具体涉外民事关系法律选择方法上升为法律适用一般原则，可以适用于涉外民事关系所有领域，学界一片欢呼，盛赞不绝，但很少有人思考《法律适用法》第 2 条适用过程中可能出现的各种法律问题，更谈不上如何解决这些法律问题了，绝对主义认识论大行其道，对学术发展百害无一利。

1985 年《涉外经济合同法》、1986 年《民法通则》在合同法律适用引入最密切联系后，受到学界高度推崇，被认为是"20 世纪最富有创意、最有价值和最实用的国际私法理论"。[1] 对最密切联系原则的过分溢美和过度赞誉，源于最密切联系原则移植过程中的片面性，以及要么肯定一切，要么否定一切的形而上学思维。在扬弃萨维尼"法律关系本座说"基础上发展起来的最密切联系原则，因其摆脱了巴托鲁斯（Bartolus de Saxoferrato）以来法律适用规则的机械性和僵化性，巧妙地把法律选择的确定性和灵活性结合起来，受到世界各国的认同和肯定，为国际条约及各国立法广为采纳，成为合同、侵权等领域的法律选择方法或者选择规则，在一些国家被提升为法律原则。事物都具有两面性，只是最密切联系原则存在的固有弊端在我国很少被提及，这与我国学者移植过程中的认识论密切相关。

与我国学者对最密切联系原则的热衷相反，美国一些权威学者对最密切联系原则始终持批评态度。艾伦茨威格、柯里、荣格（Juenger）以及参与贝柯克诉杰克逊案审理的约翰·沃里斯（John Wallis）法官对最密切联系原则都提出过质疑，他们批评最密切联系原则是看似革命的"虚空规则"，不顾及必不可少的对法院地主要法律和政策的分析，得出武断的判决，不足以且不应该被用于表述法律选择原则。贝柯克案之后，纽约州终审法院对最密切联系原则的态度显得摇摆不定。1965 年审理的与贝柯克案案情几乎相同的迪姆诉戈登案（Dym v. Gordon），法院没有适用最密切联系原则选择准据法，而是直接适用了传统的侵权行为地法。1966 年审理的迈西诉罗斯比奇案（Macey v. Rozbicki），

---

〔1〕　徐冬根：《国际私法趋势论》，北京大学出版社 2005 年版，第 347 页。

法院又沿袭了贝柯克案的思路，适用最密切联系原则选择法律；在随后的 1969 年图克诉洛佩兹案（Tooker v. Lopez）中，法院又一次推翻了迪姆案的判决，否定侵权行为地法的适用，认为当事人共同的住所地——纽约州的法律为应适用的法律。而在纽美尔诉库纳案（Neumeier v. Kuehner），法院基于法律适用的确定性，重返法律形式主义的轨道，适用了侵权行为地法律。[1] 学者的评价影响到最密切联系原则在美国的适用，这是这一原则在美国仅适用于合同和侵权领域的主要原因。近年来，国际社会出现了追求法律适用确定性思潮，这也是对最密切联系原则泛化适用的回应。

在肯定《法律适用法》提升最密切联系原则法律地位的同时，应当看到，兜底条款是一把双刃剑，既能拾遗补阙，在一定程度上弥补列举式立法的不周延性，赋予法官根据情势变迁或者遭遇立法缺漏情形时行使自由裁量权，确保涉外民事关系能够有法可依，在一定程度也可以避免因社会变迁而无可适用的法律适用规范的局面产生；又存在一定程度上阻碍法律进步的问题，并带来执法、守法、司法困难，导致法律适用错误，也有可能导致法官滥用自由裁量权，为法院地法适用提供便利，降低了公民对法律的敬畏和信仰。为了避免兜底性条款的模糊性与不确定性，防止法官滥用自由裁量权，便于司法操作，提高兜底条款适用的科学性，应当全面综合考虑各种因素适用兜底条款，避免消弭兜底性条款适用的科学性，使得《法律适用法》第 2 条与具体法律适用规则并用，丧失兜底性条款的作用。

需要说明的是，界定《法律适用法》第 2 条为基本原则性质的补充性原则是理论探讨，并非故弄玄虚，沽名钓誉，也非学术上争强斗狠，妄自尊大，只是出自公正、公允目的，还原《法律适用法》的立法过程，客观评价《法律适用法》第 2 条的地位，为该条规定的正确适用提供理论依据。

三、《法律适用法》第 2 条的实践思考

20 世纪初期，大多数国家的法律适用法制度，特别是那些更多的依赖成文法的国家，对法律确定性的重视高于灵活性。但到 20 世纪末，几乎所有的国家都从不同程度上转向了灵活性。美国与欧洲法律适用法的发展代表了两种不

---

〔1〕 许庆坤："美国冲突法中的最密切联系原则新探"，载《环球法律评论》2009 年第 4 期，第 78 页。

同的演进方式。[1] 在一部法律中设立总则，在总则中设立法律原则，意在扩张法律的张力，寻求法律与其调整的社会关系之间的持久稳定性和平衡性。法律的确定性和灵活性之间的张力关系及法律选择规则与选择方法之间的对立或并存客观必然，法律的确定性、可预见性及统一性的要求与法律的灵活性、平衡性及具体案件具体解决的需要之间的张力关系就像法律本身一样古老。[2] 在不同的国家或者不同的历史时期，立法的着力点有所不同，当今各国立法普遍设立总则，增设法律原则，提高法律的灵活性，皆因社会关系的复杂性使然。

《法律适用法》在增强法律灵活性方面做了力所能及的努力，设立了总则，增加法律原则条款。遗憾的是法律原则的适用不尽如人意，兜底条款被作为法律选择规则使用，不仅未能发挥应有的作用，反而引起不应有的法律适用的混乱。从《法律适用法》第 2 条的适用情况来看，该条的适用应注意以下问题：

第一，正确认识和解释兜底条款。从立法技术方面说，兜底条款是为了克服语言表达的有限性、法律自身抽象性及客观条件对立法的制约性而出现的，兜底条款一经制定出来，不但能够使法律的稳定性得到加强，同时也增强了法律的适应性。兜底条款可适用于一部法律所调整的所有领域，不同于具体的法律规则，不能把兜底条款作为具体的法律规则适用。

兜底条款是一个不明确的概念，适用范围也是不确定的。适用兜底条款之前，一定要综合考虑各种立法政策和案件事实情况给予明确的司法解释，之后方可适用。对兜底条款解释不明或含糊不清，必然导致说理不清，当事人也不会信服兜底条款的适用。兜底条款内容不清，含义不明，应当进行解释，解释应当由立法机关做出，立法机关解释不能，可由司法机关作出司法解释。无论何种解释，都应力求概念准确清楚，界限清晰可辨，内容详尽明了。解释兜底条款，必须明确法律词语在相同或者不同的场合的含义，避免法律术语理解不同、文字表达差异或语法逻辑错误引起理解和适用上的混乱。对法律概念的界

---

〔1〕 Symeon C. Symeonides, "Private International Law at the End of the 20th Century: Progress or Regress? General report", *Kluwer Law International* 3 （2000）. 参见［美］西蒙尼德斯："20 世纪末的国际私法：进步还是退步？"，宋晓译，载梁慧星主编：《民商法论丛》（总第 24 卷），金桥文化出版（香港）有限公司 2002 年版，第 421 页。

〔2〕 彭欢燕："20 世纪国际私法学发展轨迹"，载《湖北大学学报（哲学社会科学版）》2003 年第 2 期，第 16 页。

定必须精准到位，内涵要明确，外延要周全，避免内涵不清产生歧义，或外延不周留下漏洞，或用语模糊产生新的不确定性。

第二，严格限定兜底条款的适用条件。兜底条款是立法机关在不得已的情况下制定的模糊条款，在司法实践中要严格限定其适用范围。兜底条款的功能在于拾遗补阙，只能在法律适用法及其他法律对涉外民事关系的法律适用没有规定的时候才能考虑适用。最密切联系原则作为涉外民事关系法律适用兜底条款，其适用要受到两方面的限制：一是我国《法律适用法》对特殊的涉外民事关系法律适用法未作规定，立法出现缺漏；二是我国其他部门法律对本部门的涉外民事关系法律适用也没有特别规定，无法可依。只有满足这两个限制条件时，最密切联系原则才具备适用条件，由基本原则转化法律选择方法。这就注定了最密切联系原则的这一功能发挥作用的空间较小，而且随着我国民商事单行法规的颁布逐渐增多，特殊民商事关系法律适用规则不断健全，其作用领域越来越小。

兜底条款的适用要遵循以下顺序：在允许当事人选择法律的领域，首先适用当事人选择的法律；不允许当事人选择法律的领域，适用《法律适用法》规定的具体规则；允许当事人选择法律，当事人未作选择，或者《法律适用法》作了规定但没有囊括的法律关系，或者《法律适用法》未作规定的领域，适用与该涉外民事关系有最密切联系的法律。

第三，提高法官业务素养，正确使用兜底条款。兜底条款在扩大法律调整范围，维护法律稳定性，确保涉外民事关系法律适用有法可依方面起到了不可或缺的作用，但它也给予法官巨大的自由裁量空间，法官如果偏离正确轨道适用兜底条款，势必对法律的公平性产生致命的打击。作为法官一定要全面综合考虑各种因素适用兜底条款，避免自由裁量权滥用。

从我国法院适用最密切联系原则这一兜底条款的情况看，泛化适用问题严重，其原因是很多法官不清楚什么是兜底条款，不了解兜底条款的作用，不知道兜底条款的适用规则，不知晓兜底条款与具体法律适用规则之间的关系。无知者无畏，视兜底条款为法律适用规则泛化适用，盖因对其缺乏基础性的认知。解决兜底条款滥用问题，应当通过各种途径提高法官业务素养，使其对兜底条款知其然，适用时知其所以然，使兜底条款发挥应有的作用。

第三章

宣示性条款与法律基本原则之辩

《法律适用法》在我国法律体系中是一部小法，条文数量不多，仅有52个条款，调整范围有限，仅为涉外民事关系。然而，滴水藏海，《法律适用法》引发的理论争议并不逊色于任何一部法律，毫不夸张地说，除总则第7条（诉讼时效）和附则第52条（该法生效时间的规定）外，其他条款都有质疑和争辩的声音。出现争议最早，争议最为激烈的是《法律适用法》第3条"当事人依照法律规定可以明示选择涉外民事关系适用的法律"规定的性质与定位。

第一节　界定《法律适用法》第3条性质的不同观点

《法律适用法》第3条的措辞概括抽象，性质界定不清，内容模棱两可，指向似是而非，缺乏法律应有的确定性，可以进行多重理解和多种解释，特别是"依照法律规定"的表述没有对"法律"的范围进行阐释和限定，引起学者多种解读，遭遇的非议远远多于褒扬。对《法律适用法》第3条性质的界定，学界有以下争议。

一、基本原则与宣示性条款之争

《法律适用法》颁布之后，有学者观点鲜明的定性该法第3条为法律基本原则，提出在世界范围内，意思自治原则的性质随着社会的发展发生了两次重大变化。第一次变化是从规则到方法。16世纪意思自治选法被创设出来，至19世纪，一直被作为一条法律适用规则，适用于合同领域的法律选择。20世纪，意思自治原则迎来了第一次变化，演进为一种法律选择方法，适用范围也从合同领域扩展到侵权、婚姻家庭、物权、继承等领域。第二次变化是从方法到基本原则。21 世纪，意思自治原则迎来了第二次飞跃，中国的"《法律适用法》把意思自治原则这种法律选择方法提升为法律适用基本原则，适用于所有涉外民事关系准据法的选择，使我国涉外民事关系的法律适用有了统领性的法律规则"。[1]《法律适用法》第 3 条规定意思自治原则为法律适用基本原则是我国涉外民事关系法律适用立法的重大突破，反映出我国立法理念的重大变化，提升了我国涉外民事关系法律适用立法水平，使我国《法律适用法》在各国林立的调整涉外民事关系法律适用法律中处于居前的地位。界定《法律适用法》第 3 条为基本原则的观点或是阳春白雪，和者盖寡，或是轻率冒进，偏激极端，总之，在学术界形单影只，茕茕孑立。

《法律适用法》第 3 条为基本原则观点未获得普遍认同，有学者定性该条"只是一条宣示性条款"，"但它将当事人意思自治原则规定在总则中，体现了该法的开放性和先进性"，[2] 认为《法律适用法》第 3 条仅具象征性意义，不具有实用性价值，只是表明意思自治原则在《法律适用法》占有重要地位，彰显《法律适用法》的"开放性和先进性"理念。该观点在法律适用法学界产生了很大的影响，以致成为主导《法律适用法》第 3 条性质界定的主流意识。

《法律适用法》实施后，对《法律适用法》第 3 条立法定位的讨论在更大的范围内展开，争鸣亦趋激烈，探讨更加深入，讨论的范围逐步扩大。

二、立法作秀与选法尊重之论

有学者直言不讳《法律适用法》第 3 条规定是立法作秀，认为完全没有必要作出如此规定。"意思自治原则作为当事人自主选择法律的方式是否可以贯穿于所有涉外民事法律领域本身就是值得商榷，因为像婚姻家庭、继承、侵权等领域会涉及一个国家的公共秩序（包括一个国家的基本道德观念、法律原

---

〔1〕 齐湘泉："论《涉外民事关系法律适用法》的立法特点"，载《西北大学学报（哲学社会科学版）》2011 年第 2 期，第 143 页。

〔2〕 陈卫佐："涉外民事关系法律适用法展十大亮点"，载《法制日报》2010 年 11 月 2 日，第 10 版。

则、风俗习惯、最大利益等），所以不可能实现完全的当事人自治"[1]，法律适用法领域中的意思自治必受公序良俗限制。《法律适用法》总则之所以对意思自治原则作出宣示性的规定，"是因为在'一般规定'中将其作为基本原则加以规定是需要研究的，这也是此次立法在总则中只能做出宣示性规定的原因。但做出这样的规定如果仅仅是为了体现立法的先进性、开放性，笔者认为是完全没有必要的，因为任何时候法律都不应是用来'作秀'的"。[2]

持相反观点的学者认为"在总则中规定意思自治原则，扩大意思自治原则的适用领域，充分体现对意思自治原则的尊重，是该法最具特色之处"，并对《法律适用法》第3条是"立法作秀"的观点针锋相对地予以反驳，"有中国学者认为，宣示性条款没有实际的意义，没有必要在总则中规定。因为根据第3条的规定，意思自治原则并未延伸适用于所有领域，而只是根据分则中的法律规定允许当事人选择的时候才可以合意选法。意思自治原则并非所有领域均适用的确定准据法的基本原则。而立法者认为，即便如此，这种宣示性的规定可以明确宣示对当事人选择法律的尊重，有必要在总则中加以强调"。[3]

三、多余规定与统领规则之辩

《法律适用法》第3条是否有存在的必要性，学界存在争议。有学者认为该条规定模糊、空洞、没有实际内容，设立该条款完全没有必要，且无实际意义，"完全是一条多余的规定"。[4]

多数学者持相反的观点，认为《法律适用法》第3条规定是统领性规则，"将当事人意思自治原则规定在总则中，标志着当事人意思自治原则在中国涉外民事关系法律适用中的统领地位，这在国际上还是第一次，体现了我国对当

---

[1] 张蕊："对《涉外民事关系法律适用法》中意思自治原则的思考"，载《安阳师范学院学报》2011年第3期，第38~39页。

[2] 张蕊："对《涉外民事关系法律适用法》中意思自治原则的思考"，载《安阳师范学院学报》2011年第3期，第39页。

[3] 郭玉军："中国国际私法的立法反思及其完善——以《涉外民事关系法律适用法》为中心"，载《清华法学》2011年第5期，第158页。

[4] 黄进："中国涉外民事关系法律适用法的制定与完善"，载《政法论坛》2011年第3期，第8页。

事人私权的充分尊重，也使该法具有更强的国际性和开放性"。[1]

四、限制适用与开放适用之诘

《法律适用法》第 3 条的讨论并未限于性质界定的理论范畴，还延伸到该条规定在司法实践中的适用范围。界定《法律适用法》第 3 条为宣示性条款的学者主张我国法律明确规定允许当事人选择法律的涉外民事关系，当事人才可以针对系争的争议适用的法律做出选择。法律未明确规定允许当事人选择法律的，当事人的选法行为无效，人民法院不予支持。[2] 该观点主张限制意思自治的适用范围，当事人行使选择法律的权利以"法律明确规定"为限。

主张《法律适用法》第 3 条为基本原则的学者认为：第 3 条规定的意思自治没有设置范围，分则条款对涉外民事关系法律适用作出了具体规定，适用具体规定；分则条款对涉外民事关系法律适用未作具体规定，或者虽作出了具体规定但仅适用该领域部分涉外民事关系，或尚未作出具体法律适用规定的涉外民事关系，都允许当事人意思自治自行选择法律。"第 3 条是基本原则的理解更符合立法的本意，如果置第 3 条于象征性意义的宣示性条款地位，该条没有存在的必要，只要适用分则的意思自治条款足矣"。第 3 条规定位于总则之中，对所有涉外民事关系的法律适用具有统领作用，除《法律适用法》对涉外民事关系法律适用作出了具体规定的以外，其余涉外民事关系的法律适用，都允许当事人以意思自治方式做出选择。[3]

有学者在基本原则与宣示性条款这两种对立的学术观点之间做出了第三种解释，主张《法律适用法》第 3 条使当事人意思自治原则得到了前所未有的发展，总则第 3 条所做的宣示性规定，使其成为法律适用法的一项原则，[4] 这种观点将宣示性条款视同为基本原则，认为宣示性条款与基本原则为同一事物的不同表述；也有学者主张《法律适用法》第 3 条虽是宣示性条款，但具有基本原则的性质和作用。《法律适用法》赋予意思自治原则十分突出地位，具有

---

〔1〕 许军珂："论当事人意思自治原则在《涉外民事关系法律适用法》中的地位"，载《法学评论》2012 年第 4 期，第 50 页。

〔2〕 高晓力："关于《适用涉外民事关系法律适用法若干问题的解释（一）》的理解与适用"，载《人民司法》2013 年第 3 期，第 21 页。

〔3〕 齐湘泉：《〈涉外民事关系法律适用法〉原理与精要》，法律出版社 2011 年版，第 68~69 页。

〔4〕 许军珂："论涉外审判中当事人意思自治的实现"，载《当代法学》2017 年第 1 期，第 68 页。

鲜明的中国特色。《法律适用法》第 3 条虽然只是一条宣示性的规定，但它将意思自治原则规定在总则中，贯穿于整部《法律适用法》，本身是对意思自治原则的一种强调，对于解决涉外民事争议的人民法院、行政机关或仲裁机构执法具有指导意义，且对于整部法律可以起到统领全局的作用。[1]

　　《法律适用法》第 3 条性质认定引起的宣示性条款与基本原则之争不仅仅是个理论争议，也是关系到涉外民事争议法律适用的实践性问题，对整部法律的实施有着至关重要的影响，正因为如此，《司法解释（一）》第 6 条针对学界如火如荼的论争作出了规定，"中华人民共和国法律没有明确规定当事人可以选择涉外民事关系适用的法律，当事人选择适用法律的，人民法院应认定该选择无效"。学者们把该条司法解释理解为是对界定《法律适用法》第 3 条为宣示性条款理论的肯定，几乎无人对该条规定的合理性提出质疑。《司法解释（一）》第 6 条一锤定音，《法律适用法》第 3 条为宣示性条款有了依据，基本原则还是宣示性条款的争论渐趋平息，以致在数年时间里偃旗息鼓。

　　近年来《法律适用法》实施的实践已经突破了《司法解释（一）》第 6 条设定的限制和束缚，在《法律适用法》未规定可以选择涉外民事关系准据法的领域，当事人选择了应适用的法律，法院支持当事人选择法律的做法，适用当事人选择的法律为准据法确定了当事人之间的权利义务，这种做法不仅为当事人所接受，而且收到了良好的社会效果。实践是理论的源泉，是检验真理的标准，实践提出了重新界定《法律适用法》第 3 条性质的要求，提出了重新审视《法律适用法》第 3 条的理论要求。需要提及的是 2017 年以来我国涉及意思自治原则的立法空前活跃，《中华人民共和国民法总则》（以下简称《民法总则》）明确规定意思自治原则是民事活动基本原则，我国政府签署了《选择法院协议公约》，表明我国赞同涉外民事关系当事人选择解决争议的法院。在我国实体法、程序法越来越广泛的适用意思自治原则于涉外民事关系之时，我们再把《法律适用法》第 3 条解释为宣示性条款，这无异于作茧自缚，画地为牢。因此，有必要对《法律适用法》第 3 条进行进一步解读。

---

　　〔1〕　陈卫佐："涉外民事关系法律适用法的中国特色"，载《法律适用》2011 年第 11 期，第 49 页。

第二节　宣示性条款考证

许多学者界定《法律适用法》第 3 条为宣示性条款，但并不清楚宣示性条款的含义，一些学者甚至认为宣示性条款就是法律基本原则。为了更好地论证《法律适用法》第 3 条为基本原则而不是宣示性条款，有必要对宣示性条款进行考证，厘清什么是宣示性条款。此考证仅为学理上的尝试，因为古往今来，判断一个法律条文是否为宣示性条款，"事实上是一个无法完成的任务"。[1]

考证宣示性条款，就是要追溯其历史；追溯宣示性条款历史，必须考察我国封建社会的"具文"。在中国传统社会中，"具文"的内涵有二：一是指公文写作。[2]"具文"至少在我国汉代就已经出现，《汉书·宣帝纪》已有"上计簿，具文而已"记载。杜预在《春秋左传序》更是直抒其义，"直书其事，具文见意"。从汉至今，"具文"一词作为公文写作的含义一直沿用，不曾改变。二是指宣而不用的法律条款。中国封建社会，从皇帝的圣旨、诏谕，至国家的律法到地方政府官员的政令，大都订立了宣而不用，旨呈政威的法律条款；还有一些法律时效性很强，颁行不久就会成为一纸空文，表现出律令与实际社会生活的严重脱节。这两种法律条文被称为"具文"，这种法律现象被称为"具文现象"。在汉代，"具文"在一定程度上已经等同于宣示性规则。《汉书》颜师古注"虽有其文而实不副也"即为历史影像。[3]"具文现象"源起汉代，汉代以降，各朝各代都沿袭和承继，清朝达到鼎盛时期，在这一历史时期，"具文"内涵增加，外延扩展，并被升华为法律概念，泛指那些徒具法律形式而不起实际作用的典章制度。在清人眼中的"具文"，其中大多即是我们当今所谓的"宣示性条款"，虽然两者并不完全等同。[4]

清朝律例中出现大量的"宣示性条款"，有立法方面的原因，也有司法方

---

〔1〕　陈煜："'殊为具文'？——浅论《大清律例》中的'宣示性条款'"，载《东南大学学报（哲学社会科学版）》2016 年第 6 期，第 70 页。

〔2〕　潘洪钢："中国传统社会中的'具文'现象——以清代禁赌禁娼为例的讨论"，载《学习与实践》2007 年第 5 期，第 142 页。

〔3〕　（汉）班固撰：《汉书》卷八"宣帝纪八"，中华书局 1962 年版。

〔4〕　陈煜："'殊为具文'？——浅论《大清律例》中的'宣示性条款'"，载《东南大学学报（哲学社会科学版）》2016 年第 6 期，第 72 页。

面的干系。清朝建立之初，袭用《大明律》。顺治二年（1645 年）秉承"详译明律，参以国制，增损剂量，期于平允"立法原则，意旨制订清律，三年而成，定名《大清律集解附例》。康熙二十八年（1689 年）修律，康熙十八年（1679 年）纂修的《现行则例》附于律文之后。雍正元年（1723 年）清律续修。乾隆五年（1740 年）再次续修，续修后更名为《大清律例》。上述修律主要是增减修改附例之条例，律文本体变动不大。乾隆五年（1740 年）修律时确定了"五年一小修，十年一大修"的修律时间表，制定了"修例而不变律"的修律原则，故此后至清末的修律，律文一律不变。从乾隆时期到同治九年（1870 年），社会发生了翻天覆地的变化，但清朝的立法律例却再也没有修过。而这一历史时期，例从原来的数百条猛增到 1892 条，例事实上架空了律，因而有"律既多成空文而例遂愈滋繁碎"之叹。[1]

中国封建社会律宣而不用，社会意识形态儒家主导和法律的"符号"功能起了重要作用。西汉以来儒家独尊，依儒家"义理"建立起来的封建身份伦理之法秩序，尊卑有别，贵贱有序，等级森严，皇权至上，这也就使得等级特权思想始终贯穿于中国古代法律思想中，在律文编撰上，通过"援礼入律"的方式在律文内容上呈现出礼义阐释与刑罚处置的密切结合。[2] "德礼为政教之本，刑罚为政教之用，犹昏晓阳秋相须而成者也"。[3] "律被认为不能轻予更改之常经。盖各朝之律，大抵是由开国时创业的君主制定的。这些自以为非常'圣明'之君主，多以为律典为其斟酌至当之杰作，故纵在其自己手上，也不愿更动律条。至其后世子孙对于先王所订之律文，更以碍于'祖制不可更'，不敢妄议修改"。"'律典'对其朝代具有一定的政治'符号'作用。盖开创基业者一旦取得了天下，就需要各种典章制度的装点，为来自'实力'的统治权披上正当性及合法性的外衣"。"律典既为构成该朝代'符号'之重要部分，则为了维持律典的尊严与其'符号作用'，不嫌强调之以为立国之常经，以依附于传统的中心符号；因之，事实上，尽管无妨使之成为具文，但不能随便删

---

〔1〕《清史稿·刑法志一》。

〔2〕周斌："'德礼为政教之本，刑罚为政教之用'的历史分析"，载《齐鲁学刊》2012 年第 4 期，第 78 页。

〔3〕《唐律疏议·名例律》序。

除或修改"。[1]

封建社会律法不被适用而以宣示性条款的形式存在有其客观原因，一是"被认为不可能适用"（客观不能）。我国封建社会各朝代少则数十年，多则数百年，社会关系时常发生变化，而这些不变的宣示性条款或多或少已经脱离了社会现实，丧失了可供适用的对象。二是"法官内心不愿意适用"（主观不愿）。封建社会律法的超强稳定性使其与社会脱节，而社会发生变化朝廷实行的政策必然要随着变化，宣示性条款是在社会变化之前的旧政策指导下制定的，已不适合适用，如果实行，显然与朝廷的意旨多有龃龉，因此，司法者多将宣示性规则束之高阁。

中国封建社会律法中的宣示性条款并非百无一是，仅为花瓶用作摆设，相反，宣示性条款具有强大的"宣教"功能。宣教，一谓"宣威"，一谓"教化"。以《大清律例》为例，《大清律例》中的《吏律》《户律》《兵律》诸篇有很多宣示性条款，与这些宣示性条款相同或者更为详细的新的规则已经在各部则例及其他单行法中制定出来，保留在《大清律例》中的条款很多已经过时，不具实用价值。这些条款作为"具文"置于法典中，其目乃是警示当事人律例綦严，正所谓"悬为例禁"。在清人眼中，《现行则例》和《大清律例》的权威性是不一样的，《大清律例》作为"一代之正典"，即使其中的条文"实为具文"，其所散发出的警示信息也是不言而喻的。[2]"在中国传统社会中，统治者制定法典，宣讲法律，主要不是为了司法判决的需要，而是为了使民众知法不犯法，达到'刑措而不施，法立而不犯'，实现古人'刑期无期'的治国理想"。[3]由此可以看出宣示性条款并不等同于"一纸具文"，它象征着权威，强化着宣教，渗透着立法者的治世之道，体现着统治者的治国方略，除开司法适用外，有更深层次的考虑。[4]

1911 年辛亥革命推翻了清朝政权，埋葬了中国封建制度，建立起一个新型

---

〔1〕 黄静嘉："对清代法制中'例'的问题之一些看法"，载黄静嘉：《中国法制史论述丛稿》，清华大学出版社 2006 年版，第 272 页。

〔2〕 陈煜："'殊为具文'？——浅论《大清律例》中的'宣示性条款'"，载《东南大学学报（哲学社会科学版）》2016 年第 6 期，第 77 页。

〔3〕 刘广安："中国古代法典作用的再探讨"，载刘广安：《中国古代法律体系新论》，高等教育出版社 2012 年版，第 50 页。

〔4〕 陈煜："'殊为具文'？——浅论《大清律例》中的'宣示性条款'"，载《东南大学学报（哲学社会科学版）》2016 年第 6 期，第 78 页。

的社会。中国封建社会寿终正寝，但清朝的法律被新生的民国全面承继，在以后的时间里随着社会的发展不断予以修改。积淀几千年的传统法律文化，并未因为社会更替发生断裂，而是不断地以新的形式延续下来，传承下去，潜移默化的通过各种方式展现活力。1949 年新中国成立后，采取了废除《六法全书》、根除"伪法统"、移植苏联法律制度、强化共产主义社会理念宣传等一系列措施，试图隔断传统法律文化对新社会的影响。然 70 年的历史证明，"法律传统作为一种历史文化力量，具有深厚的社会基础，存在于中国普通民众的法律意识、心理、习惯、行为方式及生活过程之中，因而与中国社会的有机体密不可分"，[1] 正是中国传统法律文化与中国社会这种水乳交融，形成了当下具有中国特色的法律体系。中国依法治国之路虽然经过现代法治精神的浸染，但中国的现实国情与传统法律文化的融合始终是法律发展的底蕴，蕴涵合理的法律文化内涵对我们构筑现代法律制度体系有着不可或缺的意义。深入发掘传统法律制度中超越时代意义的内容并予以借鉴、吸纳，使之与现代法律制度对接并成为其中的有机构成部分，[2] 是法制建设的内在需求。

西汉时期的"具文现象"对当下中国的立法仍有影响，现行法律不乏"具文"条款，只是称谓演绎成宣示性条款的表述。宣示性条款在我国法律体系中是否应有一席之地，法学界始终存在肯定与否定的博弈。赞同在各部门法中明确规定宣示性条款学者认为，将宣示性条款的内容和要求纳入法律规范的范围，可以起到价值宣示作用，还能够通过这种"以虚御实"的方式调控整个权力责任系统，指导下位法规范或者具体法律规范的制定，其倡导的法律精神和价值导向对司法过程中的法律适用产生一定的间接效力和实质性影响，能够为改革尝试及开拓性举措提供合法性支持和约束。宣示性条款虽然不包括行为模式和法律后果等要素，不直接调整社会关系，但此类条款并非仅仅彰显某种价值观念，它们具有复杂的法律功能和社会功能，对其肯定的法律行为具有宣示性、号召性、鼓励性、促进性、协商性、指导性作用。

否定宣示性条款入法的学者理由直白：①法是协调社会关系，维护社会秩序，规范行为模式利器，要求社会一体遵行。法律不是用来欣赏的奇花异草，

---

〔1〕 公丕祥：《法制现代化的理论逻辑》，中国政法大学出版社 1999 年版，第 347 页。

〔2〕 刘立明："法治中国进程中传统法律文化的理性传承"，载《理论月刊》2015 年第 9 期，第 72 页。

而是治国安邦的规制。宣示性条款或是没有具体、明确的内容，或是制定之时就不准备施行，这与法律的本质格格不入。②宣示性条款花拳绣腿，没有可操作性。一部法律中，宣示性条款可有可无，但不宜过多应该是立法常识，也是社会共识。宣示性条款超过可以接受的限度必然产生削弱法律权威性和严肃性的消极作用，不仅使整部法律显得空洞、懈怠、松散，更重要的是降低了人们对法律的敬畏心理，导致法律信仰减弱。③世界经济的一体化促进了各国法律的趋同化，一国制定法律时不仅仅要考虑本国的社会情况，还要注意与国际条约及各国立法的协调，调整涉外民事关系的法律在国际协调方面尤其重要。如果我国法律过多的规定一些华而不实的宣示性条款，很难为其他国家认同，降低了我国法律的世界认可度，减弱了我国法律在世界的影响力。④宣示性条款多为授权性规范，属于任意性规则，不是必须以法律的强制力保证实施的强制性规定，而且宣示性条款可以采用法律之外规范性文件颁行，因此，在法律中规定宣示性条款没有必要，也没有实际意义。

朝代更替，社会变迁，"具文"承袭，依然如故。古往今来，对徒具法律形式而不起实际作用的"具文"的评价，总体说来是负面的，除肯定其具有悬剑教化功能外，多将其视为装点门面的政治符号。我国学界多数学者认定《法律适用法》第3条为宣示性条款，同时又褒扬并视该条规定为立法创新，体现了法律的开放性和先进性，对整部法律可以起到统领全局的作用，违反逻辑规律，透视出对宣示性条款本质认识的偏颇。少数学者认定《法律适用法》第3条为宣示性条款，斥责宣示性条款是无意义、没作用的"作秀"，逻辑关系并不成立，且与事实相悖，与《法律适用法》第3条的实质相左。

第三节　基本原则与宣示性条款之争的因由

《法律适用法》第3条是基本原则还是宣示性条款之争的因由，既有认识论方面的原因，又有法律解释方面的缘由。

一、认识论方面的原因

现代社会国家的立法，特别是大陆法系国家的立法，一般都设立总则一章，总则中的法律条款多为该法的基本原则或者法律原则。基本原则是指针对整个社会或者某一领域的社会关系所做的宏观规定，"不能为个别或者具体的法律规则所涵盖，而在司法判决中作为司法推理的权威性起点和一般原则"。[1] 学者们对基本原则概念认识趋同，但对基本原则适用条件、适用范围、法律原则与具体规则之间的关系认识不同，导致争议发生。《法律适用法》第 3 条性质的论争发生在该法颁布不久，司法实践并未提供足够的案例使学者们在经验的基础上做出判断。因此，无论哪种观点，都是建立在不同形式推理基础上的逻辑判断。认定《法律适用法》第 3 条为宣示性条款依据的是先验主义，做出的是直觉判断，界定《法律适用法》第 3 条为基本原则采用的是辩证主义，采用的是理性思维，二者基于不同的认识论和方法论导致理论分野。归纳二者争议的基本点，前者机械地认为分则中所有的具体的法律规则都必须包含意思自治的内容，总则中的意思自治规则方能构成基本原则，《法律适用法》分则并未规定所有涉外领域都允许当事人选法，而且意思自治涉及公序良俗，不可能完全放开，故《法律适用法》第 3 条为宣示性条款。后者追求意思自治一以贯之于整部法律，着力精神格调的渗透和规则制定的指导，并非要求每一个分则条款都含有意思自治的具体规定。成文法有滞后性，在总则中规定意思自治原则，可为社会发展对法律的需求预留空间，体现出立法的前瞻性，消弭法律的滞后性。允许当事人选择法律与适用当事人选择的法律是立法层面和司法层面两个不同层次的法律问题，允许选法是立法机关赋予民事主体的权利，是否适用当事人选择的法律是司法机关的自由裁量，二者不应混同。以涉外借款担保合同为例，我国立法允许当事人选择应适用的法律，但境内机构如未经国家外汇管理局批准对外债担保，当事人选择的法律排除适用。基于以上认识，认定《法律适用法》第 3 条是基本原则并无不妥。

纵观《法律适用法》条款，不难看出意思自治原则是该法的灵魂，是这部法律的立法精神和立法指导思想，在该法中居于主导地位，是制定具体法律规则本源的、综合的、稳定的法律机理和理论基础，决定着该法的性质、内容和价值取向。意思自治原则在《法律适用法》中得到了前所未有的强力贯彻，渗透整部法律，前后贯通、和谐统一，使该法成为一个有机联系的整体，也使该法由"法官法"转变为"市民法"。《法律适用法》颁布以前，我国仅规定涉外合同当事人可以选择法律，合同以外的其他涉外民事关系，根据法律适用规

---

〔1〕　薛波主编·《元照英美法词典》，北京大学出版社 2017 年版，第 1091 页。

范的指引确定准据法。《法律适用法》将意思自治的适用范围扩展至婚姻家庭、物权、债权、知识产权领域，涵摄除涉外继承以外的各个领域。《法律适用法》共有 52 个条文，其中有 14 个条文确定性地规定了当事人可以选择涉外民事关系适用的法律。除总则、附则和自然人、法人能力 19 个条款因调整对象的特殊性当事人不可协商选择法律外，允许当事人选择法律的条款占分则条款的 42%。此外，《法律适用法》还规定了若干任意选择型规范，选择型法律适用规范的选择权应当由法官行使，但如果当事人协议从可选择的数个法律中做出了法律选择，法官应当允许并适用当事人协商选择的法律，这样一来，允许当事人选择法律的条款占分则条款的 50%以上。比较各国法律适用法立法，可以自信地说，我国明确规定允许当事人协商选择涉外民事关系应适用法律的范围在世界范围内是较为广泛的国家之一。《法律适用法》较大比重规定意思自治在涉外民事关系领域的适用，是界定意思自治为该法基本原则的基础性因素。

二、法律解释方法的不同

《法律适用法》第 3 条"依照法律规定"这 6 个字意旨不明，特别是"法律"一词的涵摄范围不清，需要进行解释。"法律必须经由解释，始能适用。法律用语的意境，须加阐明。不确定之法律概念，须加具体化"。[1] 适用何种法律解释规则和采用何种法律解释方法对"法律"进行解释对法律解释结果具有决定性意义，折射解释者的价值取向和思维方式。以规则为导向采用形式逻辑方法解释法律追求思维的稳定性，以结果为导向采用辩证逻辑方法解释法律追求思维的变动性，"前者要求严格依照法律规范来裁定法律事实，在法律解释方面采用限制原则；后者要求依据法律精神和实际需要来裁定法律事实，在法律解释方面采用适度扩张原则"。[2]《法律适用法》第 3 条之所以出现性质界定的不同，采用不同的法律解释方法是重要原因。

界定《法律适用法》第 3 条为宣示性条款的学者采用限制性解释，认为该条中的"法律"一词仅指《法律适用法》分则中明确规定允许当事人意思自治选择涉外民事关系应适用的法律的条款；如果扩大解释范围，可扩展到包括《法律适用法》在内的各单行法、部门法中的法律适用规则明确规定允许当事

---

〔1〕 王泽鉴：《民法思维：请求权基础理论体系》，北京大学出版社 2009 年版，第 166 页。
〔2〕 郝铁川："论逻辑思维与法律思维"，载《现代法学》1997 年第 3 期，第 44 页。

人意思自治选择涉外民事关系应适用的法律的条款。单行法、部门法规定了涉外民事关系应适用的具体法律，当事人不得协商选择法律，这种解释体现出的价值观念是合法。

　　界定《法律适用法》第 3 条为基本原则的学者采用扩张性解释，认为该条中的"法律"不仅涵盖《法律适用法》在内的各单行法、部门法中意思自治选法规则，还包括以下法律中的意思自治选法规则：①国际条约。我国加入的国际民事条约在我国直接适用，条约中的意思自治规则自当遵守；我国已经签署，尚未批准，尚未对我国生效的国际条约、我国尚未签署的国际条约在我国不具有直接的法律效力，当事人选择适用时，条约因选择成为当事人之间的法律。②国际惯例和习惯。1986 年《民法通则》第 142 条第 3 款规定国际惯例是调整涉外民事关系的法律，2017 年《民法总则》第 10 条规定习惯是我国民事法律渊源，国际惯例和习惯应当纳入我国法律范畴。③外国法律。从立法角度而言，一国立法机关只可制定在本国领域内实施的法律，不可对外国法律的适用范围做出规制，《法律适用法》第 3 条所涉"法律"亦应仅为中国法律。但在司法实践中，《法律适用法》第 3 条的范围涵盖了外国法律。最高人民法院审理的蒂森克虏伯冶金产品有限责任公司（Thyssen Krupp Metallurgical Products GmbH）与中化国际（新加坡）有限公司［Sinochem International（Overseas）PteLtd］国际货物买卖合同纠纷上诉案，[1] 均为外国公司的双方当事人在合同中依据外国法律约定，"应当根据美国纽约州当时有效的法律订立、管辖和解释合同"。最高人民法院认为"该约定不违反法律规定，应认定有效"。根据我国的司法实践，《法律适用法》第 3 条规定的"法律"应当扩展至外国法律。④法不禁止即可为。凡不违反现行法律规定，在法律未禁止的范围内，当事人都可以意思自治选择涉外民事关系应适用的法律。基于对"法律"的上述理解，故该条为基本原则。这种界定体现出的价值观念是合理。

　　法律解释方法不同产生的"合法"与"合理"，既有相互依存、相互肯定的统一性，又有相互排斥、相互制约的对立性。一般说来，二者是一致的，合理的都是合法的，合法的也是合理的。特定条件下，二者又是对立的，合法不合理、合理不合法的冲突现象并非罕见。法律的相对稳定性和社会发展的持续性、社会关系的复杂性和人类认识的局限性、社会利益分配追求的公平性和社

────────────

〔1〕　最高人民法院民事判决书，（2013）民四终字第 35 号。

会变革带来的不确定性是"合法"与"合理"冲突产生的动因。"合法"与"合理"冲突的解决，形式逻辑的思维方式相形见绌，辩证逻辑的思维方式略高一筹，符合社会发展要求，更具有生命力。《法律适用法》第3条为基本原则的扩张解释，符合立法本意，也为我国司法实践所证实更符合实际。

第四节　《法律适用法》第3条为基本原则的理论与实践证成

一、《法律适用法》第3条为基本原则的理论证成

（一）构成基本原则的形式与实质要求

构成一部法律基本原则的形式要求简单明了，即法律条款应当位于该法总则之中，《法律适用法》第3条符合这一形式要求。总则中的法律条款理所当然具有基本原则属性，立法者制定法律时赋予总则条款这样的法律地位，除非法律条文做出自我限制。总则中的基本原则，"反映法律制度的根本性质，促进法律体系的协调统一，为其他法律要素提供指导，保障法律运作的动态平衡并证成其法治理念的基础性原理和价值准则"。[1] 概言之，具有统领性。界定《法律适用法》第3条是基本原则的学者和多数定位第3条为宣示性条款的学者，都认可第3条是统领性条款，在这一点上，认识一致，形成共识。界定第3条为宣示性条款又主张该条具有统领性作用的观点在理论上无法证成。所谓"统领性"条款，就是具有统帅、领导性质的条款，渗透到每一个具体的法律条文，也为整部法律所涵纳，所包容。承认第3条具有统领性，又视其为没有实际意义的宣示性条款，宏观上肯定，微观上否定，逻辑上自相矛盾，理论上无法自圆其说。所以，第3条只能在宣示性条款与基本原则之中择一，原因是不存在具有统领性的宣示性条款。

构成基本原则的实质要求，学者们认识不统一，但以下功能是必备的。首先，具有普遍适用性，调整对象不是具体的或者特殊的；具有较大的弹性，适

---

〔1〕 冯玉军："论完善中国特色社会主义法律体系的基本原则"，载《哈尔滨工业大学学报（社会科学版）》2013年第4期，第41页。

用面宽泛，能够应对各种情况，因为基本原则是"从社会生活或社会关系中概括出来的某一类行为、某一法律部门甚或全部法律体系均通用的价值准则，具有宏观的指导性"。[1] 其次，具有直接适用性。新的社会关系出现没有相应的法律规范调整，法律条文覆盖面不足出现法律空白，法律规则时过境迁失去效力，基本原则可以直接适用。再次，能够弥补法律漏洞。法律条文抽象、僵硬、呆板造成适用困难，法律条文的解释明显违背法律目的或法律精神时，可以直接适用基本原则保障法律秩序得以为继，径行运用基本原则对有缺陷的条文加以补充、衡量、修正以补漏。最后，能够协调法条之间的冲突。基本原则具有解释法律的协调作用，一个具体案件涉及多个法律条文，法律条文之间相互抵触，可以根据基本原则协调法律条文之间的冲突，发挥基本原则的统领性价值。法律规则符合基本原则形式要求和实质要求即为一部法律的基本原则，《法律适用法》第3条符合基本原则形式要求和实质要求，是《法律适用法》基本原则。

（二）《法律适用法》第3条与具体法律适用规则之间的关系

《法律适用法》第3条与具体法律适用规则之间是一般规则与特别规则关系，具有互动性。

1. 二者是一般规则与特别规则关系

现代各国法律适用法立法体例大都采用总则和分则两分法，或者采用总则、分则和附则三分法，总则为一般条款，规定一部法律的基本原则及适用于整部法律的原则，分则为特别条款，规定各领域涉外民事关系的法律适用，附则为实施日期、专门术语解释以及本法与相关法律的关系等规定，不涉及权利与义务实体性内容。"不少有关法律适用的法律中往往既有'特别规定'，又有'一般规定'。如法律适用法第1章为'一般规定'，与此相对应的其他几章的规定即可视为'特别规定'"。[2] 一般规定与特别规定之间的关系，是指导与被指导、统领与被统领的关系，而不是相互排斥、彼此对立的关系。在法律适用过程中，"在'特别规定'与'一般规定'不一致的情况下，应当优先适用'特别规定'；在'特别规定'与'一般规定'一致的情况下（通常表

---

〔1〕 舒国滢："法律原则适用的困境"，载《苏州大学学报（哲学社会科学版）》2005年第1期，第27页。

〔2〕 丁伟："涉外民事关系法律适用法与'其他法律'相互关系辨析"，载《政法论坛》2011年第3期，第18页。

现为'特别规定'对相关问题的规定更为具体），通常也是优先适用'特别规定'"。[1] 只有在特别规定不足以实现对涉外民事关系调整的情况下，才能启动基本原则的适用。

2. 二者是互动关系

作为《法律适用法》基本原则的意思自治原则与调整涉外民事关系具体的意思自治规则之间的关系是相互作用的互动关系，而不表现为各自独立互不关联的割裂状态。基本原则具有普遍性效力，其倡导的法律精神贯穿于法律规则发生作用的整个过程，使得调整对象各异，内容各不相同的法律规范保持了珠联不散的整体性。基本原则发生效力隐而不显，显而不彰，以具体法律规范对特定涉外民事关系的调整为其表现形式。法律规则浸染着基本原则精神，呈现基本原则理念，法律规则作用于涉外民事关系，意味着基本原则与法律规则同时对同一涉外民事关系进行调整，二者发生效力具有连带性质。

3. 中国制定宣示性条款的社会基础已消除

中华人民共和国成立后，荡涤了封建社会的糟粕，消灭了"具文"赖以存在的社会基础，立法理念与立法原则发生根本性变革，立法方式采用专家立法、群众立法和立法机关立法相结合的方式，由专家起草法律草案，群众参与广泛讨论，立法机关在尊重民意的基础上制定法律，宣示性条款产生的土壤逐渐得以消除。尽管法律传统和法律文化具有传承性，宣示性条款可能偶然出现，但不能以偶然性认定《法律适用法》第3条为宣示性条款。

《法律适用法》的立法宗旨是从我国的实际出发，顺应社会发展规律，适应改革发展要求，注重发生涉外民事争议较多，各方面意见又比较一致的领域进行立法。立法要求是：新，站在国际社会涉外民事关系法律适用立法前沿，借鉴国际组织和各国立法成果，根据国际经济交往和跨国人员往来的实际情况制定这部法律，和各国已制定的调整涉外民事关系的法律相比不陈旧、不保守、不落后；全，涉外民事关系的各个领域都要纳入立法范畴，该规定的都要作出规定，能规定的都要作出规定；简，篇章结构严谨，文字简明扼要，条文简约，言简意赅，看得懂，做得到，用得上，确保该法具有科学性、系统性、

---

[1] 丁伟："涉外民事关系法律适用法与'其他法律'相互关系辨析"，载《政法论坛》2011年第3期，第18页。

前瞻性和实用性。[1]《法律适用法》立法过程中对法条的审查十分严苛，《法律适用法》第 1 稿草案有 101 个条文，而最终通过的第 7 稿草案仅有 52 个条文，如此幅度的删减保留一个徒具法律形式而不起实际作用的宣示性条款的可能性微乎其微。

二、《法律适用法》第 3 条为基本原则的实践证成

（一）基本原则在法律未作规定的案件中直接适用

客观世界的无限多样性和不断变化性不可能为经验有限的人类社会彻底洞悉，主观偏见也构成人们认知事物的障碍。《法律适用法》立法宗旨力求覆盖民事领域，"所有民事关系的法律适用都要有依据，不能遗漏"，[2]但传统领域立法缺漏和新兴领域立法前瞻的不足仍不可避免。《法律适用法》没有规定法律适用的领域，是否允许当事人协商选择法律，当事人协商选择了法律法院是否应当予以认可，法律对此均无规定。司法实践证明，《法律适用法》没有涵盖的民事关系，第 3 条可以直接适用。例如，同居关系析产的法律适用我国法律未作规定，在张某与章某同居关系析产纠纷一案中，双方当事人选择适用中国内地法律，法院依据《法律适用法》第 3 条规定，适用内地实体法作为确定双方当事人权利义务的准据法。[3] 基本原则"没有为法律条款所必要的确定性和明确性。它是塑造法律状态的纲领，需要进一步规范化后才能直接适用于具体的案件事实。需要将法律原则转变为法律规范，借助特定的典型事实将

---

〔1〕　齐湘泉：《〈涉外民事关系法律适用法〉原理与精要》，法律出版社 2011 年版，第 33 页。

〔2〕　王胜明："《涉外民事关系法律适用法》的指导思想"，载《政法论坛》2012 年第 1 期，第 2 页。

〔3〕　张某诉章某同居关系析产纠纷案案情：2014 年 11 月，澳门居民张某与内地居民章某经人介绍相识，后建立恋爱关系。双方协商购买珠海市香洲区一处房产，总价为 43 万元。张某支付购房定金 154 100 元。张某支付 10 900 元购置了家具、家居用品，双方开始同居生活。2015 年 4 月 14 日，上述房屋登记于张某与章某名下，房产登记载明两人各占 50% 的所有权份额。自 2015 年 7 月 1 日起，张某每月向银行归还贷款 5539.34 元。此后，两人因生活问题产生矛盾，结束同居关系。张某向广东省珠海横琴新区人民法院提起解除同居关系并析产诉讼，2015 年 9 月 30 日立案。章某于 2015 年 10 月 21 日提起反诉，法院依法将本诉与反诉合并审理。本案双方当事人均选择适用中国内地法律作为审理本案的准据法，法院依据《法律适用法》第 3 条"当事人依照法律规定可以明示选择涉外民事关系适用的法律"的规定，适用内地实体法作为判断双方法律关系的准据法。参见广东省珠海横琴新区人民法院民事判决书，（2015）珠横法民初字第 666 号。

法律原则予以具体的规范化，并且据此将其确认为客观实在的有效法律"。[1]

《法律适用法》规定了两条基本原则，一是第 2 条规定的最密切联系原则，一是第 3 条规定的意思自治原则，在这两条基本原则均可适用于同一涉外民事关系时，应当优先适用第 3 条规定，"当事人的事尽量交给当事人办"，[2] 以避免法官越俎代庖。2007 年《马其顿共和国关于国际私法的法律》也为我们提供了可资借鉴的经验，该法第 3 条规定："①如果所有情况表明，案件与本法所指引的法律无任何重要联系，而与另一法律具有本质上的更密切联系，则作为例外不适用本法所指引的法律。②如果当事人已进行了法律选择，则不适用本条第一款的规定"。[3] 最密切联系原则须避让意思自治原则的适用。

（二）具体规定了涉外民事关系应适用的法律并不排除当事人意思自治

《法律适用法》分则直接规定了若干领域涉外民事关系应适用的具体法律，没有规定是否允许当事人协商选择法律，这些规定了具体法律适用的领域是否排除了意思自治，是否超出了第 3 条涵摄的范围，是《法律适用法》第 3 条基本原则与宣示性条款之争的又一理论焦点。学界主流观点认为若干条款明确规定了应适用的具体法律而没有规定允许当事人选择法律，意味着这些领域的法律关系存在特殊性，有的法律关系中的弱势群体需要特别保护，因而规定了适用有利于保护弱者的法律，有的法律关系涉及社会公共利益，只能适用特定的、确定的、具体的法律，从而排除当事人意思自治。基于这种认识，多数学者倾向性认为第 3 条是宣示性条款。这种从《法律适用法》分则中的具体法律适用条款没有全部规定允许当事人选择法律逆推第 3 条为宣示性条款缺乏科学性，这种仅从文字表述和字面意思就主张第 3 条为宣示性条款过于武断，逆悖《法律适用法》基本精神。前已叙及，规定涉外民事关系法律适用的具体条款是特别条款，先于基本原则适用，具体条款不足以解决争议，方可启用基本原则，以弥补立法缺漏的真空。具体条款不排除当事人意思自治，我国已有此种案例。2014 年 8 月 18 日，宁波海事法院审结的住所地位于瑞士的勿里洞岛贸

---

〔1〕 ［德］汉斯·J. 沃尔夫等：《行政法》（第 1 卷），高家伟译，商务印书馆 2002 年版，第 257 页。

〔2〕 王胜明："《涉外民事关系法律适用法》的指导思想"，载《政法论坛》2012 年第 1 期，第 2 页。

〔3〕 邹国勇译注：《外国国际私法立法选译》，武汉大学出版社 2017 年版，第 263 页。

易公司诉住所地位于利比里亚的菲象公司船舶抵押合同纠纷案中，[1] 法院排除了当事人选择的英国法律的适用，依据《海商法》第271条"船舶抵押权适用船旗国法律"规定认定原、被告之间的《船舶抵押合同》法律关系以及原告对"菲象"轮所享有的抵押权效力应适用利比里亚法律。[2] 在法院未能依据《法律适用法》第10条第1款规定依职权查明利比里亚法律情况下，应当依据该条第2款规定适用中国法律。该案中，法院并未适用中国法律，而是允许当事人默示意思自治选择适用利比里亚法律，并据此作出最终判决。[3] 该案证明了具体规定了涉外民事关系的法律适用并不排除当事人意思自治，具体规定不足以调整涉外民事关系时，当事人可以选择适用于案件的法律。

（三）默示意思自治仍然是当事人选择法律的方法

《法律适用法》第3条规定当事人可以采用明示方式选择涉外民事关系适用的法律，由于该条规定使用了"可以"这样一个非确定性的表述，引起了理解歧义。有学者认为该条规定排除了默示意思自治，"此条规定的实际指导价值主要在于指明了法律选择方式必须采用明示方式，并间接否认了默示选择方式"。[4] 与此相反的观点认为该条规定隐含了默示意思自治，法院或仲裁机构

---

〔1〕　宁波海事法院民事判决书，（2012）甬海法商初字第245号。

〔2〕　当事人双方均为外国公司、外国自然人或者外国公司与外国自然人，在外国协商选择他们之间的民商事关系适用外国法律。当事人在我国法院起诉，是否应当依据我国法律适用规则判断外国当事人选择法律的适当性，需要探讨。

〔3〕　勿里洞岛贸易公司诉菲象公司一案案情：2007年9月18日和2008年3月19日，原告勿里洞岛贸易公司与tmt亚洲公司订立了39份运费衍生品合同。tmt亚洲公司因错误的市场判断，产生了对原告约2.11亿美元的巨额债务。2008年7月8日，勿里洞岛贸易公司与菲象公司签订《保证与赔偿协议》一份，约定菲象公司不可撤销且无条件地对tmt亚洲公司在《补充和解协议》项下的付款义务在9000万美元限度内承担保证责任。该协议第17.1条还约定"本保证应由英国法管辖并依其解释"。2008年7月8日，勿里洞岛贸易公司与菲象公司还签订《船舶抵押协议》一份，明确作为对前述《保证与赔偿协议》和本抵押协议中的所有承诺和条件。该协议约定"本协议应适用利比里亚共和国法律并根据其解释和执行"。同日，该轮由利比里亚海事处进行了抵押确认登记。2012年5月4日，原告申请法院在中国宁波港扣押了"菲象"轮；2012年7月29日，原告向中国宁波海事法院提起诉讼。2014年8月18日，法院根据《合同法》第126条第1款第1句"涉外合同的当事人可以选择处理合同争议所适用的法律，但法律另有规定的除外"以及《海法》第271条第1款"船舶抵押权适用船旗国法律"的规定，认定原、被告之间的《船舶抵押合同》法律关系以及原告对"菲象"轮所享有的抵押权效力应适用利比里亚法律。原告方向法院提供了《利比里亚商事公司法案》《经修订的利比里亚海商法》以及《利比里亚海商法规》的相关条文，被告方对该证据无异议，也未提供反证，故法院对上述利比里亚相关法律予以认定。

〔4〕　张蕊："对《涉外民事关系法律适用法》中意思自治原则的思考"，载《安阳师范学院学报》2011年第3期，第38页。

可以通过默示意思自治弥补当事人选法的不足。[1]《法律适用法》第3条使用"可以"一词，从行为模式划分属于授权性的规范，赋予公民、法人或国家机关明示选择法律的权利，民事主体可以为，也可以不为，为与不为由民事主体根据不同的情况酌定。"可以"与"必须""应当"不同，不排斥、不禁止采用默示方式选择法律，[2] 这也是《司法解释（一）》第8条第2款"各方当事人援引相同国家的法律且未提出法律适用异议的，人民法院可以认定当事人已经就涉外民事关系适用的法律做出了选择"规定的法理依据。实践中，当事人以默示意思自治方式选择解决争议的法律，我国法院认可并适用，前述勿里洞岛贸易公司诉菲象公司案即为一例。

第五节　《法律适用法》第3条是意思自治原则的升华

《法律适用法》颁布之前，各国立法以及国际条约只是规定意思自治作为法律选择规则或者法律选择方法在合同、侵权、继承等领域适用，尚无国家或者国际组织赋予意思自治以基本原则地位。虽然马其顿等国家在本国法律适用法总则中规定了允许当事人意思自治选择法律，但仅为例外原则。《法律适用法》规定意思自治为法律适用基本原则，是涉外民事关系法律适用立法的历史性突破，是中国引领法律适用法发展和世界法律文明做出的重要贡献。

法律适用法上的意思自治导源于民法，民法上的意思自治起始于"商品生产者社会的第一个世界性法律"罗马法，[3] 罗马法虽然没有将意思自治原则提到基本原则的高度，但孕育了意思自治思想和精神。16世纪，法国人文主义法学家群体杰出代表杜摩林（Dumoulin）在深入研究巴黎习惯法基础上，引意思自治入法国习惯法，其影响直至《拿破仑法典》时代。[4] 1525年杜摩林

---

〔1〕 何群："《中华人民共和国涉外民事关系法律适用法》评析"，载《广州大学学报（社会科学版）》2012年第8期，第44页。

〔2〕 洪莉萍："中国《涉外民事关系法律适用法》评析"，载《中国政法大学学报》2012年第5期，第106页。

〔3〕 ［德］恩格斯：《路德维希·费尔巴哈和德国古典哲学的终结》，载《马克思恩格斯选集》（第4卷），人民出版社1972年版，第248页。

〔4〕 何勤华：《西方法学史》（第2版），中国政法大学出版社2000年版，第109页。

在回答加涅夫妇提出的夫妻财产关系适用何国法律时，提出全部财产适用夫妇结婚时的共同住所地法，因为夫妻财产关系实际上是一种默示契约。在《巴黎习惯法评述》（*Commentary on the Custom of Paris*）一书中，杜摩林进一步论述了契约关系应该适用当事人自主选择的习惯法。按照契约自由原则，当事人既然可以自由订立契约，也当然有权选择契约适用的法律。杜摩林倡导自由经济思想和意思自治选法理论并不为社会认同，法国宣布杜摩林为持异端思想者，其思想被斥为荒诞离奇，受到"场所化"理论的强烈抵制，惨遭封杀，但历史证明杜摩林的意思自治选法思想"使合同法律适用迈出了决定性的一步"，[1]是里程碑式意义的突破。17 世纪、18 世纪欧洲重商主义兴起，商人选择法律的意愿越来越受到尊重。19 世纪，意思自治原则获得空前发展，终得入法为律。1865 年英国法院在佩尼舒勒及东方航运公司诉香德案（Peninsular and Oriental Steam Navigation Co. v. Shand）[2]和劳埃德诉吉伯特案（Lloyd v. Guibert）确立了意思自治选法规则，[3]同年，《意大利民法典》第 25 条规定契约之债适用当事人共同本国法，否则适用契约缔结地法。在任何情况下，当事人另有意思表示，遵从当事人的选择，[4]意思自治由学说演进为法律。20 世纪，意思自治获得了广阔的发展空间，成为各国广为认同的法律选择原则和法律选择方法，广泛适用于涉外民事关系各领域。21 世纪，中国首开先河，提升意思自治为涉外民事关系法律适用基本原则，普遍适用于涉外民事关系，为涉外民事关系法律适用注入活力，深刻的现实意义和深远的历史意义不可低估。

《法律适用法》第 3 条充分体现了市场经济的本质。市场经济的实质就是契约经济，契约经济的实质就是意思自治经济。市场经济为意思自治的发展提供了广阔的空间，市场经济生存的空间就是意思自治功能空间。[5]市场经济要求民事主体享有选择法律自由，市民社会成员依据自己的理性判断，对参与的涉外民事关系适用的法律进行选择，应当予以肯定和鼓励。

《法律适用法》第 3 条赋予意思自治以基本原则地位以后，我国加强了实

〔1〕　［法］亨利·巴蒂福尔、保罗·拉加德：《国际私法总论》，陈洪武等译，中国对外翻译公司1989 年版，第 310 页。

〔2〕　Peninsular and Oriental Steam Navigation Co. v. Shand（1865）3 Moo PCC NS N272，6 New Rep 387（Privy Council）.

〔3〕　Lloyd v. Guibert（1865）LR 1 QB 115，6B & S100（Excehequer Chamber）.

〔4〕　许军珂：《国际私法上的意思自治》，法律出版社 2006 年版，第 17~18 页。

〔5〕　江平、张礼洪："市场经济和意思自治"，载《法学研究》1993 年第 6 期，第 22~23 页。

体法、程序法领域意思自治立法，以保证我国法律体系各部门法之间的协调和和谐，进一步夯实了《法律适用法》第 3 条的法律基础。1986 年《民法通则》第 4 条规定民事活动应当遵循自愿、公平、等价有偿、诚实信用的原则，2017年《民法总则》第 5 条将自愿原则从公平原则、等价有偿原则、诚实信用原则中独立出来，作为一项单独的法律原则进行规定，提高了自愿原则的地位，丰富了意思自治的内容。《民法总则》第 10 条扩展了法律的范围，规定"处理民事纠纷，应当依照法律；法律没有规定的，可以适用习惯，但是不得违背公序良俗"，将法谚"有法律依据法律，无法律依据习惯，无习惯依法理"入法，民事法律渊源的多样性和民事活动规则的多元性得到充分体现。制定法、习惯和法理均为法源，这为扩张解释《法律适用法》第 3 条提供了法律依据。2017 年 9 月 12 日，中国驻荷兰大使吴恳代表中国政府签署了海牙《选择法院协议公约》，我国涉外民事关系协议管辖立法又迈出了坚实的一步。该公约的精髓是鼓励双方或多方当事人意思自治订立管辖权协议，"以解决与某一特定法律关系有关的业已产生或可能产生的争议为目的，而指定一个缔约国法院或一个缔约国的一个或多个法院，以排除其他任何法院的管辖权"。涉外民事案件管辖权是国家司法主权组成部分，是涉外民事争议解决的基础，影响涉外案件的法律适用。在关涉国家主权的管辖权确定上我国尚能包容意思自治，在具体涉外民事案件的法律适用上，我们没有理由不支持和鼓励当事人意思自治选择法律。

第四章

国际条约与国际惯例的适用

国际条约和国际惯例是法律适用法的重要渊源，在涉外民事关系调整过程中发挥着重要作用。《法律适用法》未对国际条约和国际惯例的适用作出规定，《司法解释（一）》第 4 条规定国际条约与国际惯例适用沿用《民法通则》等法律中的规定。2020 年颁布的《中华人民共和国民法典》（以下简称《民法典》）第 1260 条规定《民法通则》2021 年 1 月 1 日效力终止，而《民法典》未对国际条约与国际惯例的适用作出规定，陷于立法空白。国际条约与国际惯例的适用，不论理论还是实践都存在需要解决的法律问题，本章结合国内外司法实践对国际条约与国际惯例的适用进行探讨。

第一节　国际条约与法律适用法的关系

2010 年《法律适用法》未对国际条约的适用和国际条约与法律适用法的关系作出规定。《法律适用法》制定过程中，是否对民事国际条约的适用作出规定，受到社会各界广泛关注；如何规定民事国际条约的适用，论述不少，争议较大。学者们一致认为《法律适用法》应当对国际条约的适用作出规定，全国人大常委会在《法律适用法》制定初期也曾经认为应当对国际条约的适用作出规定，《法律适用法》制定过程清楚地反映出这一脉络。

《法律适用法》第 1 稿、第 4 稿和第 5 稿草案由学者起草，这 3 稿草案中都订立了国际条约适用条款。《法律适用法》第 1 稿草案第 5 条规定，我国缔结或者参加的国际条约直接适用；各方当事人所属国均为国际条约成员，当事人未以明示方式排除条约适用时，应当适用国际条约；我国缔结或者参加的条约规定了法律适用原则的，可以依照该规定确定应当适用的法律；我国没有参加的国际条约，可以通过当事人的约定和选择予以适用。《法律适用法》第4稿草案第2条规定，对我国生效的民事冲突法条约，与我国法律适用规范规定不同的，优先适用；对我国生效的民事实体法条约，直接适用；对我国未生效的民事实体法条约，当事人合意选择适用的，可以直接适用。《法律适用法》第5稿草案第3条规定，对中华人民共和国生效的国际条约就涉外民事关系有规定的，适用国际条约的规定，但中华人民共和国声明保留的条款除外。[1]

全国人大法工委在立法初期也倾向于制定国际条约适用条款，法工委起草的《法律适用法》第3稿草案第3条规定，中华人民共和国缔结或者参加的国际条约同中华人民共和国的民事法律有不同规定，应当适用国际条约的规定，但中华人民共和国声明保留的条款除外。法工委在起草《法律适用法》第6稿草案时改变了态度，删除了国际条约适用条款。《法律适用法》表决通过前夕，有全国人大常委会委员和专家建议在该法中规定国际条约的适用问题。"法律委员会经同最高人民法院和有关专家研究，国际条约涉及面广，情况复杂，对国际条约的适用问题，各方面有不同意见，实践中也有不同做法。在本法中对国际条约的适用问题不作规定为宜。本法对该问题不作规定，民法通则、民事诉讼法等法律中有关规定仍然适用，以后在其他法律中还可以再作规定。据了解，国外一般也不在法律适用法中规定国际条约的适用问题"。[2] 基于上述理由，《法律适用法》未对国际条约的适用作出规定。

《法律适用法》回避了国际条约适用的立法问题，但国际条约的适用是一个必须面对的实际问题，为了应对司法实践的需要，2012年，《司法解释（一）》第4条对国际条约的适用作了规定，"涉外民事关系的法律适用涉及适用国际条约的，人民法院应当根据《中华人民共和国民法通则》第142条第2款以及《中华人民共和国票据法》第95条第1款、《中华人民共和国海商法》第268条第1款、《中华人民共和国民用航空法》第184条第1款等法律规定

---

〔1〕 Qi Xiangquan, Wu Lili & Zhu Conglin, "Comparison of Drafts of 'Law of the Application of Law for Foreign-Related Civil Relations of the People's Republic of China'", *Chinese Law and Government*, vol. 45, no. 6, November-December 2012, p. 12.

〔2〕 王胜明："涉外民事关系法律适用法若干争议问题"，载《法学研究》2012年第2期，第193页。

予以适用，但知识产权领域的国际条约已经转化或者需要转化为国内法律的除外"。

国际条约、特别是民事国际条约的适用也是学界一直热议的理论问题。国际条约与国内法的关系、国际条约的可适用性、国际条约在我国宪法中的地位、国际条约在国内的效力等法律问题一直是学界探索和关注的热点。关于国际条约与法律适用法的关系，学界总体认识是"对于某一涉外民事关系而言，用冲突规范进行间接调整和适用统一实体法进行直接调整，两者只能择一用之，而不得兼而并用"，[1] 似乎国际条约的适用排除了法律适用法已经成为共识。

国际条约排除法律适用法适用的情况下，确无适用法律适用法之必要。但是，国际条约是否能够一概排除法律适用法而直接适用？一个与法院地无实质性联系的法律关系，因为法院地国缔结或参加了国际条约是否应当直接适用该条约？国际条约在国内适用有"纳入"或者"转化"两种方式，这两种适用方式显著不同，适用方式不同是否导致与法律适用法的关系不同？《民法通则》第 142 条第 2 款规定的国际条约优先的含义如何解读？这些都是《法律适用法》实施必须解决的理论问题。本节揭示国际条约（仅指实体性条约）与法律适用法的关系，从与法律适用法的角度思考适用国际条约的纳入和转化两种不同的适用模式。

一、转化为国内法的国际条约的适用

国际条约通过转化方式成为国内法，其需经法律适用法的指引才能够适用，还是作为可以直接适用的涉外实体法而排除法律适用法的援引，这是需要明确的理论问题。中国加入民事国际条约时，多采取"立改废"的方式对国内法相关法律制度进行完善。例如，2000 年我国对《中华人民共和国专利法》进行了修改，2001 年对《中华人民共和国著作权法》进行了修改，全面履行中国承诺的条约义务。我国的知识产权法有相当数量的条款是由国际条约直接转化而来的实体规范，这些实体规范与我国法律适用法的关系应当厘清。

通过转化方式成为本国法律组成部分的国际条约实际上已经不是国际条约，而是承载条约内容的国内民事法律。采用转化方式进入一国法律体系的国

---

〔1〕 李双元等编著：《中国国际私法通论》，法律出版社 1996 年版，第 13 页。

际条约，本身在国内法中并无直接的效力。[1]国际条约通过转化方式作为国内法适用的并不少见，以《统一提单的若干法律规定的国际公约》（以下简称《海牙规则》）为例，一些国家将其转化为国内海上货物运输法。1936年《美国海上货物运输法》、1958年《日本国际海上货物运输法》、1992年《英国海上货物运输法》等都是通过转化方式成为国内法。这些国内法的适用是否应该以法律适用法的指引为前提曾有过争论。但是，现在多倾向于肯定的回答。[2]在中国，调整海上运输的法律虽非由国际条约转化而来，但与诸外国海上货物运输法具有相同性质的《海商法》的适用同样需要法律适用法的指引。《海商法》第14章是"涉外关系的法律适用"专门规定，其中第269条规定："合同当事人可以选择合同适用的法律，法律另有规定的除外。合同当事人没有选择的，适用与合同有最密切联系的国家的法律。"据此，该法中的实体性规则只有依据法律适用规则指引中国法为准据法时才能得以适用。

涉外知识产权的法律适用具有特殊性。知识产权实体法具有严格的地域性和独立保护性，依一国法律取得的知识产权只在该国国内具有效力并受该国实体法保护。随着社会的发展，知识产权在国际范围转移的情况越来越多，涉外知识产权争议不断发生。知识产权国际保护在程序法和法律适用法上已经突破了适用地域性和保护独立性的限制，一国法院可以受理并通过法律适用法适用外国知识产权法，审理基于外国法而取得的知识产权的合同及侵权案件。由于中国对世界贸易组织的《与贸易有关的知识产权协议》采取转化方式适用的模式，且该协议以外的知识产权领域的国际条约通常规定的是最低保护标准而不是完全统一的具体实体规则等，出现了中国缔结或参加的知识产权条约的适用问题。2012年《司法解释（一）》第4条明确规定"知识产权领域的国际条约已经转化或者需要转化为国内法律的"与其他涉外民事关系涉及的国际条约的适用不同。知识产权条约中的实体法规定已经转化为中国国内知识产权法的，其适用应以中国法律适用法的指引为前提。中国的著作权法、专利法（包括由

〔1〕 李兆杰："条约在我国国内法效力若干问题之探讨"，载中国国际法学会编：《中国国际法年刊1993》，中国对外翻译出版公司1994年版，第269页。
〔2〕 ［日］石黑一宪：《国际私法》（第2版），新世社2007年版，第134页；［日］高桑昭：《船荷证券忆関言）1968年 議定書h统一法0適用》，载《国际法外交杂志》1991年第90卷，第578页。日本的东京高等法院1969年2月24日判决、东京地方法院1964年6月20日判决均在依据当事人意思自治原则确定日本法为准据法后，适用《日本国际海上货物运输法》。

国际条约转化而来的条款）等知识产权法律只有在依照中国法律适用法、法律关系的准据法为中国法时才能够得以适用。因此，由国际条约转化而来的国内知识产权法与《合同法》《侵权责任法》以及其他作为国内法的民事法律一样，其适用是以法律适用法的指引为前提的。

上述结论亦有例外，即由国际条约转化而来的国内法中的强制性规定可能会排除法律适用法而被直接适用。《法律适用法》第 4 条就规定了强制性规定直接适用并不依赖法律适用法，《海商法》第 44 条亦有相似的规定。

二、纳入国内法的国际条约的适用

采用纳入方式成为一国法律组成部分的《统一国际航空运输某些规则的公约》（以下简称《华沙公约》）、《销售合同公约》等国际条约保留了其原形态，名称亦无变化，给人非一国国内法而是以国际法意义上的国际条约存在的表象。[1] 此类国际条约与法律适用法的关系有特殊性，有以下两种不同的适用模式。

（一）非法律适用法模式

第一种模式为排除法律适用法援引直接适用国际条约，其典型例证是《销售合同公约》的适用。依据该公约第 1 条第 1 款（a）项，在"营业地在不同国家的当事人之间所订立的货物销售合同，而这些国家是缔约国"的情况下，法院地国为缔约国时，该公约的适用无需法律适用法的指引，这意味着与根据法院地国法律适用规则适用什么国家的法律是不相关的。[2]

一般情况下，一国法院解决的涉外民事争议，并不可以直接适用法院地法律，而是依据法院地国法律适用规则确定应适用的准据法。在存在国际条约的情况下，需要确定该国际条约是否优先于法院地国法律适用法的适用，确定国际条约和法院地国法律适用法两者之间的关系。根据《销售合同公约》规定，只要符合第 1 条第 1 款（a）项所预设的条件，则"直接地"或者"自动地"

---

〔1〕 有的国际条约虽然通过转化的方式而适用，但是，没有转化的内容，适用范围不尽相同，仍然存在以纳入的方式而适用的可能。在圆谷制作株式会社与连合科技电子钟表厂著作权纠纷案〔（2002）粤高法民三终字第 84 号〕中，关于从平面到立体的复制行为就适用了《保护文学和艺术作品伯尔尼公约》。

〔2〕 See Peter Winship, "The Scope of Vienna Convention on International Sales Contracts, Appendix: Application of Art. 1 (1) (b)", in Galston & Smit ed., *International Sales: The United Nations Convention on Contracts for the International Sale of Goods*, Matthew Bender, 1984, pp. 1-53.

适用。该公约的适用优先于法院地国法律适用法的适用，无须再援用法院地国法律适用规则。这种适用模式已经得到国外判例的支持，亦被国际贸易法委员会所肯定和推崇。这种适用模式的好处在于可以直接适用该公约的具体实体法规则，从而避免通过法律适用法而采取的两步走的方法。[1]

《销售合同公约》在中国的适用亦采取此模式。1987 年《最高人民法院转发对外经济贸易部〈关于执行联合国国际货物销售合同公约应注意的几个问题〉的通知》中明确指出："自 1988 年 1 月 1 日起我各公司与上述国家（匈牙利除外）的公司达成的货物买卖合同如不另做法律选择，则合同规定事项将自动适用公约的有关规定，发生纠纷或诉讼亦得依据公约处理"。该《通知》进一步明确了营业地位于不同缔约国的当事人之间的国际货物买卖合同，直接适用该公约；除非当事人之间根据交易的性质、产品的特性以及国别等因素，达成与公约条文不一致的合同条款，或在合同中明确排除公约适用，转而选择某一国的国内法为合同的准据法。中国的司法实践亦有采取此模式的案例。例如，美国联合企业有限公司与中国山东省对外贸易总公司烟台公司购销合同纠纷上诉案中，最高人民法院适用了该公约第 1 条第 1 款（a）项，以中国和美国均是公约缔约国为由，以"非法律适用法模式"适用了该公约。[2]

检视中国的司法实践，调整国际航空运输的《华沙公约》在中国的适用亦属于非法律适用法模式。例如，阿卜杜勒·瓦希德诉东方航空公司国际航空旅客运输合同纠纷一案中，上海市浦东新区人民法院对法律适用做了阐述：我国和巴基斯坦都是《经 1955 年海牙议定书修订的 1929 年华沙统一国际航空运输一些规则的公约》（以下简称《海牙议定书》）和 1961 年《统一非立约承运人所办国际航空运输的某些规则以补充华沙公约的公约》（以下简称《瓜达拉哈拉公约》）的缔约国，故这两个国际公约对本案适用。上海市第一中级人民法院在上诉审中亦认为，根据《海牙议定书》第 19 条、第 20 条第 1 款的规定判决被告承担赔偿责任并无不当，并据此作出了相应的民事判决。[3]

中国的司法实践亦有在符合《销售合同公约》第 1 条第 1 款（a）项规定

---

〔1〕《联合国国际贸易法委员会关于〈联合国国际货物销售合同公约〉判例法摘要汇编》2012 年版，第 4~5 页。参见联合国国际贸易委员会，http：//www. uncitral org/pdf/chinese/clout/CISG - digest - 2012-c. pdf，最后访问日期：2014 年 6 月 7 日。

〔2〕最高人民法院民事判决书，（1998）经终字第 358 号。

〔3〕上海市第一中级人民法院民事判决书，（2006）沪一中民一（民）终字第 609 号。

的情况下，通过中国法律适用法援引然后再适用该公约的案例。例如，美国纽约州宝得利股份有限公司与中国电子进出口国际货物买卖合同纠纷一案中，广州市中级人民法院首先依照《合同法》中的最密切联系原则，确认被告住所地和合同履行地的中国法作为解决本案争议的准据法。鉴于作为本案原被告营业所所在地的中国和美国均为公约缔约国，根据《民法通则》第142条第2款规定"中华人民共和国缔结或者参加的国际条约同中华人民共和国的民事法律有不同规定的，适用国际条约的规定"的精神，最终适用该公约。[1]

　　国际条约从其内容划分可以分为任意法性质和强行法性质两种类型。《销售合同公约》属于前者，《华沙公约》以及其后的《海牙议定书》《瓜达拉哈拉公约》和《蒙特利尔公约》等属于后者。对强行法性质国际条约的适用采取非法律适用法模式或许具有一定的合理性，而对任意法性质的国际条约采取此模式，当属20世纪60年代后随着欧洲比较法研究的兴盛而出现的新思潮。这种思潮积极推进国际条约的统一适用，[2] 主张：①法律适用法和国际条约是二选一的关系，一国批准或加入国际条约必然排除了法院地国法律适用法的适用。②国际条约的内容并不能涵盖所有的问题。当特定的问题出现"法规的欠缺"时，应该由从国际条约中抽取出的法律规范或一般原则来补充，而没有法院地国法律适用法介入的余地。[3] ③国际条约生效后，各缔约国之间关于条约的解释很可能出现冲突。在此情况下，应由从国际条约中抽取出的普遍规范加以解决，没有法院地国法律适用法介入的余地。[4] 国际条约缔结或者加入后，各国对其发展，均应该以国际条约的内在形式进行。由于国际社会不存在对国际条约进行统一解释的"最高法院"，所以各缔约国法院应本着国际统一解释及适用的目的，充分考虑其他缔约国的判决。这样，一缔约国法院就需

---

　　〔1〕 广州市中级人民法院民事判决书，（2004）穗中法民三初字第297号。

　　〔2〕 19世纪末的欧洲学者〔如德国的齐特尔曼（Zitelmann）〕就认为，基于相近似的宗教及伦理、法律思维方式、经济状况，可以形成世界统一私法。但所指的世界是否是今日的世界尚值得怀疑。参见〔日〕溜池良夫：《国际私法讲义》，有斐阁1995年版，第6页。

　　〔3〕 在早期的德国、法国的案例中，有以准据法国对条约的解释与法院地国对条约的解释不同为由，而通过冲突法确定准据法，然后按照准据法国对条约的解释而判决的案例。然而，新思潮下所采取的不是任何国家（包括法院地国）对条约的解释，而是建立在比较法基础上的国际条约本身应具有的解释。参见〔日〕石黑一宪：《国际私法》（第2版），新世社2007年版。

　　〔4〕 德国学者冯·卡尔莫勒（Von Caemmerer）、康拉德·茨威格特（Konrad Zweigert）都是该思潮的代表。参见〔日〕石黑一宪：《国际私法》（第2版），新世社2007年版。

要引用其他缔约国法院的判决。[1]

国际统一私法协会组织起草、1964 年海牙外交会议通过的《国际货物买卖统一法公约》即为这一新思潮的一个产物。依照该条约第 3 条规定，当事人可以排除条约的适用，该规定表明该条约是任意法性质而非强行法性质的国际条约。即便如此，该条约第 2 条仍然规定排除法律适用法的适用。[2] 关于"法规的欠缺"问题，《国际货物买卖统一法公约》第 17 条阐明了立场，即公约没有规定的适用公约的一般原则。《销售合同公约》承袭了《国际货物买卖统一法公约》的做法，《销售合同公约》第 1 条第 1 款（a）项直接指明合同双方当事人营业地位于不同缔约国时，可直接适用该公约，无须再依据法院地国法律适用法寻找准据法。"非法律适用法模式"实际上在法院地国为条约缔约国时，《销售合同公约》第 1 条第 1 款（a）项本身已经具有了法律适用法和"法际私法"的双重功能。法律适用法是确定准据法的法律，指明涉外民事关系应该适用哪国法律。"法际私法"（或称"法际法"）是解决一国民商法中不同法律、法规之间冲突的法律。如国际法与国内法、国家法与教会法、成文法与习惯法、一般法与特殊法等法律之间相互冲突时，决定优先适用哪一法律的规范。《销售合同公约》第 1 条第 1 款（a）项从法律适用法功能来看属于单边冲突规范，指明当事人双方营业地位于不同缔约国的国际货物买卖合同法律关系适用法院地法，排除法院地国关于此类涉外合同法律关系的法律适用法规则（例如中国《法律适用法》第 41 条规定的当事人意思自治原则），也就意味着排除了适用外国法的可能性。正是着眼于这一点，将这种形式的法律适用其称为"非法律适用法模式"。从"法际私法"功能来看，它指明应适用公约而非法院地国（亦是准据法国）法中的其他民事法律。

《销售合同公约》第 1 条第 1 款（a）项具有法律适用法和"法际私法"

---

　　[1]　关于《销售合同公约》，除 UNCITRAL 建立有 CLOUT 数据库（http：//www.uncitral.org/uncitral/en/case_law.html）外，还有 UNILEX 数据库（http：//www.unilex.info/）及佩斯大学（Pace University）的数据库（http：//www.cisg.law.pace.edu/）等，便于查询各国案例，以促进《销售合同公约》的统一解释及适用。意大利法院 2000 年 7 月 12 日判决中就引用了德国法院、美国法院的判例（http：//cisgw3.law.pace.edu/cases/000712i3.html）。

　　[2]《国际货物买卖统一法公约》第 2 条：为了适用本法，除有相反的规定外，国际私法规范应予排除。

之功能,[1] 所以该公约在中国适用既不需要援引《法律适用法》第 41 条,也不需要援引《民法通则》第 142 条第 2 款。在上述美国纽约州宝得利股份有限公司与中国电子进出口国际货物买卖合同纠纷一案中,广州市中级人民法院的判决就值得商榷,理由在于忽视公约第 1 条第 1 款(a)项所具有的法律适用法和"法际私法"的双重功能。该判决是通过法律适用法规则援引及《民法通则》第 142 条第 2 款规定最终适用公约。该判决虽将中国法视为准据法,然而适用的依据是最密切联系原则而非法院地法,虽将公约作为准据法而适用,依据的是《民法通则》第 142 条第 2 款而非单纯的公约第 1 条第 1 款(a)项。

(二)法律适用法模式

法律适用法模式是指国际条约作为一国法律经过法律适用法援引被指定为准据法时得以适用。虽然 20 世纪 60 年代以来出现排除法律适用法而适用国际条约的新思潮,特别是 1964 年《国际货物买卖统一法公约》将"非法律适用法模式"作为唯一的方法,将该公约的适用完全与法律适用法割裂开来,但《销售合同公约》仍然保留了依法律适用法的援引而适用该公约的模式。依照该公约第 1 条第 1 款(b)项"营业地在不同国家的当事人之间所订立的货物销售合同,如果国际私法规则导致适用某一缔约国的法律"的规定适用该公约。当法律适用法规范指引缔约国法律作为准据法时,营业地并非处于公约缔约国的当事人也需要受到公约约束,扩展公约的适用范围至营业地位于非缔约国的当事人。此时,法律适用法指的是法院地国的法律适用法,而法院地国既可能是缔约国,也可能是依据《销售合同公约》第 95 条出于维护国内法地位的目的而对第 1 条第 1 款(b)项进行保留的缔约国,甚至可能是非缔约国。[2] 只要依据法律适用法,某一缔约国的法律成为准据法,就可以适用该公约。当然,准据法国必须是缔约国,且没有对第 1 条第 1 款(b)项作出

---

〔1〕　德国学者彼得·施莱希特里姆(Peter Schlechtriem)称其为"分配条款",日本学者山田镣一称其为"体系际法"。因相冲突的法律同为现时有效的法律,所以"法际私法"不同于时际私法。参见イーター・シニレトト U—ム:《国际统一壳買法七＄于一》,判例タイム;C739 号(1990 年),19 页。

〔2〕　John O. Honnold, *Uniform Law for International Sales Under the* 1980 *United Nations Convention*, 4th edition, Deventer/Netherlands·Kluwer Law and Taxation Publishers, 2009, pp. 39-42, 82.

保留。[1]

基于法律适用法模式，中国法院审理营业地不在缔约国内的不同国家当事人之间的争议，依照《销售合同公约》第 1 条第 1 款（a）项不能适用公约时，尽管中国依照该公约第 95 条对第 1 条第 1 款（b）项进行了保留，仍然可能适用该条约。依照《法律适用法》第 41 条所规定的当事人意思自治原则或该法规定的最密切联系原则来确定准据法可能出现这种情形。当一个没有对《销售合同公约》第 1 条第 1 款（b）项进行保留的缔约国法为准据法时，就应该适用该公约。假设一例说明这一问题：中国法院依据法律适用法确定某一涉外民事案件应该适用法国法，法国是公约缔约国且没有依照《销售合同公约》第 95 条对第 1 条第 1 款（b）项进行保留，这就产生了是适用法国合同法律制度（法国合同法）还是适用公约问题，该问题实质是适用法国法中哪一部法律的问题，也是应由法国法自行解决的问题。《销售合同公约》第 1 条第 1 款（b）项作为准据法国的法律制度，即法国的法律制度解决了该问题，明确了应该适用的法律是该公约而非法国合同法。[2] 当然，如果与上述情况相反，当准据法国是一个非缔约国（如英国）时，或是对该公约第 1 条第 1 款（b）项提出保留的缔约国（如美国）时，则不能适用公约，而只能适用其国内合同法律制度。

依此理，当一国法院（包括中国法院和外国法院）依照其本国法律适用法确定中国法为准据法时，产生应该适用中国合同法还是应该适用《销售合同公约》问题。依照《民法通则》第 142 条第 2 款或《销售合同公约》第 1 条第 1 款（b）项规定，应该适用公约。但由于中国依照《销售合同公约》第 95 条

---

〔1〕 不同学者对于《销售合同公约》第 1 条第 1 款（b）项的意义，即其属于法院地国的法律制度还是属于准据法国的法律制度有不同的理解。加之该公约第 95 条允许缔约国对其进行保留，使得情况更加复杂。但是，从第 1 条第 1 款（b）项本身之含义、保留国作出保留的目的以及国际私法的理论来看，本文作者更倾向于将其作为准据法国的法律制度。

〔2〕 依照法院地国际私法而指定准据法，在准据法国为《销售合同公约》缔约国时结合该公约第 1 条 1 款（b）项而适用公约。那么，在依照国际私法的当事人意思自治原则而适用准据法时，当事人的意思究竟是什么呢？依《销售合同公约》第 6 条规定当事人可以约定不适用该公约，那么当事人选择准据法是否意味着其具有不适用公约的意思而可以排除公约的适用呢？对此，各国司法实践多不将当事人的准据法选择作为排除公约适用的意思表示。参见［日］山手正史：《ウィーン壳买条约をとりまく世界の动向——判决例・仲裁判断例を中心として——》，载 http://archive.today/89Cuv，最后访问日期：2014 年 6 月 24 日。正因为如此，如果当事人意图排除公约的适用，就应该在选择准据法时，进一步明确所有适用的法律或明确表明排除《销售合同公约》。

对第 1 条第 1 款（b）项提出了保留，意在不扩大公约的适用范围，从而使本国的有关法律有机会得以适用，[1] 所以只能适用中国合同法。

《销售合同公约》第 1 条第 1 款（b）项的性质及含义应如何理解？可以或者应当说该款性质是"法际私法"，起到"分配条款"的作用，[2] 其功能在于将缔约国（准据法国）的实体法划分为不同的规则，即国内货物买卖合同法和公约。公约是缔约国法律规范的一部分，当缔约国的法律作为国际货物销售合同的准据法时，公约优先于国内货物买卖合同法适用。此时它与《民法通则》第 142 条第 2 款的性质及内容均相同。

《销售合同公约》在德国生效之前，德国已出现法院依照德国法律适用法确定准据法，然后将该公约第 1 条第 1 款（b）项作为准据法国（缔约国）法，据此而适用该公约的案例。例如，1989 年德国亚琛地方法院作出的意大利公司和德国公司之间合同纠纷的判决，根据德国法律适用法适用卖方营业地国法律之规定，指向意大利法律。因意大利是公约缔约国，将公约作为意大利法的一部分而加以适用。[3] 另一个判例为德国科布伦茨高等法院 1993 年关于营业地分别位于法国和德国当事人之间的买卖合同的判决，德国法院依据德国法律适用法指向法国法，合同订立时德国并不是公约缔约国，而法国是公约缔约国，最后根据第 1 条第 1 款（b）项而适用公约。[4] 此外，瑞士法院、荷兰法院均有《销售合同公约》在对该国生效前通过法律适用法规则指定法国法、意大利法为准据法进而最终适用该公约的案例。[5]

以上对营业地不在缔约国内《销售合同公约》适用的情形进行了阐述。如果当事人双方营业地均在缔约国内的国际货物销售合同，能否完全排除法律适用法的适用？如前所述，当公约的非缔约国法院受理案件，即为法院地时，仍

---

〔1〕　在 1980 年维也纳外交会议第 11 次全体会议上提出对《销售合同公约》第 1 条第 1 款（b）项保留的捷克斯洛伐克代表和美国均意图在于适用其本国民事法律而非公约。参见张玉卿主编：《国际货物买卖统一法：联合国国际货物销售合同公约释义》，中国对外经济贸易出版社 1998 年版，第 15 页。

〔2〕　关于"分配条款"的概念及适用，参见〔德〕彼得·施莱希特里姆：《〈联合国国际货物销售合同公约〉评释》（第 3 版），李慧妮译，北京大学出版社 2006 年版，第 12 页。

〔3〕　See Case Law of the United Nations Commission on International Trade Law, No. 46, available at http://www. uncitral. org/clout/showDocu-ment. do? documentUid = 1147.

〔4〕　See Case Law of the United Nations Commission on International Trade Law, No. 281, available at http://www. uncitral. org/clout/showDocu-ment. do? documentUid=1504.

〔5〕　参见〔日〕山手正史：《ウィーン売買条約をとりまく世界の動向——判決例·仲裁判断例を中心として——》，载 http://archive. today/89Cuv，最后访问日期：2014 年 6 月 24 日。

然可以通过法律适用法而适用公约。此时《销售合同公约》第 1 条第 1 款（a）项仅具有"法际私法"功能。依照法院地国（非缔约国）法律适用法援引的准据法国为公约缔约国时，由于当事人营业地位于不同缔约国，符合第 1 条第 1 款（a）项之要求，应适用该公约。也就是说，法院应该而且必须适用由其本国的法律适用法规范指引的，在另一缔约国内生效的公约。[1] 如英国法院受理营业地均为缔约国的国际买卖合同纠纷，由于英国不是《销售合同公约》的缔约国，其法院不受第 1 条第 1 款（a）项中的法律适用法机制约束，而应该适用自己本国的法律适用法规则。而按照英国法律适用法应该适用法国法时，因法国是公约的缔约国，公约是法国法的一部分，其调整营业地在不同缔约国的合同法律关系，故应该适用该公约。

下表列出了通过法律适用法而最终适用《销售合同公约》的情形：

表 1　通过法律适用法而最终适用《销售合同公约》的情形

法院地国	准据法国	甲方营业地国	乙方营业地国	与该公约第 1 条第 1 款相关的款项
缔约国	缔约国	缔约国非缔约国	非缔约国非缔约国	（b）
保留 B 项的缔约国	缔约国	缔约国非缔约国	非缔约国非缔约国	（b）
非缔约国	缔约国	缔约国非缔约国	非缔约国非缔约国	（b）
非缔约国	缔约国	缔约国	缔约国	（a）

三、国际条约与国内实体法的适用优先关系

以下从法律适用法的角度对国际条约与国内实体法的适用优先关系进行阐述。

《民法通则》第 142 条第 2 款和其他法律中的类似条款规定了国际条约应优于国内法而得到适用。然而，立法与司法并不统一，司法实践中在为什么优先适用国际条约方面呈现出混乱的状态。有直接依据《销售合同公约》第 1 条

---

[1] 关于"分配条款"的概念及适用，参见〔德〕彼得·施莱希特里姆：《〈联合国国际货物销售合同公约〉评释》（第 3 版），李慧妮译，北京大学出版社 2006 年版，第 10 页。

第 1 款（a）项规定适用该公约的案例，例如，崔源某诉徐春某国际货物买卖合同纠纷案；[1] 亦有将《民法通则》第 142 条第 2 款与《销售合同公约》第 1 条第 1 款（a）项规定并列的案例，例如，C&J 金属板材股份有限公司与温州晨兴机械有限公司国际货物买卖合同纠纷上诉案等；[2] 还有依法律适用法确定中国法律为准据法后，再依据《民法通则》第 142 条第 2 款规定优先适用公约的案例，例如，法契巴股份有限公司与浙江太子龙贸易有限公司国际货物买卖合同纠纷上诉案。[3]

　　当一国法律经法律适用法援引成为准据法，且该国是国际条约的缔约国时，是适用国际条约还是适用该国国内民事法律？如果国际条约的内容与该国国内民事法律的内容相同，并不存在选择法律问题。因为无论适用哪一法律，在国际法层面都履行了国际法义务，而在国内法层面，只是两部内容相同的法律而已。但是，如果国际条约的内容与该国国内民事法律的内容不相同，则存在适用上的优先关系。究竟是国际条约优先适用还是平等对待，需要依准据法国的"法际私法"加以确定。以往中国学者可能多从国际条约与国内法的效力关系角度阐述该问题，认为如果出现国际条约与国内法律的冲突，国际条约具有低于宪法高于国内法律效力的地位。国际条约与国内法律的地位，各国法律制度并不完全相同，采取国际条约与宪法具有同等效力（如 1978 年《西班牙宪法》）、国际条约具有低于宪法高于国内法律的效力（如 1958 年《法国宪法》）、国际条约具有与国内法律同等的效力（美国宪法）等不同制度。[4] 就中国而论，在"非法律适用法模式"下，国际条约的适用并不需要援用《民法通则》第 142 条第 2 款，此时无须比较国际条约与国内法律效力高低关系。只有在"法律适用法模式"下，当法律适用法指定中国法为准据法时，才需要依据《民法通则》第 142 条第 2 款或《销售合同公约》第 1 条第 1 款（b）项规定确定国际条约与中国国内实体法的适用优先关系。

　　首先，《民法通则》第 142 条第 2 款是原则性规定，采取的是条约优先原则。其次，关于《销售合同公约》所调整的国际货物销售合同法律关系，需要依据该公约第 1 条第 1 款（b）项规定确定其与中国国内实体法的适用优先关

〔1〕　辽宁省大连市中级人民法院民事判决书，（2012）大民四初字第 111 号。
〔2〕　浙江省高级人民法院民事判决书，（2013）浙商外终字第 144 号。
〔3〕　浙江省杭州市中级人民法院民事判决书，（2013）浙杭商外终字第 35 号。
〔4〕　李浩培：《条约法概论》，法律出版社 2003 年版，第 324~331 页。

系。可以看出，《民法通则》第 142 条第 2 款与《销售合同公约》第 1 条第 1 款（b）项规定是性质及内容完全相同的法律制度，即其性质为"法际私法"，解决准据法国中不同法律制度的适用优先关系，其内容为国际条约优先。但是由于中国对《销售合同公约》第 1 条第 1 款（b）项规定做了保留，即使准据法为中国法，也不适用该公约，而只能适用中国合同法。中国的保留实质上是《民法通则》第 142 条第 2 款所确立的国际条约优先原则的一种例外。

从中国关于合同的国内立法历史及其内容与《销售合同公约》的关系来看，[1] 通过这样的保留而拒绝适用该公约是否合适尚值得探讨，特别是在该公约越来越得到世界各国以及国际仲裁机构的青睐、中国关于合同的法律制度越来越趋于当事人意思自治的背景下更是如此。这样的保留也与中国《民法通则》第 142 条第 2 款所确立的国际条约优先原则相左。

从以上论述可以看出，《民法通则》第 142 条第 2 款与《销售合同公约》第 1 条第 1 款（b）项是在依据法律适用法，中国法成为涉外民事关系的准据法时，为处理国际条约与国内民事实体法的冲突而设立的适用规则，是"法际私法"。基于前者，国际条约优先适用；而基于中国对后者的保留，中国国内民事法律制度优先适用。

因此，就国际条约的适用而言，《民法通则》第 142 条第 2 款可以从如下三个方面来理解：

（1）中国缔结或者参加的国际条约经转化为国内法的，按照法律适用法中国法被指定为准据法时作为涉外民事关系的准据法而适用，但属于直接适用的强行法除外。

（2）中国缔结或者参加的且没有转化为国内法的国际条约，无需法律适用法指引时，同中国的民事法律异同无关，直接适用国际条约的规定，但是违反中国宪法或公共秩序以及中国声明保留的条款除外。

（3）中国缔结或者参加的且没有转化为国内法的国际条约，按照法律适用法中国法被指定为准据法时，同中国的民事法律规定相同的，适用国际条约或国内法均可；规定不同的，适用国际条约的规定，但违反中国宪法或公共秩序以及中国声明保留的条款除外。

---

〔1〕 王利明："《联合国国际货物销售合同公约》与我国合同法的制定和完善"，载《环球法律评论》2013 年第 5 期，第 119 页。

从上述论证中可以得出这样的结论：国际条约在国内的适用需要解决两个问题。第一个问题是适用本国法还是适用外国法。在"非法律适用法模式"下，一般只指明适用法院地本国法；在"法律适用法模式"下，既可能适用国内法也可能适用外国法。第二个问题是适用准据法国中的哪一部法律，特别是适用国际条约还是国内民事法律。在"非法律适用法模式"下，其规则本身就意味着适用国际条约而非国内民事法律；在"法律适用法模式"下，需要援引准据法国的"法际私法"来确定，这就是关于国内法和国际条约之优先关系的法律，在中国体现为《民法通则》第142条第2款。虽然《销售合同公约》第1条第1款（b）项与《民法通则》第142条第2款内容相同，然而，因为中国对此进行了保留，就该公约与中国合同法的关系而言，应该适用中国合同法。

"条约必须遵守"是国际法的基本原则，但在什么情况下才应适用某一条约的制度亦应该得到遵守。当依法律适用法和"法际私法"并不适用条约时，缔约国当然没有适用条约的义务。另外，"条约不得为第三国创设权利和义务"意味着条约在第三国无效，第三国没有履行条约的义务。然而，第三国依据其本国的法律适用法指向缔约国，并按照缔约国的"法际私法"而适用国际条约是正确的。这并不是第三国履行国际条约义务的结果，而是第三国适用本国法律适用法的必然结果。同时，关于特定第三国的公民、法人的民事法律关系，缔约国或其他非缔约国通过法律适用法而最终适用条约，也不违反"条约不得为第三国创设权利和义务"之国际法原则，这是因为关于涉外民商事案件的法律适用，法院地国的法律适用法起到了决定性作用。

值得指出的是，就《销售合同公约》而言，由于原本对它持消极或观望态度的国家相继加入，缔约国的数量不断攀升，通过"法律适用法模式"而得到适用的案件会越来越少，而通过"非法律适用法模式"而适用的案件会越来越多。而且，《销售合同公约》近年来在不同层面以不同方式而得到适用，作为"非国家法"而取代国家法的趋势日渐显现。

第二节　当事人意思自治与国际条约的适用

当事人是否可以直接选择国际条约为涉外民事法律关系的准据法尚有争

议。传统法律适用法将当事人对国际条约的选择视为合同法问题，将国际条约作为合同内容对待；而新近国外有学者主张当事人选择的国际条约即为准据法，我国学者及司法实践多倾向于此。本节分别阐述传统法律适用法方法及新近的理论及实践，考察国际条约成为涉外民事法律关系准据法的可能性及需要解决的问题。

一、问题的提出

近年，随着"非国家法"或"新商人法"的不断发展和完善，其取代国家法的现象时有发生。特别是在强调私人自治的国际商事仲裁领域，"非国家法"，如联合国国际贸易法委员会制定的《销售合同公约》（CISG）、国际统一私法协会编纂的《国际商事合同通则》（PICC）、国际商会编写的《国际贸易术语解释通则》（INCOTERMS）、《跟单信用证统一惯例》（UCP）等起到了积极的作用。这些"非国家法"或通过当事人的选择作为法律关系的准据法，或作为合同的条款，或作为一般法律原则，或作为解释国家法的参考，或作为国际惯例，表现出不同的形态。

商事仲裁具有灵活性，最大限度地尊重当事人的意思，常常以"Rules of Law"[1]之名适用当事人所选择的法律。[2] 国际商事仲裁奉行最大限度尊重当事人意思自治原则，相对严格而僵化的诉讼何去何从，在一国法院诉讼中，"非国家法"是否能够通过当事人的选择成为法院适用的准据法，则成为近年来学界争议的焦点。传统法律适用法对此一般持否定的态度，不过近年受国际商事仲裁的影响，亦出现承认当事人选择法律的观点及立法动向。在我国，当事人是否可以选择国际条约作为准据法，特别是当事人是否可以在合同中援引尚未对中华人民共和国生效的国际条约为准据法，亦有不同理解。[3] 鉴于"非国家法"具体包括哪些规范并无定论，其制定机关、规则性质各不相同，亦由于近年我国关于国际条约适用的司法实践以及学界观点存在不同，这里将

---

〔1〕《联合国国际商事仲裁示范法》第28条第1款：仲裁庭应按照当事各方选定的适用于争议实体的法律规则对争议做出决定。除非另有表明，否则规定适用某一国的法律或法律制度应认为是直接指该国的实体法而不是指该国的法律冲突规则。该条文采用的"法律规则"（rules of law）一词不同于通常意义上的"法律"，其所指的不限于特定的国家法，还可以扩展到"非国家法"。

〔2〕 Art. 21（1）ICC Rules；Art. 33（1）Chinese European Arbitration Centre（CEAC）Rules.

〔3〕 高晓力："《关于适用涉外民事关系法律适用法若干问题的解释（一）》的理解与适用"，载《人民司法》2013年第3期，第21页。

焦点放在法院诉讼中当事人是否能够选择国际条约作为准据法上，仅对国际条约与当事人选择的关系进行梳理。

二、传统法律适用法理论下当事人对国际条约的选择

（一）当事人选择国际条约的性质

我们的问题是当事人是否可以选择国际条约（指国际实体法条约）作为涉外民事法律关系的准据法，而在法律适用法上当事人选择涉外民事法律关系准据法的法律制度被称为当事人意思自治原则。所以，我们应首先明确当事人意思自治原则的含义，特别是其与一国国内实体法上的合同自由原则的区别。

合同自由原则是指合同的缔结、合同的内容及方式等均由当事人自由决定[1]，其基础是经济上的自由竞争主义，国家不干预的自由放任主义。我国《合同法》第 4 条规定："当事人依法享有自愿订立合同的权利，任何单位和个人不得非法干预。"合同自由原则包括合同内容的自由，当事人可以自由订立合同的具体内容，只要不违背强行法和社会公共利益，法律就承认其有效。在合同法的任意性规范范围内，当事人可以自由地决定合同内容，约定不同于任意性规范的条款，私法主体自愿达成的协议优先于任意性规范的适用。合同纠纷依当事人缔结合同内容来解决，任意性规范的作用在于当当事人意思不明时成为纠纷解决的根据。所以，当事人自主地决定合同的内容具有重要意义，而合同内容的表现形式既可以是详尽的合同条款，也可以是对特定规则的援引，即当事人可以协议选择特定的法律规则或行为规范为合同的内容。这样可以避免合同过于烦琐、冗长。所谓的法律规则或行为规范既可以是国际条约（无论是否生效、法院地是否参加）、国际贸易术语等民间机构制定的规则，也可以是一国法律（无论其是否已经生效或已失效）。

法律适用法上的意思自治原则是指允许当事人自由选择合同成立及效力的准据法，这与当事人选择特定的规则为合同的内容性质完全不同。按照当事人意思自治原则而选择的准据法既包括强行法也包括任意法。

由此我们可以看出，法律适用法上的当事人意思自治原则与实体法上的合同自由原则具有不同的含义。这样的区分最初在德国提出，并得到了两大法系国家的普遍承认。如英国亦区分当事人选择准据法和将准据法之外的外国法某

---

〔1〕　王利明等：《民法学》（第 3 版），法律出版社 2011 年版，第 508 页。

些规定纳入合同，作为合同条款。[1]合同中指定《法国民法典》、海上货物运输法等均有可能被视为合同的内容，而非法律。[2]

这样，关于当事人选择的特定规则（包括国际条约）的性质就有两种观点：一种观点认为被选择的特定规则为法律关系的准据法，这种选择被称为"法律适用法上的指定"[3]或"法律适用法上的选择"；另一种观点认为被选择的规则实质上是被"并入"合同，从而成为合同的内容[4]，被称为"实体法上的指定"或"实体法上的选择"。

（二）两种观点的本质区别

从以上论述可以看出，对当事人选择的国际条约的性质有两种不同观点，即成为涉外民事法律关系的准据法和成为合同内容。这种区别的意义本质上这就相当于法律与合同的不同，由此我们可以看出[5]：①性质不同。合同是一种民事法律行为，属于民事法律事实，构成法律三段论中的小前提；准据法属于法律范畴，构成法律三段论中的大前提。②适用规则不同。按照许多国家关于外国法适用的一般理论，如果是准据法，法官负有查明责任，[6]且其适用的当否可以作为上诉最高法的依据，其内容不明时也不得拒绝裁判；而作为法律事实，合同内容需要当事人主张并举证，[7]其内容不明时可以驳回起诉。最高法亦无统一外国法的解释及适用的职责。③依据不同。作为涉外民事法律关系的准据法是依据法律适用法上的当事人意思自治原则，如我国《法律适用法》第41条关于合同准据法的规定；而作为合同内容是根据合同法上的合同自由原则，如我国《合同法》第12条规定，合同的内容由当事人约定。④适用范围不同。当事人可以选择准据法仅限于涉外合同，而作为合同内容就没有

〔1〕[英] J. H. C. 莫里斯：《法律冲突法》，李东来等译，陈公绰、李东来校，中国对外翻译出版公司1990年版，第274页。

〔2〕[英] J. H. C. 莫里斯主编：《戴西和莫里斯论冲突法》（上），李双元等译，中国大百科全书出版社1998年版，第1122页。

〔3〕李旺：《国际私法》（第3版），法律出版社2011年版，第163页。

〔4〕田晓云："意思自治原则与国际商事惯例的适用"，载北京国际法学会编：《国际法学论丛》（第7卷），中国方正出版社2011年版，第233页。

〔5〕田晓云："意思自治原则与国际商事惯例的适用"，载北京国际法学会编：《国际法学论丛》（第7卷），中国方正出版社2011年版，第235页。

〔6〕大陆法系国家多如此。但是，从能够及时而正确地适用外国法的政策性考虑出发，由当事人选择的准据法为外国法时，亦可由当事人提供外国法的内容。参见《法律适用法》第10条。

〔7〕[日] 石黑一宪：《国际私法》（新版），有斐阁1990年，第286页。

这样的限制，无论是涉外合同还是纯国内合同均可以。⑤选择的规则范围不同。传统法律适用法一般理解当事人的选择是某国法的全部，而作为合同的内容可以选择特定法规或特定法规的一部分。但是，随着准据法分割理论的普及，这种区别现在已经不明显了。⑥与强行法的关系不同。作为准据法其内容既包括任意法也包括强行法，除特殊合同涉及特定第三国的强行法及法院地公共秩序外，均作为法律而得到适用；而合同内容就不能够违反准据法中的强行法。⑦合同缔结后法律发生变化而带来的后果不同。如准据法发生变化，是适用变化前的法律还是适用变化后的法律，完全由准据法国"时际私法"决定。此时如果新法无溯及力，则适用原法律；但如果新法有溯及力，准据法就成为变化后的法律，法律关系可能受影响。但如果是合同内容，就不受所指定的法的变化的影响，[1] 只依据当事人指定的内容。⑧关联性及有效性不同。作为准据法，在采取量的限制的制度下[2]，即仅限于选择与合同法律关系有一定联系的国家的法，且法律必须是有效的。作为合同内容并不要求关联性，也不要求被选择的法律一定是现行有效的法律。⑨调整范围不同。作为准据法，要求法律关系是其调整的对象；作为合同内容，并不要求一定是规则规定的其调整的法律关系，只要特定的规则可以解决当事人之间的关系就可。如 CISG 第2 条明确排除的法律关系，只要当事人认为 CISG 的某些规则妥当，就可将其作为合同内容。[3]

（三）当事人选择的表现形式

以上阐释了特定的法律规则或行为规范作为合同的准据法及作为合同的内容的不同，那么，在传统法律适用法理论下当事人在合同中选择特定的国际条

---

〔1〕　投资合同中的"稳定条款"（stabilization clauses）是指为了避免资本输入国法律的更改而影响当事人的权利，在合同中订明适用合同订立时的资本输入国的法律之条款。围绕该条款的性质具有不同的理解，但一般认为是实体法上的选择，1991 年国际法研究院（Institut de Droit International）通过的《关于私主体间国际合同的当事人意思自治的决议》第 8 条也如此。

〔2〕　美国《冲突法重述（第二次）》及 2000 年之前的《美国统一商法典》均要求一定的联系，但之后的《美国统一商法典》有所改变。参见 Restatement of Conflict of Laws，2d. §187. UCC General Provisions §1–105（2000）. UCC General Provisions §1–301（2005）. 我国法律适用法并没有采取量的限制，参见《最高人民法院关于适用〈中华人民共和国涉外民事关系法律适用法〉若干问题的解释（一）》第 7 条："一方当事人以双方协议选择的法律与系争的涉外民事关系没有实际联系为由主张选择无效的，人民法院不予支持。"

〔3〕　［德］彼得·施莱希特里姆：《〈联合国国际货物销售合同公约〉评释》（第 3 版），李慧妮编译，北京大学出版社 2006 年版，第 17 页。

约时，国际条约的性质如何认定？从与法律适用法的关系来看，国际条约具有两种适用模式，即排除法律适用法而直接适用模式（非法律适用法模式）和通过法律适用法而适用模式（法律适用法模式）。如果是非法律适用法模式，国际条约自动适用，并无依当事人选择而适用的必要和余地。那么，在法律适用法模式下，从当事人对法律规范的选择表现来看，可能有以下几种类型：

第一类为当事人选择 A 国法。当事人在合同中明确订有法律选择条款，像最简单的"合同的准据法为中国法"就是如此。传统法律适用法认为当事人只指明适用 A 国法是最理想的选择方式。早期国际条约并不多见，且国内法也呈现为单法规，所以并不复杂。但现今特别是在国际商事领域国际条约增多，此时国际条约的适用就成了问题。

如果 A 国不是缔约国，当事人选择的是 A 国法，则只能直接适用 A 国的国内法。如果 A 国是缔约国，那么就存在适用 A 国国内法还是适用国际条约的问题。从我国的角度来看，如果当事人选择我国法为涉外合同的准据法，那么就存在我国《民法通则》及《合同法》与 CISG 之间适用哪一个的问题。[1] 该问题由我国的"法际私法"决定，即《民法通则》第 142 条第 2 款及 CISG 第 1 条第 1 款（b）项。一般情况下根据《民法通则》第 142 条第 2 款应该优先适用国际条约，但仅就 CISG 在我国的适用而言，因我国依据该公约第 95 条对第 1 条第 1 款（b）项进行了保留，就只能适用国内法。[2]

第二类为当事人选择 A 国法，并明确指出应该适用 A 国缔约或加入的 B 条约，该公约现行有效如当事人在合同中选择适用法国法，且明确指出适用法国缔结的 CISG。此时应该分为两种情形：其一，"法际私法"允许当事人选择。如果 A 国法中的"法际私法"允许当事人在相互矛盾的国内法和国际条约中进行选择，那么，当事人选择 B 条约有效，B 条约成为准据法。论理虽如此，但是现实中并无具有此类规定的国际条约。[3] 其二，"法际私法"不允许当事人选择。此时又可分为两种情形：①依 A 国"法际私法"条约优先适用

---

〔1〕 依据 CISG 第 6 条当事人可以排除 CISG 的适用，那么当事人选择 A 国法是否意味着当事人意图适用 A 国的国内法而排除销售合同公约的适用呢？在维也纳会议上对此持否定的态度。

〔2〕 相同观点参见 Peter Winship, "The Scope of Vienna Convention on International Sales Contracts, Appendix: Application of Art. 1 (1) (b)", published in Galston & Smit ed., *International Sales: The United Nations Convention on Contracts for the International Sale of Good*, Matthew Bender, 1984, Ch. 1, pp. 1-53.

〔3〕 相反，依 CISG 第 6 条，在适用 CISG 时，当事人可以排除或减损该公约的任何规定或改变其效力。

规则优先适用国际条约，此时国际条约的适用并非因当事人的选择。如当事人选择法国法为准据法，自动适用 CISG，这是从 CISG 第 1 条第 1 款（b）项而得出的结论。②依 A 国"法际私法"规则国内法优先适用，国内法为准据法，当事人选择的国际条约为合同内容。如当事人选择美国法为准据法，且指明适用 CISG 时，因美国对 CISG 第 1 条第 1 款（b）项进行了保留，应适用《美国统一商法典》（UCC），[1] 当事人选择的 CISG 只能是合同内容。此时应该注意的是 CISG 虽不是应适用的法律，但因当事人进行了选择，所以在应适用的法律所允许的范围内，及在合同自由的范围内仍具有合同条款的意义。

第三类亦为选择 A 国缔约或加入的 B 条约，与第二类不同的是 B 条约对 A 国来讲已经失效。如 1964 年《国际货物买卖统一法公约》（ULIS）[2]因缔约国 A 国加入 CISG 而被取代，此时 A 国法为准据法，或适用 A 国国内法或适用 CISG，即使当事人在合同中明确选择 ULIS，也只能作为合同内容对待。

第四类为当事人直接选择国际条约。如果国际条约生效，缔约国法院依据其应该遵守的规则（国内法律适用法或该国际条约中的法律适用法），允许当事人直接选择国际条约为准据法，那么被选择的国际条约为法律关系准据法。如 ULIS 第 4 条明确承认可以基于当事人的选择而适用该国际条约。

除此之外，当事人选择的国际条约均被视为合同内容。这包括：①缔约国法院依据其应该遵守的规则（国内法律适用法或国际条约中的法律适用法）不允许当事人选择国际条约；②国际条约生效，法院地国为缔约国，但因依据国际条约的规定不适用该国际条约，如依据法律适用条款应该适用国内法或不属于国际条约的调整范围；③公约虽然生效，但法院地国并未加入；④国际条约本身就未生效或已经失效。

综上所述，依传统法律适用法，准据法为一国整个法律体系，至于是适用准据法国中的甲部法、乙部法，还是准据法国缔结或参加的国际条约，则完全由准据法国的"法际私法"决定；适用合同订立时的法律还是适用纠纷发生时的法律，则完全由准据法国的"时际私法"决定。在依上述规则没有被适用的法律被当事人选择时，可以作为合同的内容。在法律适用法模式下，依据国际

---

〔1〕　相同观点参见 Peter Winship，"The Scope of Vienna Convention on International Sales Contracts，Appendix：Application of Art. 1（1）（b）"，published in Galston & Smit ed.，*International Sales：The United Nations Convention on Contracts for the International Sale of Good*，Matthew Bender，1984，Ch. 1，pp. 1–53.

〔2〕　由国际统一私法协会于 1964 年 4 月 25 日在海牙外交会议上通过。

条约和"法际私法"，国际条约成为准据法外，其他均被作为合同的内容。传统法律适用法将准据法限定在国家法，从而否定了当事人直接选择的包括国际条约在内的"非国家法"作为准据法的适格性。

（四）国际条约不能成为准据法的原因

依据国际条约及"法际私法"原本不适用国际条约时，当事人选择的国际条约只能作为合同内容。[1] 其原因如下：①法律适用法是解决国家法之间冲突的法律，应该在国家法中选定准据法，法律关系本座说和最密切联系原则都很好地说明了这一点。②从法律解释学的角度来看，一些国家的法律适用法法条明确指出，当事人选择的是"国家"法或"地"（法域）法，[2] 从而排除了没有纳入为国家法的国际条约等"非国家法"的适用。③允许当事人选择"非国家法"可能出现规避强行法的现象。④"非国家法"多种多样，国际条约的性质也互不相同，哪些国际条约能够成为准据法，其标准不明。⑤"非国家法"缺乏足够的明确性、完整性、体系性等。⑥国际条约在依其本身的适用方法得不到适用时，当事人对其选择完全可以在合同自由的原则下，作为合同法问题来加以处理。⑦另外我们还得承认，传统法律适用法方法具有悠久的历史，20世纪之前很少有国际民事实体法条约，当事人选择国际条约的可能性很小，所以基本上没有当事人选择适用国际条约之情形。进入20世纪后私法统一化运动的道路亦不平坦。

（五）采取传统方法的立法与司法实践

1. 立法及其解释

传统法律适用法的态度非常明确，各国至今并没有明确转变立场。德国对国际条约在内的"非国家法"作为准据法持否定态度，德国的教科书中多有此方面的论述。当事人的选择不是法律适用法意义上的选择，而是实体法意义上

---

〔1〕 ［日］森下哲朗：《国際商取引における非国家法の機能と適用》，载《国際法外交雑志》2008年第107卷第1号，第35页；［日］高杉直：《〈論説〉国際私法における信用状統一規則の取扱い》，载《帝塚山法学》2001年第5号，第75页。

〔2〕 如日本2006年之前的法律适用法明确规定当事人选择的是"国家法"（《日本法例》第7条），2006年之后的法律适用法也是指"地法"（《日本法律适用通则法》第7条），均否定选择"非国家法"的可能性。

的选择。[1]　日本学界的主流观点亦如此,[2]　将准据法限定在国家法。

1980 年《罗马公约》第 3 条规定当事人可以选择合同的准据法,但这仅限于国家法,被理解为并不承认"非国家法"可以成为准据法。[3]　这是因为《罗马公约》第 1 条第 1 款明确规定该公约解决的是"不同国家的法律"之间的选择问题［柯林斯（Collins）教授观点］;[4]　《罗马公约》法文版没有使用"regle de droit",而是使用"loi"。因此,即使当事人选择"非国家法"为准据法,也不会被认为是法律适用法上的选择,而会根据《罗马公约》第 4 条来决定准据法。依该准据法确定当事人的选择是否可以得到允许,即作为实体法上的选择。

2008 年欧洲议会和欧洲联盟理事会通过了《罗马条例 I》。虽然在形式上《罗马条例 I》取代了《罗马公约》,但《罗马条例 I》承袭了《罗马公约》关于当事人意思自治原则的内容,第 3 条第 1 款第 1 句"合同应适用双方当事人所选择的法律",也并未明确当事人可以选择"非国家法"。

由于《销售合同公约》的适用涉及法律适用法［第 1 条第 1 款（b）项］,所以法律适用法的统一亦至关重要。就此 1985 年 10 月在海牙通过了《国际货物买卖合同法律适用公约》,该公约第 7 条也规定采取当事人意思自治原则。关于是否可以选择"非国家法",在起草的过程中有不同观点,最终允许当事人选择的提案被否决,所以该公约亦不允许当事人选择"非国家法"为准据法。

2. 案例及司法解释

意大利 Tribunale di Padova 法院 2005 年 1 月 11 日判决依据意大利法律适用法当事人必须选择某一特定国家的国家法,而选择《商业交易规则》（Lex Mercatoria）、《国际商事合同通则》或《销售合同公约》（非依其本身而应适用的情况下）等"非国家法",就不是有效的准据法选择。选择的"非国家法"

---

[1]　田晓云:"意思自治原则与国际商事惯例的适用",载北京国际法学会编:《国际法学论丛》（第 7 卷）,中国方正出版社 2011 年版,第 236 页。

[2]　[日] 樱田嘉章:《国际私法》（第 4 版）,有斐阁 2005 年版,第 210 页。

[3]　Lando Ole, "Some Issues Relating to the Law Applicable to Contractual Obligations", 7 *King's College Law Journal* 55 （1996）.

[4]　Dicey & Morris, *Conflict of Laws*, 12th ed., 1993, at 1218 ［Collins］.

只是成了合同条款，在不违反准据法上的强行法的情况下才有效。[1]

中国人民保险公司广东省分公司诉塞浦路斯海运有限公司（Cyprus Maritime Co., Ltd.）等海上货物运输合同货差赔偿纠纷案[2]中，广州海事法院认为"提单中载明适用 1924 年《海牙规则》和 1968 年《海牙-维斯比规则》，该条款是将上述两规则的内容并入提单，而不是法律适用条款"。

《司法解释（一）》第 9 条规定："当事人在合同中援引尚未对中华人民共和国生效的国际条约的，人民法院可以根据该国际条约的内容确定当事人之间的权利义务，但违反中华人民共和国社会公共利益或中华人民共和国法律、行政法规强制性规定的除外"，把这类国际条约作为构成当事人之间合同的组成部分。[3] 该司法解释仅对我国尚未生效的国际条约表明了该观点。其实，即使是对我国生效的国际条约，只要不是"排除法律适用法而直接适用"，或依法律适用法及"法际私法"的指引作为准据法而适用时，均可以作为合同的内容。

（六）传统法律适用法的结论

第一，符合国际条约规定的排除法律适用法而直接适用条约的规定时，该国际条约属于"直接适用的法"，其适用不依据法律适用法（包括当事人意思自治原则）。如《销售合同公约》第 1 条第 1 款（a）项就营业地在不同缔约国的合同，规定直接适用该国际条约，排除了法律适用法的适用。但是，该公约的直接适用仅限于公约所调整的法律关系，且只能是当事人营业地在不同缔约国的合同。

第二，在国际条约规定的方式下，当事人可以选择特定国家的法，进而通过"法际私法"而适用国际条约。如关于营业地在不同国家（这些国家均为缔约国的除外）的货物买卖合同法律关系，在依法院地国法律适用法中的当事人意思自治原则而选择某一缔约国的法律时，那么，根据《销售合同公约》第 1 条第 1 款（b）项而适用《销售合同公约》。

第三，除上述情形外，当事人不可以依据意思自治原则直接选择国际条约

[1] 参见 http：//www. unilex. info/cisg/case/1005，最后访问日期：2017 年 7 月 5 日。
[2] 广州海事法院民事判决书，（2000）广海法事字第 79 号。
[3] 参见"最高人民法院民四庭负责人就《关于适用〈中华人民共和国涉外民事关系法律适用法〉若干问题的解释（一）》答记者问"，载 http：//www. court. gov. cn/xwzx/jdjd/sdjd/201301/t20130106_181593. htm，最后访问日期：2014 年 7 月 30 日。

为合同的准据法，但可以依据准据法上的合同自由原则选择其为合同的内容。①如果不符合国际条约所规定的适用条件，意味着不存在可以直接适用的法律规范。在存在法律冲突的前提下，当事人只能依据法律适用法选择合同法律关系的准据法。此时当事人应该在各国的国内法范围选择，而不能直接选择国际条约为准据法。这与国际商事仲裁的法律制度不同。②虽然当事人不能选择国际条约为准据法，但是当事人可以在准据法层面上选择国际条约作为合同的内容，即将国际条约作为合同的条款。这样的选择是否会得到承认及国际条约具体规则的有效性都依准据法而定。③在现实中，无论是涉外合同还是没有涉外因素的国内合同，在当事人对国际条约的选择不能被视为是对准据法的选择时，均应该视为是对合同内容的选择而给予尊重。因为依据其确定当事人的权利义务关系是当事人的意思。

三、适用"非国家法"的理论与实践

（一）立法与司法实践

《国际货物买卖统一法公约》是在比较法学兴盛，强调世界法的积极作用的背景下而制定的国际条约，依据其适用范围的规定，只要法院地是缔约国一般都会适用，其第 4 条亦明确规定基于当事人的选择仍可适用之。不过《国际货物买卖统一法公约》并没有取得成功，其缔约成员仅 9 个，其后的《销售合同公约》也并没有采取这样的法律制度。

令"非国家法"作为准据法的支持者感到鼓舞的是 1994 年《美洲国家间关于国际合同法律适用公约》（亦被称为《墨西哥公约》或《墨西哥城公约》）的制定，该公约表明了强烈的选择非国家法的愿望。该公约第 7 条规定"合同依当事人选择的法"，此处的"法"被理解为包括新商人法，选择准据法时，不仅可以选择国家法，也可以选择国际条约及国际惯例。作为该条约制定的参加者帕拉·阿兰古伦（Parra Aranguren）教授明确做了这样的阐释。[1]

海牙国际私法会议制定的《国际商事合同法律选择通则》（Principles on Choice of Law in International Commercial Contracts）第 3 条规定的法律规则的范

---

〔1〕　Friedrich K. Juenger, "Contract Choice of Law in the Americas'", 45 *American Journal of Comparative Law* 19, 204（1997）；及其所引注的 Parra Aranguren, "The Fifth Inter-American Specialized Conference on Private International Law," in *E Pluribus Unum*: *Liber Amicorum Georges A. L. Droz* 299, 308（1996）.

围包括普遍接受的国际标准、超国家标准或区域标准；一个中立的、平衡的法律规则体系；贸易惯例；除非法院地国另有规定；漏洞补充。[1] 该通则 3.5 中以当事人可以指定《销售合同公约》作为法律规则为例进行了分析。[2] 不过，我们应该注意到：①该通则原则上只适用于商人间的商事交易；②通则意图给法院诉讼和国际商事仲裁提供可以依据的相同的法律适用法规则；③在起草过程中关于是否应该允许当事人选择"非国家法"尚有争议；④虽然该条有指导性的描述，但哪些国际条约可以适用并不明确；⑤各国国内法有不同规定的并不受该规则的约束，为各国保留留有余地。

在我国的司法实践中不乏将当事人选择的国际条约视为准据法的判例。①关于《销售合同公约》，有的当事人同时选择中国法和《销售合同公约》，如 Royalbeach 玩具和体育用品销售有限公司（Royalbeach Spiel & Sportartikel Vertriebs GmbH）诉宁波中轻进出口有限公司等国际货物买卖合同纠纷案[3]、WS 中国进口有限公司（WS China Import GmbH）与龙口广源食品有限公司买卖合同纠纷上诉案[4]、新加坡大光行（私人）有限公司与江苏省机械进出口集团股份有限公司国际货物买卖合同纠纷案[5]；有的选择《销售合同公约》而由中国法补充，即双方于合同中约定适用《销售合同公约》，《销售合同公约》未规定的，适用《中华人民共和国合同法》，如上海裕庆服饰有限公司诉企业融资合作伙伴公司（Corporate Funding Partners）买卖合同纠纷案[6]等，虽然选择方式不同，我国法院均作为准据法而适用了《销售合同公约》。②关于《华沙公约》或《海牙议定书》亦有以当事人的选择而得到适用的案例，如上海振华港口机械有限公司诉美国联合包裹运送服务公司国际航空货物运输合同标书快递延误赔偿纠纷案[7]。③关于《海牙规则》等国际货物运输公约亦有基于当事人的选择而适用的案例。如五矿东方贸易进出口公司诉罗马尼亚

---

〔1〕 Article 3-Rules of Law: Generally accepted on an international, supranational or regional level as a neutral and balanced set of rules, unless the law of the forum provides otherwise.

〔2〕 Principles on Choice of Law in International Commercial Contracts 3.5.

〔3〕 浙江省宁波市中级人民法院民事判决书，（2009）浙甬商外初字第 276 号。

〔4〕 山东省高级人民法院民事判决书，（2004）鲁民四终字第 50 号。

〔5〕 最高人民法院民事判决书，（1999）经终字第 448 号。

〔6〕 上海市浦东新区人民法院民事判决书，（2012）浦民二（商）初字第 S2384 号。

〔7〕 参见中国法院网：http://www.chinacourt.org/article/detail/2002/11/id/17951.shtml，最后访问日期：2017 年 7 月 5 日。

班轮公司迟延交货纠纷案中，广州海事法院认为五矿公司、班轮公司一致同意以 1924 年《海牙规则》作为解决本案纠纷的法律。五矿公司与班轮公司双方选择法律适用的意思表示，不违反中国法律，应确认其效力。[1] 安徽省服装进出口股份有限公司诉法国薛德卡哥斯公司等海上货物运输合同货损索赔纠纷案中亦将《海牙-维斯比规则》作为案件准据法。[2]

最高人民法院《涉外商事海事审判实务问题解答（一）》明示："对于涉外合同纠纷案件，人民法院一般按照如下办法确定应适用的法律：①适用当事人选择的准据法，包括国际条约、国际惯例、外国法或者有关地区的法律……"[3] 我国学界亦多赞同当事人选择国际条约为准据法，《中华人民共和国国际私法示范法》第 111 条即作了如此规定。[4]

（二）原因基础

《销售合同公约》取得了前所未有的成功，现在的缔约成员已经达到 86 个，[5] 且主要的贸易国大多都已参加，显现出世界法的属性。同时由于国际商会及国际统一私法协会编纂的 INCOTERMS、UCP、PICC 等在国际商事中得到广泛应用，"非国家法"的作用凸显。主张当事人可以选择包括国际条约在内的"非国家法"，排除法律适用法及各国国内法的适用的观点越来越得到赞同。这是因为：①国家法的非目的性。国家法主要是为了调整国内法律关系而制定的法律，其制定之初就没有考虑含有涉外因素的民事法律关系的特殊性。而国际条约等就是针对涉外民事法律关系而制定的，反映特定的贸易习惯，能够更妥善地调整涉外民事法律关系。②法律适用法的烦琐性。通过法律适用法确定准据法过于烦琐，不如直接适用国际条约（实体法）简单明了。③国际条

〔1〕 参见 http://class.chinalawedu.com/news/1900/27/2005/2/li976837493413250021065491586O3.htm，最后访问日期：2017 年 7 月 5 日。

〔2〕 武汉海事法院民事判决书，（2001）武海法商字第 19 号。

〔3〕 最高人民法院民事审判第四庭编：《涉外商事海事审判指导》（2004 年第 1 辑·总第 7 辑），人民法院出版社 2004 年版，第 53 页。

〔4〕《中华人民共和国国际私法示范法》第 111 条：当事人在合同中可以选择适用国际惯例，也可以选择适用国际民商事公约。参见中国国际私法学会：《中华人民共和国国际私法示范法》，法律出版社 2000 年版，第 26 页。

〔5〕 参见 http://www.uncitral.org/uncitral/en/uncitral_texts/sale_goods/1980CISG_status.html，最后访问日期：2017 年 7 月 5 日。

约等"非国家法"具有中立性。[1] 国际条约具有内容的明确性及中立性、适用涉外民事案件的妥当性、排除烦琐的法律适用法而适用的直接性。

近年来，应该承认当事人选择国际条约为准据法的呼声越来越高，除《墨西哥公约》外，1985年海牙《国际货物买卖合同法律适用公约》起草过程中出现了激烈的争论，虽然可以选择"非国家法"的提案被否决，但我们看到了积极主张的意见。特别是海牙国际私法会议从2004年开始起草的《国际商事合同法律选择通则》第3条明确规定当事人可以选择包括国际条约在内的"非国家法"。2006年日本制定《日本法律适用通则法》时，就有应该承认当事人选择"非国家法"的意见，[2] 近年这样的呼声更高。在我国的司法实践中，如前所述，将国际条约视为准据法和合同条款的案例均有，且可能前者为多。我国学者也多认为应该承认当事人选择国际条约，特别是那些普遍性的、开放型国际条约。

（三）尚需解决的问题

因为受充分享有私权自治的仲裁制度的影响，且国际条约的制定包含了起草者希望得到广泛适用的期望，像CISG，其内容基本上属于任意法，所以人们常说如果当事人选择国际条约，不被承认的可能性很小。情况也确实如此。但是，在诉讼中如果想将包括国际条约在内的"非国家法"作为准据法，至少需要解决两个问题：

1. 与特定国家的强行法的关系

在当事人没有选择国际条约的情况下，本应适用的法或法院地法中的强行法如何适用是要解决的问题。如以不违反这些强行法为前提，仅在任意法的范围内确定国际条约的效力，那么国际条约与合同内容无异。如果可以不适用这些强行法，则会出现当事人任意规避这些强行法的可能性。

如《销售合同公约》第11条规定，"销售合同无须以书面订立或书面证明，在形式方面也不受任何其他条件的限制。销售合同可以用包括人证在内的任何方法证明"，不要求国际货物销售合同必须采用书面形式。由于我国缔约当时的国内法要求合同必须以书面订立，对《销售合同公约》做出了"书面

---

〔1〕 Roy Goode, "Rule, Practice and Pragmatism in Transnational Commercial Law", 54 *International and Comparative Law Quarterly* 545-546（2005）.

〔2〕 〔日〕神前祯：《解说关于法的适用的通则法》，弘文堂2006年，第59页。

保留",[1] 在营业地位于缔约国的双方当事人之间的合同，不受第 11 条及与第 11 条内容有关的规定的约束。如果允许当事人直接选择《销售合同公约》，那么上述保留将没有意义。在航空运输法领域更为明显，由于《蒙特利尔公约》的强行法性质，在依据公约适用的制度本应适用该公约的情况下，如果允许当事人事先协议选择《华沙公约》，就会出现规避《蒙特利尔公约》的现象，而这恰恰是《蒙特利尔公约》所不允许的。[2]《罗马条例 I》除在第 6 条第 2 款及第 8 条第 1 款关于消费者合同、劳动合同采取强行法的特别连接理论，规定当事人的选择不能剥夺特定国家的强行法给予消费者或劳动者的特殊保护之外，第 3 条第 3 款及第 4 款作为法律选择的一般条款亦规定特定国家的强行法的适用不受当事人法律选择的影响。可见这类"绝对性强行法"不因当事人选择其他法律而受影响。而我国法律适用法并无此类规定，被当事人作为准据法而选择的国际条约与"绝对性强行法"的关系尚需要探讨。

2. 作为合同条款的不合理性何在

传统法律适用法方法将当事人直接选择国际条约不作为法律适用法问题，而作为合同法问题处理。将当事人选择的国际条约作为合同条款较好地处理了其与强行法的关系，亦可扩大其适用范围。主张将国际条约作为涉外民事法律关系的准据法的观点中并没有提出国际条约作为合同条款的不合理性。

实际上从我国上述以当事人选择而适用国际条约的案例来看，将国际条约视为合同内容可能更为合适。关于《销售合同公约》，当事人同时选择中国法和《销售合同公约》时，如果是明确区分其处理的不同问题尚可，否则为何有两个准据法同时去处理一个问题？关于《海牙规则》等，首要条款的实体法意义已经得到许多学者的支持。在匈牙利雁荡山国际贸易有限责任公司诉香港富天船务有限公司等国际多式联运货物灭失赔偿案中，[3] 将背面法律适用条款记明适用《海牙规则》及《海牙-维斯比规则》作为合同内容的话，可以更好地处理其与香港法的关系，可以最大限度地尊重当事人的意思。关于《华沙公约》，上述五矿东方贸易进出口公司诉罗马尼亚班轮公司迟延交货纠纷案中视

---

〔1〕 2013 年中国撤回对《联合国国际货物销售合同公约》第 11 条的保留，国际货物销售合同的订立不限于书面形式。

〔2〕《蒙特利尔公约》第 49 条：运输合同的任何条款和在损失发生以前达成的所有特别协议，其当事人借以违反本公约规则的，无论是选择所适用的法律还是变更有关管辖权的规则，均属无效。

〔3〕 参见 http://www.110.com/ziliao/article-37693.html，最后访问日期：2017 年 7 月 5 日。

为合同内容更为合适[1]。1929 年《华沙公约》、1955 年《海牙议定书》、1999 年《蒙特利尔公约》之间的选择至少在损失发生前亦是如此。

通过以上论述可以得出以下结论：在依据国际条约规定的适用方法之外，是否允许当事人在司法诉讼中依照法律适用规范中的当事人意思自治原则直接选择适用国际条约，是一个有争议的问题。如上所述，传统法律适用法将当事人可选择的法限定在"国家法"内。同时我们应该注意到在国际民事领域统一私法所起到的不可忽视的作用。特别是关于《销售合同公约》，由于其在我国法学教育中的普及以及与我国国内法立法在时间及内容上的特殊关系[2]，对我国法律工作者来说并不陌生。又由于存在关于《销售合同公约》的解说书籍以及大量的相关研究资料，且可以通过网络查询 UNCITRAL 建立的 CLOUT 数据库及 UNIDROIT 等建立的 UNILEX 数据库等，对于我国法律工作者正确理解适用《销售合同公约》具有较好的保障。这一点可能是外国法所无法比及的。

所以，我们应关注关于当事人意思自治原则与国际条约的关系，留意该问题的最新立法动向。同时对我国司法实践中适用国际条约的案例进行梳理，分析作为准据法或合同条款的不同意义及利弊，阐明与特定国家强行法的关系。由于国际条约的复杂性，国际实体法条约既有任意法性质的国际条约，又有强行法性质的国际条约，哪些国际条约能够成为被普遍接受的、中立的、平衡的体系性法律规则，可以成为当事人选择的对象，是否仅限于关于商人间的商事交易的国际条约，都是我们应该探讨的问题。

第三节　国际惯例在我国的适用

国际惯例在我国的立法际遇，与国际条约立法的境遇如出一辙。学界和学者呼吁《法律适用法》对国际惯例的适用作出规定，全国人大常委会在《法律适用法》制定初期也认可，2002 年 12 月全国人大法工委提交全国人大常委

---

〔1〕《蒙特利尔公约》第 47 条：任何旨在免除本章规定的缔约承运人或者实际承运人责任或者降低适用于本章的责任限额的合同条款，均属无效，但是，此种条款的无效，不影响整个合同的效力，该合同仍受本章规定的约束。

〔2〕王利明："《联合国国际货物销售合同公约》与我国合同法的制定和完善"，载《环球法律评论》2013 年第 5 期，第 121 页。

会审议的《法律适用法》第 3 稿草案第 3 条第 2 款规定："法律和中华人民共和国缔结或者参加的国际条约没有规定的，可以适用国际惯例"。《法律适用法》第 1 稿至第 5 稿草案都规定了国际惯例条款，第 6 稿草案（二次审议稿）删除了该条款，第 7 稿草案（第三次审议稿）延续了第 6 稿草案的做法，未对国际惯例的适用作出规定。国际惯例在涉外民事关系中适用不可避免地存在，为了规范国际惯例的适用，《司法解释（一）》第 5 条规定，"涉外民事关系的法律适用涉及适用国际惯例的，人民法院应当根据《中华人民共和国民法通则》第 142 条第 3 款以及《中华人民共和国票据法》第 95 条第 2 款、《中华人民共和国海商法》第 268 条第 2 款、《中华人民共和国民用航空法》第 184 条第 2 款等法律规定予以适用。"

自 1985 年《涉外经济合同法》规定涉外民商事关系可以适用国际惯例以来，学界对国际惯例的探讨一直持续。何为国际惯例？我国法律规定的国际惯例是法律适用法性质的惯例，还是实体法性质的惯例，或者是既有法律适用法性质的惯例，又有实体法性质的惯例？国际惯例在我国如何适用？能否以社会公共利益为由排除国际惯例适用等法律问题始终是讨论的中心问题。《法律适用法》颁布后，有学者提出该法不再以社会公共利益为由排除国际惯例适用。[1] 对上述理论问题，本节进行探讨。

一、何为国际惯例

在我国，国际惯例是一个从概念到范围，从形式到内容，从构成到性质，从理论到适用都存在争议的法律问题。学界为国际惯例下了一个能为大多数人接受的定义是："国际惯例是在国际交往中经过反复实践形成的具有确定的内容，为世人所共知的行为准则"，该定义一定程度上反映出国际惯例的本质特征。

国际惯例从出现到成为国际社会公认的行为规范，经历了一个漫长的演进过程。据学者考证，国际惯例起源于 11 世纪地中海沿岸国家，这些国家的商人团体为了维护自身利益自行制订了一些规约，这些规约总结了商人们长期从事商业活动的习惯做法。这些习惯做法一开始只流行于一定的地区和行业，随

---

〔1〕 李健男："论国际惯例在我国涉外民事关系中的适用——兼评《涉外民事关系法律适用法》"，载《太平洋学报》2011 年第 6 期，第 21 页。

着国际经济交往的不断发展，这些习惯做法的影响不断扩大，在其发展过程中不断得到完善，发展成为今天在世界范围内普遍通行的国际惯例。

根据现有资料可以推定，在商业繁荣时期，出现了商人阶层，商人们通过长期的实践，自发形成了一些商业习惯与规则。这些习惯与规则历经 11 世纪至 14 世纪数百年的发展，演进成中世纪的商人习惯法并成为世界性法律。中世纪的商人习惯法多是非成文的，形式多种多样，包括商事法庭的判例汇编、法学家的论著摘编及各商业行会议定的规则。商人习惯法具有制定法的客观性、普遍性、互惠性、整体性、发展性，而且具有作为国际贸易惯例渊源所必需的国际性。中世纪商人法对国际贸易惯例产生了重大的影响，当时使用的贸易术语，如载货证券、租船运输、商业票据等在当下仍作为国际贸易惯例为大多数国家和地区通用。[1] 中世纪末，民族主权国家的兴起和国家主权观念的增强，商人法不断被民族主权国家纳入本国法律体系之中从而导致其衰落。

第二次世界大战以后，科学技术的迅猛发展促进了国际经济一体化，形成了统一的世界市场，国际贸易成为推动各国经济发展的引擎，而各国法律存在的歧异制约着国际贸易的发展，建立新的法律秩序维护国际贸易关系的正常运转已是社会发展的客观要求，这种客观需要导致了国际商事法律的历史性变革，这一变革表现为以世界贸易组织为核心和以关税与贸易总协定为载体的世界多边贸易法律体制或法律框架的创立和商人法的复兴。现代商人法的核心就是国际组织、社会团体或民间机构整理、编纂的国际惯例。有人认为现代商人法是由实体法、诉讼程序法和冲突法组成的法律实体，意大利最高上诉法院在 1982 年对达米阿诺诉托勃佛尔案（Damianoo v. Topfer）所作的判决中似乎也承认有所谓的诉讼法性质的现代商人法存在。[2]

国际惯例必须具备"物质因素"和"心理因素"两大要素。"物质因素"又称为"客观因素"，表现为各国在长期的经济交往中，反复适用相同规则，形成国际社会"通例"。国际惯例的基础是行为习惯，在国际交往中，处理某类事务所确立的先例为后来者处理同类事务所遵循，并反复适用成为习惯，人们认可这种习惯，按照习惯行事，而且认为应当如此行事，愿意相约遵守，习

---

〔1〕 史笑晓："国际贸易惯例及其适用问题研究"，载《浙江学刊》2002 年第 6 期，第 216 页。

〔2〕 Dasser, Lex Mercatoira, Werkzeug der Praktiker oder Spielzeug der Lehre? In: Schweize rische Zeitschrift für Internationales und Europaeisches Recht 3/1991, p. 301.

惯则发展成为惯例。此阶段的习惯具备了"物质因素"，成为客观上存在。"心理因素"主要指惯例应具有"法律确信"，被国际社会普遍接受，为各国所承认并赋予法律拘束力。习惯具备了物质和心理两个因素，就质变为具有法律效力的惯例，惯例是在法律意义上取得了法律效力的习惯。[1]

国际贸易惯例具有如下特征：

（一）国际惯例任意法的性质不断增强

中世纪之前的国际惯例，是自发性的适用于商人阶层的任意性规则，供当事人在其所从事的特定交易中自愿选择适用。此时国际惯例的强制力来自于行为人的自觉遵守和行业自律，没有国家强制力的介入。在很长一段历史时期内，国际惯例是习惯而不是法律。正因为如此，国际惯例是习惯还是法律在国内外学者中进行过长时间的争论，至今仍有学者认为国际惯例不是法律。国际惯例非国家立法，非国际条约，不当然具有法的效力，但我们不能据此否定国际惯例任意法的性质。国际惯例经过国际社会的认可或者国家的认可，经过法律认可的当事人合意选择，任意法的性质不断增强，相当数量的国际惯例已经获得了与制定法、判例法相同的法律约束力。

第一，国际条约赋予国际惯例法律约束力。调整国际贸易关系的国际条约规定了国际惯例在国际贸易中的法律地位和约束力。例如，1980 年《销售合同公约》第 9 条第 1 款规定："双方当事人业已同意的任何惯例和他们之间确立的任何习惯做法，对双方当事人均有拘束力"。《销售合同公约》直接确定了国际惯例的法律效力，国际惯例在缔约国当事人之间具有法律约束力。

第二，国内立法赋予国际惯例法律约束力。国内立法赋予国际惯例法律约束力有两种途径：第一种途径是转化，把国际惯例转化为国内法，赋予法律效力。例如，西班牙和伊拉克将《国际贸易术语解释通则》整体移植到其国内法中，赋予其国内法上的普遍约束力。[2] 第二种途径是采纳，规定法无规定时适用包括国际惯例在内的惯例。《瑞士民法典》第 1 条规定："本法无相应规定时，法官应依据惯例"。我国《民法总则》第 10 条规定，"处理民事纠纷，应当依照法律；法律没有规定的，可以适用习惯，但是不得违背公序良俗。"《美

---

〔1〕　朱学山："国际经济法的渊源"，载陈安主编：《国际经济法总论》，法律出版社 1991 年版，第 136 页。

〔2〕　李双元、徐国建主编：《国际民商事新秩序的理论建构——国际私法的重新定位与功能转换》，武汉大学出版社 1998 年版，第 359 页。

国统一商法典》第 1-103 条规定，"在本法没有具体条款予以排除情况下，普通法和衡平法的各项原则，包括商人法……应作为本法的补充。"这些法律明确了国际贸易中普遍承认的惯例是补充性法律。

第三，国内立法赋予当事人合意选择适用国际惯例的权利，国际惯例通过当事人的协议选择间接取得法律拘束力，这是国际惯例取得法律效力的最主要途径。例如，《民法通则》第 142 条第 3 款规定，"中华人民共和国法律和中华人民共和国缔结或者参加的国际条约没有规定的，可以适用国际惯例。"该款规定赋予国际惯例以法律效力，国际惯例因为国家承认而成为该国法律的组成部分，对意思自治选择适用国际惯例的当事人具有法律约束力。

第四，国际惯例在特定案件中具有强制适用的效力。国际惯例具有任意法的性质，其适用并不完全取决于当事人是否做出了适用的选择。国际惯例对特定当事人的效力，不仅取决于当事人各方的明示同意；对于特定交易中的当事人，各方应该知道或理应知道为该特定交易领域内的人所广泛了解的惯例，即便当事人未做出适用的选择，也视为他们已默示同意适用此惯例。例如，1980年《销售合同公约》第 9 条第 2 款规定，除非另有约定，双方当事人应视为已默示地同意对他们的合同或合同的订立适用双方当事人已知道或理应知道的惯例。而这种惯例，在国际贸易上已为有关特定贸易所涉同类合同的当事人所广泛知道并为他们所经常遵守。2010 年修订的《联合国国际贸易法委员会仲裁规则》第 35 条第 3 款亦作了同样的规定。

（二）国际惯例具有自发性、渐进性、稳定性和发展性

国际惯例源于习惯做法，这些习惯做法开始流行于特定的行业与部分地区，随着国际贸易的发展逐渐通行于整个世界。国际惯例是在商品社会的贸易实践中自发形成，并经过国际组织或者商业团体梳理、整合使之规范化、条理化、系统化。国际惯例的形成依赖商业社会自身的力量，具有自发性。国际惯例从 11 世纪萌芽至今已有千年的历史，其调整范围也由初始的海事海商领域逐步扩展到贸易、运输、金融、保险、投资等领域，具有渐进性。国际惯例不是国家制定的法律，不受各国法律变化和政策变动的影响，不为世界经济波动所左右，具有稳定性。国际惯例随着社会的变革缓慢地变化，这种变化表现为对已不适应社会现状规则的废止和对符合社会实际情况规则的创造与吸纳。以《国际贸易术语解释通则》为例，该贸易术语每 10 年修订一次，每次修订都删除若干条款，增加若干条款。《2010 年国际贸易术语解释通则》删除了《2000

年国际贸易术语解释通则》中 DAF、DES、DEQ、DDU 四个贸易术语，新增了 DAT、DAP 两个贸易术语，用 DAP 取代了 DAF、DES 和 DDU，DAT 取代了 DEQ，且扩展至适用于一切运输方式；《2020 年国际贸易术语解释通则》对《2010 年国际贸易术语解释通则》做了六处修改，这些都体现出国际惯例的发展性。

（三）国际惯例的内容具有确定性和国际性

国际惯例由地区、行业以至国际社会组织或商业团体对国际通行的习惯或者做法加工整理而成，并对相关的词语、术语做出明确的定义与解释，从而为越来越多的国家所认可，具有确定性。国际惯例通行于整个世界，为不同国家与地区采用，成为国际经济交往规则。国际惯例是国际商业社会自发地发展起来的一种调整国际商事贸易关系的行为规范，对于整个国际商业而言，有着虽不完全却很特殊的法律拘束力，[1]具有国际性。

（四）国际惯例具有任意性规范的属性

国际惯例被国际条约或者国内立法转化、采纳，即有了双重身份：被赋予强制性效力的法律规则和当事人任意选择的任意性的习惯规范。特定情况下，具有强制性效力的国际惯例各方当事人必须遵守，多数情况下，只有在当事人明示或默示同意采用时，才对他们具有法律拘束力。这是因为一国赋予国际惯例强制性效力，他国并不一定赋予国际惯例强制性效力，不同国家对国际惯例法律地位作出了不同的规定，只能由当事人选择适用。国际条约或者国内立法转化、采纳的国际惯例只是国际惯例的一部分，未被国际条约或者国内立法转化、采纳的国际惯例当事人选择方可适用。基于上述原因，平等主体之间进行的国际商事活动所适用的惯例大都属于任意性惯例。当事人在选择适用某一特定惯例时，通常还可以通过协议的方式，对其进行修改或补充。国内某公司采用 FOB 条件从国外进口机械设备，根据《国际贸易术语解释通则》的规定，货物风险转移以船舷为界。卖方装船时，操作不当，时常发生货物越过船舷后脱钩掉在甲板上或舱底的情形。中方公司为减少货损，提出将 FOB 条款修改为"货物越过船舷，进入船舱，脱离吊钩，安全卸到舱底，货物风险才由卖方转移给买方"，卖方同意该修改。FOB 条款修改后，卖方装船作业小心谨慎，货损大大减少。该案例说明双方当事人协商并取得一致同意，国际惯例是可以

---

〔1〕 史笑晓："国际贸易惯例及其适用问题研究"，载《浙江学刊》2002 年第 6 期，第 215 页。

排除和修改的。[1]

二、国际惯例的范围

国际惯例的范围涉及的法律问题是：法律适用法领域的国际惯例是仅指国际贸易惯例，还是指涵盖国际贸易惯例在内的所有国际惯例，对此问题，采取广义的国际惯例和采取狭义的国际惯例学者之间尖锐对立，还有一些学者游离于二者之间。

持广义国际惯例观点的学者认为，"举凡中国并未缔结或参加的国际条约、一切外国的法律、一切国际民间团体编纂的规则，其中所包含的国际经贸行为规范或行为准则"，都可以视为国际惯例。[2] 在司法实践中，对于那些未获得普遍承认，暂时还欠缺约束力的习惯或惯常做法，只要确实有利于问题或争端的公平处理和公正解决，似也不妨采取"拿来主义"参照适用。从这个意义上说，对中国现行法律、法规中提到的"国际惯例"一词，似宜作广义的理解。[3]

持狭义国际惯例观点的学者认为，"民商事领域存在的国际惯例，实际上就是国际商事惯例"。[4]

多数学者不对国际惯例做广义或者狭义的区分，而是将国际惯例分为规范性国际惯例和合同性国际惯例，或者区分为成文国际惯例和不成文国际惯例，或者区分为强制性国际惯例和任意性国际惯例，从国际惯例的效力和分类角度阐释国际惯例的范围。

区分国际惯例为规范性和合同性的学者主张规范性国际惯例属于强制性规范范畴，对当事人各方具有普遍拘束力，无论参与国际交往的当事人是否协商愿意适用。国家及其财产豁免原则、跨国公司或其他外国公司在东道国从事投资或其他跨国经营活动时必须遵守东道国法律的原则、"场所支配行为"、"不动产受不动产所在地法律支配"、"一事不再理"等即为规范性国际惯例，这

---

[1] 甄颖："国际贸易惯例及其适用"，载《山东商业职业技术学院学报》2006年第5期，第18页。

[2] 陈安："论适用国际惯例与有法必依的统一"，载《中国社会科学》1994年第4期，第81页。

[3] 陈安："论适用国际惯例与有法必依的统一"，载《中国社会科学》1994年第4期，第81页。

[4] 黄进："中国涉外民事关系法律适用法的制定与完善"，载《政法论坛》2011年第3期，第8页。

些规则就如同《国际法院规约》所称的"通例"（general practice），已被国内立法或国际条约接受为法律规则。此类惯例已被国际社会多数成员认为具有必须遵守的义务，不得随意变更。除此之外，凡已被各有关国家接受为国内立法或为国家之间缔结的国际条约所采纳的国际惯例，对这些特定国家及缔约国当事人具有普遍拘束力，因为对这些特定国家而言，国际惯例已转化为法律。

合同性国际惯例是国际民商事交往领域的主要惯例，由国际组织或学术团体对不成文的惯例进行解释、整理编纂形成，属于选择性或任意性惯例。此类惯例并非赋予当事人各方必须遵守的义务，是否适用取决于国际民商事交易中当事人的自愿选择，其适用以当事人各方的共同意思表示为前提。当事人各方明示或默示地表示他们之间的权利义务关系适用某惯例调整，该惯例即对他们具有法律上的拘束力。合同性国际惯例存在于国际经济交往各领域，诸如国际商会主持制定的广泛适用于国际货物买卖当事人双方权利与义务的《国际贸易术语解释通则》《跟单信用证统一惯例》《托收统一规则》《合同担保统一规则》以及商业代理示范合同格式等。除国际商会外，其他一些组织也整理编纂了若干规则，国际法协会制定的《1932 年华沙 - 牛津规则》，美国商会和美国进口商协会以及美国全国对外贸易协会共同制定的《1941 年美国对外贸易定义修订本》，国际海事委员会制定的《1974 年约克 - 安特卫普规则》，联合国国际贸易法委员会 1976 年制定的《联合国国际贸易法委员会仲裁规则》与 1980年制定的《联合国国际贸易法委员会调解规则》，联合国经济及社会理事会1974 年制定的《联合国跨国公司行为守则（草案）》以及联合国贸易与发展会议经过多年努力于 1985 年整理而成的《联合国国际技术转让行动守则（草案）》。一些特定行业的贸易协会和国际组织制定的标准合同格式，如伦敦谷物贸易协会（LCTA）制定的有关谷物交易的标准合同格式、国际工程师咨询联合会（FIDIC）制定的国际合同条件，国际运输代理人协会联盟（FIATA）制定的联合运输提单等，对采用上述各标准合同的当事人各方而言，也具有法律上的拘束力。

国际惯例的范围是个变量，是不确定的，虽然国际惯例作为行为规则其变化是缓慢的，但这种变化客观存在。再有，每个国家的法律制度不同，对国际惯例的认可程度不同，本国认定为国际惯例的规则，他国并不一定也认为是国际惯例。因此，国际惯例的范围我们只能抽象的、概括的划定。

国际惯例的广义解释无限扩大国际惯例的范围，在实践中行不通。我国未加入的国际条约，虽然有学者主张作为国际惯例适用，但也有学者主张作为合同条款适用。根据我国的实际情况，《司法解释（一）》第 9 条规定："当事人在合同中援引尚未对中华人民共和国生效的国际条约的，人民法院可以根据该国际条约的内容确定当事人之间的权利义务，但违反中华人民共和国社会公共利益或中华人民共和国法律、行政法规强制性规定的除外。"我国未加入的国际条约认定为"构成当事人之间合同的组成部分，据以确定当事人之间的权利义务更为合理，这样也可以解决如何对待当事人援引一些不具有拘束力的国际示范法、统一规则等产生的问题"。[1]

一切包含国际经贸行为规范或行为准则的外国法律概为国际惯例的观点更不可取。法律是体现国家意志，由国家强制力保障实施的社会规则。尽管当下强调建立人类命运共同体，但意识形态不同的国家的法律存在抵触甚至严重对立是不争的事实，包含国际经贸行为规范或行为准则的外国法律绝不能概为国际惯例。例如，第二次世界大战结束后，东西方两大阵营开始冷战。为了限制向社会主义国家出口战略物资和高新技术，1949 年 11 月，美国组建了所谓"出口控制统筹委员会"（Co-Ordinating Committee for Multilateral Export Control），美国、英国、法国、德国、意大利、丹麦、挪威、荷兰、比利时、卢森堡、葡萄牙、西班牙、加拿大、希腊、土耳其、日本和澳大利亚 17 个国家加入，被禁运的国家大约有 30 个，被列入禁运范围的有军事武器装备、尖端技术产品和稀有物资等上万种具有战略意义的货物和技术。此种法律岂能作为国际惯例适用？

国际惯例即为国际贸易惯例的观点难以苟同，这种观点大大缩小了国际惯例的外延，把国际贸易领域以外的国际惯例排除在国际惯例以外。国际惯例不仅仅存在于国际贸易领域，体育、教育、文化、卫生等领域也都存在国际惯例。例如，2004 年 12 月 11 日瑞士圣加仑商业法庭裁处的足球运动员转会案，该案原告系一家瑞士公司，被告系一家希腊公司，双方达成协议，约定由原告向被告转让其管理的足球运动员。合同中包括一个选择法院管辖的协议条款和一个准据法选择条款，管辖权条款载明瑞士法院拥有管辖权且该协议适用国际

---

〔1〕 高晓力："《关于适用涉外民事关系法律适用法若干问题的解释（一）》的理解与适用"，载《人民司法》2013 年第 3 期，第 21~22 页。

足联规则和瑞士法律。法院按照国际足联规则的规定裁断了纷争。[1] 这一案件中，国际足联规则即是国际惯例。

国际惯例的范围，可以参考和借鉴法国对现代商人法范围的界定。法国认为现代商人法不仅包括国际贸易惯例，而且包括跨国商事规则和一般法律原则。[2] 国际惯例的范围，除国际贸易惯例外，还应当包括跨国民商事规则。

三、我国法律规定的国际惯例

我国法律规定的国际惯例是法律适用法性质的惯例，还是实体法性质的惯例，或者是既有法律适用法性质、又有实体法属性的惯例。中华人民共和国成立以来颁布的法律中，有 5 部法律对国际惯例的适用作了规定，即 1985 年《涉外经济合同法》、1986 年《民法通则》、1992 年《海商法》、1995 年《民用航空法》、1995 年《票据法》。除《民法通则》外，其余 4 部单行法中规定的国际惯例指的是实体法性质的国际惯例，学界并无异议，有争议的是 1986 年《民法通则》第 142 条第 3 款 "中华人民共和国法律和中华人民共和国缔结或者参加的国际条约没有规定的，可以适用国际惯例" 的规定。位于《民法通则》这一基本法中的该款规定所涉国际惯例的性质，仁者见仁智者见智，争论多年，尚未统一。无论认定《民法通则》第 142 条规定的国际惯例是法律适用性惯例，还是实体性惯例，或者是既有法律适用性性质、又有实体性属性的惯例，大都根据法条之间的逻辑关系推导得出结论，缺乏必要的理论论证，因此有必要做进一步的理论探索。

（一）实体性国际惯例说

《民法通则》第 142 条规定的国际惯例仅指实体性的国际惯例，不包括法律适用性的国际惯例。"在冲突法领域，不存在所谓'国际惯例'"。[3] "国际私法上的国际惯例应当是任意性的实体规范惯例"[4]，中国有关国内立法中

---

〔1〕 吴德昌："国外法院适用《国际商事合同通则》的司法实践与法理探析——兼论中国法院的司法实践及其立场演进"，载《江西社会科学》2010 年第 6 期，第 166~167 页。

〔2〕 Second Report, Tijdschrift Voor Arbitrage, 1984, No. 2, pp. 83-84.

〔3〕 于飞："国际惯例在涉台民商事案件中的适用"，载《台湾研究集刊》2014 年第 4 期，第 43 页。

〔4〕 汪金兰："论国际私法上的国际惯例及其在国内的适用——兼评民法典草案第九编第 3 条第 2 款及第 4 条的规定"，载《安徽大学学报（哲学社会科学版）》2007 年第 5 期，第 72 页。

的"国际惯例"应当仅指实体意义上的国际惯例。《民法通则》第142条第1款规定应根据我国冲突规则选择调整涉外民事关系的实体法；第2款规定适用我国实体法如果与国际条约相抵触优先适用国际条约，这里的"国际条约"指的是实体法国际条约，以此推论，第3款规定在我国法律和国际条约没有规定的情况下"可以适用国际惯例"，也仅指适用实体法国际惯例。[1]

从法律体系协调性角度来看，《民法通则》第142条规定的国际惯例只能是实体法意义上的国际惯例。我国最早规定国际惯例的立法是《涉外经济合同法》，该法规定用国际惯例来补充法律主要是因为我国当时涉外经济法律尚不完备，我国法律为合同准据法时可能出现无法可依情况。最高人民法院《关于适用〈涉外经济合同法〉若干问题的解答》之二第9项也规定过国际惯例的适用以准据法为我国法而我国没有相应法律规定为前提。依该《解答》之二第5项规定依选择或最密切联系原则所确定的合同争议准据法"是指现行的实体法，而不包括冲突法规范和程序法"。根据法律体系内在统一性原理，《涉外经济合同法》中的"国际惯例"是指实体法意义上的国际惯例，则其他法律中的"国际惯例"也应为实体法意义上的国际惯例。作为一个统一的法律体系，内涵上的一致性应无疑义。《关于〈中华人民共和国票据法〉（草案）的说明》强调涉外票据的法律适用一章是"根据我国民法通则的有关规定"制定的。这几部法律中的"国际惯例"都应该指的是实体法意义上的"国际惯例"。那种主张《涉外经济合同法》中的"国际惯例"是指实体法，《民法通则》中的"国际惯例"是指冲突法的观点比较令人费解。[2]

从现代商人法是实体法这一事实可以推论国际惯例是实体法。现代商人法是混合法源的法律部门，构成现代商人法的法律规范来源于多个方面，其中主要是国际贸易惯例、一般法律原则以及一般交易条件等。现代商人法是自律实体法，现代商人法是针对合同冲突法的缺陷并为取代冲突规则而产生的，因此冲突规范与现代商人法无法结合在一起。同时，由于冲突规范必须与其所指引的某一国内法结合起来才能调整法律关系，因此冲突规范也不能与具有自律性质的现代商人法合而为一。[3]

---

[1]　佟柔主编：《中华人民共和国民法通则简论》，中国政法大学出版社1987年版，第287页。

[2]　单文华："中国有关国际惯例的立法评析——兼论国际惯例的适用"，载《中国法学》1997年第3期，第48~49页。

[3]　徐国建："现代商人法论"，载《中国社会科学》1993年第3期，第86页。

（二）　法律适用性国际惯例说

《民法通则》第 142 条第 3 款所涉国际惯例为法律适用性性质是著名学者李双元先生的观点，该观点自 1987 年提出后，鲜有拥趸者，不乏诟病人。事实上，李老先生并未结论性的认为《民法通则》第 142 条第 3 款规定的国际惯例为法律适用性性质，而是探索性的主张第 3 款所指的国际惯例"因它是在'涉外民事关系的法律适用'一章中做出的，似应理解为只是指有关冲突法的国际惯例"。[1]

《民法通则》第 142 条规定了国际惯例补缺原则是学界共识，所补之缺应是法律适用法之缺。"我国法律适用法立法是近几年才有的事情，虽然作为一个体系的大的框架已经搭起来了，但它离健全、完善、成熟还有相当的距离。鉴于我国的法律适用规范不多，缔结或参加的含有法律适用规范的国际条约稀少，我国立法确立了国际惯例补缺原则"。[2]

（三）　二元国际惯例说

《民法通则》第 142 条规定的"可以适用国际惯例"既包括实体性国际惯例，也包括法律适用性国际惯例。"回顾《民法通则》第 142 条立法史，该条第 2 款规定的'中华人民共和国的民事法律'原意指《民法通则》所有章节以及《民法通则》第八章规定的冲突规则以及其他立法规定的冲突规则。可见，该条第 2 款中与我国'民事法律'有不同规定的国际条约同样包括实体规范和冲突规范两种国际条约"。[3] 同理可证，该条第 3 款规定仅是就一般法律和国际条约而言，没有限定是有关实体规范的法律和国际条约，或者有关冲突规范的法律和国际条约。因此，填补空缺的"国际惯例"理应包括实体规范国际惯例和冲突规范国际惯例。另外，涉外民商事法律关系的法律调整方法包括直接调整和间接调整两种方法，在我国法律和我国缔结或者参加的国际条约对有关涉外民商事法律关系的调整没有规定的情况下，既可以适用实体规范国际惯例，也可以适用冲突规范国际惯例。[4]

〔1〕　李双元：《国际私法（冲突法篇）》，武汉大学出版社 1987 年版，第 42 页。

〔2〕　黄进："中国冲突法体系初探"，载《中国社会科学》1988 年第 5 期，第 154 页。

〔3〕　费宗祎："涉外民事关系的法律适用"，载《民法通则讲座》，最高人民法院民法通则培训班讲义，1986 年印，第 322 页。

〔4〕　汪金兰："论国际私法上的国际惯例及其在国内的适用——兼评民法典草案第九编第 3 条第 2款及第 4 条的规定"，载《安徽大学学报（哲学社会科学版）》2007 年第 5 期，第 74 页。

（四）《民法通则》第142条第3款的理解

理解《民法通则》第142条第3款的前提条件是法律适用性国际惯例是否存在。有学者断然否定法律适用法领域国际惯例的存在，认为自古以来该领域从未出现过国际惯例；有学者"从实践上考察，各国普遍认为，目前世界上只有冲突规范的国际条约，而不存在冲突规范的国际惯例。尽管随着国际民事经济生活的发展，各国国内法和若干国际条约常有一些共同采用的冲突规则，但多数学者都不承认在法律适用上存在某种私法关系必须适用某种国家法律的国际惯例，充其量只能说有了一些国际上比较普遍的实践或习惯做法"。[1] 有学者对法律适用法领域国际惯例的作用持怀疑态度，"对于能否适用国际惯例补全我国冲突法之欠缺，在立法上尚有疑义，在实践中也难以通行"。[2]

认定法律适用法领域从未出现过或者不存在国际惯例似乎有些武断，也缺乏理论和实践证成。历史上，法律适用性国际惯例、实体性国际惯例和程序性国际惯例是12世纪时代的产物，直至今日，西方国家仍然有学者认为现代商人法是由实体法、诉讼程序法和冲突法组成的法律实体。[3] 19世纪以来，法律适用性国际惯例和实体性国际惯例采取了不同的发展路径，法律适用性国际惯例大都为国际条约及各国立法采纳、吸收表现为成文法形式，而实体性国际惯例继续沿着任意法的道路前行。"在各国长期的实践中，冲突法领域内也形成了一些国际通行的惯例，如'不动产依物之所在地法原则''场所支配行为原则''公共秩序原则''当事人意思自治原则''既得权的保护和尊重原则''最密切联系原则'，等等。这些国际惯例已为我国法律适用法立法所吸收，但对于那些我国立法尚未采纳的国际惯例，在我国法律和缔结或参加的国际条约对相关问题未作规定的前提下，我国法院也不妨借助这些国际惯例来裁断案件"。[4]

在国际社会普遍采用国际条约，各国普遍采用制定法的形式规范涉外民事关系法律适用的当今社会，法律适用法性质的国际惯例仍有生存的土壤。例

---

〔1〕 单文华："中国有关国际惯例的立法评析——兼论国际惯例的适用"，载《中国法学》1997年第3期，第48~49页。

〔2〕 徐崇利："我国冲突法欠缺之补全问题探讨"，载《法学杂志》1991年第5期，第12页。

〔3〕 Berthold Goldman, "The Applicable Law: General Principles of Law—the Lex Mercatoria", in Julian. D. M. Lew ed., *Contemporary Problems in International Arbitration*, springe Netherlands, 1987, p. 118.

〔4〕 李双元：《国际私法（冲突法篇）》，武汉大学出版社1987年版，第40~41页；黄进："中国冲突法体系初探"，载《中国社会科学》1988年第5期，第154页。

如，1958 年法国学者弗朗西斯卡基斯（Francescakis）在《反致理论与国际私法的制度冲突》（*La Theorie Du Renvoi Et Les Lonflits Do Systemes on Droit International Prive*）一书中提出了"直接适用的法"理论，该理论经过 60 年的实践检验，符合社会发展规律，已为若干国际条约采纳，也为许多国家国内立法吸收。对于尚未建立"直接适用的法"法律制度国家而言，"直接适用的法"就是国际惯例。又如，1893 年《英国货物买卖法》规定货物买卖双方营业处或者惯常住所分处于不同国家的领土之上，其缔结的合同是国际货物销售合同，第一次提出惯常住所概念。1956 年第 8 届海牙国际私法会议通过的《关于扶养儿童义务法律适用公约》首次创造性地将惯常居所作为属人法的连接点，进而开创了以惯常居所地法为属人法的新时期。此后，海牙国际私法会议制定的与婚姻、家庭、继承等涉及自然人身份性质的法律适用公约均规定了经常居所地法的适用。许多国家的国内立法，也越来越多地直接或间接地采用惯常居所地法。1986 年《联邦德国国际私法》第 5 条、1987 年《瑞士联邦国际私法》第 20 条等都规定了惯常居所地法的适用。我国后来居上，2010 年《法律适用法》以惯常居所地法取代国籍国法创立了新的属人法。在普通法系国家，英国在属人法上虽一贯适用住所地法，但现行的英国法规中也越来越多地使用惯常居所地法。[1] 对整个国际社会而言，经常居所地法原则是正在形成的国际惯例。再如，1989 年 10 月 1 日，丹麦建立同性伴侣注册的法案生效，同性伴侣同居法律地位第一次在世界上获得承认，注册的同性伴侣同居可以享受某些异性夫妇独有的权利。自 2001 年以来，荷兰等 29 个国家或地区承认同性婚的合法化，13 个国家或地区承认同性伴侣关系。我国尚未承认同性婚合法化，但我国面临是否承认同性婚效力的法律问题。依婚姻缔结地国家法律有效成立的同性婚具有婚姻效力，该条法律适用规范对我国而言即为国际惯例。"冲突法领域的一些国际惯例已经为我国立法所采纳，但对于那些我国立法尚未吸收的国际惯例，在我国法律以及我国缔结或参加的国际条约对相关问题又未作规定的前提下，我国法院可以借助这些国际惯例来处理涉外民商事关系"。[2]

　　法律适用性国际惯例在国际社会中存在，在中国也存在。《民法通则》第 142 条第 3 款所指国际惯例应当理解为法律适用性国际惯例，还是实体性国际

---

[1]　杜焕芳："论惯常居所地法及其在中国的适用"，载《政法论丛》2007 年第 5 期，第 82 页。
[2]　黄进："中国冲突法体系初探"，载《中国社会科学》1988 年第 5 期，第 154 页。

惯例，或者是兼具法律适用性、实体性国际惯例性质呢？我们的观点是对《民法通则》第 142 条第 3 款应做扩张性解释，将其理解为包括法律适用性国际惯例和实体性国际惯例。国际条约有实体性国际条约和法律适用性国际条约，与国际条约相对应，国际惯例同样有法律适用性国际惯例和实体性国际惯例。从巴托鲁斯创立"法则区别说"至 19 世纪末，法律适用性国际惯例以学说法的形式存在，1896 年《德国民法施行法》颁布，成文的法律适用法出现，法律适用性国际惯例逐渐被吸收，数量越来越少。法律适用性国际惯例并没有绝迹，在以后的国际交往中仍然可能产生法律适用性的国际惯例。

法律适用性国际惯例适用空间越来越小，我国亦是如此。我国涉外民事关系法律适用立法从无到有，从简到繁，不断发展，逐渐完善，涉外民事关系各领域大都有了法律适用立法。《法律适用法》第 2 条规定最密切联系原则为法律原则，涉外民事关系出现没有适当的法律适用规范指引准据法情形，法官可以依据最密切联系原则确定应适用的法律，法律适用性国际惯例随着法治建设的完善在涉外民事诉讼中适用空间越来越小，我国迄今为止尚无适用法律适用性国际惯例的实践。

四、国际惯例的适用

国际惯例在我国的适用需要注意两个问题：第一个问题是《民法通则》第 142 条第 3 款规定的国际惯例适用条件已被司法和仲裁实践突破；第二个问题是实践中国际惯例多作为合同条款适用，个别情况下作为准据法适用。我国法律仅对作为准据法的国际惯例作出了规定，缺乏对作为合同条款国际惯例的规范，以下结合上述两个问题阐述国际惯例的适用。

（一）国际惯例适用的主体

涉外民事关系的当事人是国际惯例适用的主要主体。当事人选择适用国际惯例的情形有两种：①国际惯例纳入合同作为合同条款。当事人之间协议将国际惯例有关规则或内容纳入合同，使其产生合同法上的法律约束力。当事人选择国际惯例相关内容作为合同条款，这种合同条款与合同其他条款的性质完全一致。②选择国际惯例作为争议解决的准据法。当事人约定以国际惯例为准据法解决争议，对守法一方当事人予以救济。对于是否允许当事人选择国际惯例作为准据法，各国法律规定不同，我国法律允许当事人选择国际惯例作为准据法。

审理涉外民事案件的法官在涉外民事案件审理过程中可以适用国际惯例进而成为国际惯例适用的主体。各国国情不同，对国际惯例适用条件规定的不同，法官适用国际惯例的情形亦有所不同。有的国家已将某些国际惯例转化为国内法，国际惯例具有法的普遍约束力，不管当事人是否协议选择适用，法官在涉外民事审判中都可以使用这些国际惯例。多数国家规定国际惯例是授权性条款，允许法官在符合法律规定的条件下适用国际惯例。我国法律规定了国际惯例的适用条件，只要国际惯例的适用条件符合法律规定，法官审理涉外民事案件时可以直接适用。这种情况下国际惯例的适用不再依据当事人的意思表示，而直接依据法律的规定。

仲裁涉外案件的仲裁员因在仲裁过程中适用国际惯例成为适用主体。仲裁庭仲裁涉外案件时，适用的准据法具有多样性，国际条约、本国法律、外国法律、国际惯例、公平原则等都可以根据案情的不同选择作为准据法。仲裁员裁决涉外民事案件，只要国际惯例的适用符合法律规定的条件，仲裁员可以直接适用国际惯例。

与涉外民事关系有关的行政机关和行政组织可以作为国际惯例适用的主体。国家行政机关有权规定国际惯例在本国的适用。例如，1996年4月30日，《中国人民银行关于加强国际信用证结算有关事项的通知》要求各经营外汇业务的银行应严格遵守国际商会《跟单信用证统一惯例》（UCP500），据此，我国各商业银行在处理信用证业务时都遵照了UCP500。中国人民银行作为中国的中央银行具有金融监管职能，其所发布的通知对各商业银行有拘束力。各行业组织或者机构根据本行业的特点制定行业规则，这些规则经过长期的实践检验，有些已成为国际惯例。例如，运动员服用兴奋剂，竞赛前检测出来取消比赛资格，竞赛后检测出来取消比赛成绩，这即为体育行业的国际惯例。

（二）国际惯例的适用方式

实践中，国际惯例通常采用以下方式适用：

第一，当事人选择适用。当事人选择适用国际惯例是国际惯例适用的主要方式，国际惯例本质上是一种任意性规则，除了少数被国内立法吸收赋予强制性效力外，绝大部分不具有法律约束力，只能由当事人选择适用。当事人明示选择或默示同意采用时，国际惯例即产生法律约束力。

第二，默示推定适用。当事人没有选择适用国际惯例，但也没有排除适用国际惯例，在这种情况下，某些领域的国际惯例可以默示推定的方式适用于当事人之间的民事关系。1980 年《销售合同公约》第 9 条第 2 款规定，"除非另有协议，双方当事人应视为已默示的同意对他们的合同或合同的订立适用双方当事人已知道或理应知道的惯例"。该条规定是典型的默示推定条款，缔约国当事人之间的国际货物销售合同争议可以根据该条规定默示推定适用国际惯例。

第三，争议解决机构依职权强制适用。当事人合意选择适用国际惯例是国际惯例适用的一般规则，争议解决机构依职权强制适用属于国际惯例适用特别规则。争议解决机构依职权强制适用需要得到法律授权，这种授权可以分为以下类型：①国际条约授权。1980 年《销售合同公约》第 9 条第 2 款规定属于此类授权。②国内法授权。1994 年《蒙古国民法典》第 424 条规定："不与蒙古国法律和蒙古国缔结或参加的国际条约相抵触的外国法和国际承认的惯例，可适用于民事法律关系"。该条规定视国际惯例与外国法为同一位阶规范，可以依职权强制适用。③仲裁规则授权。2010 年修订的《联合国国际贸易法委员会仲裁规则》第 35 条第 3 款规定，仲裁庭在处理国际商事争议案件的过程中，无论当事人各方是否选择了适用于争议实体的法律，或经当事人各方同意按照公平合理的原则解决争议，仲裁庭在作裁决时，"均应按照合同的条款做出决定，并应考虑到适用于该项交易的贸易惯例"。

国际惯例依职权强制适用的原因主要有：①涉外民事关系无法可依，国际惯例补位。中国、越南等国家把国际惯例作为法律位阶最低的规范，在本国缔结或者参加的国际条约和本国法对涉外民事关系的调整没有规定时，适用国际惯例补位。例如，1995 年《越南民法典》第 827 条第 4 款规定，"当本法典、越南的其他法律、越南缔结或参加的国际条约、当事人协议对于涉外民事关系无相关规定时，可以适用国际惯例，但其适用不得违反越南法律的基本原则"。②国际惯例被广泛认知。国际惯例是在长期的实践中反复适用，为业内人士熟知的行为规则，已为国际社会所"广泛知悉"并"经常遵守"，强制适用国际惯例有社会基础。③维护国际经济秩序稳定。国际惯例是特殊的社会机制所形成的一种具有事实上约束力的社会行为规范，有广泛的公信力，适用国际惯例裁断是非，容易为当事人接受。

第四，作为合同条款适用。实践中，国际惯例大量的被作为合同条款规定当事人之间的权利义务，而不是作为准据法裁断当事人之间的权利义务，"如有通行已久之国际商业习惯，往往舍选法规则，而以国际商业习惯作为'法理'而适用,例如,信用证统一惯例、FOB 等国际贸易条件等"。[1] 国际惯例作为合同条款,与合同其他条款有着相同的效力。

第五,作为准据法适用。主权国家立法机关以法律形式承认或确认国际惯例在本国是法的渊源之一,赋予其法律上的约束力,司法机关、仲裁机构和行政执法机构可以国际惯例为准绳裁断涉外民事关系当事人之间的权利义务。

(三)我国国际惯例立法的误区与矫正

我国有关国际惯例的立法,始于改革开放初期,当时整个社会思想保守观念僵化,同时由于对国际惯例缺乏熟悉和了解,使得我国国际惯例立法脱离实际。《法律适用法》制定过程中,制定新的国际惯例适用条款呼声很高,但没引起立法机关的注意,国际惯例的适用仍然袭用《民法通则》的规定。实践证明,我国《民法通则》等法律中国际惯例的立法存在一些问题,需要完善。

第一,作为合同条款的国际惯例与作为准据法的国际惯例规定了相同的适用条件,严重脱离实际。《民法通则》第 142 条第 3 款规定"中华人民共和国法律和中华人民共和国缔结或者参加的国际条约没有规定的,可以适用国际惯例",该适用条件并非适合作为合同条款的国际惯例的适用,而国际惯例作为合同条款适用是其适用的主要形式,因此,作为合同条款的国际惯例与作为准据法的国际惯例应当分别规定不同的适用条件。

第二,作为准据法的国际惯例的适用条件也严重脱离实际。根据《民法通则》第 142 条和第 150 条规定,作为准据法适用国际惯例必须符合以下适用条件:①调整涉外民事关系的准据法是我国法律;②我国法律没有对调整涉外民事关系或者解决涉外民事争议作出规定;③我国缔结或者参加的国际条约没有对调整涉外民事关系或者解决涉外民事争议作出规定;④适用国际惯例不违反我国的公共秩序。司法实践中,国际惯例的适用并非以我国法律和我国缔结或者参加的国际条约没有规定为条件,而是与我国法律共同适用或者优先于我国法律适用,其所起的作用并不完全是拾遗补阙,在金融领域中首当其冲适用。山西省晋阳碳素股份有限公司诉中国工商银行太原市府西街分理处、泰国盘古银行香港分行信用证项下货款拒付纠纷案中,法院对准据法做了以下确定,"《1993 年修订本》(UCP500)规定了在信用证关系中各有关当事人的权利及义务,是信用证业务的统一惯例,且中华人民共和国与中华人民共和国香港特

〔1〕 李后政:《涉外民事关系法律适用法》,五南图书出版股份有限公司 2010 年版,第 16 页。

别行政区均为国际商会成员，故因信用证引起的纠纷及责任认定应适用该国际惯例，有关原、被告方责任的具体分担因该惯例没有规定，故应适用中华人民共和国法律"，[1] 这是一起国际惯例先于国内法适用的典型案例。此类案例还有很多，不一一枚举。

第三，应当放宽国际惯例的适用条件。国际惯例作为合同条款适用，不应设置任何条件；国际惯例作为准据法适用，不必再设置"中华人民共和国法律和中华人民共和国缔结或者参加的国际条约没有规定"的限制条件，不应使国际惯例处于低于外国法的地位；《民法通则》第150条规定应予废止，其以公共秩序排除国际惯例适用的功能应由《法律适用法》第5条担任。

五、国际惯例能否以社会公共利益为由排除适用

《民法通则》第150条规定："依照本章规定适用外国法律或者国际惯例的，不得违背中华人民共和国的社会公共利益。"根据该条规定，国际惯例的适用以不违反我国社会公共利益为限，国际惯例能否与一国公共秩序抵触，是否需要设立公共秩序条款排除国际惯例的适用，对此问题学者们争议很大。

反对以社会公共利益为由排除国际惯例适用的理论依据是《民法通则》第150条的规定"不科学"。《民法通则》"关于公共秩序保留的规定，不仅将外国法律，而且也将国际惯例作为可依公共秩序保留原则排除的对象。这种做法不仅在世界上绝无仅有，而且在法理上也是说不通的。因为在民商事领域存在的国际惯例，实际上就是国际商事惯例，它们是在长期的国际商事活动中反复实践而形成的国际商事行为规则，不涉及国家的社会公共利益，一般依当事人的选择而适用，不会发生违背一国社会公共利益的情形"。[2]

赞同以社会公共利益为由排除国际惯例适用的学者将国际惯例的适用分为两种类型：执法者确定适用的国际惯例和当事人选择适用的国际惯例。法官、仲裁员或者行政执法人员决定争议以国际惯例为准据法，此种情况不存在国际惯例与公共秩序抵触情形，无需以公共秩序为由排除国际惯例的适用。当事人选择适用国际惯例，不排除以公共秩序为由排除国际惯例的适用。从国际惯例

---

〔1〕 山西省太原市中级人民法院民事判决书，（2001）并知初字第 7 号；山西省高级人民法院民事判决书，（2002）晋民四终字第 70 号。

〔2〕 黄进："中国涉外民事关系法律适用法的制定与完善"，载《政法论坛》2011 年第 3 期，第 8 页。

的属性及其产生过程来看，国际惯例多在与国家没有原则性利害关系的领域自发形成，一般情况下与公共秩序并不抵触，但"并不能因此绝对排除其有危害公共秩序的可能"。[1] 各国社会制度、经济制度、历史文化及法律传统存在巨大差异，"特别是一些发达国家所坚持的'国际惯例'，体现的是发达国家的利益，反映的是旧的国际经济秩序，往往带有霸权主义色彩，不利于发展中国家当事人，为发展中国家所无法接受。对于这样的'国际惯例'，当然不能不分青红皂白地照单全收，而应运用公共秩序保留予以抵制"。[2] 国际惯例一旦形成，必然伴随延续性，在某一历史时期合理合法的国际惯例，时过境迁后很可能完全无法被接受。即使在西方国家，也未放弃适用公共秩序保留排除国际惯例的权利。"施米托夫与哥尔德斯坦均认为，现代商人法可能因主权国家的公共秩序而失效，也可能因公共秩序而受到限制"。[3]

　　能否以社会公共利益为由排除国际惯例适用争议的实质是对国际惯例范围界定的不同，主张国际惯例与公共秩序不存在抵触的学者界定国际惯例的范围仅为国际贸易惯例，同时认为《民法通则》第150条所规定的国际惯例也仅为国际贸易惯例，国际贸易惯例由买卖、运输、保险、支付规则组成，与一国公共秩序不产生抵触，故不应以损害本国公共秩序为由排除国际惯例的适用。主张国际惯例与公共秩序抵触而排除国际惯例适用的学者界定国际惯例的范围包括国际贸易惯例在内的所有国际惯例，同时认为《民法通则》第150条所规定的国际惯例是广义的国际惯例，存在国际惯例与公共秩序抵触情形。《民法通则》第150条所规定的国际惯例应当是广义的国际惯例，不单指国际贸易惯例，还包括其他种类的国际惯例，不仅是实体性国际惯例，还包括法律适用性国际惯例。国际惯例是内容庞杂，发展程度各异的习惯性规范群体，其中有世界性惯例、地区性惯例、行业性的惯例，甚至还包括跨国公司的格式合同。国际惯例内容多样，适用范围各异、被接受程度也相差甚远，对国际惯例概予承认既不现实，也不可取，有必要规定排除与本国公共秩序抵触的国际惯例的

---

〔1〕　于飞："国际惯例在涉台民商事案件中的适用"，载《台湾研究集刊》2014年第4期，第47页。

〔2〕　于飞："国际惯例在涉台民商事案件中的适用"，载《台湾研究集刊》2014年第4期，第47页。

〔3〕　于飞："国际惯例在涉台民商事案件中的适用"，载《台湾研究集刊》2014年第4期，第47页。

适用。

《民法通则》第150条规定国际惯例违背我国公共秩序的可以排除适用，该规定问世30余年来，仅有一起适用公共秩序保留排除国际惯例适用的案例。广州海事法院是这一实践的践行者，该院1990年9月29日对海南省木材公司诉新加坡泰坦船务私人有限公司、新加坡达斌（私人）有限公司提单欺诈损害赔偿纠纷案的判决中以《跟单信用证统一惯例》的适用违反我国公共秩序为由排除适用。〔1〕该案是我国法院以公共秩序为由排除国际惯例适用的一次重要实践，对于该案的判决，褒贬不一。法院认为，在本案中，被告恶意串通，利用伪造提单及其他单证的手段企图骗取货款，如果适用《跟单信用证统一惯例》，将使被告达到目的。这将违反我国《民法通则》关于民事活动应当遵守诚实、信用的基本原则，也将损害我方善意当事人的利益。所以，应该援引《民法通则》第150条之规定，以公共秩序保留为根据排除该惯例的适用。多数学者不认可法院判决，认为法官对信用证国际惯例理解不全面、不准确。信用证一方面是独立于买卖合同的单据交易，只要卖方所提交的单据表面上符合信用证的要求，开证行就负有在规定期内付款的义务。但另一方面，国际社会的普遍实践和《跟单信用证统一惯例》同时确定了"欺诈例外"规则，即如果卖方提交的单据是伪造的、欺诈的，即使单据表面完全相符，买方仍可以通过法律程序实现拒付。因此，只要买方能够证明卖方亲自或参与了欺诈，不论是刑事诈骗，还是民事欺诈，买方均可以向法院申请冻结信用证项下的款项。我国最高人民法院印发的《全国沿海地区涉外、涉港澳经济审判工作座谈会纪要》的通知亦规定，如能证明卖方欺诈，人民法院可以根据买方的请求，冻结

---

〔1〕 海南省木材公司诉新加坡泰坦船务私人有限公司、新加坡达斌（私人）有限公司提单欺诈损害赔偿纠纷案案情为：海南省木材公司同新加坡达斌私人有限公司签订了购买坤甸木的合同，合同规定采用跟单信用证方式付款。后来达斌私人有限公司利用泰坦船务私人有限公司签发的提单及其他单证到新加坡结汇银行结汇。结汇银行要求开证行中国银行海口分行支付货款183万元。海口分行经审查，全部单证符合信用证要求，于是通知海南省木材公司付款赎单。海南省木材公司通过调查了解到，卖方根本没有装货上船，所提供的提单及其他单证全系伪造，拒不付款赎单，同时向广州海事法院起诉，申请冻结信用证项下货款。广州海事法院通过审理，最后援用我国《民法通则》关于公共秩序保留的规定排除了有关跟单信用证国际惯例的适用，并依照我国民事诉讼法有关规定冻结了该信用证项下的货款。

信用证项下的款项，〔1〕法院可以根据"欺诈例外"规则解决争议，不应排除《跟单信用证统一惯例》的适用。

此案是我国第一起也是唯一一起适用公共秩序排除国际惯例适用的判例，影响广泛，争议至今未绝。总体说来，《民法通则》第 150 条适用的空间范围有限，以及司法实践中未能正确适用公共秩序保留，排除本应适用的国际惯例，这是部分学者诟病《民法通则》第 150 条的主要原因。然而，未雨绸缪，为国际惯例的适用预设安全阀是有必要的。

《法律适用法》未对国际惯例的适用作出规定，有学者注意到这一情况并认为这体现了《法律适用法》立法意向，这种新的立法意向是"公共秩序保留不得对抗国际惯例"。根据《法律适用法》体现的理念，应当认为《法律适用法》第 5 条修正了《民法通则》第 150 条和《民用航空法》等法律中的国际惯例的适用不得违反社会公共秩序条款。〔2〕

《法律适用法》对国际惯例适用不作规定的原因比较复杂，但并非体现"公共秩序保留不得对抗国际惯例"的立法意向。《法律适用法》对国际惯例适用不作规定的主要原因如下：

第一，国际惯例主要是任意性行为规则，不具有直接的普遍性的法律约束力，只有在当事人明确约定适用国际惯例时，国际惯例方能适用，对当事人具有法律约束力。涉外民事关系中是否适用国际惯例主要取决于当事人的意思自治，而完全不取决于法律的规定，法律对当事人意思自治范畴内的私权不应过多干预。

第二，多数国家调整涉外民事关系的法律对国际惯例的适用大都不作规定，我国法律对国际惯例的适用作出规定，不是画龙点睛而是画蛇添足，《法律适用法》对国际惯例适用不作规定符合国际通行做法。

第三，《法律适用法》未对国际惯例的适用作出规定根本原因是要解决不同法律之间的协调问题。《民法通则》第 142 条关于国际惯例适用的规定，学

---

〔1〕　参见中国法学教育网：http：//cnlegaledu. com/hainanshengmucaigongsian. htm，最后访问日期：2018 年 10 月 12 日。参见海南省木材公司诉新加坡泰坦船务私人有限公司、新加坡达斌（私人）有限公司提单欺诈损害赔偿纠纷案，载中国法院网：http：//www. chinacourt. org/public/detail. php？id = 16841&k_author =，最后访问日期：2018 年 10 月 12 日。

〔2〕　谭舒："司法解释（一）实施后《涉外民事关系法律适用法》与'其他法律'的关系分析"，载《青年与社会》2014 年第 19 期，第 112 页。

界普遍认为具有拾遗补阙作用，弥补我国立法的不足。为防止国际惯例的适用与公共秩序相抵触，《民法通则》第 150 条又作了限制性规定。《民法通则》第 142 条第 3 款是限制国际惯例适用的规定，该款为国际惯例的适用设置了"中华人民共和国法律和中华人民共和国缔结或者参加的国际条约没有规定的"条件，不满足这一条件，国际惯例不能适用。《民法通则》第 142 条第 3 款规定与国际社会的普遍做法相抵触，与我国加入的国际条约相抵触。各国并不要求本国法律没有规定情况下适用国际惯例，而是允许当事人在本国法律有规定时选择适用国际惯例。国际条约并不排斥国际惯例的适用，恰恰相反，在国际贸易领域，国际条约承认国际惯例的作用，承认国际惯例的优先适用和强制适用。司法实践中，国际惯例多作为合同条款适用，而非作为准据法适用，即使作为准据法适用，也并非是涉外民事关系没有法律规则调整状态下的拾遗补阙，而是根据案件实际情况需要适用时直接适用。《民法通则》第 142 条存在与实际不符的情况需要修改，故《法律适用法》没有袭用《民法通则》第 142 条的内容，自然不需要再规定国际惯例的适用不得与公共秩序抵触条款。

第四，《法律适用法》对国际惯例适用未作规定，也未对《民法通则》第 150 条和《民用航空法》等法律中的国际惯例的适用不得违反社会公共秩序条款作出废止规定，《民法通则》第 150 条和《民用航空法》等法律中的国际惯例的适用不得违反社会公共秩序条款仍然具有法律效力，《司法解释（一）》第 5 条规定对此予以明确。国际惯例仍然是我国调整涉外民事关系规则，矫正国际惯例适用偏差的法律规则不可能废止。

第五章

强制性规定法律制度

《法律适用法》创立了强制性规定法律制度，这一制度是排除与限制外国法适用家族的新贵，与公共秩序保留制度、法律规避制度并驾齐驱维护本国社会公共利益。20 世纪中叶以来，国内外学者致力于这一新的法律制度的研究，取得了丰硕的成果。

我国强制性规定法律制度研究有一个不应回避的遗憾，就是学者们对这一法律制度的研究重点放在强制性规范上，很少有学者关注强制性规定法律制度本体；有学者注意到强制性规定法律制度与强制性规范是不同层次的法律问题，但在研究过程中没有厘清二者之间的关系，最终还是把制度与规则视为一体，混为一谈，将强制性规定法律制度与强制性规范视为同一法律问题。强制性规定是强制性规定法律制度指向的规则，具有实体法属性，分散规定在民事法律、商事法律之中，强制性规定法律制度是规范强制性规定适用的制度，存在于法律适用法中。这里，结合《法律适用法》第 4 条规定对强制性规定法律制度进行阐释，对强制性规定法律制度的适用进行探讨。

第一节 从"直接适用的法"到强制性规定法律制度

强制性规定法律制度由具有一定的结构形式，规范行为人权利义务，强制适用于涉外民事关系的强制性规定构成，强制性规定是强制性规定法律制度的基础和本源。强制性规定在国内外有十几种称谓，"直接适用的法"是最有影响的称谓。"直接适用的法"理论移植到我国后，学术界沿用了这一称谓，但立法机关弃用这一名称，使用"强制性规定"这一法律术语。这样一来，强制适用涉外民事关系的实体法在我国有两个称谓，其涵摄的内容相同。

一、强制性规定法律制度理论与立法

（一）强制性规定法律制度理论

强制性规定是国内法上的不经法律适用规范指引，不由当事人意志加以改变，不能通过当事人的合意减损法律效力，强制适用于涉外民事关系具体的实体法规则。强制性规定法律制度是指本国及外国法律中为维护国家政治、经济和社会重大利益，规定某些强制性实体法规则可以不经法律适用规范的援引仅根据其自身性质直接适用于涉外民事关系以及如何适用的法律制度。

强制性规定法律制度理论与强制性规定理论同源。强制性规定理论诞生于欧洲大陆法系国家，其发展脉络我国学者已经做了精细的梳理，十分清晰。强制性规定理论缘起德国学者萨维尼，其在主张内外国法平等基础上创立了现代国际私法的多边选法制度，建立了以"法律关系本座说"为中心的法律适用体系。萨维尼虽然主张内外国法平等适用，但也注意到各国法律中存在一些承载着本国的重要政策，关涉社会公共利益，必须强制性适用的"严格实定法"（strictly positive law）规范，[1] 不能由外国法代替。在《现代罗马法体系》（第8卷）中，萨维尼认为这些规范由于其本身的特殊性质和实体内容能够对抗法律的普遍主义。[2] 萨维尼倡导的普遍主义正是其构筑多边选法体系的基石，"严格实定法"的强制适用与法律适用的普遍主义南辕北辙。对此，萨维尼解释这类规范属于国际私法多边体系的例外，是一种"异类"现象，随着人类交往的自由化和单边主义的没落，这类规范必然消失。[3] "严格实定法"没有按照萨维尼预设的轨迹走向末路，相反却朝气蓬勃地壮大起来，历史已证明萨维尼在"严格实定法"发展趋势这一问题上发生误判，出现了偏差。虽然萨维尼发现了"严格实定法"这种绝对性强制规范的存在，但他认定这是一种例

---

〔1〕 See Friedrich K. Juenger, *Choice of Law and Multistate Justice*, Transnational Publishers, 1993, pp. 35，81.

〔2〕 卜璐："国际私法中强制性规范的界定——兼评《关于适用〈涉外民事关系法律适用法〉若干问题的解释（一）》第10条"，载《现代法学》2013年第3期，第150页。

〔3〕 ［美］弗里德里希·K. 荣格：《法律选择与涉外司法》（特别版），霍政欣、徐妮娜译，北京大学出版社2007年版，第47页。

外，该类例外既包含了强制性规范，也包含了公共秩序保留的例外，因此，他并没有提出强制性规范的直接适用理论。[1]萨维尼之后，法国有两位学者也关注到强制性规定的性质和适用问题，1914 年瓦莱利在其著作《国际私法手册》、1923 年毕耶（Pillet）在其著作《国际私法原理》中先后提出应将"严格实定法"与公共秩序相区分。20 世纪中叶，强制性规定适用范围研究有了扩展，不再局限于本国强制性规定适用范围的研究，外国强制性规定在本国能否适用以及如何适用也成为学者关注的法律问题。1941 年，温格勒（Wengler）在《论国际私法上的强行债法联系》一文中首创"特别联系理论"，提出作为准据法的外国法中的强制性规范和内国强制性规范地位同等，旨在赋予同等的适用条件同等适用。1942 年，茨威格特（Zweigert）在《因外国禁止给付而不履行的基础》一文中发展了温格勒的"特别联系理论"，主张合同准据法国以外的外国强制性规范在存在特别联系的条件下，也可以适用于合同案件。

对强制性规定理论构建做出杰出贡献的是法国学者弗朗西斯卡基斯以及荷兰学者德温特（de Winter）。第二次世界大战以后，西方国家加强了对社会经济领域的干预和调控，社会福利国家也要求福利政策落实，于是，国家乃至国际组织加大了强制性规定制定的力度，数量较大的外汇管制、进出口管制、反垄断以及保护处于弱势地位的劳动者和消费者的强制性规定被制定出来。弗朗西斯卡基斯考查了法国国家职能的转变及其在经济生活中作用的增强，国家对经济的干预不断增加，制定了一系列具有强制性规定的状况以及法国法院适用强制性规定的实践，在 1958 年《反致理论与国际私法的制度冲突》一书中提出，为了更好地维护国家利益和社会利益，国家调整某些特殊涉外法律关系的强制性的法律规范，可以排除一般冲突规范的指引而得到直接适用，他将此类规范定义为"直接适用的法"（loi d'application immediate）。[2]弗朗西斯卡基斯的系统研究引发了各国学者对"直接适用的法"的研究热情，成为几十年来法律适用法研究的中心议题，"直接适用的法"这一术语在随后的理论探索中被德国、法国、比利时、瑞士等国家或地区的学术界沿用，也有一些国家的学

---

〔1〕　卜璐："国际私法中强制性规范的界定——兼评《关于适用〈涉外民事关系法律适用法〉若干问题的解释（一）》第 10 条"，载《现代法学》2013 年第 3 期，第 150 页。

〔2〕　Annuaire de l'lnstitut de droit international, vol. 56, 1975, p. 192ss.（《国际法研究院年鉴》第56 卷，1975 年，第 192 页。）转引自徐冬根："论'直接适用的法'与冲突规范的关系"，载《中国法学》1990 年第 3 期，第 84 页。

者进行了新的命名。

国际社会对强制性规定的研究广泛、深入、具体，可谓面面俱到，但对强制性规定法律制度却鲜有涉及，这是因为法律适用法上的强制性规定法律制度在许多国家没有建立，或者仅建立了某一领域而没有建立一般性的强制性规定法律制度，缺乏研究的基础；或者将强制性规定与强制性规定法律制度视为同一制度，以强制性规定理论研究代替与强制性规定法律制度的研究；或者没有认识到随着强制性规定立法范围扩大，数量增加，适用普遍，强制性规定已经由分散规定在各部门实体法规则上升为法律适用法上的强制性规定法律制度，以制度保障规则的实施。当下对强制性规定的研究还停留在规则，没有上升到制度层面，这种研究已经落后于立法，落后于社会实践。

（二）强制性规定法律制度的立法

法律适用法上的强制性规定法律制度的建立，经历了由个别规定到一般规则，由特殊规定到普遍规则，由具体规定到抽象规则，由国内立法到国际条约，由强制性规定法律规则到强制性规定法律制度这样一个演进过程。实践是理论的先导，法律是法学研究的根基，在世界范围内，强制性规定立法先于"直接适用的法"理论。强制性规定立法的端始，可以追溯到 1804 年《法国民法典》，该法第 3 条规定，有关警察与公共治安的法律对居住于法国境内的居民强制性适用，不得排除。[1] 该条规定原本适用于国内民事关系，法国法院在审判实践中扩张适用于涉外民事关系，使其成为调整涉外民事关系的法律规则。1804 年《法国民法典》第 3 条是关于警察与公共治安法律强制适用的规定，故该条规定又被称之为"警察法"。强制性规定法律制度建立之前，《法国民法典》第 3 条在我国被认为是典型的消极公共秩序保留的规定。强制性规定法律制度建立以后，重新审视该条规定，认定其为强制性规定更为适宜。

1804 年《法国民法典》中的"警察法"规定，囿于当时历史条件和社会环境，对各国立法没有产生多大影响，在其后的一百多年时间里，各国未出现类似立法。1942 年制定的《意大利民法典》借鉴了法国立法，规定"刑法、

---

〔1〕《法国民法典》第 3 条规定："有关警察与公共治安的法律，对于居住于法国境内的居民均有强行力。"强制性规定范畴内的警察法，与中国语境下的警察法的涵义不同。弗朗西斯卡基斯将"警察法"定义为保护一国政治、社会和经济秩序而必须适用的那些规范。

警察法和公共安全法，对在意大利领土上的一切人均有强制力"。[1] 刑法、警察法和公共安全法不具有域外效力的属地性和具有域内效力的普遍适用性是不言而喻的，该规定的意义、作用不是很大，1995 年 5 月 31 日颁布的《意大利国际私法制度改革法》废除了该条规定。"警察法"的立法实践表明，有关社会治安的强制性规定在强制性规定法律制度中所占比重越来越小，现在已经不把调整社会治安这种政治性很强的强制性规定作为强制性规定法律制度内容进行研究了。

　　人类社会进入 20 世纪以后，强制性规定立法缓慢的前行，劳动法、版权法等领域陆续出现了一些强制性规定立法。1926 年 12 月 13 日《法国海上劳动法典》第 5 条规定，"本法适用于为在法国船舶上履行任何服务而缔结的雇佣契约。本法不适用于为在外国船舶上服务而在法国雇佣的海员"。1941 年 4 月 22 日颁布的《意大利版权法》第 185 条规定，本法适用于所有意大利作者或居住在意大利的外国作者首次在意大利发表的作品。这些法律规则的性质，有学者认为是单边冲突规范。上述规则在形式上表现为单边冲突规范，但与一般性的单边冲突规范又有所不同：一般性的单边冲突规范调整涉外民事关系，而这些规范调整具有行政性质的民事关系；一般性的单边冲突规范指明特定的涉外民事关系适用本国法或者特定的外国法，而这些规范对其援引法律的范围进行了限制，指向了其自身的，排除了特定外国法和本国其他法律的适用。

　　20 世纪 20 年代，德国制造业在美国发行了数量很大的企业债券。1931 年，德国颁布了金融法规，进行严格的外汇管制，导致债券发行人无法支付债券利息。20 世纪 30 年代，在美国的债券持有人在美国法院提起以德国债务人为被告的诉讼，并且请求法院在本案中适用美国法。德国债务人在抗辩中提出了特别法（sonderstatut）理论，主张案件虽不适用德国法，但德国外汇管制法系属强制性规定在本案中的适用也应得到考虑。[2] 此案为德国学者温格勒、茨威格特等学者完善特别法理论提供了实践依据，也为金融领域强制性规定出台奠定了基础。1944 年 7 月 22 日，联合国货币金融会议通过的《国际货币基金协定》第 8 条第 2 节（b）项规定，"有关任何会员国货币的汇兑契约，如

---

〔1〕　1942 年《意大利民法典》第 28 条。

〔2〕　F. A. Mann，"Contracts：Effect of Mandatory Rules"，in K. Lipstein，*Harmonization of Private International Law By the EEC*，London，Chameleon Press Limited，1978，pp. 31–50.

与该国按本协定所施行的外汇管理条例相抵触时，在任何会员国境内均属无效。此外，各会员国得相互合作采取措施，使彼此的外汇管理条例更为有效，但此项措施与条例，应符合于本协定"。《国际货币基金协定》的宗旨是通过国际货币合作和汇兑的稳定与自由化，谋求国际贸易的平衡发展，协调、监督国际货币关系，保证布雷顿森林会议建立的国际货币体系的运转，对中、小国家的财政货币政策施加影响，因此，《国际货币基金协定》规定了自身的法律效力，强制性要求会员国管理外汇的法律不得与之抵触，确保协定在会员国国家得到履行。

如果说 20 世纪上叶和中叶初期强制性规定的立法零散、偶发的话，20 世纪中叶中后期和下叶强制性规定立法则呈现雨后春笋之势，井喷式的爆发。这是由于欧美发达国家加强了对经济生活的干预，强化了对经济活动的监管，国家干涉主义思潮滥觞，法律适用法立法和司法单边主义倾向再次泛起。在欧洲大陆法系国家，在民事与行政、民事与商事、民事与社会、民事与金融融合、交汇的领域，陆续出现数量巨大，覆盖社会生活各个方面强制性规定的立法。

强制性规定立法为司法机关适用强制性规定裁断涉外民事争议提供了必要且充分的条件，经典案例不断涌现。1958 年国际法院审理"博尔案"，[1] 依据 1902 年海牙《未成年人监护公约》第 1 条"监护适用未成年人的本国法，指定监护人的权力属于未成年人的本国当局。监护既对未成年人的人身也对他的财产行使"的规定，本案应适用的法律是荷兰法。国际法院排除了《未成年人监护公约》以及该公约所援引的荷兰法律的适用，适用了 1924 年的《瑞典儿童福利法》，支持了瑞典福利局把伊丽莎白置于"保护教养"制度之下，把她交给其外祖父为该局进行保护教养的做法。

1966 年法国人起诉荷兰一家公司关于持有该公司股份的纠纷案，法国最高法院适用了荷兰的"直接适用的法"，此案成为适用外国"直接适用的法"的著名案例。[2]

1971 年 1 月 8 日荷兰最高法院判例：一荷兰人受雇美国一公司并在该公司的荷兰分公司工作，美国公司未经荷兰劳动局批准将其解雇。荷兰人提起诉

---

〔1〕《中国大百科全书（法学）》，中国大百科全书出版社 1984 年版，第 332~333 页。

〔2〕韩德培："国际私法的晚近发展趋势"，载中国国际法学会主编：《中国国际法年刊》（1988 年卷），法律出版社 1989 年版，第 15~16 页。

讼。美国公司辩称，雇佣契约受美国纽约州法律支配，依该法解雇员工不需要获得批准。荷兰最高法院认为，荷兰劳动法令规定解聘受雇者事前必须获得地方劳动局的批准。不论雇佣契约受哪一国法律支配，荷兰的劳动法令无论如何都要适用于所有影响荷兰劳动市场的法律关系。最高法院在本案中适用了荷兰劳动法令。

1975 年 6 月 19 日比利时最高法院判例：美国一公司解雇了在比利时为该公司工作的雇员。法院依比利时法律判令美国公司支付给该雇员最低限度的补偿费，尽管雇佣契约受美国法律支配，根据美国法律不需要支付这项补偿费。[1]

强制性规定立法和实施为强制性规定法律制度的建立积累了宝贵的经验，在总结这些经验的基础上，国际社会率先开始了强制性规定法律制度立法的尝试，逐步建立起国际性强制性规定法律制度。1968 年第 11 届海牙国际私法会议通过的《公路交通事故法律适用公约》第 7 条规定，"不论所适用的法律是什么，在决定责任时，应考虑事故发生时发生地有效的有关交通管理规则和安全规则"。全球性国际组织开强制性规定法律制度立法先河，区域性国际组织紧随其后，1980 年《罗马公约》第 7 条规定："①在依照本公约适用某国法律时，若情况与另一国家有密切联系，而且如果该国法律规定，无论合同适用什么法律，这些强制性规则都必须予以适用，则可以适用该国法律的强制性规则。在考虑是否适用这些强制性规则时，应注意到其性质和目的，以及适用或不适用这些强制性规则所产生的后果。②本公约任何条款不得限制法院地法强制规则的适用，不论合同适用什么法律。"

国际组织创制的强制性规定法律制度有局限性，仅规范某一领域强制性规定的适用，不属于调整涉外民事关系所有领域的一般性规定，存在先天不足，这种不足为后来的各国强制性规定法律制度立法所弥补。1987 年瑞士创立了国内法上强制性规定法律制度，该项立法为许多国家借鉴、移植，成为多数国家认可、具有普遍性的法律制度。

各国强制性规定法律制度立法可分为三种情况：①含蓄规定本国、外国的强制性规定都适用，对是否适用某外国法依照本国法律进行主观判断，作此规

---

〔1〕 韩德培："国际私法的晚近发展趋势"，载中国国际法学会主编：《中国国际法年刊》（1988 年卷），法律出版社 1989 年版，第 16 页。

定的国家较少，瑞士属于此种立法。《瑞士联邦国际私法》第 18 条规定："根据立法宗旨和案情，案情显然有必要适用瑞士法律的，则适用瑞士法律"。第 19 条规定："当合法利益需要予以保护，并且显然诉讼与某外国法律有着非常密切的联系，有必要适用该项法律时，根据法律的立法宗旨和法官的自由裁量权，可不适用本法指定的法律而适用该法律"。②仅规定本国强制性规定强制适用，外国强制性规定如何适用不作规定，意大利、白俄罗斯、马其顿等国家属于此种立法。1995 年《意大利国际私法制度改革法》第 17 条规定，尽管已指定外国法，但并不排斥由于其目的和宗旨而应予以适用的意大利法律的强制性规定。[1] ③明确规定本国强制性规定直接适用，外国法律中的强制性规定同等适用，突尼斯、俄罗斯、比利时等国家属于此类立法。1998 年《突尼斯国际私法典》第 38 条规定，"①根据立法动机必须适用的突尼斯法律的有关规定应当直接适用，而不论冲突规则如何指定。②法官可以适用某项未被冲突规则指定的外国法的有关规定，只要此种规定被证实与需解决的法律事实或情况具有紧密的联系，而且根据其目的该种规定确实有适用的必要。③外国法律的公法性质不妨碍其适用或对此予以考虑。"[2]

大陆法系国家强制性规定的立法与司法实践对英美法系国家产生了深刻的影响，英国、美国等英美法系国家以制定法和判例法形式建立起强制性规定法律制度。英国 1973 年加入欧共体，1980 年欧共体通过的《罗马公约》对英国有约束力。英国接受《罗马公约》中的强制性规定，1990 年通过国内立法采

---

〔1〕 1999 年《白俄罗斯共和国民法典》第 1100 条 1 款规定，"本部分规定，不影响白俄罗斯共和国法律中独立于准据法而直接调整法律关系的强制规范的效力。"2007 年《马其顿共和国关于国际私法的法律》第 14 条规定，"用以确定本法第一条所指关系的准据法的各条款，并不排除马其顿共和国强制性规范的适用，不论确定准据法的规范有何规定，这些强制性规范基于本法或者其他法律的规定均应予以适用。"

〔2〕 2001 年《俄罗斯联邦民法典》第 1192 条规定，"①如果俄罗斯立法的强制性规范由于其本身的规定或由于其特殊意义，包括对于保障民事流转关系参加者的权利和合法利益方面的特殊意义，而不论准据法均调整相应的关系，则本编的规范不得影响俄罗斯立法中强制性规范的效力。②在依照本编的规则适用某国的法律时，法院可以注意与法律关系有密切联系的其他国家的强制性规范，如果依照该国法这些规范不论适用何种法律均应调整相应的法律关系。在这种情况下，法院应该考虑这些规范的目的和性质以及适用或不适用的后果。"2004 年《比利时国际私法典》第 20 条规定，"本法的规定不影响比利时法律中的强制性规定或公共政策的适用。根据法律或其特殊目的，强制性规定或公共政策旨在，规制国际事项而不考虑根据冲突规则指定的法律。当根据本法适用一个国家的法律时，可以适用与案件有密切联系的另一国家法律中的强制性规定或公共政策，如果并且只要根据该另一国家的法律，这些规则应予以适用而不考虑其他法律的适用。在决定是否适用这些强制性规则时，应对强制性规则的性质、目的以及适用或不适用的结果加以考虑。"

用转化的方式适用。[1]

　　美国较早建立了强制性规定法律制度，当下已经很完备。美国的制定法、判例法、联邦法、州法中都不乏强制性规定条款，例如，1999 年美国统一州法委员会通过的《统一计算机信息交易法》第 109 条（a）款亦以制定法形式限制电子消费合同当事人的意思自治，即规定不得协议改变相关强制性规定适用，当事人一旦合意违反，则这样的选择常常归于无效。[2]

　　美国法院在司法实践中普遍适用强制性规定法律制度，这里举出两个判例作以说明。1972 年纽约州联邦法院在南方国际销售公司诉波特与布鲁斯菲尔分压器厂案（South International Sales Co. v. Porter and Bruce Field Divider Factory）审理中，排除双方当事人选择的美国印第安纳州法律，适用波多黎各强制性规定作出判决，这是一个有影响的适用强制性规定法律制度的判例。[3] 该案是美国法院 1972 年审理的，说明在许多国家尚不知何为强制性规定法律制度时，美国已有适用强制性规定法律制度的实践。在雷切尔·维尔杜戈诉阿莱恩特公司劳动合同纠纷案（Rachel Verdugo v. Alliant Co.）中，强制性规定法律制度的适用跌宕起伏。上诉人雷切尔·维尔杜戈是加利福尼亚州居民，被上诉人阿莱恩特是一家总部位于德克萨斯州的公司。2007 年 10 月，阿莱恩特公司

---

　　〔1〕　1990 年《英国合同法律适用法》〔Contracts（Applicable Law）Act 1990〕将 1980 年《罗马公约》转化为国内法，以国内法形式适用。

　　〔2〕　姜茹娇：“电子消费合同的特殊性与直接适用的法原则的应用：对美国和欧盟的比较分析与启示”，载《西部论坛》2012 年第 1 期，第 89 页。《统一计算机信息交易法》第 109 条（a）款规定：“双方可以协议选择应适用的法律，但如果在一项消费者合同中做出的此种选择改变了根据有管辖权地区的法律不得以协议加以改变的规则，则此种选择无效。该有管辖权地区的法律指根据下列（b）款和（c）款的规定在没有协议的情况下，其法律应予适用的地区。”

　　〔3〕　该案被告是以印第安纳为基地的电器制品制造商，原告是一家波多黎各公司。1969 年 4 月 2 日双方达成协议由原告作为在波多黎各及邻近的美国岛屿的独家代销人。协议还规定任何一方均可“以任何理由”在 30 天以前通知对方终止协议，又规定协议应按印第安纳州法律解释。1971 年 12 月 21 日被告通知原告，合同将于 1972 年 2 月 20 日终止。原告声称其作为独家经销人表现杰出，被告欲终止合同，目的是利用原告已建立的联系而直接与这些主顾打交道。1972 年 9 月原告在纽约州的联邦法院起诉，声称被告终止合同的行为违反了《波多黎各商人合同法》。该法规定，即使合同中订有给予当事人单方面终止既存关系的权利的条款，委托人或让与人如无正当理由也不得作任何有损于建立的关系的行为。而且，更重要的是，伴随该法还有一项关于立法动机的声明，说明越来越多的本地和外地企业，一旦它们的代理商打开局面，就取消其代理权，波多黎各对这种情况不能再置之不理，因为代理商人关系的合理稳定性对波多黎各的经济、公共利益和福利都是重要的……纽约联邦法院认为在这样强烈的立法政策下，合同当事人自己选定的法律不得适用，而应直接适用波多黎各法律判决该案件。参见韩德培、韩健：《美国国际私法（冲突法）导论》，法律出版社 1994 年版，第 174 页。

雇佣维尔杜戈，双方在劳动合同中约定合同项下所有争议由德州哈里斯县（Harris County）法院排他管辖，适用德州法律。2013年4月，维尔杜戈代表部分加州员工在加州法院对阿莱恩特公司提起集团诉讼，加州奥兰治县（Orange County）高等法院适用当事人选择的法律驳回起诉。原告维尔杜戈向加州第四分区上诉法院提起上诉。上诉法院认定加州保护劳动者权利强制性规定直接适用，加州法院有管辖权并适用加州法律。[1] 该案揭示的强制性规定法律制度与意思自治原则的关系、强制性规定的认定等法律问题对我们有借鉴意义。

---

〔1〕 Rachel Verdugo v. Co. , 237 Cal. App. 4th 141. 上诉人雷切尔·维尔杜戈是加利福尼亚州居民，被上诉人阿莱恩特是一家税务咨询服务公司，总部设在德克萨斯州的哈里斯县，并在其他11个州设有地区办公室。2007年10月，阿莱恩特公司雇佣了雷切尔·维尔杜戈作为其在加州办公室的副主管。维尔杜戈的主要工作地在加州，与公司总部仅保持最低限度的必要联系。双方在劳动合同中约定该合同项下所有的争议由德州哈里斯县法院排他管辖，适用德州法律。2013年4月，维尔杜戈代表部分加州员工在加州奥兰治县高等法院对阿莱恩特公司提起集团诉讼，控告被告违反《加州劳动法典》：①违反第1194条第1款，拖欠加班工资；②违反第226条，未提供分项的精确工资说明；③违反第226条第7款，未提供饭间休息时间；④违反第203条，未在离职时及时支付全部工资；⑤违反第200~204条，未支付佣金；⑥违反第227条第3款，未支付带薪休假期间的工资等。阿莱恩特公司抗辩，双方约定了管辖和法律适用条款，原告应向德州哈里斯县法院提起诉讼。加州奥兰治县高级法院基于尊重当事人的意思自治和保障合同效力支持被告的辩护理由，驳回原告起诉。向加州第四分区上诉法院提起上诉。维尔杜戈主张其前六项诉求，即关于加班费、精确的工资说明、饭间休息时间、离职前结清工资、佣金收入、带薪休假的诉求，是根据《加州劳动法典》第200~204条、第226条、第226条第7款、第227条第3款、第1194条提出的。根据《加州劳动法典》第219条第1款和第1194条第1款的规定以及加州法院判例，这些条款赋予了加州居民以强制性的劳动权利保护，关系到加州的公共利益，当事人不能以约定的方式放弃或减损。如果当事人之间的约定具有减损这些条款的效果，则此种意思自治应属无效。故上诉人请求加州上诉法院认定劳动合同中的管辖和法律适用条款无效。阿莱恩特公司辩称，第219条和第1194条并未明文禁止当事人通过约定放弃权利，也未明文规定这种约定无效。上诉人所依据的条款达不到强制性规定的高度；即使第219、1194条确实规定了相关权利不可通过约定放弃，这种规定也不能作为否定管辖和法律适用条款的依据，因为权利的不可放弃性不能由成文法来规定，而应由普通法来确立。上诉法院认为，本案中判定该劳动合同中管辖和法律适用条款效力的关键在于两点：其一，上诉人所依据的条款是否属于强制性规定，或者从根本意义上说，上诉人所主张的权利是否属于加州赋予其居民不可放弃的劳动权利；其二，如果属于，该管辖和法律适用条款是否具有减损这种强制性条款和不可放弃的劳动权利的效果。通过审理，上诉法院支持了上诉人的论证，认为不论是第219、1194条，还是加州的普通法，都已明确上诉人所主张的权利属于不可放弃的劳动者权利。上诉法院认为被上诉人不能证明该管辖和法律适用条款理应有效，最终判决驳回原判，认定加州法院对此案具有管辖权。

第二节　中国强制性规定法律制度理论、立法与实践

我国强制性规定法律制度，从称谓到内容，从理论到立法，都带有舶来品的痕迹，通过借鉴和移植多国立法，扬弃与并蓄各种强制性规定理论本土化而成。

一、我国强制性规定法律制度理论

20 世纪 50 年代欧洲大陆兴起的"直接适用的法"理论，20 世纪 80 年代经过移植进入我国。第一个吃螃蟹移植"直接适用的法"理论的是著名学者李浩培先生。1984 年出版的《中国大百科全书（法学）》刊载了李浩培撰写的词条"警察法"，受《法国民法典》的影响该词条没有使用"直接适用的法"的概念，但释明此处"警察法"并非规定警察制度的法律，而是"为了保障一国的政治、经济或社会组织一切公民必须遵守的法律"。在该词条中，李浩培全面介绍了"直接适用的法"的起源、内容、判例、立法例及对"直接适用的法"性质的认识。[1]《中国大百科全书（法学）》是词典性质的书籍，出版周期需要数年，由此可以推论李浩培先生在 20 世纪 80 年代初，甚至更早的时间就关注了"直接适用的法"理论并且介绍到国内。"直接适用的法"理论移植到我国后，没有受到应有的注意，学术界沉寂数年。1988 年韩德培发表了《国际私法的晚近发展趋势》一文，引入了"直接适用的法律"的概念，[2] 在学术界引起涟漪。1990 年徐冬根发表《论"直接适用的法"与冲突规范的关系》一文，[3] 对直接适用的法进行了较为系统的阐述。此后，我国学界开始关注"直接适用的法"立法与理论，并掀起了一股研究热潮，30 多年来，学者们较为集中地发表了数十篇论文，"直接适用的法"的立法和理论在学界成为热点问题。2010 年《法律适用法》第 4 条规定了强制性规定法律

---

〔1〕《中国大百科全书（法学）》，中国大百科全书出版社 1984 年版，第 332 页。

〔2〕 韩德培："国际私法的晚近发展趋势"，载中国国际法学会主编：《中国国际法年刊》（1988 年卷），法律出版社 1989 年版，第 15 页。

〔3〕 徐冬根："论'直接适用的法'与冲突规范的关系"，载《中国法学》1990 年第 3 期，第 83~87 页。

制度，2012 年《司法解释（一）》对强制性规定进行了界定，学界结合《法律适用法》立法和最高人民法院司法解释对强制性规定进行了更为深入地研究。

"直接适用的法"的理论研究在我国一直持续，参与研究的学者人数很多，但取得的成果并不令人满意。出现这种情况的客观原因之一是"直接适用的法"理论在欧洲发育的并不是十分成熟，该理论的集大成者弗朗西斯卡基斯不是从理性主义的高度提出一个全新的理论，而是针对法国司法实践中存在的直接适用本国实体法于涉外民事关系的现象，采用经验主义方法予以总结和阐述，以期创造出一种新的解决法律冲突的法律选择方法。弗朗西斯卡基斯未能对"直接适用的法"的性质予以明确界定，对"直接适用的法"范围的阐释含糊其辞，其理论的逻辑结构松散，缺乏高度凝练。"直接适用的法"理论"先天不足"，移植到我国后又遭遇"消化不良"，因而引起了广泛的争论，学者们围绕"直接适用的法"存在与否以及"直接适用的法"的性质、范围、内容、特点展开讨论，这一讨论一直延续至今，难以形成共识，直接影响到对"直接适用的法"法律制度的认识和理解，影响到"直接适用的法"法律制度在实践中的运用。出现这种情况的客观原因是作为法律规则的"直接适用的法"在我国出现的很早，而在具体规则基础上建立起来的强制性规定法律制度则出现在《法律适用法》中，在法律没有明确确立强制性规定法律制度之前，很难从法律制度角度和法律制度层面认识和考察"直接适用的法"。主观原因是缺乏认识客观事物的敏锐性，学术研究不扎实。1987 年《瑞士联邦国际私法》已经从制度层面规定了强制性规定法律制度，瑞士之后许多国家陆续将"直接适用的法"从规则上升为制度，对这些发展我们没有足够的认识，理论研究一直在弗朗西斯卡基斯时代的观念中徘徊。"直接适用的法"理论移植而来，对该理论产生的时代背景和社会环境我们了解的并不充分，加之介绍到国内的资料有限，因而，学界对"直接适用的法"的研究有局限性，甚至出现了雷同性。有的学者脱离了法理基础对"直接适用的法"作了任意性解释，加剧了理论的扑朔迷离。

在我国已经建立起强制性规定法律制度的当下，"直接适用的法"的理论研究应当有一个升华，实现从规则研究到制度研究的跨越。

二、我国强制性规定法律制度立法

我国强制性规定法律制度的立法可以分为两个层次，一是强制性规定规则层面的立法，二是强制性规定法律制度层面的立法。学界对强制性规定法律制度的研究，亦应从这两个方面展开。强制性规定规则层面的研究，重点不应放在规则的内容，而应注重哪些领域制定了强制性规定，强制性规定在涉外民事关系中如何适用。强制性规定法律制度层面的研究，应当全方位展开，涵盖概念、起源、作用、内容、适用、与相关法律制度的关系、案例、判例、立法例等各个方面，实现研究的立体化和系统性。

我国法律中的强制性规定，与发达国家相比，数量较大。中华人民共和国成立以来经历了计划经济时期、计划经济向市场经济转型时期和市场经济时期，国家对经济的调控发生了重大变化，由计划调控转变为市场调控，行政命令调控转变为法律制度调控。经济模式的转变直接影响到强制性规定的兴衰，计划经济时期、经济转型时期的强制性规定因违背社会发展规律被废止。例如，中华人民共和国成立以来长期实行进出口贸易许可制度，1994 年《中华人民共和国对外贸易法》第 9 条规定，货物进出口和技术进出口实行许可制，未经国家主管部门批准的企业不得从事外贸业务。随着改革开放的不断深入，我国逐步放开了对外贸主体的限制，1998 年 10 月 1 日对外贸易与经济合作部发布《关于赋予私营生产企业和科研院所自营进出口权的暂行规定》，部分放开外贸经营权。2004 年全国人大常委会修改了《中华人民共和国对外贸易法》，外贸经营权由许可制改变为登记制，外贸经营权放开。我国在废止与经济发展不相适应的强制性规定的同时，还根据社会发展需要制定了一些新的强制性规定。例如，2017 年 6 月 28 日，国家发展和改革委员会、商务部联合发布《外商投资产业指导目录（2017 年修订）》，明确规定自 2017 年 7 月 28 日起在全国范围内实施外商投资准入负面清单，负面清单规定的禁止外商投资的领域，外资不得进入。《外商投资产业指导目录（2017 年修订）》在原有禁止外商投资领域之外新增了部分文化宣传领域外资不得进入的规定。

尽管新中国成立以来我国法律中不乏强制性规定，但在强制性规定基础之上建立起强制性规定法律制度，是我国参与《法律适用法》立法的学者的重大贡献，是专家学者、社会各界、司法机关、立法机关共同智慧的结晶。《法律适用法》法律草案计有 7 部，第 1 稿至第 4 稿草案未涉及强制性规定法律制度。中国国际私法学会起草第 5 稿草案时将强制性规定法律制度条款纳入草案，规定"本法规定不影响中华人民共和国法律的强制性规定的直接适用"。[1] 全国人大法工委起草第 6 稿草案时肯定了该条款的法律精神，将其修正为"中华人民共和国法律对涉外民事关系有强制性规定的，应当直接适用"。[2]

"直接适用的法"理论入法为律，建立我国的强制性规定法律制度得到最高人民法院的鼎力支持和社会各界的普遍认可，具有广泛的社会基础和实践需求。司法实践中，我国企业违反外汇管理制度境外借款或者为境外借款担保，为了规避监管，当事人选择适用外国法或者外法域法的现象时常出现。法院审理此类案件时，一概排除当事人选择的法律的适用。法院排除外国法或者外法域法的适用，有的依据公共秩序保留制度，有的依据法律规避制度，做法不一，出现法律适用不统一的现象。在理论上，此类案件是否应该排除当事人选择的法律的适用；如果排除当事人选择的法律的适用，是依据公共秩序保留制度，还是依据法律规避制度，学者们之间也存在争议。上述问题的有效解决，最好的方法是创新法律制度。《法律适用法》的制定为创新法律制度提供了契机，2010 年 5 月，最高人民法院民四庭召集部分法院涉外民事审判法官和有关专家在北京召开了涉外民事关系法律适用法立法和涉外民事审判法律适用调研会，入会法官和专家认为"直接适用的法"理论入法为律能够很好地解决本国法律的强制适用问题，应当采用法律形式加以确认，最高人民法院向立法机关反映了司法部门和专家的要求。2010 年 6—7 月间，全国人大法工委分门别类的召开了包括全国人大外事委员会、最高人民法院、国务院法制办、外交部、商务部、部分高校在内的部门及行业座谈会，广泛征求社会各界对《法律适用法》第 6 稿草案的意见。在这些座谈会上，各部门、各行业的代表和专家、学者充分肯定了强制性规定法律制度。2010 年 8 月 23 日，十一届全国人大常委会第十六次会议第二次审议了《法律适用法》草案，同年 8 月 30 日，全国人大网站公布草案全文，全民征求修改意见。反馈回来的 1000 多条修改建议中，

---

〔1〕 《中华人民共和国涉外民事关系法律适用法建议稿》第 7 条，参见黄进主编：《中华人民共和国涉外民事关系法律适用法建议稿及说明》，中国人民大学出版社 2011 年版，第 12 页。

〔2〕 全国人大法制工作委员会：《中华人民共和国涉外民事关系法律适用法（草案）》第 5 条，参见黄进主编：《中华人民共和国涉外民事关系法律适用法建议稿及说明》，中国人民大学出版社 2011 年版，第 133 页。

涉及强制性规定法律制度条文异议的其少，反映出强制性规定法律制度在民众中的认可度很高。全国人大常委会采纳了学者、司法机关和社会各界的意见，顺应民意，在第三次审议《法律适用法》时，将该条款再次修改为"中华人民共和国法律对涉外民事关系有强制性规定的，直接适用该强制性规定"，进一步强调了强制性规定的直接适用性。至此，我国强制性规定法律制度得以确立。

2010年《法律适用法》第4条规定了强制性规定法律制度，这是我国"首次明确规定我国法律的强制性规定应予直接适用，这是涉外民事关系法律适用法的一大亮点"。[1]从世界范围内来看，该制度虽然为许多国家认可，但建立的时间并不长，还需要通过实践检验进一步完善；就中国而言，这是一项全新的法律制度，而且是一项移植的法律制度，在中国理论基础薄弱，除部分学者对该制度在理论上进行过研究外，包括法官、仲裁员在内的绝大多数人对这项制度还很陌生，不知其为何物。由于对强制性规定法律制度缺乏了解，司法实践和仲裁实践中，法官、仲裁员或是不敢触碰这项制度，或是混淆法律适用法上的强制性规定和国内法上的强制性规定的界限，把国内法上的强制性规定适用于涉外民事关系，造成法律适用混乱。为了解决上述问题，2012年《司法解释（一）》第10条对强制性规定作了司法解释，有下列情形之一，涉及中华人民共和国社会公共利益、当事人不能通过约定排除适用、无需通过冲突规范指引而直接适用于涉外民事关系的法律、行政法规的规定，人民法院应当认定为《法律适用法》第4条规定的强制性规定：①涉及劳动者权益保护的；②涉及食品或公共卫生安全的；③涉及环境安全的；④涉及外汇管制等金融安全的；⑤涉及反垄断、反倾销的；⑥应当认定为强制性规定的其他情形。《司法解释（一）》第10条通过抽象描述和不完全列举附加兜底条款的方式阐释了强制性规定的范围，以解决《法律适用法》第4条的可操作性问题。有学者认为《法律适用法》第4条和《司法解释（一）》第10条同为强制性规定，这种理解值得商榷。强制性规定法律制度与强制性规定并非位于同一法律层面，《法律适用法》第4条是强制性规定法律制度的总括性规定，也是指令性规定，指示执法者在涉外民商事案件审判中，强制性规定直接适用。至于何为

---

〔1〕　高晓力："《关于适用涉外民事关系法律适用法若干问题的解释（一）》的理解与适用"，载《人民司法》2013年第3期，第22页。

强制性规定，那是部门法、司法解释需要解决的问题，是执法者自由裁量确定的问题。《司法解释（一）》第 10 条是对强制性规定的具体性解释，提示在其"不完全列举附加兜底条款"范围内的强制性规定在涉外民商事审判中直接适用。《法律适用法》第 4 条和《司法解释（一）》第 10 条二者之间是制度与规则关系，是法律适用法与实体法中强制性规定规则关系，二者不是并列关系。《法律适用法》第 4 条将强制性规定法律制度在我国以法律形式确立后，该制度囊括哪些法律规则，这些法律规则在诉讼、仲裁实践中如何适用，《司法解释（一）》第 10 条虽然作了解释，但该解释只是抽象地指出了强制性规定存在的领域，并没有确定哪些实体法规范是强制性规定，因此，强制性规定法律制度和强制性规定仍然是学界需要继续探讨的学术问题。

三、强制性规定法律制度在我国司法实践中的运用

《法律适用法》施行后，各级人民法院适用该法第 4 条确定强制性规定在涉外、涉港澳台民事关系的直接适用，总体情况不容乐观，甚至令人担忧，准确适用该条规定确定强制性规定直接适用的案例凤毛麟角，多数案例存在这样或者那样的问题。

第一，案件事实认定清楚，《法律适用法》第 4 条适用准确的案例。2011 年最高人民法院审理的中国银行（香港）有限公司与汕头海洋（集团）公司、李国俊担保合同纠纷上诉案，在准确认定案件事实基础上，认为当事人违反我国强制性规定，在没有获得国家外汇管理总局批准情况下为境外借款担保，应依据《法律适用法》第 4 条强制适用 1997 年修正的《中华人民共和国外汇管理条例》（以下简称《外汇管理条例》）第 24 条"提供对外担保，只能由符合国家规定条件的金融机构和企业办理，并须经外汇管理机关批准"强制性规定，[1]

---

〔1〕 2014 年 5 月 12 日国家外汇管理局发布《跨境担保外汇管理规定》，废止跨境担保报批规定，实现登记管理。该《规定》第 6 条规定，外汇局对内保外贷和外保内贷实行登记管理。境内机构办理内保外贷业务，应按本规定要求办理内保外贷登记；经外汇局登记的内保外贷，发生担保履约的，担保人可自行办理；担保履约后应按本规定要求办理对外债权登记。境内机构办理外保内贷业务，应符合本规定明确的相关条件；经外汇局登记的外保内贷，债权人可自行办理与担保履约相关的收款；担保履约后境内债务人应按本规定要求办理外债登记手续。实践中，跨境担保强制适用中国法律没有变化。国家外汇管理总局认为，跨境担保登记制度是中国的法律制度，外国并无此制度，因此，跨境担保必须适用中国法律。国家外汇管理总局的解释是存在的问题是跨境担保登记是程序问题，应当适用中国法。担保是实体问题，可以选择适用外国法。

认定担保合同无效，有过错一方当事人承担合同无效赔偿责任。[1]

[1] 中国银行（香港）有限公司与汕头海洋（集团）公司、李国俊担保合同纠纷案，该案案情为：1988年3月22日，海洋集团成立，经济性质为全民所有制。S.O.E.（集团）香港有限公司（以下简称"SOE集团"）是海洋集团在香港设立的窗口公司，李国俊是SOE集团及海洋集团的法定代表人。2000年9月20日，中国银行（香港）有限公司（原中国银行香港分行，以下简称"香港中行"）向SOE集团出具一份一般银行授信函，载明修订后的授信金额。担保条件为：李国俊为4200万港元签署的连带责任担保书；海洋集团为4200万港元签署的担保书，并经国家外汇管理局批准；SOE集团提供若干第一法定抵押/抵押物担保。同日，香港中行又向SOE集团出具一份350万美元定期贷款授信函，部分先决条件为：海洋集团签署350万美元及其利息的担保书，SOE集团提供财产作抵押担保。2001年2月6日，香港中行给SOE集团出具一份授信函，将上述350万美元定期贷款授信函中的授信额度变更为300万美元。2000年10月20日，海洋集团为借款人SOE集团向贷款人香港中行出具一份《保证函》，同日，李国俊向香港中行出具一份担保书，2001年2月8日，海洋集团又向香港中行出具一份《保证函》，上述《保证函》、担保书均未经国家外汇管理机关批准。依照进口贷款授信协议约定，香港中行向SOE集团分批发放了进口贷款。

2002年4月3日，香港中行致函给李国俊，要求其对SOE集团的债务承担保证责任。2003年1月21日、2004年12月13日，香港中行向海洋集团发出律师函，要求其对SOE集团的债务承担保证责任。

2004年4月21日，海洋集团致函给香港中行，确认其作为SOE集团的母公司，为SOE集团向香港中行借款提供了担保，但国家外汇管理机关未予以批准，其仍有责任帮助SOE集团偿还债务，截至2003年12月31日，SOE集团欠香港中行各类贷款本金约7196.17万港元，因海洋集团已经严重资不抵债，只能按债务受偿比例2.5%左右代SOE集团偿还债务的原则与香港中行商议。

2006年9月，香港中行向广东省高级人民法院提起诉讼，请求判令海洋集团、李国俊就SOE集团拖欠香港中行的贷款本金7 254 722.76美元、利息4 232 331.63美元、费用2407.76美元，贷款本金港币9 073 667.10元、利息港币2 696 576.54元（暂计至2006年8月31日）以及至全部欠款实际清偿之日的利息，承担赔偿责任，其中李国俊以本金港币4200万元及利息为限；判令海洋集团、李国俊承担香港中行为实现本案债权支付的各项诉讼费。

广东省高级人民法院审理认为，本案的法律适用，海洋集团、李国俊分别出具的担保书约定保函受香港特别行政区法律管辖。该担保行为具有对外担保的性质，《境内机构对外提供外汇担保管理办法》第6条规定，为境内机构对外提供外汇担保，应报担保人所在地外汇管理部门审批，依照《中华人民共和国民法通则》第150条"依照本章规定适用外国法律或者国际惯例的，不得违背中华人民共和国的社会公共利益"和《最高人民法院关于贯彻执行〈中华人民共和国民法通则〉若干问题的意见（试行）》第194条"当事人规避我国强制性或者禁止性法律规范的行为，不发生适用外国法律的效力"的规定，上述约定属规避我国强制性或者禁止性法律规范的行为，在中华人民共和国内地法域内不具有法律约束力。海洋集团、李国俊均不服一审判决，提起上诉。最高人民法院审理认为：本案系涉港担保合同纠纷。本案中海洋集团、李国俊为借款人SOE集团向香港中行提供担保属于对外担保。行为时有效的、1997年1月14日修订的《中华人民共和国外汇管理条例》第24条规定："提供对外担保，只能由符合国家规定条件的金融机构和企业办理，并须经外汇管理机关批准。"我国实行外汇管制制度，该行政法规属于我国法律中的强制性规定。《最高人民法院关于认真学习贯彻执行〈中华人民共和国涉外民事关系法律适用法〉的通知》第3条规定："对在《涉外民事关系法律适用法》实施以前发生的涉外民事关系产生的争议，应当适用行为发生时的有关法律规定；如果行为发生时相关法律没有规定的，可以参照《涉外民事关系法律适用法》的规定。"2011年4月1日起实施的《中华人民共和国涉外民事关系法律适用法》第4条规定："中华人民共和国法律对涉外民事关系有强制性规定的，直接适用该强制性规定。"该条系本案中行为发生时的相关法律没有规定的内容，因此，在本案中可以参照适用该条的规定。本案即应当直接适用《中华人民共和国外汇管理条例》第24条的规定认定所涉担保合同的效力并作出处理。尽管海洋集团、李国俊与香港中行之间签订的三份担保合同中均约定适用香港法律，但在我国内地法律有强制性规定的情况下，人民法院应当直接适用该强制性规定。参见广东省高级人民法院民事判决书，（2006）粤高法民四初字第7号；最高人民法院民事判决书，（2011）民四终字第17号。

　　第二，案件事实认定清楚，《法律适用法》第 4 条适用准确，但没有具体指出适用的是哪一条强制性规定的案例。在甲公司与金某某民间借贷纠纷一案中，一审法院对案件属国内案件还是涉外案件的性质未做认定，适用我国民事诉讼法有关规定驳回原告诉讼请求。甲公司提起上诉，二审法院对案件性质进行了界定，认定本案有涉外因素，定性案件为涉外案件。关于本案的法律适用，二审法院依据《法律适用法》第 4 条规定直接适用我国的强制性规定，原因是我国对民事主体境外借款有强制性规定，但法院在判决书中没有具体指出适用的是哪一部法律中的哪一条强制性规定。〔1〕

　　第三，法律适用错误。法官对强制性规定法律制度缺乏了解，未能根据《法律适用法》第 4 条规定直接适用强制性规定。在我国法律已经制定有强制性规定的领域，仍然适用法律适用规则确定准据法。〔2〕

---

　　〔1〕 2009 年 12 月 17 日，金某某赴澳门旅游期间为在当地买房，向甲公司借港币 150 万元，承诺于 10 天内归还。嗣后金某某未能归还借款，甲公司遂向上海市闵行区人民法院起诉，请求判令金某某归还借款港币 150 万元。法院审理后认为，甲公司提供的现金收据不具有证据能力，不能证明甲公司的事实主张，应由甲公司承担举证不能的法律后果，驳回甲公司的诉讼请求。甲公司不服一审判决，提起上诉。上海市第一中级人民法院审理认为，本案系涉澳民间借贷纠纷，因我国法律对境内公民向境外主体借款有强制性规定，故根据《中华人民共和国涉外民事关系法律适用法》第 4 条之规定，本案纠纷适用中华人民共和国法律。二审法院依照《中华人民共和国民事诉讼法》第 152 条第 1 款、第 153 条第 1 款第 1 项之规定判决驳回上诉，维持原判。参见上海市闵行区人民法院民事判决书，（2011）闵民二（商）初字第 S1777 号；上海市第一中级人民法院民事判决书，（2012）沪一中民四（商）终字第 S1262 号。

　　〔2〕 B、C 与 A、D、E、F 借款合同纠纷案案情：2011 年 8 月 30 日，B（台湾人）、C 作为出借方、A 作为借款方、D 及 E、F 作为担保方共同签署了一份《抵押借款合同》，约定 A 向 B、C 借款人民币 250 万元，D、E、F 提供担保。C 于 2011 年 5 月 16 日、9 月 9 日两次汇入 A 账户共计 250 万元。该款未获清偿。上海市浦东新区人民法院审理后认为，本案为涉台民间借贷纠纷，鉴于系争出借款项及担保的行为均发生在中国大陆，根据最密切联系原则，本案准据法为中华人民共和国法律。本案借款关系的出借人为 B、C，借款人为 A，由于出借人和借款人都包含了企业，并且系争款项实际由 C 出借，因此本案系争合同关系属于企业之间借款。鉴于公司之间借款违反了我国关于金融管制的强制性规定，因此本案系无效借款，A 基于无效合同取得的 52 万元借款应当返还给 B 和 C，对于借款利息法院不予保护。依照《中华人民共和国合同法》第 52 条第 5 项等规定 A 应于判决生效之日起 10 日内归还 B、C 借款人民币 250 万元；D、E、F 在 A 上述债务不能清偿部分的三分之一范围内共同向 B、C 承担赔偿责任；D、E、F 承担赔偿责任后，有权向 A 追偿。参见上海市第一中级人民法院民事判决书，（2013）沪一中民四（商）终字第 S1663 号。

　　第四，视《法律适用法》第 4 条为法律选择规则。法官知晓《法律适用法》第 4 条规定，也知晓强制性规定在涉外民事案件应当得到适用，但不知道强制性规定适用的法律依据，不知晓《法律适用法》第 4 条是强制性规定法律制度的规定，而将其作为一般性法律适用规则，将强制性规定视为根据第 4 条援引的准据法。在 B、C 与 A、D、E、F 借款合同纠纷上诉案中，法官认识到 2008 年《外汇管理条例》第 19 条第 1 款"提供对外担保，应当向外汇管理机关提出申请，由外汇管理机关根据申请人的资产负债等情况做出批准或者不批准的决定；国家规定其经营范围需经有关主管部门批准的，应当在向外汇管理机关提出申请前办理批准手续。申请人签订对外担保合同后，应当到外汇管理机关办理对外担保登记"是强制性规定，在本案中应当适用。在阐释强制性规定适用理由时，法官作了这样的解释："本案当事人 B 系台湾人，B、C 是《抵押借款合同》中的甲方，且《抵押借款合同》涉及抵押担保，因我国担保法对担保合同效力有强制性规定，依据《中华人民共和国涉外民事关系法律适用法》第 4 条之规定，本案的准据法应为中华人民共和国法律"。[1] 这样解释实质上是混淆了制度和规则关系，将《法律适用法》第 4 条看作是一条法律适用规则，《外汇管理条例》第 19 条的适用看作是依据第 4 条援引的法律，因为准据法只能是法律适用规则援引的法律，强制性规定无需法律适用规则援引直接适用。

　　第五，混淆单边冲突规范和强制性规定法律制度，将单边冲突规范指引的准据法当作强制性规定法律制度范畴内的强制性规定。在 A 公司诉 B 公司、C 公司及第三人 D 公司损害股东利益责任纠纷一案中，法官认为，"本案原告为注册在外国的法人，因此本案具有涉外因素。因本案第三人性质是中外合资经营企业，鉴于我国对涉及中外合资经营企业的纠纷适用中国法律有强制性规定，依照《中华人民共和国涉外民事关系法律适用法》第 4 条之规定，本案应

---

　　〔1〕 参见上海市第一中级人民法院民事判决书，（2013）沪一中民四（商）终字第 S1663 号。

适用中华人民共和国法律"。[1] 本案的审理结果是法院依据《中华人民共和国公司法》（以下简称《公司法》）第 152 条驳回原告起诉。本案依据《合同法》第 126 条第 2 款"在中华人民共和国境内履行的中外合资经营企业合同、中外合作经营企业合同、中外合作勘探开发自然资源合同，适用中华人民共和国法律"的规定确定准据法为中国法律，具体调整该案的法律是《公司法》第 152 条无疑是正确的，但合资企业纠纷强制适用中国法律是《合同法》第 126 条第 2 款的要求，而不是基于《法律适用法》第 4 条的规定。《合同法》第 126 条第 2 款指引的法律是否是法律适用法上的强制性规定需要证明，因为法律适用法上的强制性规定无须法律适用规则指引，其自身的性质具有强制适用性。

第六，案件的准据法经法律适用规则援引确定，强制性规定在案件中并没有适用，强制性规定法律制度被作为法律选择的陪衬。在杨某诉被告钟某、古某、王某海上人身损害责任纠纷一案中，法院认定，现有证据无法查清涉案事故发生水域属内地或香港水域，但事故发生后，当事人立即电话向香港水警求救，原告被送往香港抢救治疗，故本案具有涉港因素，系涉港案件可参照适用我国涉外案件相关规定。关于本案的法律适用，《法律适用法》第 4 条规定："中华人民共和国法律对涉外民事关系有强制性规定的，直接适用该强制性规

---

〔1〕 A 公司与 B 公司等损害股东利益责任纠纷案案情为：A 公司在美国登记注册，B 公司、C 公司系中资企业。1994 年 3 月 29 日，A 公司、B 公司、C 公司共同出资组建合资企业第三人 D 公司成立。2011 年 8 月 23 日，A 公司以 B 公司、C 公司为被告，D 公司为第三人向上海市闵行区人民法院提起诉讼，请求法院认定 B 公司、C 公司侵害其股东权益，判令赔偿损失。该案 2011 年 11 月移送上海市第一中级人民法院审理。原告诉称：D 公司成立后，一直由 B 公司、C 公司及 C 公司股东之一陈迁把持，一直未向 A 公司公开 D 公司财务会计报表及其他经营等重大事项，致使 A 公司对于 D 公司有关事项完全不知情。后 A 公司获悉 D 公司存在经营亏损、动拆迁等重大事项，为了解具体事实，遂多次与两被告及第三人联系要求查阅第三人相关材料及召开公司股东会，但均遭拒绝。2003 年 A 公司委派的董事长 Melvin 也被非法更换成陈迁。工商资料显示 D 公司已经于 2008 年 3 月 28 日被吊销营业执照，且 A 公司获悉第三人及陈迁在原告毫不知情的情况下已将 D 公司的资产等进行了全部转移。两被告因其不履行或延迟履行义务给原告造成了损失，应承担侵权责任。两被告共同答辩称：原告的主体不适格，原告所谓的"法定代表人"是第一美亚基金有限责任合伙公司委派的，该管理人不等同于法定代表人。D 公司 2002 年度审计报告只证明账面数字，但该报告第 3 条明确了第三人的亏损金额。原告的诉讼请求无事实依据，现第三人无论是固定资产还是工业产权净值均为零，根本无财产可供分配。据此，原告的诉讼请求应予驳回。法院依据《中华人民共和国公司法》第 150、152 条对当事人权利义务进行了判断，认为原告的诉讼请求欠缺法律和事实依据，依照《中华人民共和国公司法》第 3 条第 1 款、第 152 条之规定，驳回原告 A 公司的全部诉讼请求。参见上海市第一中级人民法院民事判决书，（2011）沪一中民四（商）初字第 S59 号。

定。"《民法通则》第146条第1款规定:"侵权行为的损害赔偿,适用侵权行为地法律。当事人双方国籍相同或者在同一国家有住所的,也可以适用当事人本国法律或者住所地法律。"本案的当事人均为中国公民且住所地均在中国内地,因此应适用中华人民共和国法律作为处理本案实体争议的准据法。法院依据《中华人民共和国侵权责任法》第35条、《最高人民法院关于确定民事侵权精神损害赔偿责任若干问题的解释》第10条、第17条、第20条、第25条、第28条、第35条之规定作出判决。[1]

第七,法院适用强制性规定作出判决,但判决书没有阐述适用强制性规定的法律依据和适用理由。在华为技术有限公司诉交互数字技术公司、交互数字通信有限公司滥用市场支配地位纠纷上诉案中,[2] 广东省高级人民法院直接适用《中华人民共和国反垄断法》第2条、第12条、第18条;2009年国务院反垄断委员会《关于相关市场界定的指南》第2条、第3条、第4条;《最高人民法院关于审理因垄断行为引发的民事纠纷案件应用法律若干问题的规定》第14条,法律适用准确,但没有说明适用这些法律条款的理由。

第三节 强制性规定法律制度与相关法律制度关系

研究强制性规定法律制度与相关法律制度关系,就是要解决已经存在公共秩序保留制度、法律规避制度等排除或者限制外国法适用制度情况下,为什么还要设立强制性规定法律制度。在论述强制性规定法律制度与相关法律制度关系之前,需要说明的问题是我国学者在研究强制性规定过程中,将强制性规定与公共秩序保留制度、法律规避制度相比较,得出强制性规定与法律适用法上的排除与限制外国法适用制度的共同性与差异性。这种比较是不可取的,比较得出的结果牵强附会,缺乏科学性和逻辑性。之所以如此评价强制性规定与法律适用法上的排除与限制外国法适用制度的比较,是因为:①强制性规定与法律适用法上的排除与限制外国法适用制度有质的不同,强制性规定是分散规定

---

〔1〕 广州海事法院民事判决书,(2011)广海法初字第373号;上海市高级人民法院民事判决书,(2013)沪高民二(商)终字第28号。
〔2〕 广东省高级人民法院民事判决书,(2013)粤高法民三终字第306号。

在部门法中的法律规则，排除与限制外国法适用制度是法律适用法上的法律制度，规则和制度不在同一层面，二者之间没有可比性；②强制性规定是分散在各领域实体法中的规制，排除与限制外国法适用制度是具有程序法性质的法律适用法上的法律制度，二者的属性和功能不同。实体法的主要功能在于规定和确认权利和义务、职权和责任，程序法的主要功能在于及时、恰当地为实现权利和行使职权提供必要的规则、方式和秩序。具体说来，强制性规定的功能在于确定涉外民商事案件当事人权利义务，强制性规定法律制度的功能在于确定划分当事人权利义务的实体法规则在涉外民商事案件中能否予以适用，属性和功能不同的制度与规则之间不能进行比较。

强制性规定法律制度、公共秩序保留制度、法律规避制度、单边冲突规范的共同的特点就是这些制度和规范都是单边主义的产物，都具有排除和限制外国法适用的作用和功能。强制性规定法律制度与这些法律制度具有差异性，通过比较有助于更好地认识强制性规定法律制度，从而达到精准适用这一制度的目的。

一、强制性规定法律制度与公共秩序保留制度的区别

强制性规定法律制度与公共秩序保留制度同根同源，时至今日，仍有学者认为强制性规定法律制度是公共秩序保留制度的组成部分，并不认可强制性规定法律制度是独立的法律制度。这种观点并非没有理论基础，一些国家没有建立强制性规定法律制度，强制性规定法律制度仍然是公共秩序保留制度的一部分内容。在我国，这种观点落伍了，《法律适用法》第 4 条规定了强制性规定法律制度，第 5 条规定了公共秩序保留制度，这两种法律制度既分道扬镳、各守其责，又比肩而行、相辅相成。

（一）公共秩序保留制度维护法院地国家社会公共利益的三种方式

第一，本国法院在审理涉外民事案件时，根据本国法律适用规范的指引应适用外国法为准据法，如果外国法的适用与本国的重大利益、基本政策、道德的基本观念或法律的基本原则相抵触而可排除其适用，则可排除外国法的适用。[1] 这种意义上的公共秩序保留是该制度的本源，是对本国法律适用规范的一种"校正"，或者说是对本国法律适用规范的一种"临时调整"，使法律

---

〔1〕 李双元：《国际私法（冲突法篇）》，武汉大学出版社 1987 年版，第 211 页。

适用规范丧失原有的法律功能，使本国的社会秩序不至于因外国法的适用造成紊乱。

第二，法院地国以立法的形式规定本国法律中的强制性的实体法规定具有直接适用于涉外民商事关系的绝对效力，在关涉本国经济发展、国计民生领域不允许外国法染指，不允许适用外国法。强制性规定强制适用并非公共秩序保留制度与生俱来的内容，非公共秩序保留制度本体，公共秩序保留制度只是强制性规定法律制度发育过程中的代孕子宫，经过 1804 年《法国民法典》到《瑞士联邦国际私法》180 多年的孕育，强制性规定法律制度脱离公共秩序保留制度母体，成为独立的法律制度。

第三，本国法院在为外国法院提供司法协助、承认与执行外国法院判决和承认与执行外国仲裁裁决时，如提供司法协助、承认与执行外国判决、外国裁决有悖于本国的公共秩序，可以拒绝提供司法协助、拒绝承认与执行外国判决和外国裁决。

（二）公共秩序保留制度与强制性规定法律制度的差异

脱胎于公共秩序保留制度的强制性规定法律制度，尽管与其母体有着千丝万缕的联系，但已经演进成为独立的法律制度，与公共秩序保留制度有着质的不同。

第一，运用公共秩序保留制度排除外国法的适用，是对涉外民事关系的被动的、消极的调整。公共秩序保留制度适用的前提条件是涉外民事关系经法律适用规则援引已经确定适用外国法调整，只有外国法的适用违反本国基本政策、国家重大利益或者社会公共利益时，方可排除外国法的适用，是一种消极防御。强制性法律制度对涉外民事关系的调整，是主动的、积极的，在关涉本国基本政策、国家重大利益或者社会公共利益的领域，明确规定只适用本国法，外国法律规定如何不予考虑，这是一种主动进攻。

第二，调整方法不同。公共秩序保留制度调整涉外民事关系，采用的是"直接否定"的方法，法律适用规范援引的外国法或者外国法的适用违反本国社会公共利益，直接排除外国法的适用，消极否定外国法的作用。强制性规定法律制度调整涉外民事关系，采用的是"间接否定"的方法，规定本国法律在涉外民事关系强制适用，积极肯定本国法的积极作用和功能，肯定体现国家重大利益、法律与道德基本原则的法律规范在本国范围内具有普遍的强制效力，间接排除外国的适用，不考虑外国法的内容及其适用结果。

第三，两种制度的理论基础不同。公共秩序保留制度的理念，以国际主义—普遍主义的理念为基础。公共秩序保留制度的功能在于排除外国法的适用，维护法院地的利益，但其在涉外民事案件法律适用中起着"安全阀"的作用，排除外国法转而适用本国法仅作为涉外民事关系法律适用的例外而存在。强制性规定法律制度以民族主义—特殊主义为理论支撑，强调本国利益的特别保护，将内国法律规则置于优先适用的地位，只要存在强制性规定，一律直接适用而不考虑外国法律如何。

第四，公共秩序保留制度排除外国法的适用，不可或缺法律适用规范的指引，正是因为法律适用规范援引的准据法与法院地的公共秩序相抵触，才能出现排除外国法适用的结果，没有法律适用规范对涉外民事关系的间接调整就不可能会有公共秩序保留制度的运用。强制性规定的适用程序与公共秩序保留制度的适用程序不同，强制性规定法律制度指令下的强制性规则直接适用于某一涉外民商事争议，无须依据法律适用规范的指引。

第五，调整范围不同。公共秩序保留制度调整的范围，局限于外国法的排除和本国法的适用，世界各国的立法规定和实践做法基本一致；强制性规定法律制度的调整范围，各国立法和司法实践有所不同。中国等国家规定强制性规定法律制度调整的范围为本国法的直接适用，不考虑外国法的适用问题；欧盟以及欧洲一些国家规定强制性规定法律制度调整的范围除本国法的直接适用外，还包括本国法律适用规范援引的外国法中的强制性规定的适用。

第六，对法官自由裁量权的行使要求不同。运用公共秩序保留制度排除外国法适用，允许法官行使自由裁量权，而且法官的自由裁量在公共秩序保留制度运用过程中起着决定性作用。运用公共秩序保留制度排除外国法适用的目的，是要最大限度地维护法院地国的秩序和利益。公共秩序所体现的法律的、道德的基本原则都是抽象的，不是具体的，需要法官在具体案件中行使自由裁量权释明公共秩序，阐述适用公共秩序保留制度排除外国法适用的理由，法官的自由裁量在公共秩序保留制度运行中发挥着不可替代的主导作用。强制性规定法律制度指向的强制性规定，都是具体、明确、清晰的成文法律规定，立法者的意旨通过具体的法律条文准确无误地表达出来，执法者不得违反法律的强制性要求，法官必须依法而行，没有自由裁量的余地。

第七，公共秩序保留制度密切关注外国法在案件中适用的结果，只有当外国法适用的结果与公共秩序相抵触时，才以公共秩序保留为由排除外国法的适用。强制性规定法律制度强调强制性规定的强制适用性，并不考虑外国法在案件中适用的结果。

二、强制性规定法律制度与法律规避制度

国际私法中的法律规避（evasion of law），又称欺诈规避（fraude à la loi），是指涉外民事关系的当事人为了规避原本应该适用的某一国法律，故意制造一些条件，改变连接点，利用法律适用规范，使对其有利的另一国法律得以适用；或者规避了各国法律中规定的连接点，使涉外民事关系没有适当的法律进行调整，以实现法律规避的目的。[1] 法律规避制度与强制性规定法律制度的交集与联系远不如与强制性规定法律制度同根同源的公共秩序保留制度紧密，但同为排除与限制外国法适用制度，法律规避制度与强制性规定法律制度还是存在有共通性和差异性的。

在共通性方面，二者同为排除与限制外国法适用制度，同样以排除外国法适用的方式维护法院地国家利益。二者在差异性方面表现为以下方面：

第一，立法的着眼点不同。法律规避制度从制度设计的理性主义出发，着眼于当事人规避法律的行为主观恶意，不以过错为承担责任基础；强制性规定法律制度从法律规范的实用主义出发，着眼于法律规范的强制性和禁止性内容，不考虑当事人主观因素，只要当事人行为逾越强制性规定这条红线，即予以否定评价。

第二，适用范围有差异。法律规避的适用范围一般仅限于与私法有关的领域，公法领域或者公法和私法融合的灰色地带很少介入。强制性规定法律制度适用范围并不限于私法领域，主要的用武之地是那些直接关系到一国社会经济等重大国家利益的公法领域，或者是公法和私法融合的灰色地带，诸如反垄断法、反不正当竞争法、外汇管制法、贸易管制法、价格法、社会保障法等法律法规调整的范畴。构成强制性规定法律制度的法律法规，主要存在于融公法和私法于一体的社会本位的法律中。

第三，发展趋势不同。当事人为达到规避法律的目的而实施的一系列行为不具有违法性，许多国家法律并不否定这种行为；司法实践中，由于对当事人规避法律的主观意图难以认定，法律规避的致命缺陷难以克服，这一制度很少

---

〔1〕　齐湘泉主编：《国际私法》，中央广播电视大学出版社 2013 年版，第 70 页。

采用。学界对法律规避制度认识不一，褒贬各异，法律规避制度日渐式微。强制性规定法律制度是大工业时代经济高速发展的产物，随着信息化时代的到来，财富日益集中，通过强制性规定法律制度平衡不同利益集团之间关系的必要性凸显，强制性规定法律制度有着广阔的发展空间。法律规避和强制性规定法律制度具有强制适用的共通性，这一特性使强制性规定法律制度替代法律规避制度成为可能。"若某一特定涉外民事关系的当事人规避法院地本应适用的强制性规则，则法院地'直接适用的法'制度本身就可以作为有效的工具加以运用，以保证本应适用的法律规范支配该特定的涉外民事关系，实无必要再援用法律规避制度来排除当事人所选择的准据法"。[1]

三、强制性规定法律制度与单边冲突规范

我国学界对强制性规定法律制度的研究可以分为两个阶段：第一阶段从李浩培先生移植"直接适用的法"理论到2010年《法律适用法》颁布，这一阶段主要研究强制性规定理论和规则；第二阶段自《法律适用法》颁布至当下，学界开启了从法律适用法法律制度层面研究强制性规定路径，提升了研究高度，拓展了研究范围，目前正在创立强制性规定法律制度理论。

在强制性规定理论和规则研究阶段，学者们探讨了单边冲突规范与"直接适用的法"的关系，基于特定的历史条件提出了各自的观点。弗朗西斯卡基斯是"直接适用的法"理论的创始者，弗朗西斯卡基斯认为"直接适用的法"不过是"广义的"的冲突规范。巴蒂福尔（Batiffol）和拉加德（Lagarde）也认为，"直接适用的法"是所讨论的法律领域中"一些具有特殊目的的冲突规则"。[2]李浩培先生在引入"直接适用的法"时也认为"直接适用的法"是"广义的"冲突规范，为此还列举了1926年12月13日《法国海上劳动法典》第5条"本法适用于为在法国船舶上履行任何服务而缔结的雇佣契约。本法不适用于为在外国船舶上服务而在法国雇佣的海员"的规定。李浩培先生还将"直接适用的法"称为"单边抵触规则"，认为"这种法律仍然有单边抵触规则限定其适用范围。这种单边抵触规范可以是明示的，也可以是隐含的"。[3]从以上论述

[1] 刘仁山："'直接适用的法'在我国的适用——兼评《〈涉外民事关系法律适用法〉解释（一）》第10条"，载《法商研究》2013年第3期，第80页。
[2] 徐冬根："论'直接适用的法'与冲突规范的关系"，载《中国法学》1990年第3期，第75页。
[3] 《中国大百科全书（法学）》，中国大百科全书出版社1984年版，第332页。

可以看出，早期的单边法律适用规范与"直接适用的法"是融为一体的，至少有学者作出这种解释。

李双元教授也主张"直接适用的法"就是单边冲突规范。"在有关法律中，需要明确规定该国内立法是强制地直接地适用于有关涉外民法关系的，从而表明，它具有排除外国法适用的效力"。"在采这种立法方式时，有关的规定往往是一种单边冲突规范的形式出现的。但有时某一法律规定是否具有这种强行的直接的适用效力，则有待经过有权解释才能确定"。[1] 有学者对这种观点做出了进一步的诠释，"确切地说，'直接适用的法'都是由自我定位的空间适用范围规范和实体性的规范这两类法律规范构成的。所谓自我定位的空间适用规范，也有人称其为'一些具有特殊目的的冲突规范'，或'次单边冲突规范'，或'自我限定规范'，或'空间受调节规范'等，是指根据法律本身的性质和所体现的政策、目的规定自己适用范围的规范"。[2]

法律适用规范与"直接适用的法"融为一体是某些特殊法律规范的表象，如果我们不透过表象洞穿实质，而仅从表象特征对这些法律规范的属性进行解释，难免出现以己之矛攻己之盾的窘况，难以自圆其说，引发逻辑混乱。

第一，概念矛盾。我们定义"直接适用的法"为无须法律适用规范援引直接适用涉外民事关系的法律，如果认为单边法律适用规范与"直接适用的法"融为一体，单边法律适用规范直接指引了"直接适用的法"的适用，"直接适用的法"就成为单边法律适用规范援引的准据法，这与"直接适用的法"的性质完全相悖，否定了"直接适用的法"直接适用的属性。

第二，单边法律适用规范能否与实体规范融为一体。无论何种形式的法律适用规范，其功能都在于确定涉外民事争议的准据法，准据法是法律适用规范援引的实体法。从法律适用规范的作用来看，法律适用规范与"直接适用的法"不能融为一体，融为一体的不是"直接适用的法"。

第三，调整方式冲突。"直接适用的法"调整涉外民事关系具有直接性，明确规定当事人的具体权利义务；单边法律适用规范调整涉外民事关系采用间接调整方式，不直接规定当事人的具体权利义务，只是指出应该适用何国法律

---

〔1〕 李双元：《国际私法（冲突法篇）》，武汉大学出版社 1987 年版，第 213 页。

〔2〕 田曼莉："再论国际私法中'直接适用的法'"，载《同济大学学报（社会科学版）》2003 年第 6 期，第 74 页。

作为准据法，如果说"直接适用的法"是单边法律适用规范援引的法律，"直接适用的法"即为准据法，"直接适用的法"没有存在的必要。

第四，"直接适用的法"的特征之一是此类法律"不是一个确切的和完整的法律体系，而只是一些个别具体的法律规范，通常散见在一国国内民事或者商事私法中，或某些与涉外民商事关系有关的具有社会法性质的规范中。此类规范的内容和范围是不明确的，各国根据本国具体情况予以确定"。[1] "直接适用的法"是散见于民商事法律中的实体规范是学界共识，但将诸如《法国海上劳动法典》第 5 条之类的规定认定为"直接适用的法"时就违反了学界共识，因为该条规定的是整部法律的适用，而不是该法做某一条款的适用；再是任何一部法律的条款都不可能全部为"直接适用的法"，如果一部法律全部由"直接适用的法"组成，"直接适用的法"就成为一般性法律，没有研究的必要了。

从以上论述可以看出将"直接适用的法"解释为单边冲突规范与"直接适用的法"融为一体规则有着不可调和的矛盾，因此，有学者提出以最能表现"直接适用的法"本质特征的属性来确定其性质。"'直接适用的法'包括适用性规范和实体性规范两类法律规范，或称为形式上的'直接适用的法'和实质上的'直接适用的法'。因此，'直接适用的法'是这两类规范有机结合、同时运用的结果，不能简单地说'直接适用的法'就是实体规范或者就是冲突规范。由于适用性规范或形式上的'直接适用的法'往往没有明确规定，而是隐含在强制性法律之中，此时'直接适用的法'主要是实体规范。"[2] 也有学者提出不应机械地把"直接适用的法"理解为单边冲突规范与"直接适用的法"的融合，"以单边冲突规范为标志的空间适用范围只是国际强制性规范的表征，国际强制性规范之所以成为多边选法体系的例外，是因为这些规范本身追求的目的和利益"，[3] 主张以法律规范追求的目的和利益为标准确定"直接适用的法"。

"直接适用的法"的性质不仅在中国存在争议，在世界范围内亦是如此。弗朗西斯卡基斯建立"直接适用的法"理论以后，西方国家学者从不同的角度

---

〔1〕 田晓云："国际私法中'直接适用的法'探析"，载赵相林主编：《国际私法论丛——理论前沿、立法探讨与司法实践》，高等教育出版社 2005 年版，第 78~79 页。

〔2〕 田晓云："国际私法中'直接适用的法'探析"，载赵相林主编：《国际私法论丛——理论前沿、立法探讨与司法实践》，高等教育出版社 2005 年版，第 85 页。

〔3〕 卜璐："国际私法中强制性规范的界定——兼评《关于适用〈涉外民事关系法律适用法〉若干问题的解释（一）》第 10 条"，载《现代法学》2013 年第 3 期，第 153 页。

以不同的观点的对该理论进行了深化，篇幅限制我们不能——展现探讨过程中的理论争议，仅从称谓的变化可窥争议的激烈程度。"直接适用的法"之后的称谓有十多个，"警察法"（lois de police）、"必须适用的法"（loi d'application necessaire）、"专属规范"（exclusivnormen）、"干预规范"或"介入规范"（eingriffsnormen）、"自我限定规则"（self-limited rules）、"立法定位的法"（legislatively localized laws）、"空间受调节的规范"（spatial conditioned rules）、"公共秩序的法律"（lois d'ordre public）、"国际公共秩序法"（normas expresas de orden public internacional）、"排他性规范"（exclusiv normen）、"特定的硬性规范"（normas rigidas expresas）、"强行法"或"强制规则"（mandatory law or mandatory rules）、"自我限定性规范"（self-limiting rules）、功能限定的实体法（functionally restricted substantive rules）、"优先适用规则"（overriding rules）等不一而足。[1] "直接适用的法"在我国台湾地区被称为"即刻适用法"（lois d'application immédiate），在大陆地区被称为"强制性规定"（mandatory rules）。每一个称谓都体现着国家立法对"直接适用的法"的定位或者学者对"直接适用的法"的理解。如此多的称谓，表明国际社会对"直接适用的法"的认识存在着严重分歧。

　　长期以来，我国学者对"直接适用的法"的研究囿于弗朗西斯卡基斯的理论束缚没有实质性突破，多数研究成果是为弗朗西斯卡基斯理论寻找依据或者进行注释。我们在充分肯定弗朗西斯卡基斯"直接适用的法"理论历史性贡献的同时，还应当承认该理论是特定历史条件下的产物，囿于社会条件及自身的认识能力，其理论观点具有局限性。以《法国海上劳动法典》第5条规定为例：该条规定被认为是"直接适用的法"，理由是该条规定将单边法律适用规范与"直接适用的法"是融为一体的，反映其本质特征的是强制适用。事实上，该条规定就是一条单边冲突规范，其"在法国船舶上履行任何服务而缔结的雇佣契约"强制适用的属性是单边冲突规范自身所具有的，如果说《法国海上劳动法典》第5条规定有直接适用功能，那么该功能也为单边冲突规范所吸收。为了更清楚地说明这一问题，我们再以《民法典》第12条规定为例以作探讨，第12条规定"中华人民共和国领域内的民事活动，适用中华人民共和国法律。法律另有规定的，依照其规定"，这是与《法国海上劳动法典》第5

---

〔1〕　杜涛：《国际经济贸易中的国际私法问题》，武汉大学出版社2005年版，第102~104页。

条同类性质的条款。《民法典》第 12 条我们只能认定为原则性单边冲突规范，不能界定其为强制性规定，因为强制性规定是具体的实体法规则，不能泛指一部法律或者法律体系。在解决涉外民事争议过程中，具体适用哪一条民事法律规定，要视具体案件情况根据法律适用规则援引确定，而不是直接以《民法典》第 12 条为依据确定准据法。

《法律适用法》第 4 条规定了强制性规定法律制度，我们对强制性规定的研究不能仍然停留在"直接适用的法"时代。强制性规定的直接适用不再是"直接适用的法"自身性质决定的，而是强制性规定法律制度提出了直接适用的要求。社会发展带动了法律制度的完善，我们应当以新的视角来认识和理解强制性规定与强制性规定法律制度。

第四节　法院地国家强制性规定、准据法所属国强制性规定与第三国强制性规定的适用

强制性规定可以分为法院地国家的强制性规定、准据法所属国法律中的强制性规定和与涉外民事关系有一定联系的第三国法律中的强制性规定。法院地国家的强制性规定是法院地国家法律的组成部分，法院地国家建立了强制性规定法律制度，法院则依据该法律制度适用强制性规定于涉外民事案件，法院地国家尚未建立强制性规定法律制度，法院则依据强制性规定自身属性无须法律适用规则援引适用于涉外民事案件。法院地国家强制性规定在涉外民事案件直接适用是强制性的，不依法官意志为转移。法院地国家的强制性规定是维护法院地国家社会公共利益的利器，法官应适用而不适用，构成对本国法律制度的违反，系属法律适用错误，必须予以纠正。法院地国家法院审理涉外民事案件，准据法所属国法律中的强制性规定或者与法院审理的涉外民事案件有一定联系的第三国法律中的强制性规定是否适用，各国法律规定不一，实践中做法不同，这是理论上需要探讨，实践中需要解决的问题。

一、法院地国家强制性规定排他性强制适用

法院地国家法院审理涉外民事案件，本国法律中的强制性规定直接适用，不考虑准据法为何国法律，即使双方当事人选择了适用于争议案件的准据法，

无论选择的准据法为何国法律，法院地国家的强制性规定强制适用。强制性规定必须遵守、不得通过选法协议加以改变。强制性规定具有排除当事人意思自治的功能，当事人不可通过合意来排除法院地国家强制性规定的适用。法院地国家强制性规定排他性强制适用为各国立法所肯定，此乃法律属性所决定。

大陆法系国家多以法律形式明确规定强制性规定的适用，例如，2007 年《马其顿共和国关于国际私法的法律》第 14 条规定，"用以确定本法第一条所指关系的准据法的各条款，并不排除马其顿共和国强制性规范的适用，不论确定准据法的规范有何规定，这些强制性规范基于本法或者其他法律的规定均应予以适用"。

美国从 20 世纪中叶至今已经有了大量的实践，不仅双方当事人国家法律中强制性规定直接适用，而且当一方当事人国家（州）法律中的强制性规定存在不被适用的可能性情况下，该当事人住所地国家（州）法院可以强制行使案件管辖权从而排除当事人选择法院协议效力，确保本国（州）强制性规定排他性直接适用。

1972 年纽约州联邦法院审理的南方国际销售公司诉波特与布鲁斯菲尔分压器厂案是一个排除当事人合意选择的法律的适用的较好案例。1969 年 4 月 2 日，原告与被告达成独家代销协议，约定适用印第安纳州法律。1971 年 12 月 21 日被告通知原告解除合同，1972 年 9 月原告在纽约州的联邦法院提起诉讼并提出《波多黎各商人合同法》保护代理商，维护波多黎各经济、公共利益和福利的规定应予适用。纽约联邦法院认为在这样强烈的立法政策下，合同当事人自己选定的法律不得适用，而应直接适用波多黎各法律判决该案件。[1]

2013 年美国加利福尼亚州第四分区上诉法院在雷切尔·维尔杜戈诉阿莱恩

---

〔1〕　南方国际销售公司诉波特与布鲁斯菲尔分压器厂案案情为：被告是以印第安纳州为基地的电器制品制造商，原告是一家波多黎各公司。1969 年 4 月 2 日双方达成协议由原告作为在波多黎各及邻近的美国岛屿的独家代销人。协议还规定任何一方均可"以任何理由"在 30 天以前通知对方终止协议，又规定协议应按印第安纳州法律解释。1971 年 12 月 21 日被告通知原告，合同将于 1972 年 2 月 20 日终止。原告声称其作为独家经销人表现杰出，被告欲终止合同，目的是利用原告已建立的联系而直接与这些主顾打交道。1972 年 9 月原告在纽约州的联邦法院起诉，声称被告终止合同的行为违反了《波多黎各商人合同法》。该法规定，即使合同中订有给予当事人单方面终止既存关系的权利的条款，委托人或让与人如无正当理由也不得作任何有损于建立的关系的行为。而且，更重要的是，伴随该法还有一项关于立法动机的声明，说明越来越多的本地和外地企业，一旦它们的代理商打开局面，就取消其代理权，波多黎各对这种情况不能再置之不理，因为代理商人关系的合理稳定性对波多黎各的经济、公共利益和福利都是重要的……纽约联邦法院认为在这样强烈的立法政策下，合同当事人自己选定的法律不得适用，而应直接适用波多黎各法律判决该案件。参见韩德培、韩健：《美国国际私法（冲突法）导论》，法律出版社 1994 年版，第 174 页。

特公司劳动合同纠纷案中对强制性规定的直接适用再次突破，[1] 值得关注。该案中，当事人双方约定劳动合同争议由德克萨斯州法院管辖，适用德克萨斯州法律。原告违反约定在加利福尼亚州法院提起诉讼，被告依据合同约定提出抗辩，加州奥兰治县高等法院尊重当事人意思自治，保障合同效力，驳回原告起诉。维尔杜戈向加州第四分区上诉法院提起上诉。

上诉法院认为，当事人约定的管辖权和法律适用条款一般应认定有效，但约定条款的执行将造成不合理或不公平的后果，损害加州立法赋予加州居民的权利，且该对权利的损害将意味着对加州公共利益的损害，法院应当对该条款的效力予以否定。本案中，劳动者主张以不得放弃和减损的权利为基础，而且法院推定该管辖权和法律适用条款可能构成对这种权利的减损或放弃，因此举证责任应当倒置，由公司方证明该条款不具有减损这种权利的效果，即公司方

---

〔1〕 本案具体案情参见第 144 页脚注 1。上诉法院认为，当事人双方经意思自治自愿约定的管辖和法律适用条款一般应认定有效，除非该约定条款的执行将造成不合理或不公平的后果。若该条款的执行将损害加州立法赋予加州居民的权利，且该对权利的损害将意味着对加州公共利益的损害，则属于造成"不合理或不公平的后果"，法院应当对该条款的效力予以否定。本案中判定该劳动合同中管辖权和法律适用条款效力的关键在于两点：其一，上诉人所依据的条款是否属于强制性规定，或者从根本意义上说，上诉人所主张的权利是否属于加州赋予其居民不可放弃的劳动权利；其二，如果属于，该管辖权和法律适用条款是否具有减损这种强制性条款和不可放弃的劳动权利的效果。通过审理，上诉法院支持了上诉人的论证，认为不论是第 219 和第 1194 条，还是加州法院的判例，即普通法，都已明确上诉人所主张的权利属于不可放弃的劳动者权利；另外，法条是否包括"不可放弃""放弃无效"这样的文字并不是判断构成不可放弃的劳动者权利的实质标准，关键在于判断该权利的法律效果，即减损该权利是否会造成不合理或不公平的后果，是否会损害公共利益等。法院就本案中管辖权和法律适用条款是否会减损加州劳动者权利强制性规定进行认定。法院指出，通常来说，如果一方当事人主张法院选择条款无效，根据"谁主张，谁举证"的原则，应由该方当事人承担举证责任。但在本案中，由于劳动者的主张以不得放弃和减损的权利为基础，而且法院推定该管辖权和法律适用条款可能构成对这种权利的减损或放弃，因此举证责任应当倒置，由公司方证明该条款不具有减损这种权利的效果，理应有效，即公司方需证明德州法院将适用加州法律或德州法律赋予上诉人与加州法律同等或更高的保护，否则，法院将认定双方约定的管辖权和法律适用条款无效。阿莱恩特公司提出，该管辖权和法律适用条款有效，因为该条款不会减损上诉人在加州劳动法项下的不可放弃的权利，理由是如果上诉人在德州法院起诉，根据德州的冲突法规则，即使双方的劳动合同约定适用德州法律，德州法院也极有可能选择适用加州的劳动法。

上诉法院认为被上诉人的这种辩护并没有完成举证责任对其的要求。首先，被上诉人仅提出德州法院适用加州法的可能性，但没有具体和确切地论述德州法院一定会适用加州法的理由。其次，被上诉人本可以在劳动合同中约定或与上诉人补充约定双方的劳动争议由德州法院管辖同时适用加州法律，但被上诉人并没有这么做；最后，考虑到双方已在劳动合同中约定适用德州法律，以及被上诉人反对上诉人基于加州法律提出的诉求的事实，上诉法院认为被上诉人不能证明该管辖和法律适用条款理应有效。上诉法院判决驳回原判，认定加州法院对此案具有管辖权。Rachel Verdugo v. Alliant Co. , 237 Cal. App. 4th 141.

需证明德州法院将适用加州法律或德州法律赋予上诉人与加州法律同等或更高的保护，否则，法院将认定双方约定的管辖权和法律适用条款无效。

上诉法院认为被上诉人没有完成举证责任对其的要求。首先，被上诉人仅提出德州法院适用加州法的可能性，但没有具体和确切地论述德州法院一定会适用加州法的理由。其次，被上诉人本可以在劳动合同中约定或与上诉人补充约定双方的劳动争议由德州法院管辖同时适用加州法律，但被上诉人并没有这么做。最后，考虑到双方已在劳动合同中约定适用德州法律，以及被上诉人反对上诉人基于加州法律提出的诉求的事实，上诉法院认为被上诉人不能证明该管辖和法律适用条款理应有效。上诉法院判决驳回原判，认定加州法院对此案具有管辖权。

在雷切尔·维尔杜戈诉阿莱恩特公司劳动合同纠纷一案中，加州第四分区上诉法院在《加州劳动法典》保护劳动者权利强制性规定有可能得不到实施的情况下，对劳动合同中的管辖权条款和法律适用条款的效力进行了否定，强制管辖案件，直接适用强制性规定，实属罕见，上诉法院以是否给予劳动者"与加州法律同等或更高的保护"为标准判定案件管辖权归属和法律适用，值得肯定和借鉴。

二、准据法所属国法律中强制性规定的适用

司法实践中，时常出现这样的情况，法院地国家法律适用规范援引的准据法为外国法，该外国法中也有强制性规定，外国法律中的强制性规定是否应该得到尊重并予以适用，各国立法有不同的规定，理论有不同的观点，实践有不同的做法。

从有关国际条约和有关国家的立法来看，已有明确规定准据法所属国的强制性规定不得排除适用。1984年海牙《信托的法律适用及其承认的公约》第15条规定，"本公约不阻碍法院地冲突规则指引的法律条款的适用，如果这些条款，特别是关于下列事项，不能以任意行为排除其适用：①对未成年人和无行为能力人的保护；②婚姻及于身份和财产的效力；③遗嘱继承或无遗嘱继承中的继承权，特别是配偶或亲属的不得取消的份额；④财产所有权和设定在财产上的担保利益的转移；⑤在破产事件中对债权人的保护；⑥在其他方面对善意第三人的保护。如果前款的适用致使信托无法得到承认，则法院应试用其他方法使信托之目的得以实现"。1987年《瑞士联邦国际私法》第13条规定，

"本法对外国法的指引，包括依照该外国法应适用于案件的所有规定。外国法律的规定，不得仅因其被认为具有公法性质而被排除适用"。明确规定准据法所属国法律中强制性规定不得排除适用的国际条约和国内立法不是很多，但这些立法符合社会发展规律，代表着信息化时代立法方向，将会为越来越多的国际条约所借鉴，为越来越多国家的国内立法所接纳。

法院审理涉外民事案件能否适用准据法所属国强制性规定理论争议的核心问题是公法是否具有域外效力。古罗马法学家乌尔比安（Domitius Ulpianus）在《学说汇纂》提出了公法和私法概念，明确了他们的区分：公法调整政治关系以及国家应当实现的目的，私法调整公民个人之间的关系，为个人利益确定条件和限度。"它们（指法律）有的造福于公共利益，有的则造福于私人。公法见之于宗教事务、宗教机构和国家管理机构之中……公法的规范不得由当事人之间的协议而变更，而私法则是任意的，对当事人来说，协议就是法律"。[1] 源自乌尔比安公法和私法划分理论一直为大陆法系国家所承袭，至今仍有广阔的市场，对大陆法系国家立法、理论和实践产生着深刻的影响。

公法的空间效力具有严格的属地性，效力范围既是主权国家法律实施范围，不具有域外效力属性。公法性质的法律涉及一个国家的公共利益，内国没有义务保护外国的公共利益，这是学界普遍承认的"公法禁忌原则"。

在经济全球化时代，乌尔比安将法律划分为公法和私法的经济基础不复存在，国家职能发生了深刻的变化，调控和管理经济的职责与职权不断增强，大量的纵向管理经济的法律法规被制定出来，这些传统意义上的"公法"不断渗透到私法领域，干预经济活动，介入民商事纷争解决。直面社会发展和变革，目睹公法和私法融合与渗透，传统的公私法二分理论已经不适应社会发展，公法在私法领域适用不再被盲目排除。

在法律适用法领域，法律适用规则援引的准据法是外国法，外国法律中的强制性规定应否被适用，这是我国立法和理论都没有解决的问题。《法律适用法》第 4 条虽然规定了强制性规定法律制度，但该制度仅规定了我国的强制性规定直接适用，外国的强制性规定能否为我国法院适用未作规定。《司法解释（一）》只是对我国强制性规定范围做了概括性解释，同样未涉及外国的强制

---

　　〔1〕 ［意］彼得罗·彭梵得：《罗马法教科书》，黄风译，中国政法大学出版社 1992 年版，第 10 页。

性规定能否为我国法院适用问题。对法官而言，法无授权不可为，我国法院审理的涉外民事案件，准据法为外国法时，准据法所属国的强制性规定并不必然适用。

在理论上，我国学者对准据法所属国的强制性规定能否适用有两种不同的观点。一种观点主张准据法所属国的强制性规定在我国应当适用，不应盲目排除。持该观点学者的理论依据如下：①外国公法在涉外民事关系中适用正逐渐成为国际社会主流意识，中国应与社会发展同步，采同样立场。②一国法院审理涉外民事案件，根据法律适用规范指引应适用外国法，该外国法应当是包括强制性规定在内的所有外国法，不应把强制性规定排除在外国法之外。③法律适用法的宗旨是本国法与外国法地位平等，国际民商事争议解决需要适用外国公法时不应盲目排除适用，盲目排除外国公法的适用受影响的往往首先是当事人的利益。④公法私法化与私法公法化是当代各国法律的特点之一，公法和私法融合使得外国法律规范的性质不易判断，不能以法院地国家的思想意识和法律规则判断外国法性质，解释外国法律。⑤承认外国公法的域外效力，使同一法律在不同法域获得同样适用，有利于防止挑选法院，最大限度地促使判决的统一。⑥经济全球化带动了各国法律的趋同化，各国在反倾销、反垄断、环境保护、弱者利益保护、公共安全等领域的价值共识逐渐显现，承认这些领域外国公法的效力，是中国参与全球治理的题中之意。⑦各国法律是平等的，适用准据法所属国的强制性规定，准据法所属国可以依据互惠原则同样适用中国的强制性规定。我国法律中的强制性规定就数量而言，在世界范围内是较多的，我国法律中的强制性规定更需要外国承认与适用。

在纽约南部地区法院审理的雷曼兄弟诉有色金属和中国五矿案中，中国五矿提出了交易非法抗辩，理由是中国五矿为下属的五矿国际有色金属贸易公司与雷曼兄弟签订的投资期权、远期合约和现货等一系列金融外汇交易担保合同，约定这些合同适用纽约州的法律，与此同时，中国五矿以签发担保书等方式对子公司有色金属由此发生的债务进行担保，约定适用特拉华州法律，上述外汇交易合同以及担保合同因为未满足中国外汇管制法的审批要求而不可强制执行，合同中的法律选择条款无效。纽约法院通过系统分析中国强制规范背后的政策以及案件选法的具体情况，基本上支持了中方当事人提出的该项抗辩。[1] 外国法院适用中国的强制性规定而中国拒绝适用外国法中的强制性规定，违反中国一贯倡导的互惠原则。

与此相反的观点是法律适用规范指引外国法为准据法，准据法所属国的强制性规范并不意味着必然适用。该观点的理论依据有：准据法所属国强制性规定的适用要考虑该强制性规定要实现的目的与具体的内容，要以该外国法与案件存在"紧密联系"为前提，且要考虑具体规定适用或不适用的法律后果。在跨国反倾销、反垄断民事诉讼案件中，即使法律适用规范指向了外国法，准据法所属国反倾销、反垄断法并不必然适用，是否适用取决于该法采效果原则还是行为实施地原则以及该原则的具体内涵。准据法所属国强制性规定的适用必须考虑法院地公共利益。涉外民事争议解决的实际需要是适用外国强制性规定的直接动因，礼让原则是强制性规定适用的法理基础。礼让在本质上是任意的，不是强制，是否礼让取决于法院的裁量。就外国强制性规定而言，适用此类规范意味着间接承担了该外国的公共职能，而内国法院并无此义务。当外国强制性规定的适用有损法院地国家公共利益时，则应排除适用。

三、第三国强制性规定的适用

（一）第三国和第三国强制性规定的确定

第三国强制性规定的适用，欧盟已经进行了限制性立法，欧洲大陆国家已有些许实践。第三国及第三国强制性规定与涉外民事关系缺乏内在的、紧密的联系，法院审理涉外民事案件，应否考虑第三国强制性规定，能否适用第三国强制性规定，学界争议更为激烈。

何为第三国，何为第三国强制性规定，我国已有学者进行了定义。"通常而言，'第三国'是指除法院地国和准据法所属国以外的所有的国家"。[2] "第三国强制性规定基本上指的就是一个主权国家（即"第三国"）为了管理国际经济交往而制定的纵向的管理性法律规范，具有明显的公法性质，而不包

---

〔1〕 肖永平、董金鑫："中国强制规范在美国适用的方法探析——以纽约南部地区法院审理的'雷曼兄弟'案为中心"，载《比较法研究》2014 年第 3 期，第 116 页注释 9。

〔2〕 黄植蔚："论国际经济法中第三国强制性规范的性质与适用"，载《安徽大学学报（哲学社会科学版）》2017 年第 3 期，第 96 页。

括基于单边冲突规范的指引而得到适用的民商事直接规范"。[1]"第三国强制规范是指那些既不属于准据法又不是法院地法,但出于维护一国重大公共利益之目的而有必要适用于国际民商事案件的他国强制规范"。[2]以双方当事人所属国为基点确定第三国和第三国强制性规定是各国的普遍做法,理论上也形成共识。所谓第三国就是双方当事人所属国以外的国家,第三国强制性规定就是双方当事人所属国以外国家的强制性规定。

上述界定只能在一种情况下成立,即法院审理涉外民事案件时,根据法院地国法律适用规范援引,应适用的法律是对方当事人国家的法律,此种情况下,法院地国家、准据法所属国以外的国家为第三国,法律中的强制性规定为第三国强制性规定,除此之外,第三国和第三国强制性规定的界定都不成立。上述界定缺乏科学性、逻辑性、周延性,以下假设可以证明:①A国法院审理涉外民事案件,根据法律适用规范援引应适用A国法律,法院地国和准据法所属国为同一国家,作为当事人一方国家的B国显然不能成为第三国,该国的强制性规定不能认定为第三国强制性规定。②具有A国国籍的当事人与具有B国国籍的当事人共同选择C国法律为涉外民事关系准据法。发生争议以后,A国国籍当事人在A国法院提起诉讼,法院适用当事人合意选择的C国法,此时,作为当事人一方的B国能否被认定为第三国?B国的强制性规定能否被认定为第三国强制性规定,显然不能。同样,C国既是第三国,C国法又为准据法,不能因为当事人选择适用C国法C国就转变成当事人一方所属国。③具有A国国籍的当事人与具有B国国籍的当事人发生争议,A国国籍当事人在A国法院提起诉讼,A国法院根据法律适用规范指引应适用B国法为准据法,但B国法的适用将损害A国社会公共利益,A国法院运用反致制度排除了B国法的适用,转而选择适用了C国法,或者D国法,或者A国法,此时,作为当事人一方的B国能否作为第三国?B国的强制性规定能否作为第三国强制性规定,答案同样是否定的。④准据法是法律适用规范援引的法律或者是双方当事人合意选择的法律,如果当事人未选择涉外民事争议应适用的法律,法院未依据法律适用规范援引准据法,而是径直适用国际条约解决争议,那么,此种案件就

〔1〕 黄植蔚:"论国际经济法中第三国强制性规范的性质与适用",载《安徽大学学报(哲学社会科学版)》2017年第3期,第96页。

〔2〕 肖永平、董金鑫:"第三国强制规范在中国产生效力的实体法路径",载《现代法学》2013年第5期,第142页。

不存在准据法。在不存在准据法的案件中，无法以准据法所属国为基点确定第三国和第三国强制性规定。

第三国、第三国强制性规定的确定只能以与当事人所属国具有相对确定性的因素为基点，不能以准据法所属国为基点，因为准据法自身具有不确定性，以一个自身具有不确定性的因素作为基点确定第三国和第三国强制性规定，其结果会导致不确定因素扩大，以致无法实现第三国、第三国强制性规定的确定。

（二）第三国强制性规定适用的立法与实践

1. 适用第三国强制性规定的立法

第三国强制性规定强制适用的立法，以国际条约为开端。1969 年《比荷卢关于国际私法统一法的条约》第 13 条规定，"合同适用当事人选择的法律，包括强制性规范和任意性规范。如果合同明显位于某个国家，则该国法律中具有特殊性质并意在排除任何其他法律适用的规范不受当事人合意的影响"。《比荷卢关于国际私法统一法的条约》未生效，又是一个三边条约，影响有限，以致一些学者在研究第三国强制性规定适用时没有关注到该条约，但该条约对第三国强制性规定国际立法还是起到了引领作用。1978 年海牙《代理法律适用公约》是一个订立有适用第三国强制性规定的多边国际条约，该公约第 16 条规定，在适用本公约时，如果根据与案情有重大联系的任何国家的法律，该国强制性规范必须适用，则此项强制规范可以予以实施，而不管该国法律选择规则规定的是何种法律。1984 年海牙《信托的法律适用及其承认的公约》第 16 条第 2 款也作了同样的规定："如果另一国家与案件有足够密切的联系，那么，在例外情况下，可以给予该国具有前款述及的性质的规则以效力"。

除多边国际条约规定了第三国强制性规定外，还有两个区域性国际条约也制定了第三国强制性规定条款。1980 年《罗马公约》第 7 条第 1 款规定："依本公约适用一国法律时，对于与案情具有密切联系的另一国法律中的强制性规则，可以赋予其效力，前提是依该另一国的法律，这些规则必须适用于合同，而不论合同准据法为何。在考虑是否赋予这些规则效力时，应考虑其性质、目的以及适用或不适用的后果"。1994 年在墨西哥城签署的《美洲国家间关于国际合同法律适用公约》第 11 条第 1 款规定，法院地国国法中有强制性规定必予以适用；第 2 款规定应由法院决定适用有最密切联系国家法律中的强制性条款。[1] 第三国强制性规定立法尚未为多数国家认可，订立有第三国强制性规定的国际条约大都制定了保留条款，允许缔约国或者加入国提出保留。1984 年海牙《信托的法律适用及其承认的公约》第 16 条第 3 款规定，"任何缔约国可通过保留方式，声明其将不适用本条第 2 款"。1994 年《美洲国家间关于国际合同法律适用公约》第 1 条第 4 款规定，任何缔约国在批准或加入时可以声明适用的合同种类。

在国内立法中最先制定第三国强制性规定条款的是 1987 年《瑞士联邦国际私法》，该法第 19 条规定，"①依照瑞士法律观念值得保护且明显占优势的一方当事人利益要求考虑本法所指定的法律以外的另一法律的强制性规定时，如果案件与该另一法律有密切的联系，则可考虑该另一法律的强制性规定。②为决定前款所指的另一法律的强制性规定是否应予以考虑，应根据其所要达到的目的及其适用对于做出依照瑞士法律观念为适当的判决所可能产生的后果来判断"。《瑞士联邦国际私法》另一个突出特点是扩大了第三国强制性规定的适用范围。前述国际条约虽然早于《瑞士联邦国际私法》规定了第三国强制性规定条款，但适用范围局限于合同领域，属于特殊性法律规定，适用范围较窄，而瑞士规定的第三国强制性规定，是一种普遍性的规定，适用于涉外民事关系所有领域，是一般性法律规定，涵盖所有强制性规定。瑞士适用第三国强制性规定的立法产生了一定的影响，一些国家仿效瑞士立法规定了第三国强制性规定应当适用。2004 年《比利时国际私法典》第 20 条第 2 款规定，根据本法规定适用一个国家的法律时，可以适用与案件有密切联系的另一国家的强制性规范或者公共政策。

2. 第三国强制性规定适用的实践

法律是实践经验的总结，第三国强制性规定适用的实践先于立法。1966 年荷兰法院审理的著名的阿尔纳蒂（Alnati）案，被认为是第一个涉及第三国强

---

〔1〕　1994 年《美洲国家间关于国际合同法律适用公约》因在墨西哥城签署，故又称为"墨西哥公约"。参见刘卫翔译："美洲国家间关于国际合同法律适用的公约（1994 年 3 月 17 日通过并签署）"，载《外国法译评》1995 年第 2 期，第 88 页。

制性规范适用的司法实践。[1] 该案涉及荷兰法院是否应适用比利时的强制性规范排除当事人所选择的法律，从而免除承运人货物损坏责任。霍格·拉德（Hoge Raad）法官认为应当适用比利时法中的强制性规范，"即使是在域外履行的合同，对于外国因对其具有重大利益而制定的某些特定规则，法院应予以适用。因此，这些外国强制性适用的法律应优先于当事人的合意选择适用于合同争议的另一国家的法律"。[2] 尽管荷兰法院认为比利时法律所体现的政策和利益不属于强制性规范，最终适用了当事人选择的荷兰法，但至少在该案中法院肯定了第三国强制性规范直接适用的可能性，其判决影响深远，推动了第三国强制性规定立法。从司法实践来看，德国是适用第三国强制性规范较多的国家。对国际货物销售合同案件，如果准据法为德国法，德国法院要审查贸易过程中是否违反第三国的禁运令，以第三国禁运令作为判断涉案合同是否违反《德国民法典》第138条公序良俗的重要参考因素，进而裁断涉案合同效力。

尽管有国家以立法形式规定适用第三国强制性规定，实践中已有不少适用第三国强制性规定的案例，但总体看来，以法律形式规定适用第三国强制性规定国家数量不多，实践中适用第三国强制性规定的情况并不普遍。《法律适用法》规定了强制性规定法律制度，《司法解释（一）》在界定强制性规范时，仅局限于《法律适用法》第4条提及的我国强制性规范，未能从普遍主义立场出发进行定义，从立法技术上讲，未给第三国强制性规范在我国的适用留下任何空间。[3] 在理论研究中，学者们主张建构中国法院的强制性规定法律制度体系，而一个完整的强制性规范法律制度体系包括法院地国强制性规范的适用、准据法所属国强制性规范的适用和第三国强制性规范的适用。我国立法在规定法院地国强制性规定直接适用的同时，还应借鉴有关国家立法规定准据法所属国强制性规范和第三国强制性规范的授权适用，完善我国强制性规定法律

---

[1] Adeline Chonga, "The Public Policy and Mandatory Rules of Third Countries in International Contracts", 2 *Journal of Private International Law* 47 (2006). 该案案情为：当事人双方均位于荷兰，签订运输合同将货物从比利时运往巴西，提单在比利时签发，选择适用荷兰法。比利时法律中有一条强制性规定，即在比利时港口装船的货物或是在比利时签发的提单适用1924年《海牙规则》。《海牙规则》中有承运人免责条款，荷兰法中无此规定。运输过程中货物遭受损失，货物所有人在荷兰法院提起诉讼。

[2] Adeline Chonga, "The Public Policy and Mandatory Rules of Third Countries in International Contracts", 2 *Journal of Private International Law* 48 (2006).

[3] 卜璐："国际私法中强制性规范的界定——兼评《关于适用〈涉外民事关系法律适用法〉若干问题的解释（一）》第10条"，载《现代法学》2013年第3期，第156页。

制度。就我国实际情况而言，不可操之过急，法院地国强制性规定直接适用存在的大量问题尚未得到有效解决时，再规定准据法所属国强制性规范和第三国强制性规范的授权适用不具有可行性。

第五节　强制性规定法律制度在国际商事仲裁中的运用

在国际商事仲裁中，强制性规定法律制度涵摄的强制性规定是否适用，如何适用，仲裁庭是否如同法官一样适用，是需要从理论和实践两个方面释明的法律问题。法律适用法规定的强制性规定法律制度，要求整个社会一体遵行，无论采用何种方式解决涉外民事争议，都应当适用。但国际商事仲裁与国际民事诉讼毕竟不同，解决国际民商事争议的法院，是代表国家行使司法权的审判机关，承担着维护一国司法主权的义务，优先适用强制性规定是法院的责任和义务。国际商事仲裁机构是中立性的民间组织，不负有效忠任何一个主权国家的义务，也不必然适用包括仲裁地在内的任何一个国家的法律。仲裁地法律对仲裁机构并非不重要，而是因为仲裁地的选择往往与案件没有实质联系，当事人选择仲裁机构，有时是因为仲裁机构的中立，有时考虑双方解决争议的便利，有时眷恋仲裁机构的声誉，有时是寻求仲裁员的公正，而不完全是为了适用仲裁地的法律。仲裁庭可以依据当事人的选择或者自行决定适用或者不适用任何一国法律，但与仲裁有关国家的强制性规定的适用必须纳入应适用的法律范围，因为仲裁机构的权限仅为裁断是非，作出裁决；仲裁裁决的撤销、仲裁裁决的承认与执行等法律救济措施是一国司法机关的权限范围。仲裁的终极目的是仲裁裁决得到承认与执行，一方当事人提出撤销仲裁裁决，或者请求法院不予承认及执行仲裁裁决，理由之一就是应适用的强制性规定未得到适用，法院地国家的社会公共利益受到损害，因此，国际商事仲裁必须注重强制性规定适用问题。

一、程序性强制性规定的适用

各国法院对涉外民事争议的管辖权来自国家的授权，其管辖范围由法律规定，从理论上讲，是不受限制的，除非国家放弃管辖；国际商事仲裁机构对涉外民事争议的管辖权来自当事人的授权和法院的让渡，其管辖范围虽然也是法律规定的，但局限于商事范畴。因此，国际民事诉讼中适用的强制性规定，主要是分散在一国部门法中的实体性规定，国际商事仲裁中的强制性规定，除实体法规定外，还有程序性强制性规定。

（一）国际商事仲裁程序性强制性规定

国际商事仲裁程序性强制性规定，集中体现在争议事项的可仲裁性（arbitrability）。国际商事争议的可仲裁性，是指根据国际商事仲裁应适用的法律，当事人提交解决的争议可以采用仲裁方式解决。争议事项的可仲裁性在国际商事仲裁中占有重要地位，关涉仲裁协议的有效性、仲裁机构（仲裁庭）管辖权以及仲裁裁决是否具有可执行的效力。争议事项可仲裁性是各国在公共政策限定的范围内允许当事人采用仲裁方式解决争议的界限，立法者在确定可仲裁性事项时，多是基于本国公共利益、公共政策和公序良俗的考量，从而在争议事项可仲裁与不可仲裁之间划出一条明确的界限。仲裁协议事项超越了这条界限，或者仲裁庭裁决超越了这条界限，即违反了强制性规定，视为与公共政策相抵触，仲裁协议归于无效，仲裁裁决可被撤销或者得不到承认与执行。

国际商事仲裁立法和实践都表明，各国在设立国际商事仲裁范围时，在确定某一特定事项能否采用仲裁方式解决时，通常与各国在某一特定时期内实施的政策有着密切的联系。一般说来，涉及公共秩序和公共利益的事项，一国法律规定专属法院管辖的事项，不能通过仲裁方式解决。对于当事人可以自由处分的权益的争议，其对社会公共秩序和公共利益的影响微不足道，各国支持采用仲裁方式解决争议。

国际商事争议的可仲裁性与社会公共利益密切相关，如果说争议事项可仲裁性存在一个为各国法律所认可的标准的话，这个标准就是社会公共利益。[1]社会公共利益标准是一个抽象的标准，在理论上和实践中上很难界定，而且该标准具有国别特性，各国都是根据本国的历史传统、法律文化、现实情况及对仲裁的支持程度确定哪些争议事项可以采用仲裁方式解决，哪些争议事项不可采用仲裁方式解决，必须付诸诉讼，因此，国际上并不存在可仲裁事项认定的统一标准，不存在统一的社会公共利益，各国都是根据本国的政治经济制度以法律的形式规定可提交仲裁的争议事项，采用概括性规定与列举性规定相结合的方式确定仲裁范围。

---

〔1〕 赵秀文："论国际商事仲裁中的可仲裁事项"，载《时代法学》2005年第2期，第90页。

1972 年《法国民法典》纳入仲裁编，该编第 2059 条规定，"任何人，对其可以自由处分的权利，均得提请仲裁"，概括性规定了私权范围内的争议是可仲裁事项；该法第 2060 条又作了列举性规定，"有关人之身份与能力的问题，离婚与分居，或者涉及公共机构与公共行政机关之利益的争议，广而言之，与公共权力有关的所有争议，不得进行仲裁"。[1]《德国民事诉讼法》第 1030 条第 1 款也有类似的规定，"任何涉及经济利益的请求，均可成为仲裁协议的标的"；该法第 1025 条规定，"有关房屋租赁合同争议的仲裁协议无效"。1987 年《瑞士联邦国际私法》第 177 条第 1 款规定"所有具有财产性质的争议，均可提交仲裁解决"，而与人的身份有关的争议，如人的行为能力、婚姻、抚养、继承等方面的争议不能通过仲裁方式解决。《波兰民事诉讼法》第 679 条第 1 款规定，当事人可以将其与所有权权利及合同债务有关的财产争议提交仲裁，但有关抚养费及劳动关系的争议不能通过仲裁解决；对于在波兰境内的不动产所有权争议，法院则享有专属管辖权，某些家庭法的争议，也只能由法院管辖。

2002 年《吉尔吉斯斯坦共和国仲裁法》以列举方式规定了不得提交仲裁的事项，以兜底条款保证周延性，该法第 45 条第 2 款规定："下列事项不得由仲裁庭审理：因撤销法院执行人员的决定或其他行为（不作为、拒绝执行某项行为）而引起的争议；对具有法律意义的事实（法律事实）的认定；所遗失票据的权利的恢复；因损害公民生命或健康引起的索赔；有关保护声誉、尊严和商誉的事项；因继承关系引起的争议；涉及结婚和终结的制度和条件的争议；涉及处于婚姻存续期间的夫妻之间、父母与子女之间的以及其他家庭成员之间的人身关系及非财产关系的争议；与收养、监护和照管有关的事项以及子女教育有关的事项；因身份注册引起的争议；法律规定不得提交仲裁解决的事项"。

总体看来，与人的身份有关的争议是不可仲裁事项，证券、反垄断、反倾销、破产、知识产权等领域的争议亦属不可仲裁事项，但各国规定不尽相同。以破产案件为例，中国、日本等国家规定破产争议由法院专属管辖，不可进行仲裁。西方国家奉行长期形成的"私人财产所有权神圣不可侵犯"原则，并不限制破产案件提交仲裁。当事人有权就其财产所有权及其与财产相关的权利自

---

〔1〕　罗结珍译：《法国民法典》，中国法制出版社 1999 年版，第 468 页。

由处分，与财产所有权及相关的权利方面的争议均可以仲裁方式解决。

同一国家在不同的时期，因对仲裁所实施的政策不同，对仲裁的支持程度不同，法院也会对同一事项的可仲裁性作出不同的认定，其最为典型的案例是美国法院对证券争议由不可仲裁到可以仲裁的变化。1953 年，美国最高法院在审理威尔科诉天鹅案（Wilko v. Swan）中，认定证券争议只能由法院解决，不可提交仲裁。[1] 1974 年，美国最高法院在弗里茨·谢克（德国）诉阿尔贝托-卡尔弗公司（美国）案［Fritz Scherk（German）v. Alberto-Culver Company (U. S. A.)］中，作为一方当事人的美国公司引用了最高法院 1953 年威尔科一案的判决，主张证券交易争议不能采用仲裁方式解决，但该抗辩未获认可。美国最高法院认为，本案不同于威尔科案，不同之处在于它是国际合同，合同当事人既然约定了采用仲裁方式解决合同项下的争议，美国联邦法院应当根据联邦《仲裁法》的规定，尊重当事人订立的仲裁协议，通过国际商会仲裁院（International Commerce Chamber，以下简称 ICC）在巴黎解决他们之间的争议。1970 年美国加入了《纽约公约》，美国法院应当尊重 ICC 裁决。[2] 1989 年，美国最高法院在罗德里格斯诉希尔森/美国运通案（Rodriguez v. Shearson/American Express）判决中，最终确认即使因国内合同引发的证券纠纷，仲裁庭对证券交易事项也有管辖权，最终推翻了最高法院 1953 年做出的仲裁庭对于证券交易争议无管辖权的判决，证券纠纷不得交付仲裁这一程序性强制性规定废除。

（二）确定争议事项可仲裁性的强制性规定

国际商事仲裁程序性事项应适用的法律是不确定的，适用何国法律中的强制性规定确定争议事项是否可以提起仲裁，因案件的具体情况不同有所不同，综观国际商事仲裁立法与实践，确定争议事项可仲裁性主要涉及以下法律：

----

　　〔1〕　Wilko v. Swan 一案案情为：证券交易商行的客户诉证券交易商行，指控该商行向其作虚假陈述，删除了有关潜在的公司合并的重要信息，导致该客户根据该商行的虚假陈述购买了股票，遭受到重大损失。原告请求法院根据 1933 年《证券法》第 12 条第 2 款关于可在任何联邦或州法院请求返还损失的规定，提出了损害赔偿请求。证券交易商行券商抗辩，当事人之间的合同中含有仲裁条款，因此，该合同项下的争议应当提交仲裁机构仲裁解决，法院对本案无管辖权。美国最高法院在 1953 年审理了案件，认为 1933 年《证券法》项下的请求权为不可仲裁的事项，驳回证券交易商行关于法院对该争议事项无管辖权的抗辩。See *Yearbook Commercial Arbitration*, Vol. I, Netherlands：Kluwer Law International, 1976, pp. 203-204.

　　〔2〕　*Yearbook Commercial Arbitration*, Vol. I, Netherlands：Kluwer Law International, 1976, p. 204.

第一，当事人选择的程序法或者准据法。国际商事仲裁以当事人的意思自治为基础，各国基于仲裁民间性、自愿性、自治性的特点赋予当事人根据意思自治原则选择仲裁适用的法律的权利，包括仲裁程序所适用的法律。1998 年《德国民事诉讼法》第 1042 条第 3 款规定"除非本编有强制性规定，当事人可以自由决定或援引一套仲裁规则来决定程序"。2015 年《中国国际经济贸易仲裁委员会仲裁规则》第 4 条第 2 款规定，"当事人约定将争议提交仲裁委员会仲裁的，视为同意按照本规则进行仲裁"；第 3 款规定，当事人约定将争议提交仲裁委员会仲裁但对本规则有关内容进行变更或约定适用其他仲裁规则的，从其约定，但其约定无法实施或与仲裁程序适用法强制性规定相抵触者除外。当事人明确选择了仲裁程序法，依仲裁程序法确认争议事项的可仲裁性。当事人没有选择仲裁程序法，但选择了合同的准据法，合同准据法是否包括仲裁程序法在内，由当事人选择的仲裁机构依据仲裁规则确认。实践中，适用当事人选择适用的法律确定争议事项可仲裁性获得法院支持已有先例。[1]

第二，仲裁地法或仲裁裁决作出地法。如同诉讼程序适用法院地法一样，仲裁程序适用仲裁地法或受仲裁裁决作出地法律支配，已是国际社会共识和普遍接受的实践。当事人在仲裁协议中未就仲裁程序法或者仲裁协议应适用的法律作出约定，则由仲裁庭决定仲裁程序法及判断仲裁协议有效性应适用的法律。确定争议事项可仲裁性应适用的法律，1958 年《纽约公约》第 5 条第 1 款第 1 项规定适用仲裁地法。

仲裁实践中，当事人约定仲裁程序法的情况并不多见。当事人未作选择，仲裁庭可以根据当事人指定的仲裁地推定当事人意图适用仲裁地国法，许多国家立法及有关国际公约也规定推定适用仲裁地国法。当事人选择了非仲裁地国家法律作为程序法，也不能完全排除仲裁地国法强制性规定的适用。从国际商

---

〔1〕　比利时公司诉瑞士公司一案案情：1974 年 3 月 23 日，比利时公司与瑞士公司签署了在比利时分销商品的独占性批发协议，协议中订有仲裁条款，约定适用瑞士法。协议履行中发生争议，比利时公司在布鲁塞尔一审法院商事庭提起诉讼，瑞士公司以协议中含有仲裁条款为由对法院管辖权提出异议。一审法院认为，按照《纽约公约》第 2 条第 1 款的规定，当事人提交法院审理的事项依据比利时法为不可仲裁的事项，因而判决该仲裁条款无效，法院享有该案的管辖权。瑞士公司不服一审判决，提起上诉。上诉法院认为：双方当事人合意合同关系受瑞士法支配，按照瑞士法，本案争议可以采用仲裁方式解决。一审法院依据《纽约公约》第 2 条第 1 款认定当事人之间的仲裁协议无效的判决是错误的。上诉法院撤销一审法院判决，判决比利时法院对本案争议无管辖权。参见 M. S. A.（Belgium）v. Company M（Swizerland），14 *Yearbk. Comm. Arb'n* 618（1989）.

事仲裁的承认与执行的角度来看，仲裁程序适用仲裁地国法，可以使仲裁裁决获得一个明确的"国籍"，该裁决在其他国家可被视为外国裁决，从而获得承认与执行的依据。因此，在国际商事仲裁程序法的适用问题上，仲裁地程序法仍然具有很重要的地位。[1]

第三，法院地法。国际商事仲裁是与国际民事诉讼比肩的解决争议方式，各国法律赋予当事人意思自治选择程序规则进行仲裁，但并没有放弃对其境内进行的仲裁的管控。对于仲裁程序，需要仲裁地国法院实施全面有效的支持与监督。当事人所享有的选择仲裁程序法的权利也是仲裁地国法所赋予或认可的，仲裁庭要实现当事人获得有效裁决的合理期待，就有义务遵循仲裁地国法中的强制性规则，以这些强制性规定为依据确定争议事项的可仲裁性。仲裁机构违反可仲裁性规定作出仲裁裁决，法院可以撤销仲裁裁决，或者不予承认与执行仲裁裁决。

二、实体性强制性规定的适用

国际商事仲裁以当事人意思自治为首要原则，实体法的适用以当事人合意选择的法律为主。当事人选择法律的范围广泛，国际条约、国际贸易惯例、商人法、各方当事人的本国法、第三国法都在可选之列。当事人未做法律选择，仲裁庭可在上述法律中做出选择。各国法律赋予了当事人选法的自由，但意思自治不能排除强制性规定的适用。国际商事仲裁仅对当事人之间的权利义务进行了裁断，仲裁结束之后的仲裁裁决撤销程序、外国仲裁裁决承认与执行程序离不开法院的介入、监督和支持。因此，国际商事仲裁强制性规定的适用更为复杂，涉及准据法所属国强制性规定的适用、仲裁地强制性规定的适用、第三国强制性规定的适用、仲裁裁决承认与执行地强制性规定的适用。

（一）准据法所属国强制性规范的适用

国际商事仲裁中准据法的确定有两种途径，一是当事人意思自治合意选择准据法，一是当事人未选择应适用的法律，仲裁庭根据法律适用规则确定的准据法。无论通过何种途径确定准据法，准据法所属国的强制性规定应予适用，除非准据法中的强制性规定违反"国际公共政策"而被否定。

1998 年国际商会仲裁院（ICC）审理的第 8891 号案即是直接适用准据法

---

[1] 赵相林主编：《国际私法》（第 4 版），中国政法大学出版社 2014 年版，第 420 页。

所属国强制性规定的案例。该案是代理合同纠纷，一家瑞士公司为代理人，一家法国公司为被代理人，瑞士公司按照法国公司的指令提高了两份公共项目合同的价金，法国公司拒绝支付事先约定的相当于合同价款 18.5% 的佣金。瑞士公司依据合同中的仲裁条款向 ICC 提起仲裁，请求裁定法国公司支付佣金。法国公司辩称，被申请人与申请人之间签订的咨询合同的实际目的是行贿，合同应当自始无效。合同中的仲裁条款授权仲裁庭进行友好仲裁且没有约定准据法。仲裁庭考查了法国法、瑞士法以及 1997 年《经合组织反对国际商务交易中贿赂外国公共官员公约》，分析了案情，认定该咨询合同包含有行贿的内容，违反社会公共利益，因此无效，遂驳回申请人的所有请求。[1] 本案中，与争议有关国家的法律都有作为准据法的可能，仲裁庭没有确定哪一国为准据法，而是综合考虑了法国法、瑞士法以及相关的国际公约，认为合同不能违反这些法律中的禁止性规定，违反这些法律中共同的强制性规定以行贿为目的给付佣金的约定无效。

（二）仲裁地强制性规定的适用

仲裁地强制性规定的适用错综复杂，原因是仲裁地与争议案件的联系程度在每一起案件中是不同的，有的案件当事人选择仲裁地法为案件准据法，而仲裁地就是争议发生地、义务履行地、一方当事人住所地，与案件联系密切地，这种情况下，仲裁地的强制性规定必须适用于案件；有的案件当事人并没有选择仲裁地，而是因为选择了仲裁机构，仲裁机构所在地就成为仲裁地，当事人亦未选择仲裁地法为准据法，仲裁地与案件无任何联系，此种情况仲裁地强制性规定并不必然适用。仲裁地强制性规定是否适用，采用结果论是适宜的，仲裁裁决结果与仲裁地有联系，能够产生影响，仲裁地强制性规定应予适用；反之，仲裁地强制性规定酌情适用。

我国已有强制适用仲裁地强制性规定的实践。1994 年，美国制作公司和汤姆·胡莱特公司以中国妇女旅行社为被申请人向中国国际经济贸易仲裁委员会提起仲裁，以中国妇女旅行社"停演及演出收入减少"，违反双方签订的演出合同为由，请求裁定中国妇女旅行社赔偿损失。中国妇女旅行社抗辩停演及演

---

〔1〕　Gary Born, *International Commercial Arbitration in The United States*: *Commentary & Materials*, Kluwer Law and Taxation Publishers, 1994, p. 534. ICC case No. 8891（1998）, in 4 *Journal du Droit International* 1076（2000）. Audley Sheppard and Joachim Delaney supra note.

出收入减少是因为申请人违背演出协议，违反我国社会公共秩序，被文化部决定停演所致，不应承担赔偿责任。1994 年，中国国际经济贸易仲裁委员会作出（94）贸仲字第 0015 号裁决书，裁决中国妇女旅行社赔偿损失。美国制作公司和汤姆·胡莱特公司在北京申请执行仲裁裁决。北京市高级人民法院审查认为，（94）贸仲字第 0015 号裁决书无视美国制作公司和汤姆·胡莱特公司违反我国强制性规定这一基本事实，是完全错误的。人民法院如果执行该裁决，将损害我国的社会公共利益。北京市高级人民法院依法定程序向最高人民法院进行请示，最高人民法院同意北京市高级人民法院不予执行仲裁裁决的意见。[1]

　　国际商事仲裁中，仲裁地法十分重要，这是因为仲裁地法院具有撤销仲裁裁决的权力。仲裁裁决违背仲裁地的公共秩序，利益受到损害的一方当事人可以申请仲裁地法院撤销仲裁裁决。强制性规定背后都隐藏立法者意图保护的公共政策，但两者并不等同。公共秩序体现了法律的基本精神，强制性规定更多的是具体的法律规范，违反强制性规范并不必然违反公共秩序。无论是从仲裁的价值还是从裁决的效力方面看，仲裁庭都没有适用仲裁地强制性规定的法定义务。即使仲裁员最终适用了该规范，也是自行选择的结果。如果不适用该规则，也不必然导致该裁决被撤销。[2]

　　（三）仲裁裁决承认与执行地国家强制性规定的适用

　　从各国立法来看，仲裁裁决承认与执行地国家主要是被执行人住所地国家和财产所在地国家。1958 年《纽约公约》第 5 条第 2 款规定，申请承认与执行的仲裁裁决如果与承认与执行地国家的公共秩序相抵触，被请求承认与执行

---

　　〔1〕　美国制作公司、汤姆·胡莱特公司诉中国妇女旅行社演出合同案案情：1992 年 8 月 28 日，美国制作公司和汤姆·胡莱特公司因雇佣美国演员来华演出签订《合同与演出协议》，该协议第 2 条 B 款明确规定："演员们应尽全力遵守中国的规章制度和政策并圆满达到演出的娱乐效果。"同年 9 月 9 日该两公司又签订"合同附件"。该"合同附件"第 7 条第 2 款中规定："中国有权审查和批准演员演出的各项细节。"美国两公司依据上述合同与协议于 1992 年 12 月 23 日与中国妇女旅行社签订了来华演出的《合同与协议》。约定美国南方派乐队自 1993 年 1 月 25 日到同年 2 月 28 日在华演出 20~23 场。但是，在演出活动中，美方演员违背合同协议约定，不按报经我国文化部审批的演出内容进行演出，演出了不适合我国国情的"重金属歌曲"，违背了我国的社会公共利益，造成了很坏的影响，被我国文化部决定停演。由此可见，停演及演出收入减少，是由演出方严重违约造成的。参见《最高人民法院关于同意北京市第一中级人民法院不予执行美国制作公司和汤姆·胡莱特公司诉中国妇女旅行社演出合同仲裁裁决请示的批复》。

　　〔2〕　汤涛："论强制性规范在国际商事仲裁中的适用"，载《中国外资》2009 年第 1 期，第 97 页。

仲裁裁决国家的法院可以拒绝承认与执行仲裁裁决。因此，仲裁庭在仲裁过程中，应当在最大限度内考虑仲裁裁决承认与执行地国家的强制性规定和公共政策。现实社会中，无论是公民还是法人，住所地可能有数个，财产可能分布在若干个国家，要求仲裁庭在仲裁过程中面面俱到地考虑败诉一方当事人所有住所地和财产所在地国家的强制性规定作出仲裁裁决，既不现实，也无法做到。对于住所地单一，财产相对集中的仲裁案件，仲裁员应当考虑住所地国家、财产所在地国家的强制性规定的适用，否则，仲裁裁决的承认与执行将落空，仲裁庭、胜诉一方当事人为仲裁所做的所有努力将付之东流，徒余几张记录仲裁过程具有法律意义而毫无实际价值的"仲裁白条"。

我国承认与执行外国仲裁裁决的司法实践表明，违反我国强制性规定，外国仲裁机构所作的仲裁裁决不予承认及执行，北京朝来新生体育休闲有限公司（以下简称"朝来新生公司"）申请承认与执行大韩商事仲裁院仲裁裁决案即为典型案例。[1] 朝来新生公司与北京所望之信投资咨询有限公司（以下简称"所望之信公司"）是中国籍公司，双方将在中国产生的争议提交大韩商事仲裁院仲裁。裁决作出后，所望之信公司不履行仲裁裁决，朝来新生公司在中国法院申请强制执行。北京市第二中级人民法院于2014年1月20日作出（2013）二中民特字第10670号民事裁定书，驳回朝来新生公司要求承认大韩商事仲裁院仲裁裁决的申请。

法院认为，《中华人民共和国民事诉讼法》《中华人民共和国仲裁法》规

---

〔1〕 北京朝来新生体育休闲有限公司申请承认与执行大韩商事仲裁院仲裁裁决案案情：北京朝来新生体育休闲有限公司是中国籍自然人注册的独资公司，北京所望之信投资咨询有限公司是大韩民国公民在中国注册的独资公司。2007年7月20日，朝来新生公司（甲方）与所望之信公司（乙方）签订《合同书》约定，双方合作经营甲方现有的位于北京市朝阳区的高尔夫球场，并就朝来新生公司的股权比例、投资金额等相关事宜达成协议。合同约定：如发生纠纷，双方协商解决，协商不成可向大韩商事仲裁院提出仲裁。双方合作经营过程中，高尔夫球场土地租赁合同被解除，并获得补偿款1800万元。因土地补偿款分配发生纠纷，所望之信公司于2012年4月2日向大韩商事仲裁院提起仲裁，请求裁定朝来新生公司支付土地补偿款248万元。朝来新生公司提起反仲裁请求，请求裁定所望之信公司给付土地补偿款1100万元及利息。大韩商事仲裁院依据双方约定的仲裁条款受理了所望之信公司的仲裁申请及朝来新生公司反仲裁请求申请，适用中华人民共和国法律作为准据法，于2013年5月29日作出仲裁裁决：①所望之信公司给付朝来新生公司中华人民共和国货币1000万元整及利息；②所望之信公司及朝来新生公司其余之请求驳回。裁决作出后，朝来新生公司于2013年6月17日向北京市第二中级人民法院提出申请，请求法院承认上述仲裁裁决。北京市第二中级人民法院于2014年1月20日作出（2013）二中民特字第10670号民事裁定书，驳回朝来新生公司要求承认大韩商事仲裁院仲裁裁决的申请。

定，涉外经济贸易、运输、海事中发生的纠纷，当事人可以通过订立合同中的仲裁条款或者事后达成的书面仲裁协议，提交我国仲裁机构或者其他仲裁机构仲裁。但法律并未允许国内当事人将其不具有涉外因素的争议提请外国仲裁。

本案中，朝来新生公司与所望之信公司均为中国法人，双方签订的《合同书》是在中华人民共和国境内经营高尔夫球场设立的合同，双方之间的民事法律关系的设立、变更、终止的法律事实发生在我国境内、诉讼标的亦在我国境内，不具有涉外因素，不属于我国法律规定的涉外案件。当事人双方约定如发生纠纷向大韩商事仲裁院提出仲裁违反了我国的强制性规定，该仲裁条款无效。根据《纽约公约》第5条第1款第1项、第5条第2款第2项之规定，该裁决不予承认。

（四）与案件有联系的第三国强制性规定的适用

经济全球化密切了国家之间的联系，也为国际商事仲裁法律适用带来了困难。当事人选择的法律，或者仲裁庭确定的应该适用的法律要适用，仲裁地国家的法律、承认与执行外国仲裁裁决地国家的法律要关注，与案件有联系的第三国强制性规定的适用也需纳入考虑之列。从国际商事仲裁实践来看，第三国法律中强制性规定实质影响案件或者作为裁断是非曲直的法律情况越来越多，这些强制性规范都要求得到尊重或者直接适用，此类案例已经不胜枚举，1988年 ICC 审理的希尔马顿有限公司诉欧姆尼奥建设评估公司案〔Hilmarton Ltd v. Omnium de Traitementet de Valorisation（OTV）〕就是典型的案例。[1]

本案仲裁庭适用第三国强制性规定作出的仲裁裁决，对该仲裁裁决，仁者见仁智者见智，各方表明了不同的立场。裁决作出后，希尔马顿有限公司向裁

---

〔1〕 Hilmarton Ltd v. Omnium de Traitementet de Valorisation（OTV）一案案情：希尔马顿有限公司是一家英国公司，OTV 是一家法国公司，双方签订了咨询合同，OTV 委派希尔马顿有限公司为其打点阿尔及尔城市排水系统设计与建造中方方面面的关系。如果 OTV 最终能够获得这一公共项目合同，OTV 将付给希尔马顿有限公司一笔不菲的酬金。希尔马顿有限公司履行协议后，双方在酬金给付上发生争议。希尔马顿有限公司根据咨询合同中的仲裁条款向 ICC 申请仲裁，双方当事人选择瑞士法为准据法。独任仲裁员审理过程中发现，根据合同约定，希尔马顿有限公司在履行过程中实施了为获取公共项目合同而接近阿尔及尔政府官员的行为。这种利用个人影响接近政府官员，没有明确使用金钱进行贿赂的行为并不违反瑞士法。仲裁员转而考察合同履行地法——阿尔及利亚法，阿尔及利亚法禁止任何在贸易中利用个人影响的行为，以保证政府合同分配的公正及合同相对方是依据客观标准选定的。仲裁员认为合同违反了阿尔及利亚法，并认为阿尔及利亚法的这一规定必须为所有致力于反腐败的法律体系所尊重。仲裁员最后得出结论，对这一法律规定的违反是与基于瑞士公共政策的道德准则背道而驰的。1988 年 8 月 19 日仲裁员作出裁决，裁定合同无效，驳回了希尔马顿有限公司要求支付酬金的仲裁请求。ICC case No. 5622（Hilmarton 1988 & 1992）.

决作出地日内瓦法院提起诉讼，请求撤销该仲裁裁决。日内瓦法院审查后认为，本案合同并不涉及贿赂行为，根据《瑞士国际仲裁法典》撤销了仲裁裁决；1990 年 4 月 17 日，瑞士最高法院维持了日内瓦法院的判决。OTV 向法国上诉法院提请执行仲裁裁决，1991 年 11 月巴黎上诉法院决定执行裁决；1994 年 3 月 23 日，法国最高法院维持了巴黎上诉法院执行仲裁裁决的决定。仲裁裁决被撤销后，希尔马顿有限公司提起了第二次仲裁，ICC 重新指派独任仲裁员仲裁此案。仲裁过程中没有任何新的案件事实出现，仲裁员接受法院认定的事实和判决的约束，认定合同虽然违反了履行地法——阿尔及利亚法，但并未违反合同准据法——瑞士法，希尔马顿有限公司不存在任何行贿行为。1992 年 4 月 10 日，仲裁员作出最终裁定：承认合同的效力，OTV 应向希尔马顿有限公司支付酬金。[1] 希尔马顿有限公司案的两次截然不同的裁决充分说明了仲裁庭适用不同的法律对于案件最终结果举足轻重，反映出仲裁员的法律意识在第三国强制性规定的适用中的重要作用。瑞士法院和法国法院对适用第三国强制性规定作出的仲裁裁决截然不同的态度表明各国对第三国强制性规定的适用存在严重分歧，第三国强制性规定的存在与否以及如何适用，各国之间存在差异，法官、仲裁员对强制性规定的认定也很重要。

---

〔1〕 赵健：《国际商事仲裁的司法监督》，法律出版社 2000 年版，第 225～226 页。

第六章

涉外民事关系定性的理论与实践

《法律适用法》第 8 条规定的定性，在理论上称之为"识别"（character-ization），定性是识别这一概念的本土化，二者并无实质区别。法律适用法上的识别，从认识论的角度来看，是人类思维的一般和必要过程，是借助已有的知识对客观存在的法律事实分析判断、归纳推理、综合概括、揭示事物本质和规律的过程。从实践论的角度来看，是依据一定的法律对特定的事实情况进行定性，将其归入特定的法律范畴，选择和确定案件应适用的法律适用规范，通过法律适用规范的指引确定案件的准据法。对于识别，我国学者从概念、对象、范围、依据等方面进行了较为深入的研究，深化了识别理论，但总体而言，多数学者是从认识论角度剖析识别，很少有学者从司法裁判视角来解读识别在涉外民事关系法律适用中的方法论意义，这对正确理解识别的本质及作用，准确运用识别来进行法律选择都是缺憾。"对于涉外民事法律适用中定性问题的理论研究应转换视角，从涉外民事裁判的角度来分析国际私法语境下定性的意义、功能和方法，唯有如此才能化解国际私法理论与实践之间的背离，为我国《法律适用法》的贯彻和实施提供有益的理论支持。"[1]

第一节 识别的主体

识别的主体，学术界一致认为是审理案件的法官，这种认识并不客观，也

---

[1] 翁杰："论涉外民事法律适用中的定性——兼评《中华人民共和国涉外民事关系法律适用法》第 8 条"，载《法学家》2012 年第 2 期，第 149 页。

不全面。识别是一个过程，法官在识别过程中起主导作用，但不能由此断言法官是识别的唯一主体，当事人、诉讼代理人在识别过程中所起的作用不容忽视。识别的过程开始于争议发生之后，当事人决定提起诉讼之前。诉前，当事人或者当事人的代理人首先要对法律事实进行识别，对案件进行定性，确定案由，并基于认定的事实和确定的案由向法院提出诉讼请求。当事人提起诉讼，法院要对案件事实和案由进行审查，或是同意当事人的案由，或是要求当事人变更案由。当事人不同意法院确定的案由，在案件审理过程中可以向审判庭提出异议。一方当事人提出诉讼请求后，另一方当事人要进行答辩，答辩过程中，被诉一方当事人也要依据一定的法律意识和法律概念对事实情况进行识别。当事人、代理人对事实情况的识别具有法律意义，特别是律师代理的诉讼案件，提起诉讼前和答辩过程中，律师要对法律事实进行识别，律师一般都熟谙法律，对案件的定性多数情况下还是忠实案件事实的。当事人、诉讼代理人的识别对法官确定案件的性质必定产生影响。

识别过程中，对识别起决定性作用的是受理案件法院的法官。一国法院受理涉外民事案件后，法官要代表国家，以法院的名义对案件进行审理。在案件审理过程中，法官在聆听当事人、诉讼参与人意见的基础上，对事实情况进行分析，对证据进行认定，依据自身的法律意识，依照一定的法律规定对案件的性质做出定性，确定应适用的法律。

在我国，存在同一法院不同职能部门的识别问题，这是我国法院实行立审分立制度后产生的法律问题。中华人民共和国成立至1999年，我国司法体制在很大程度上是照搬苏联的行政管理模式，法院办理各类案件立、审、执不分，"立审合一"，一起案件从立案、审理到宣判执行都由同一审判庭或同一独任审判人员办理，实行谁立案谁审理，推行"一条龙"服务。1996年，法院开始审判制度改革，相继成立了立案庭，负责各类案件的立案审查及相关工作，开始"立审分离"，到1999年，基本实现"立审分立"。[1] 立审分立是指同一案件的立案与庭审分别由两个独立的机构行使，案件是否受诉审理由立

---

〔1〕 1996年全国法院立案工作座谈会以后，最高人民法院明确要求各级法院立审分开；1997年最高人民法院制定了《关于人民法院立案工作的暂行规定》；1998年最高人民法院要求全国法院年底实现"三分立"，建立大立案格局；1999年明确了立案庭工作职责，同年颁布的《人民法院五年改革纲要》，针对审判工作的特点，确立了立案与审判、审判与执行、审判与监督三分立的制度和审判流程管理制度。

案庭依法决定，受理后的案件由相应的审判庭行使实体裁判权。立审分立的精神实质在于将审判权分解为立案权和庭审权，使之相互制约，从而强化人民法院审判活动的自我监督功能，以保障公正司法。[1]

立审分立产生了立案阶段的识别和审判阶段的识别。法院收到当事人起诉的法律文书，负责立案的法官首先要进行形式审查，形式审查包括审查诉讼文书是否规范，是否符合起诉要求；审查原告、被告是否适格、诉讼请求是否明确、具体，是否具有可诉性；审查是否属于人民法院主管民事案件的范围，法院是否对案件具有管辖权。形式审查考察当事人是否具有诉权，形式审查符合要求，还需要进一步进行实质审查。实质审查是为案件定性，确定案由。立案阶段的审查是对案件的初步识别，因为此时审查的所有材料都是原告单方提供的，原告提供的证据材料可能是片面的、不充分的，甚至可能是不真实的。法院依据这些证据材料对当事人之间的争议做出的初步判断，可能与真实的事实有较大的出入，因此，法院立案阶段对有关事实构成的性质审查只能是一个初步的识别。

立案庭立案后，案件移交给审判庭，审判庭负责案件的审理。审判庭向被告送达原告的起诉书和证据材料后，被告进行答辩，提出抗辩理由，提交证明其主张的证据。完成证据交换之后，法院择日开庭。开庭时，法官根据双方已经提交的证据材料，对案件进行定性，确定案件应适用的法律。当事人对法官的定性和应适用法律的决定有不同意见可以提出异议。庭审过程中，当事人依据"谁主张谁举证"原则对各自的诉求和抗辩进一步举证，法庭组织原被告双方质证，以辨别证据的真伪。在法庭审理阶段，当事人必须向法院提交所有能证明其主张的证据，否则要承担不利的甚至是败诉的法律后果。经过庭审，法院获取了更为充分的证据，在充分占有证据的基础上，法院不仅对争议的事实情况有了更为全面和准确的了解，而且要根据庭审过程中掌握的证据对事实构成所做的识别进行复核，确保案件定性准确，之后作出判决。

法院在不同诉讼阶段获取证据的数量、质量是不同的，法院对与争议的有关事实构成性质的识别是否准确，在很大程度上取决于法院对争议事实情况的了解是否充分。法院只能根据当事人提供的证据"回放"争议的事实情况，"再现"争议产生的原委，因此，在不同的诉讼阶段，法院对争议的事实情况

---

[1] 李勇："立审分立及立案机制的建立和完善"，载《人民司法》2000年第12期，第35页。

了解程度有差异，对事实情况的识别不可避免地要受到所获取的证据的影响，进而在不同的诉讼阶段，法院对有关事实构成的性质可能做出不同的识别，[1] 对案件做出不同的定性。法律适用法上的定性，不应是初步识别阶段的定性，而应是审判阶段在全面掌握案件事实基础上所做的定性。

实践中，当事人没有能够掌握案件的关键性证据，或者当事人没有搜集到关键性证据以致不能向法庭提交，或者当事人提供了虚假证据，致使法官对案件定性错误的情况是存在的。

我国实行两审终审制，存在不同级别法院的识别问题。一审法院受理案件要确定案由，完成对争议性质的初步确定。受人的认识能力的影响以及各种因素的局限，一审法院对案件的定性并不一定准确，甚至可能出现定性错误的情况。一审法院定性错误，二审法院应予纠正。在苏月弟、黄艺明诉周大福、亨满公司和宝宜公司一案中，原告以股权转让及股东贷款权益纠纷为诉因于2010年7月向广东省高级人民法院提起诉讼，法院定性该案为股权转让合同纠纷，并以该案由进行审理作出判决。[2] 原告认为一审法院将本案性质仅定性为股权转让合同纠纷错误，本案争议不仅包括股权转让，还包括股东贷款权益转让，一审法院定性不准确。原告不服判决提出上诉。最高人民法院受理认为，依据《法律适用法》第8条规定，本案定性应适用法院地法。从本案系争合同的内容看，包括股权及股东贷款权益转让，因此，本案应定性为股权及债权转让合同纠纷，[3] 从而纠正了一审法院的识别错误。

识别过程中，识别主体是至关重要的。识别主体的文化水准、知识结构、社会经验、法律意识、道德观念、公正原则等因素直接影响识别的正确性。识别是在司法领域人们认识客观事物的活动，是人们运用一定的法律意识、法律概念揭示特定案件中事物本身的联系和关系的思维过程，所以，识别过程中，识别的主体是特定的人，即特定案件的当事人、诉讼参与人和审理本案的法官。识别过程中识别的主体虽然是多元的，但审理案件的法官对事实情况的定性是终极性的，是法律适用法所要研究的识别。

---

〔1〕　赵生祥："论国际私法中识别的误差"，载《现代法学》2003年第6期，第154页。

〔2〕　广东省高级人民法院民事判决书，（2012）粤高法民四初字第1号。

〔3〕　最高人民法院民事判决书，（2015）民四终字第9号。

第二节　识别的对象与识别的作用

一、识别的对象

识别的对象，从宏观方面讲，是涉外民事关系，从微观方面看，是具体民事关系的事实构成。学界界定识别的主流观点认为，"识别就是对与涉外民事关系有关的'事实构成'或'事实情况'进行定性和归类（classification），通过识别将其划入一定的法律范畴，确定其属于什么性质的法律关系，然后根据国际私法中有关规则确定其准据法"。[1] 有学者更为直接的揭示了识别本质，"所谓法律关系的定性就是指依据何国法律或什么标准来解释冲突规范所调整的法律关系。简单地说，定性就是依据什么标准来确定法律关系的性质。"[2] 对于识别的对象，学界认识并不一致。有学者认为，"识别作为一个法律认识过程，包含两个相互制约的方面，一方面，识别是对涉外民商事案件所涉及的问题进行分类或定性，纳入特定的法律范畴……另一方面，识别是对冲突规范本身进行识别，即对冲突规范使用的名词术语进行解释，特别是对'范围'的解释，也包括对'连结点'的解释"。[3] 该观点将识别的对象归纳为事实定性、冲突规范和连结点的解释。有学者从涉外民事裁判过程探讨识别，认为定性与法律适用是一个思维过程的不同环节，两者之间相互关联、密不可分。提出"在涉外民事裁判中，定性的意义不仅在于将案件事实按照一定的法律观念，归入一定的冲突规范范畴中，同时还应包括对系属以及系属中连结点的解释问题"。[4] 该观点将识别的对象归纳为事实定性、系属解释和连结点解释。

归纳起来，学界对何为识别对象有三种观点：第一种观点认为识别的对象是事实构成或者事实情况，是对诉争事实的定性和分类，以及对定性和分类过程中所涉法律概念的解释；第二种观点认为识别的对象是案件事实和连接点；

〔1〕　钱骅主编：《国际私法》，中国政法大学出版社 1988 年版，第 66 页。
〔2〕　董立坤：《国际私法论》，法律出版社 1988 年版，第 69 页。
〔3〕　黄进主编：《国际私法》，法律出版社 1999 年版，第 250~251 页。
〔4〕　翁杰："论涉外民事法律适用中的定性——兼评《中华人民共和国涉外民事关系法律适用法》第 8 条"，载《法学家》2012 年第 2 期，第 149 页。

第三种观点认为识别的对象为案件定性、系属解释和连接点解释。

识别是民事诉讼主体的思维活动，是主观意识对客观事物的认识过程，这一认识过程的对象只能是事实情况及对与事实情况有关的法律概念的解释。涉外民事案件解决过程中，涉及法律适用规则的解释、连接点的解释、准据法的解释等法律问题，但这些法律问题并不为识别所涵摄，属于独立的法律问题或者属于法律解释问题。

第一，识别的对象不是法律适用规范。将法律适用规范纳入识别范畴，在逻辑上不能成立。识别的目的是通过对已发生的事实情况进行定性，确定应援用哪一法律适用规范，应适用的法律适用规范一经确立，识别结束。根据法律适用规范确定准据法，以准据法为准绳裁断是非，划分当事人之间的权利义务是其他法律制度的功能。定性、找出法律适用规范、确定实体规范是涉外民事案件法律适用的三个环节，在这三个环节中，定性是先于找出法律适用规范的法律行为，就是说，识别之前，援用哪一法律适用规范处于不确定状态，所以，识别的对象不可能是法律适用规范。尽管经过识别的事实情况最终将成为应援用的法律适用规范的范围，但这并不等于识别的对象就是法律适用规范本身。

第二，识别的对象不是法律适用规范中的连接点。法律适用规范适用过程中，存在连接点选择和连接点解释这样的法律问题，但这不是识别解决的法律问题。连接点的选择和确定是立法机关的职责，是立法阶段完成的事项；连接点的解释属法律解释范畴，是一个独立环节。实践中，主张识别的对象是连接点的学者在阐述其观点时一般都举出下列两个例子来加以论证：一个例子是在属人法的规定上，大陆法系国家多以国籍为连接点确定属人法，英美法系国家多以住所为连接点确定属人法，而《法律适用法》又以经常居所地法为属人法连接点。当涉外民事关系与人的身份有关，诸如在结婚、离婚、收养、监护、继承、人的行为能力等案件中，就要对法律适用规范的连接点进行识别，以确定涉案国是以国籍还是以住所，或是以经常居所地为连接点确定属人法。另一个例子是在侵权行为地的认定上，有的国家以致害行为地为侵权行为地，有的国家以损害结果发生地为侵权行为地，有的国家将与侵权行为有关的地点都作为侵权行为地。当侵权案件发生时，要对侵权行为地进行识别，以确定涉案国是以致害行为地还是以损害结果发生地或是将与侵权行为有关的地点作为确定侵权行为地的连接点。诚然，各国对属人法的规定、对侵权行为地的规定存在差异，存在法律冲突，但这种法律冲突仅存在于不同国家法律比较这一宏观范围内，在具体案件法律适用的微观范围内是不存在冲突的，各国法律对国籍、住所、经常居所地、侵权行为地的确定作出了明确规定，法院审理涉外民事案件时，依据应适用的法律确定即可。以法国巴黎戴高乐机场坍塌案为例，[1]假设受害者家属在中国法院起诉，法院对案件事实进行识别，定性为涉外侵权案件。定性后要找出法律适用规则，依据"侵权行为适用侵权行为地法"规则，本案准据法是侵权行为地法律。对"侵权行为地"这一连接点的认定，1988年最高人民法院《民通意见》第187条规定："侵权行为地的法律包括侵权行为实施地法律和侵权结果发生地法律。如果两者不一致时，人民法院可以选择适用。"本案侵权行为实施地和侵权结果发生地均在法国，故准据法为法国法。法律适用规范的连接点是法定的，诉讼中依法律规定确认即可，无须识别。属人法连接点的确定亦是如此。

第三，识别的对象也不是法律适用规范的系属。系属是法律适用规范援引的准据法，准据法是实体法，作为准据法的实体法可能是法院地法，也可能是法院地国家以外的法律，法院地国家以外的法律对法院地国家而言是外国法，换言之，准据法可以是本国法，也可以是外国法。准据法是本国法，如果需要解释，应由立法机关作出。在我国，法的解释分为立法解释和司法解释，分别由全国人大常委会和最高人民法院作出。对于准据法涉及的法律概念，法官和诉讼参与人可以作出学理解释。立法解释、司法解释和学理解释，是法律解释范畴的问题。法律解释是独立的法律制度，有其自身的规律和规则，不为识别所涵盖，也不是识别所要解决的问题。准据法为外国法，法院地国家立法机关、司法机关不可作出解释，因为立法解释和司法解释关涉一国立法主权和司法主权，如果法院地国家立法机关、司法机关对他国法律作出解释，则是干涉了他国主权。涉外民事案件的准据法为外国法，法官、诉讼参与人可以进行学理解释，而这种学理解释不属于识别范畴。

《法律适用法》第10条规定，涉外民事诉讼中，案件的准据法为外国法，

---

[1] 法国巴黎戴高乐机场坍塌案案情：2004年5月23日早6时20分，北京马仕商贸有限公司一行8人乘坐AF177航班从上海来到巴黎戴高乐机场，准备转乘法航A432班机于上午10时30分飞往墨西哥城去参加一个商务会议。在走向该航班指定的候机厅途中，先是惊见左侧墙壁破裂，未及反应，屋顶就突然砸了下来。公司销售经理武欣是领队，走在最前面，当场丧生。走在第二位的是该公司驻厦门代表刘建芳，事故发生后人不知去向，当晚近11时根据死者身上的护照确认刘建芳遇难。

应当由法院查明。法院查明外国法，属于外国法查明制度解决的事项。法院请求外国中央机关、外国驻华使领馆查明，属于司法协助范畴事项。当事人选择适用外国法，由当事人提供该外国法律，法官无需查明，只需裁断当事人提供的外国法能否适用。如果需要对外国法适用或者不适用作出解释，也不是识别的范围。

二、识别的功能与作用

识别的功能与作用，学界一致的观点是为涉外民事争议定性。除此之外，还有两种观点：一是相当一部分学者认为识别是排除与限制外国法适用制度，具有排除或者限制外国法适用的作用；二是有学者认为识别的功能是适用法律适用规范。对这些观点都有进一步厘清的必要。

识别的作用是为涉外民事争议定性。涉外民事争议发生后，一方当事人向法院提出解决争议的诉求，法官要审查当事人的诉求和支持诉求的证据，在事实清楚、证据确凿基础上认定案件性质，确认案件是涉外民事案件，之后确定案件是何种性质的涉外民事案件，做出定性或分类，将法律事实归入一定的法律范畴，从而确定应援用哪一法律适用规范。概言之，识别的作用体现在三个方面：确定案件的性质是国内民事案件还是涉外民事案件；确定争议的性质属于何种类型的民事争议；确定调整涉外民事争议应适用的法律适用规范。

我国有学者将识别界定为一种涉外民事诉讼程序，一种排除外国法适用的法律制度。"定性就是依据什么标准来确定法律关系的性质。法院地国通过定性这个程序，排除于己不利的外国法律。"[1] 直接阐述识别的功能是排除外国法适用的学者在我国并不多见，采用间接方式表述识别具有排除外国法适用功能的学者不在少数。我国出版的法律适用法教材、专著中，相当一部分是在排除外国法适用一章中论述和介绍识别法律制度，利用潜意识灌输识别是排除外国法适用法律制度理念。司法实践中，我国法院在改革开放初期也有利用识别排除可能适用的外国法的实践，促进了识别是排除外国法适用制度观念的蔓延。1988 年上海市中级人民法院审理的中国技术进出口总公司诉瑞士工业资源公司侵权损害赔偿纠纷案，当事人之间的争议源起钢材销售合同，是一起合同与侵权竞合案件。上海市中级人民法院审理过程中定性案件性质为涉外侵

---

〔1〕 董立坤编著：《国际私法学》，中央广播电视大学出版社 1990 年版，第 58 页。

权，认定当事人双方在合同中订立的仲裁协议针对的是合同争议，现中国技术进出口总公司以侵权为诉因提起诉讼，法院识别案件性质为侵权，故仲裁协议无效。法院对案件行使司法管辖权，判决瑞士工业资源公司承担赔偿责任。[1]瑞士工业资源公司不服法院判决，提出上诉，上海市高级人民法院维持一审判决。最高人民法院对此案判决持肯定态度，将此案作为经典案例在最高人民法院公报上公布，在全国影响甚广。[2] 该案创造了识别可以变更仲裁管辖为诉讼管辖，而且可以排除外国法适用的先例。对于该案，有学者提出了尖锐的批评，指出运用识别制度将本案识别为侵权，否认合同中仲裁条款的效力，排除仲裁管辖权，创造条件适用中国法律，违反了仲裁条款独立性等法律规定，存在诸多需要商榷的理论问题。1998 年，最高人民法院在江苏省物资集团轻工纺织总公司与香港裕亿集团有限责任公司、加拿大太子发展有限公司侵权损害赔偿纠纷上诉案中，[3] 作出了与中国技术进出口总公司诉瑞士工业资源公司侵权损害赔偿纠纷案相反的判决，否定利用识别改变案件性质。在一方当事人通过欺诈方式订立合同，合同中订立了仲裁条款，该仲裁条款独立于该合同存在，因该合同所产生的争议应提交仲裁机构解决。

识别不具有排除外国法适用的功能。识别适用法院地法律，适用法院地法律识别往往导致法院地法的适用，这是识别的客观结果，不是主观上对外国法的排除。以识别为手段，枉顾法律事实，对案件作出与事实不符的定性，通过法律适用规范的选择排除外国法适用，这并非识别的功能，其实质是利用识别进行法律规避，不是法律意义上的识别。法律适用规范的适用并非识别的功能，依据识别确定的法律适用规范确定涉外民事关系应适用的实体法律，系属外国法查明等法律制度的功能，这些法律制度各自独立，构成法律适用的独立环节，不为识别所涵摄。

---

〔1〕 中国技术进出口总公司（以下简称"中技公司"）诉瑞士工业资源公司（以下简称"瑞资公司"）侵权损害赔偿纠纷一案案情：1984 年 12 月 28 日，中技公司受温州某公司之托与美国旭日开发公司签订购买 9000 吨钢材合同，旭日开发公司无力履约，经中技公司同意将卖方变更为瑞资公司。瑞资公司于 1985 年 3 月 14 日向中技公司发出电传，称货物已在装船港备妥待运，装船日期为 1985 年 3 月 31 日，要求中技公司开立以瑞资公司为受益人的信用证。1985 年 4 月 19 日，中技公司通知中行上海分行开出以瑞资公司为受益人金额为 229.5 万美元的不可撤销的信用证。货款付出后，中技公司未收货物。经查，瑞资公司虚构发货事实，利用合同进行诈骗。上海市中级人民法院民事判决书，(86) 沪中经字第 30 号。
〔2〕 参见《中华人民共和国最高人民法院公报》1989 年第 1 期，第 26~28 页。
〔3〕 参见《中华人民共和国最高人民法院公报》1998 年第 3 期，第 109~110 页。

第三节　识别的依据

识别的依据就是依据何国法律对已发生的事实进行分类和定性。同一事实构成，适用不同国家的法律进行识别会产生不同的定性结果，导致选择不同的法律适用规范，其结果是不同的法律适用规范援引了不同的准据法，对当事人权利义务的做了不同的确定。19 世纪末，法律适用法先哲们意识到识别对当事人权利义务的确定有着举足轻重的影响，开始了对识别问题的研究。学者们对识别的百余年研究颇有建树，在识别理论指导下，识别法律制度在许多国家以法律的形式建立起来。各国对识别的规定大同小异，都是以识别的法律依据为轴心，规定了识别适用法院地法律。在理论上，学者们对识别适用的法律多有论及，观点不尽相同，但在司法实践中，各国无不适用法院地法律识别，识别的理论与识别的立法和司法实践形成巨大的反差。

一、识别依据理论

识别应适用的法律，各国学者在理论上有以下几种主张：

第一，依法院地法识别。识别理论为德国法学家卡恩（Kahn）和法国法学家巴丁（Bartin）分别于 1891 年和 1897 年相继提出，1903 年美国学者劳伦森（Lorenzen）介绍该理论至美国，1934 年英国学者贝克特（Beckett）移植该理论到英国，之后，识别逐渐成为一个世界性的法律适用的理论问题。卡恩、巴丁二位先哲创立识别理论时，倡导识别适用法院地法。识别适用法院地法的理论依据有：①法律适用法是国内法的一部分，依法院地法识别能够保证法律适用的一体性。②从国家立法主权和司法主权的立场出发，认为依法院地法识别有利于维护法院地国家的主权。卡恩、巴丁的理论得到多数国家的认同，并在实践中得到发展。

第二，依准据法识别。法国法学家德帕涅（Despagent）和德国法学家沃尔夫（Wolf）主张识别依准据法，这一理论在中国受到尖锐的批评，认为存在逻辑错误。学者们普遍认为准据法是识别产生的结果，不能倒因为果。识别程序启动之前，准据法是不存在的，在逻辑上，不可能适用一个不存在的法律识别事实构成。该观点在 19 世纪之前可能成立，因为 19 世纪之前准据法的确定是以客观连接点指引确定的，当事人意思自治选择准据法处于起步阶段。经过20世纪一个世纪的发展，当事人合意选择法律的主观论战胜了以客观连接点指引确定准据法的客观论，成为合同等领域选择法律的主要方法。当事人选择涉外民事关系应适用的法律，选择法律的时间多在民事争议发生之前，或者签订合同之时，因此，在当事人意思自治选择涉外民事关系应适用的法律时，准据法是可以在争议发生之前被确定下来的，存在于识别之前。所以，适用准据法识别在当事人意思自治选法条件下并无逻辑错误。适用准据法识别能够保持识别和当事人实体权利义务的确定适用同一法律，保证法律适用的一体性。适用准据法识别在我国从未被采用过，其原因一是当事人选择的准据法如果是法院地法，与受案法院适用法院地法识别异曲同工，受案法院没有必要舍本求末；原因二是当事人选择的准据法如果不是法院地法，这与受案法院国家规定的识别适用法院地法抵触，故排除适用准据法识别。

第三，分析法学与比较法说。德国法学家拉沛尔（Rable）和英国法学家贝克特主张用分析法学和比较法学的方法识别，该观点认为法律适用规范使用的概念与实体法中的概念，特别是准据法为外国法时，往往出现不一致，这就需要按照分析法学的原则在比较研究与案件相关国家法律基础上形成一般法律原则，适用抽象出来的法律原则进行识别。该观点的积极意义在于追求识别的公正性和合理性，存在的问题是脱离实际，缺乏现实性，加重法官负担，很难实施。

第四，依最密切联系地法识别。这是我国学者提出的观点，该观点认为：传统的识别法律依据理论之所以有诸多缺陷，根本原因就在于确定识别法律依据时没有从识别的对象出发，致使识别与案件的事实构成缺乏实质性的联系。识别的对象有一个基本的特点，即在具体案件中是确定的，从宏观角度论及识别的对象时又是不确定的，是确定性与不确定性的统一。这一特点要求识别的依据应当是一个确定的能适用所有识别案件的指导性原则，但又不应是某一确定的法律。分析法学和比较法的识别方法缺少确定性，失之空泛，依法院地法和准据法识别虽有确定性，但缺少灵活性，过于机械和呆板。而符合确定性与不确定性统一的识别依据，就是最密切联系地法。这一识别法律依据的确定性在于就一般意义上的识别对象而言，它是确定的识别依据，能适用于所有的识别案件，它的不确定性表现在就各具体案件的识别对象而言，又是不确定的依据，它不是确定的某一国法律，而是根据事实情况与有关国家的联系来确定应用何国法识别。

第五，依事实情况发生地法识别。持这一主张的学者认为：国际社会中的民事活动一般都是依据与该项活动有关的某一事实情况发生地或存在地国家的法律进行的，只有依据该法律对事实情况进行识别才符合诚实信用原则。适用事实发生地法识别，能使当事人预见到识别适用的法律，有利于维护国际社会秩序的稳定。另外，涉外民事关系一般与事实发生地具有最密切的联系，依据与涉外民事关系有最密切联系国家的法律进行识别容易得到各国的认可和接受。

二、法院地法识别利弊分析

(一) 适用法院地法识别的原因

识别适用的法律，除上述理论观点外，各国学者还有其他的主张。识别的法律依据，理论与立法和实践严重撕裂。在理论上，学者们主张识别不能概用法院地法，应当考虑案件的具体情况确定识别适用的法律，保证识别的正当性和公正性。在立法上，各国几乎无一例外的规定识别适用法院地法，在司法实践中，法院地法几乎是各国法官识别的唯一法律依据。立法、司法和理论之所以出现如此之大的反差，在立法上是主权优位的结果，在实践上是适用法院地法识别比适用其他法律识别有着不可比拟的优越性。

识别适用法院地法由法的性质所决定。由社会物质生活条件决定并反映国家意志的法律，必定要用来为创制它的国家和社会服务。涉外民事关系虽与几个国家有关，与几个国家的法律有联系，但适用法院地法往往能够最大限度地体现法院地国家的意志，维护法院地国家的社会秩序和谐。

识别适用法院地法能最大限度地维护法院地国家利益。利益作为一种客观存在，对法律适用有着重要影响，"人们奋斗所争取的一切，都同他们的利益有关"。法律是协调和实现利益的手段，也能阻碍一定的利益形成和取得。法律冲突说到底是一种利益冲突。在利益发生冲突时，法院地国家自然要寻找能够维护本国国家、法人、公民利益的法律，以保证本国获得最大利益，这一法律当然非法院地国法律莫属。

适用外国法识别脱离实际，不具有客观性。对事实情况的识别最终是由一国法院的法官完成。如果法官不依法院地法识别而适用其他国家的法律，这就要求法官熟谙该国法律。涉外民事关系不是固定的、一成不变的，而每个国家或者每个法院审理涉外案件的法官相对固定，如果要求审案法官对与案件有关的每一国法律都熟谙，这不仅过于苛刻，而且脱离实际。

法官熟谙本国法律也是导致识别适用法院地法的重要原因。一国法官对本国法律，不管是法律适用法，还是实体法，或者是程序法，都是熟悉和了解的，相比于法官适用不熟悉的法律进行识别，法官适用自己熟悉的法律不仅方便，而且准确。适用法院地法识别，当事人能在未到法院起诉前，通过自己对法律的理解，对涉外民事关系进行分析，对事实情况进行定性，得知讼争应适用的法律，预见法院的判决结果，从而维护社会关系的稳定。

（二）适用法院地法识别的弊端

适用法院地法识别是各国立法与司法的选择，自然有着其不可替代的优点。但涉外民事关系错综复杂，一刀切的适用法院地法，弊端也是显而易见的。

第一，涉外民事关系概依法院地法识别，容易忽视涉外民事关系的国际性。识别的对象是涉外民事关系中的事实情况。涉外民事关系涉及两个或者两个以上国家的法律，为求得涉外民事纷争的公正解决，需要在一定条件下适用外国法，包括在识别过程中适用外国法，这是法律适用法的宗旨，是法律适用法赖以生存的基础。如果所有涉外民事纷争都概以法院地法解决，整个国际社会就可以摒弃法律适用法。依法院地法识别过分强调了解决涉外民事纷争的属地性，忽视了涉外民事关系的国际性。

第二，概依法院地法识别，有悖法律适用法追求的目的。法律适用法追求的目的是公平、合理地适用法律，公正解决涉外民事争议。要实现这一目的，应做到适用法律平等、诉讼程序规范、判决结果公正。依法院地法识别，对法律适用规范的有效性价值有较好地实现，但有可能减损合理性价值的实现。如果过分依赖这一标准，甚至将它作为识别的唯一标志，排斥外国法在识别领域的适用，则违背了法律适用法所树立的平等对待各国法律，协调各国法律冲突，致力各国法律趋同，公正、合理地确认涉外民事关系当事人的权利和义务，实现保证人类整体秩序和谐的价值目标。

第三，依法院地法识别产生的方便和社会秩序稳定具有相对性。受案国法官用法院地法识别获得的方便往往是以当事人的不方便为代价的，受案国法官追求本国社会秩序的稳定也往往是以当事人本国的社会秩序不稳定为条件的，所以，依法院地法识别产生的方便、社会秩序稳定是相对的。

第四，涉外民事关系中所涉及的事实情况发生于或存在于法院地以外的国家，法院地国以法院地法进行识别，选择法律适用规范，确定准据法，以准据法裁断当事人之间的权利与义务，这种判决在事实情况发生地或存在地国家很难得到承认和执行。

三、适用法院地法识别的完善

依法院地法识别在维护国家司法主权方面发挥着重要作用，因此，各国立法大都规定识别适用法院地法，司法实践中，法官大都适用法院地法识别，依法院地法识别存在着的弊端被法院地法的广泛适用掩盖起来。随着社会的发展，法院地与事实发生地位于不同的国家的情况越来越多，特别是 2005 年通过的海牙《选择法院协议公约》于 2015 年 10 月 1 日生效后，当事人依据该公约选择法院势必增加法院地与事实发生地分离的情况。[1] 法院地与事实发生地分离时依然适用法院地法识别在外国境内发生的法律事实，识别结果不合理、不公正的现象就难以避免，我国已经出现了这样的司法实践。在中国公民宋菊茹与日本公民渡边睦义婚姻案中，对宋菊茹与渡边睦义在中国境内依中国法律缔结的婚姻关系的定性，中国法院依据中国法律识别认定婚姻形式要件和实质要件符合中国法律规定，婚姻合法有效；[2] 日本法院依日本法律对同一

---

〔1〕　2005 年 6 月 30 日海牙国际私法会议第 20 次外交大会通过《选择法院协议公约》，2015 年 10 月 1 日生效。荷兰外交部为该公约保存机关。该公约成员有欧盟（适用于除丹麦以外的 28 个成员）、墨西哥和新加坡等缔约方，美国、乌克兰等国已签署该公约。2017 年 9 月 12 日，中国驻荷兰大使吴恳代表中国政府签署了《选择法院协议公约》。

〔2〕　上海市第一中级人民法院刑事判决书，（1998）沪一中刑初字第 123 号。

法律事实进行识别，认定该婚姻关系为非法，从而否定其婚姻效力。[1] 识别的结果，宋菊茹、宋菊茹女儿于恩英、渡边睦义、玛利亚、前野被日本法院认定犯有"公证证书原本不实记载、使用及违反出入国管理及难民认定法"等罪，分别判处有期徒刑；中国法院认定渡边睦义犯重婚罪，判处拘役 3 个月。

概用法院地法识别存在的弊端已为一些国家所认识并通过立法的方式予以修正。以白俄罗斯共和国为例，1999 年《白俄罗斯共和国民法典》1094 条规定，"①确定应适用的法律时，法院应根据法院国法律对法律概念进行解释，但法律另有规定的除外。②若待识别的法律概念是法院国所没有的，或者在法院国的法律中以其他名称表述或具有其他内容，且依照该法不能确定该法律概念，则可适用外国法对其进行识别"。[2] 该规定在坚持识别适用法院地法前提下，采用但书形式规定例外情况下识别适用外国法。1999 年《亚美尼亚共和国民法典》第 1254 条、2001 年《哈萨克斯坦共和国民法典》第 1085 条、2001 年《俄罗斯联邦民法典》第 1187 条、2002 年《摩尔多瓦共和国民法典》第 1577 条都是与《白俄罗斯共和国民法典》第 1094 条完全相同的规定。

---

〔1〕 中国公民宋菊茹与日本公民渡边睦义婚姻案案情：1994 年 4 月 6 日，渡边睦义与宋菊茹在天津市民政局办理了婚姻登记手续。婚后，渡边睦义回到日本。同年 8 月 26 日，宋菊茹到日本寻夫。找到渡边睦义在日本静冈县清水市的住所后，被告知渡边睦义正在国外工作。宋菊茹居住女儿家中。宋菊茹为了延期签证到区役所开具在籍证明时，得知渡边睦义已盗用她的名义单方解除了婚姻关系。宋菊茹向静冈县家庭裁判所提起离婚协议无效诉讼。日本长城集团公司得知这一消息，立即派工作人员前野前来游说，许诺待渡边睦义返日后帮助解决。宋菊茹信以为真撤回起诉。但是，名古屋出入国管理局清水市办事处认定宋菊茹已离婚拒绝为其延长签证。1996 年 1 月 18 日，静冈县清水警察署以涉嫌"公证证书原本不实记载和使用及违反出入国管理及难民认定法"罪将宋菊茹逮捕，1 月 31 日以于恩英曾代表母亲与前野一同到区役所在"隐瞒事实"的情况下在渡边睦义户籍原本上进行不实记载为由，将已有 5 个月身孕的于恩英逮捕。渡边睦义、长城集团公司负责人玛利亚、工作人员前野被控共谋假结婚亦被逮捕，静冈县地方检察院对上述人员提起公诉。静冈县地方法院从 1996 年 3 月至 1997 年 3 月进行了 17 次审理，认定宋菊茹与渡边睦义虚假结婚，上述人员分别被判处有期徒刑。渡边睦义以非法手段抛弃宋菊茹后，与我国赴日人员蔡某结秦晋之好，不到几个月，又与蔡某离婚。随后又转道上海，手持日本国籍证书及与前妻渡边弘子的离婚证书和上海一位 20 多岁的邹姓女子在沪登记结婚。宋菊茹在法律界人士的帮助下，决定以被害人的身份行使法律赋予的权利。由于在日本难以脱身，宋菊茹全权委托案外的大女儿于恩嘉在上海以重婚罪指控渡边睦义。上海的两位律师接受代理后，将宋菊茹的自诉状递交上海市第一中级人民法院。1998 年 10 月 16 日，法院立案受理。10 月 18 日，被告人渡边睦义从上海欲离境回国时，因涉案被我边防部门依法拦阻，扣留了护照。法院审理本案后认为，渡边睦义与宋菊茹自愿结婚，中国婚姻登记机关予以登记并发给结婚证，双方夫妻关系确定。渡边睦义冒签宋菊茹的名字欺骗日本有关部门，单方解除与宋菊茹的婚姻关系后，在上海又与他人登记结婚，其行为已构成重婚罪。渡边睦义在日本所受到的刑事处罚不能成为在我国免除刑事处罚的理由。1999 年 2 月 9 日，法院判处渡边睦义犯重婚罪，判处拘役 3 个月，并将在服刑期满后被驱逐出境。

〔2〕 邹国勇译注：《外国国际私法立法精选》，中国政法大学出版社 2011 年版，第 37 页。

我国《法律适用法》是 2010 年通过的，其制定时间晚于东欧诸国家民法典的制定。《法律适用法》制定时，应当吸纳我国学者的观点，借鉴东欧诸国先进立法理念，规定识别适用法院地法，例外适用外国法。对于识别的依据，我国学者在《中华人民共和国国际私法示范法》制定过程中已经有了明确的表达，"对国际民商事关系的定性，适用法院地法。但如果依法院地法不能适当解决的，可以参照可能被选择适用的法律来解决"。[1] 我国《法律适用法》立法没有充分考虑涉外民事法律适用过程中识别的特殊性，混同涉外民事裁判的定性与国内民事裁判中的定性，依然规定"涉外民事关系的定性，适用法院地法律"，单一采用法院地法作为定性唯一依据。这样的规定除丧失法律的前瞻性之外，还反映出我国立法和司法实践的现实状态，就是对涉外民事关系的识别仍囿于国内民事关系定性的思维。

我国涉外民事关系识别的立法应当完善，在规定以法院地法作为识别依据的同时，应当兼顾涉外民事法律定性的特殊性，以外国法作为识别的补充性法律。在当下，识别的法律依据应当做出这样的解释：识别适用法院地法律，在适用法院地法律识别不可能或者不合理的情况下，应当依据《法律适用法》第 2 条规定适用与事实构成有最密切联系的国家的法律。

第四节　我国法院识别的实践

识别是涉外民事案件审判的必要环节，每一个涉外民事案件都需要对案件事实进行定性，根据案件性质找出法律适用规范，依据法律适用规范确定准据法。我国法院"2012 年至 2016 年共审结涉外、涉港澳台民商事案件及海事海商案件 276 271 件"[2]，平均每年 55 254 件。通过北大法宝等搜索引擎查询，自 2011 年 1 月至 2018 年 10 月，法院审理的涉外民事案件适用《法律适用法》第 8 条的案例仅有 162 件，平均每年 23 件，我们每年审理的涉外民事案件的数量与适用《法律适用法》第 8 条的数量不成比例。在适用《法律适用法》

---

〔1〕　中国国际私法学会编：《中华人民共和国国际私法示范法》，法律出版社 2000 年版，第 5 页。

〔2〕　张勇健："为全面开放新格局提供更加有力的司法服务和保障"，载《人民法院报》2017 年 11 月 29 日，第 7 版。

第 8 条定性的案件中，绝大多数案件的判决书并没有清楚表述适用《法律适用法》第 8 条的目的是对案件定性，而是将适用《法律适用法》第 8 条放置于若干罗列出的法律适用规范之中，作为适用中国法律的一个注解，张文胜与吕湖江股权转让纠纷案即为一例。本案识别适用的法律、确定准据法适用的法律，判决书主文部分做了详尽的阐释，然水漫金山，罗列《法律适用法》第 2 条、第 3 条、第 8 条、第 9 条、第 10 条、第 14 条、第 41 条以及《司法解释（一）》第 1 条、第 8 条第 1 款作为选法依据，[1] 不仅画蛇添足，而且使得选法依据扑朔迷离，不知究竟适用哪一条法律适用规范识别法律事实，确定案件的准据法。

《法律适用法》第 8 条的适用存在诸多问题，不尽如人意，但还是可以欣喜地看到若干正确适用该条的案例，北京市第一中级人民法院审理的美国百瑞德公司（BIOREDOXINC.，以下简称"百瑞德公司"）与北京颖泰嘉和生物科技有限公司（原名为"北京颖新泰康国际贸易有限公司"，以下简称"颖泰嘉和公司"）居间合同纠纷案和北京市高级人民法院审理的颖泰嘉和公司与百瑞德公司居间合同纠纷上诉案即为代表。

2008 年 5 月 17 日，颖泰嘉和公司与百瑞德公司签订合作协议，约定双方合作向科聚亚公司外销土菌灵等农药，颖泰嘉和公司不直接与科聚亚公司来往。百瑞德公司同意只代理科聚亚公司的这个项目，颖泰嘉和公司同意给百瑞德公司一个转手价，以便百瑞德公司与科聚亚公司协商供货合同或订单。这个转手价与最终的销售价之差就定义为百瑞德公司的应得利润。百瑞德公司履行了合作协议项下的义务，颖泰嘉和公司始终未按合同约定向百瑞德公司支付报酬。百瑞德公司多次催讨，颖泰嘉和公司无端推诿。百瑞德公司诉诸法律，请求法院判令颖泰嘉和公司履行合同付款义务。

百瑞德公司定性案件性质为居间合同纠纷，颖泰嘉和公司主张案件性质为委托代理争议。一审法院认为，百瑞德公司与颖泰嘉和公司签订的合作协议系双方当事人真实意思表示，协议内容不违反法律、行政法规的强制性规定，合法有效。双方争议的法律关系性质，依照《法律适用法》第 8 条规定适用法院地法律定性。百瑞德公司作为中间人，促成颖泰嘉和公司与科聚亚公司签订买卖合同，本案符合居间合同法律关系特征，应定性为居间合同争议。百瑞德公

---

[1] 重庆市长寿区（县）人民法院民事判决书，（2015）长法民初字第 5600 号。

司提供了居间服务，履行了合同义务，理应得到相应的报酬。[1]

颖泰嘉和公司不服一审判决，提起上诉。上诉理由之一是"一审判决认定合作协议中'exclusive agent'应译为'独家经纪人'而非'独家代理人'，以及对其他协议条文翻译的认定，均与合作协议本意不符，认定事实极其错误"。北京市高级人民法院审理认为，一审法院依照《法律适用法》第8条规定适用法院地法律定性案件性质为居间合同纠纷，认定事实清楚，适用法律正确，本院予以维持。[2]

从收集到的法院判决书来看，阐述适用《法律适用法》第8条为案件进行定性的不多，在阐述适用《法律适用法》第8条定性的案例中，准确适用该条的案例不多，尽管如此，我们还是从上述两个判决中看到了希望。

---

[1]　北京市第一中级人民法院民事判决书，（2012）一中民初字第 4745 号。
[2]　北京市高级人民法院民事判决书，（2013）高民终字第 1270 号。

第七章

外国法查明的立法、理论与实践

外国法查明是西方国家建立的法律制度，自设立以来，争议不断，其运行过程中产生的法律问题为国内外学者一直关注。清朝末年外国法查明制度经日本移植到我国，移植时称为"外国法之证明"（proof of foreign law），将外国法视为证据，"由受此法律利益之当事者自己证明"。[1] 从清朝末年至 1988 年最高人民法院在《民通意见》中确立我国外国法查明途径这一历史时期，外国法查明制度始终处于理论探讨状态，中国没有进行外国法查明制度立法，实践中罕见查明外国法和适用外国法的案例。2010 年《法律适用法》在司法解释基础上第一次以法律的形式对外国法查明作出规定，建构起我国的外国法查明制度。《法律适用法》实施后，我国外国法查明与适用的情况不尽如人意，许多应当适用外国法为准据法的案件被以各种理由排除适用，转而寻求法院地法。有学者对此提出了尖锐的批评：在有法可依的情况下，司法实践依然难以"依法"。纸上的条文无法解决实践中的问题。外国法查明之难与中国法被适用的情况既是现实司法实践的真实写照，也暴露出立法过于原则难以操作的弊病。立法的高高在上与司法实践的无可奈何形成了鲜明对比，纸上的条文与实践中的操作有时是截然分开的。[2]

《法律适用法》实施后我国查明外国法的状况没有改观，原因是《法律适用法》只是对以往最高人民法院外国法查明的司法解释做了形式上的调整，外国法查明制度本质不仅没有改变，反而加重了当事人查明外国法的责任。正因

---

〔1〕 郭斌编：《国际私法》，载《法政丛编》（第 12 种），湖北法政编辑社 1905 年版，第 114 页。

〔2〕 林燕萍、黄艳如："外国法为何难以查明——基于《涉外民事关系法律适用法》第 10 条的实证分析"，载《法学》2014 年第 10 期，第 121 页。

为如此，已成为学界探讨热点的外国法查明制度，在《法律适用法》实施后持续升温，成为理论研究热点。就外国法查明制度本体而言，由于各国法律对该项法律制度规定不同，特别是大陆法系国家与英美法系国家对外国法性质认定的迥异，学界在外国法查明的概念、外国法查明的主体、外国法查明的内容、外国法查明的责任分配、外国法查明的途径等法律问题上一直存在争议。就外国法查明制度本体衍生而来的外国法的解释和确定，外国法无法查明的认定及外国法无法查明情况下的法律救济等法律问题而言，同样是争议不断。学者对上述理论问题展开的讨论，推动了我国外国法查明制度的变革，学者们提出的许多富有创设性的建议促进了我国外国法查明制度的完善。

第一节　外国法查明的概念与外国法查明的主体

一、外国法查明的概念

外国法的查明学术界有不同的观点，主流观点将其定义为"指一国法院根据本国冲突规范指引应适用外国法时，如何查明该外国法的存在和内容"。[1]该观点认为外国法查明的目的有两项，一项是查明法律适用规范指引的外国实体法是否存在，如果不存在，外国法查明程序终止；另一项是经过查明，法律适用规范指引的外国法存在，则确定外国法的内容，为涉外民事关系调整或者涉外民事争议的解决找出具体的实体法律规则。

有学者从程序法角度为外国法查明下定义，认为"外国法查明是指一国法院在审理涉外民商事案件时，对依据本国冲突规范援引应作为准据法适用的外国法规定的内容如何认定的行为过程"。[2]该定义从程序法的角度把外国法查明理解为外国法查找和认定过程，侧重点在于强调查明外国法程序的规范性和合理性。

也有学者认为无论从外国法查明目的，还是从外国法查明过程给外国法查

---

[1]　齐湘泉主编：《涉外民事关系法律适用法》，人民出版社2003年版，第103页；李双元等：《中国国际私法通论》（第3版），法律出版社2007年版，第188页；赵相林主编：《国际私法》（第4版），中国政法大学出版社2014年版，第112页。

[2]　屈广清主编：《国际私法导论》（第2版），法律出版社2005年版，第216页。

明下定义都不全面，都不完美，外国法查明的定义应当包括"目的+过程"。基于这样一种认识，外国法查明被定义为一国法院在审理涉外民事案件时，依据本国法律适用规范或者国际条约的指引应适用某一外国法作为准据法，由围绕查明外国法的内容和存在所进行的包括外国法查明责任的分配、查明外国法的途径的选择、外国法内容的解释和确定无法查明外国法的救济等事项组成的法律适用法基本制度。[1]

对一项法律制度，可以从多角度理解，从不同的方面下定义。对法律制度下定义的基本要求是用简洁明确的语言对法律制度的本质特征作概括的说明，既要对该法律制度的内容高度概括，又要符合形式上、格式上的要求。从目的角度给外国法查明下定义，从内容上抓住了这一法律制度的本质特征，完整、准确、清晰、明了地解释了外国法查明概念的全部内涵，而且定义的对象与所下定义的外延吻合、相容。从过程给外国法查明下定义，只是揭示了外国法查明的外在形式，阐释了外国法查明的具体过程，虽然面面俱到，但没有反映出外国法查明的本质特征。因此，从外国法查明目的下定义的效果要优于从外国法查明过程下定义。

进入 21 世纪，确切地说是 2005 年以来，我国查明外国法的研究突然发力，迅速成为理论热点。长达十余年的外国法查明理论探讨，几乎重塑了我国外国法查明制度理论，推动了我国外国法查明制度的变革。在这场理论探讨中，有学者对外国法查明重新定义："法院地国法院通过某种机制或者手段，明确认知外国法，并将其适用于具体案件争议事项的制度"。[2] 该定义在原有定义基础上对外国法查明做了时间和空间两方面的延伸，在保留查明法律适用规范指引的外国法是否存在，为涉外民事关系调整或者涉外民事争议的解决找出具体的法律规则两项功能前提下，增加了将查明的外国法"适用于具体案件争议事项"内容。该定义在时间跨度上主张外国法查明从法律适用规范指引涉外民事关系的准据法为外国法时始，至查明的外国法适用于涉外案件时止；在空间跨度上主张查明外国法不仅要解决外国法的司法认知，更重要的是要解决外国法在涉外案件中的适用。如此定义给外国法查明带来不堪承受之重。外国法查明始于法律适用规范指引涉外民事关系适用外国法，准据法为外国法就需

---

〔1〕 张潇剑：《国际私法论》，北京大学出版社 2004 年版，第 120 页。
〔2〕 苏晓凌：《外国法的适用：一个宏观到微观的考察》，中国法制出版社 2015 年版，第 5 页。

要查明。对于外国法的查明，不同国家规定了不同的途径和方法。获取了可以或者可能适用的外国法后，该外国法并不能立即适用，法官至少还要审查该外国法的适用是否与本国公共秩序相抵触，甄别该外国法是否是通过规避本国法获得的。法官在确定外国法的适用不与本国公共秩序相抵触，当事人不存在规避本国法行为之后，才能适用查明的外国法。定义外国法查明为查找、确认、适用外国法三项内容，就是将公共秩序保留制度、法律规避制度囊括于外国法查明制度之中，这在逻辑上、法理上和实践中都说不通。

查明外国法的结果有三种可能：一种是外国法存在，内容亦查清；一种是外国法存在，内容无法查证；一种是外国法不存在，内容亦无法查证。查明外国法出现后两种结果，法律适用规则指引的外国法不可能得以适用，各国都转而适用本国法。查明外国法不仅指查明了外国法，还包括查明了外国法不存在或者外国法内容不存在的情况，外国法不存在或者外国法内容不存在，法律适用规范指引的外国法不能得以适用，因此，查明外国法只能是查明外国法是否存在及内容，不能涵盖外国法的适用。

二、外国法查明的主体

（一）法院是查明外国法的当然主体

外国法查明的主体，《法律适用法》实施以前，我国立法没有明确规定，实践中适用最高人民法院的司法解释。最高人民法院不同时期的司法解释对查明外国法主体的规定有所不同，对查明外国法主体的界定不甚明晰，使理论上各级人民法院是查明外国法的主体，事实上法院多责成当事人查明外国法，当事人成为查明外国法的事实主体。"现实情况中，法院审理涉外民事案件需要查明外国法的内容时，法官并不依职权查明，而是直接要求当事人提供，当事人不能提供外国法律的内容，法官也很少通过其他途径查明外国法律",[1] 以外国法无法查明为由径直适用中国法律。我国法院在查明外国法的途径选取上过度依赖当事人提供这一途径，加重了当事人的负担。虽然在绝大多数国家，无论法院把外国法视为事实还是法律，当事人都可以协助法院查明外国法的内容，但片面依靠"当事人提供"这一查明途径无疑会削弱法院在外国法查明上

---

〔1〕 刘来平："中国外国法查明的司法实践及其立法建议"，载《首都师范大学学报（社会科学版）》2006 年第 6 期，第 37 页。

的职责。因此我国法院须充分利用国际合作、中外法律专家等其他法定途径，以及网络途径等非法定途径。[1]

《法律适用法》第 10 条第 1 款对查明外国法主体作出了明确规定："涉外民事关系适用的外国法律，由人民法院、仲裁机构或者行政机关查明。当事人选择适用外国法律的，应当提供该国法律。"对该条规定，学者们做了不同的解读，产生的理论争议主要有：

第一，《法律适用法》沿袭 2007 年《最高人民法院关于审理涉外民事或商事合同纠纷案件法律适用若干问题的规定》第 9 条规定，采用"二分法"在法官和当事人之间划分了查明外国法的责任，[2] 当事人与法官分别为不同条件下的查明外国法主体，具有同等法律地位，共同承担查明外国法的责任。与此相反的观点认为，我国立法机关已经明确区分了外国法的提供主体与外国法的查明主体，外国法的提供主体是当事人、当事人的代理人等，外国法提供主体所承担的责任是查找并向法院提供作为准据法的外国实体法；外国法的查明主体是我国法院等执法机构，外国法查明主体不仅承担查明外国法的责任，而且有权决定查明的外国法能否作为确定当事人权利义务的准据法。外国法提供的主体与外国法查明的主体其主体资格、工作内容、权利义务、实现目的和行为的法律效果均有不同。在我国的司法实践中，我国的一些法院将外国法的提供与外国法的查明混为一谈，这种观念上的不清晰导致了外国法查明存在诸多问题。[3]

第二，有学者褒扬仲裁机构和行政机关作为查明外国法主体，认为仲裁机构承担外国法查明职责，符合当代国际商事仲裁迅猛发展的趋势，行政机关为外国法查明的责任主体，是完善中国的外国法查明制度的有益尝试。[4] 有学者质疑仲裁机构和行政机关与法院地位等同成为外国法查明主体，认为《法律适用法》第 10 条所规定的查明主体除人民法院之外，还包括仲裁机构和行政机关，且后两者查明外国法完全适用法院查明外国法的规则，实为不妥。从比

---

〔1〕 卜璐："无法查明外国法：认定标准和滥用防控"，载《苏州大学学报（法学版）》2016 年第 3 期，第 26 页。

〔2〕 钟易扬："仲裁机构和行政机关作为外国法查明责任主体的合理性问题研究——评《涉外民事关系适用法》第 10 条"，载《法制博览》2016 年第 4 期，第 266 页。

〔3〕 孙建："我国外国法查明立法的实施问题"，载《天津法学》2017 年第 1 期，第 60 页。

〔4〕 张正怡："《涉外民事法律关系适用法》中的外国法查明制度"，载《长安大学学报（社会科学版）》2011 年第 2 期，第 120 页。

较法角度看，各国鲜有规定仲裁机构或仲裁庭查明外国法的规则，更加罕见行政机关查明外国法的规则。我国立法为何如此别出心裁，是深思熟虑的创举，还是流于表象的败笔，对此困惑，[1] 这种世界各国法律中实属罕见的规定的合理性值得怀疑。

法院是查明外国法的当然主体，这是毋庸置疑的，也是各国的普遍实践；仲裁机构、行政机关与法院并列作为查明外国法的主体，有不妥之处；将当事人列为与法院对应的查明外国法主体，以及完全否定当事人在查明外国法中的作用既不符合《法律适用法》立法本意，也不符合实际情况。这里，重点探讨仲裁机构、行政机关和当事人作为外国法查明主体的问题。

（二）仲裁机构作为外国法查明主体的问题

仲裁机构作为解决国际民商事争议的裁判组织，具有仲裁权。仲裁机构行使仲裁权裁断国际民商事争议，准据法为外国法时，仲裁庭须查明。仲裁机构拥有查明外国法的职权，是查明外国法的主体。

仲裁机构是社会团体，是民间组织，仲裁机构的仲裁权来源于当事人的授权，基于双方当事人合意订立的仲裁条款。法院是一国的司法机关，其司法权来源于国家主权，法院裁断涉外民事争议，是代表国家行使司法权力。法院与仲裁机构有本质上的区别，二者虽然都有裁断涉外民事争议的权力，都是查明外国法的主体，但二者的权力来源不同，查明外国法的途径不同，在查明外国法过程中所处地位也不相同，这就决定了仲裁机构和法院不能共享基于司法权建立起来的外国法查明制度和外国法查明规则，应当建立起与仲裁制度相适应的外国法查明制度和规则。

法院查明外国法出现偏差导致外国法适用错误，当事人可以通过上诉途径寻求法律救济，仲裁庭查明外国法出现偏差导致外国法适用错误，当事人几乎不可能获得法律救济，因为仲裁"一裁终局"，没有救济渠道。寻求仲裁裁决撤销或者不予承认与执行司法救济亦不可行，查明外国法错误不是撤销涉外仲裁裁决或者不予承认与执行外国仲裁裁决的法定理由。

《法律适用法》实施以前，我国只有机构仲裁，没有临时仲裁。随着"一带一路"倡议的实施，临时仲裁在千呼万唤中浮出水面，已经开始试点。2016

---

〔1〕　焦燕："我国外国法查明新规之检视——评《涉外民事关系法律适用法》第10条"，载《清华法学》2013年第2期，第171页。

年 12 月 30 日发布的《最高人民法院发布关于为自由贸易试验区建设提供司法保障的意见》第 9 条第 3 款规定，在自贸试验区内注册的企业相互之间约定在内地特定地点、按照特定仲裁规则、由特定人员对有关争议进行仲裁的，可以认定该仲裁协议有效。[1] 该《意见》为临时仲裁提供了法律依据，使临时仲裁在我国有了合法性。2017 年 3 月 23 日，珠海市横琴新区管理委员会和珠海仲裁委员会正式发布了《横琴自由贸易试验区临时仲裁规则》，该仲裁规则自 2017 年 4 月 15 日起在广东珠海横琴自贸区施行，标志着临时仲裁在中国境内已真正落地。临时仲裁是当事人以仲裁协议形式将当事人之间的争议交给临时组成的仲裁庭进行审理并作出裁决的争议解决方式，临时仲裁组织形式无一定之规，仲裁庭的成员由当事人协商选定，仲裁庭独立组织管理并裁决仲裁案件，仲裁庭审理案件方式可以开庭，也可以不开庭，仲裁庭作出仲裁裁决后即告解散。因此，临时仲裁不可能也不应该采用法院适用的程序查明外国法。

《法律适用法》之所以将仲裁机构列为与法院并行的查明外国法主体，是因为我国事实上将仲裁机构视为"第二法院"，以规范司法机关的方式规范仲裁机构。法院是一个国家的司法机关，仲裁机构是民间组织，二者在性质上存在本质区别，在外国法查明方面，有着不同的路径和方法，不能用同一尺度对仲裁机构实行与法院无差别的管理，忽视仲裁机构查明外国法的特殊性。

在我国，仲裁分为国际商事仲裁、国内商事仲裁。我国加入世界贸易组织（WTO）以后，各商事仲裁机构积极寻求与国际接轨，开始建立行业性的仲裁机构，契合仲裁专业化发展趋势。2007 年 12 月 29 日，第十届全国人民代表大会常务委员会第三十一次会议通过《中华人民共和国劳动争议调解仲裁法》，我国又建立起劳动仲裁机构和劳动争议仲裁制度。解决劳动争议的仲裁机构是劳动争议仲裁委员会，劳动争议仲裁委员会是各级人民政府领导下的具有司法性质的行政执法机构，代表国家行使劳动争议仲裁权。劳动争议仲裁委员会不仅管辖国内劳动争议案件，也受理涉外劳动纠纷。涉外劳动争议主要有五种形式：外国人在中国境内的中资企业提供劳动服务争议、外国人在中国境内的外资企业提供劳动服务争议、中国人在境外中资企业提供劳动服务争议、中国人在境外外资企业提供劳动服务争议和外国仲裁机构作出的劳动争议仲裁裁决在

---

[1] 《最高人民法院关于为自由贸易试验区建设提供司法保障的意见》，法发〔2016〕34 号。

我国的承认与执行问题。[1] 实践中，劳动者受聘于劳务公司，劳务公司派遣劳动者到用工单位工作，这已是普遍的社会现象，由此引发了更为复杂的劳动关系。在一段时间里，在中国劳动争议仲裁委员会提起的涉外劳动争议，通常采用单边冲突规范，强制适用中国劳动法，这不利于涉外劳动争议的解决，有学者建议"在一定条件下适用外国劳动法解决涉外劳动争议"。[2] 2010 年《法律适用法》第 43 条规定，劳动合同适用劳动者工作地法律，根据该规定，在境外工作的劳动者在劳动争议仲裁委员会提起劳动争议仲裁，应适用的法律是外国法，劳动争议仲裁委员会应承担查明外国法的责任，是外国法查明的主体。就目前我国劳动争议仲裁委员会现状来看，缺乏查明外国法的机制，不具备查明外国法的能力。因此，不区分国际商事仲裁、临时仲裁、劳动争议仲裁，笼统规定涉外民事关系适用的外国法律由仲裁机构查明，严重脱离我国实际。

（三）行政机关作为外国法查明主体的问题

行政机关是依照宪法和有关法律设置的、行使国家权力、组织管理行政事务的机构。行政机关是国家机构的重要组成部分，是行政法实施的主体。行政机关处理涉外事务，涉及外国法的适用时，需要查明外国法，因此，行政机关是外国法查明主体。

依据《法律适用法》的规定，行政机关在下列情形下，可能需要查明应适用外国法：①涉外认定死亡。认定死亡又称为"第三种死亡"，是指失踪人因意外事故或者自然灾害下落不明，经全力搜救未找到失踪人或者未发现失踪人遗体，综合各种因素判断失踪人断无生存可能，国家或地区的行政部门或者救助机构推定失踪人死亡并做出推定死亡宣告，从而认定失踪人死亡（第 13

---

〔1〕 2014 年，美国公民瑞克·斯蒂文·布鲁曼（Rick Steven Brouman）向北京市第一中级人民法院申请承认与执行美国仲裁协会国际争议解决中心 2012 年 3 月 13 日作出的 No.50160T0023911 号仲裁裁决。北京市第一中级人民法院经过审查，2014 年 12 月 17 日作出（2014）一中民特字第 878 号民事裁定书，承认并执行美国仲裁协会国际争议解决中心 No.50160T0023911 号仲裁裁决。

〔2〕 董勤："涉外劳动争议中劳动法适用问题"，载《江淮论坛》2005 年第 3 期，第 72 页。

条）。[1] ②婚姻登记机关对涉外结婚实质要件的审查（第21条）。③婚姻登记机关对涉外结婚形式要件的审查（第22条）。④婚姻登记机关对协议离婚的审查（第26条）。⑤中国收养组织对涉外收养条件的审查（第28条）。⑥市场监督管理机关通过行政手段解决侵害消费者权益案件、产品责任案件，可能出现适用外国法情形（第42条、第45条）。

　　行政机关办理涉外业务，解决涉外民商事争议，依据法律适用规则指引应适用的法律是外国法时，行政机关应当依职权查明。行政机关查明外国法，存在的问题是如何查明。根据《法律适用法》第10条规定，除协议离婚、消费者合同当事人选择适用外国法并提供外国法外，其余情形适用外国法都需要人民法院、仲裁机构或行政机关依职权查明。我国现行法律没有行政机关查明外国法途径的规定，实践中行政机关查明外国法的途径比较单一，主要通过查阅法律法规汇编、法律著述、法律资料途径获取，或者要求当事人提供。[2] 行政机关是否可以采用法院查明外国法的途径查明外国法，这在理论和实践两个方面都需要进行探讨，因为行政权毕竟不同于司法权，如果行政机关采用与法院相同的途径查明外国法，行政机关就转化为法院了，这不具有现实性。行政机关是否可以像法院查明外国法那样，聘请专家证人，允许当事人提供专家证据；行政机关和当事人之间，当事人相互之间对外国法的内容和解释意见不一，是否允许当事人就此展开辩论，行政机关是否像法院那样不囿于当事人提供的外国法信息范围，享有对外国法内容的最后决定权，如何保证外国法查明程序公正，如何保证行政机关查明的外国法内容的真实有效性，这些问题使我国行政机关成为外国法适用和查明的主体时陷入两难困境，要么让自己成为法院，要么无法保证外国法查明的程序公正和查明内容的真实有效。《法律适用

　　[1] 涉外死亡认定典型案例："晓洋"号轮船从香港地区航行至越南胡志明市的途中，船员殷素杰意外落水，经搜救仍下落不明，上海港公安局出具推定殷素杰死亡证明，上海海事法院根据该证明作出（2008）沪海法特字第4号判决，宣告殷素杰死亡。2014年3月8日，马来西亚航空公司MH370执行吉隆坡飞往北京的航班。飞机起飞后不久便失联，多方搜救无果。2015年1月29日，马来西亚民航局宣布飞机失事，并推定机上239名乘客和机组人员（其中中国大陆153人、中国台湾1人）全部遇难。
　　[2] 2004年8月14日，英国公民罗伯德和梅兰妮在广州市民政局涉外婚姻登记处登记结婚。这是新中国成立以来第一对在广州登记结婚的外国人。根据《婚姻登记条例》的规定，双方均为外国人在我国办理结婚登记，必须出具双方所在国承认其居民在国外办理结婚登记效力的证明。罗伯德和梅兰妮请求英国驻广州领事馆出具婚姻效力证明，领事馆官员查阅英国法律后，为罗伯德和梅兰妮开具了婚姻效力证明。"证明"简单明确——"只要两人结婚的程序符合中国法律的规定，那么他们的婚姻便也为英国的法律所承认"。

法》第 10 条将法院和行政机关并列作为查明外国法主体，混同了法院和行政机关的性质和职能。法院是专门的法律适用机关和合法性审查机关，而行政机关虽在少数情形下可以成为合法性审查机关，但主要还是执行机关，并不擅长法律适用和合法性审查任务。行政机关没有查明外国法的资源，公务员的素养难以完成外国法查明的任务。在法院尚且动辄避免适用外国法和查明外国法大环境下，规定行政机关和法院负有同等的外国法查明义务，实在强人所难。

（四）当事人是否是查明外国法的主体

当事人是否是查明外国法的主体在我国是一个有争议的法律问题，也是一个需要厘清的理论问题。赞同当事人是查明外国法主体的学者认为，《法律适用法》第 10 条采用了两分法查明外国法，如是法官依职权确定适用外国法的，则外国法由法官依职权查明，即采法官查明模式，如是当事人合意选择适用外国法的，则外国法由当事人提供，即采当事人查明模式。[1] 否认当事人是查明外国法主体的学者认为，外国法查明分为外国法查找或者提供阶段和外国法效力确认阶段，在这两个阶段分别拥有查明权和确认权的才能成为外国法查明主体。"我国外国法的提供主体不具有查明外国法的主体资格，而我国法院等查明主体才是具有查明外国法资格的查明主体，它们才有资格查明某外国法是否为某一特定问题的规定及其真实性和有效性。外国法的提供主体所要实现的是查找外国法并向外国法的查明主体提供该外国法；而外国法的查明主体所要实现的是要查明某外国法是否为某一特定问题的规定及其真实性和有效性，确认其是否是应当适用的外国法"。[2]

上述两种对立的观点都有合理的因素，也都有偏激的成分。查明外国法的责任分配，世界各国始终在法官和当事人之间摇摆，至今没有统一的规则。我国在查明外国法责任分配上的摇摆幅度和变化频率之大是少有的，《法律适用法》第 10 条的规定并非尽善尽美，以该条规定为依据讨论查明外国法的责任分配，所得出的结论未必符合我国国情。《法律适用法》第 10 条的指导思想是谁主张适用外国法谁承担查明责任，这种泾渭分明的划分不利于查明外国法，没有当事人提供外国法，法院可能更怠于适用外国法。完全否认当事人提供外

---

〔1〕　焦燕："我国外国法查明新规之检视——评《涉外民事关系法律适用法》第 10 条"，载《清华法学》2013 年第 2 期，第 174 页。

〔2〕　孙建："我国外国法查明立法的实施问题"，载《天津法学》2017 年第 1 期，第 62 页。

国法在查明外国法中的作用也是不足取的，诚然，当事人意思自治选择适用外国法，当事人负有提供外国法的义务，法官享有是否适用当事人提供的法律的决定权，但不能以法院的确定权否定当事人提供外国法是查明外国法的重要组成部分，客观公正的评价是法官与当事人是共同的查明外国法主体。

在我国，无论是立法还是司法实践，外国法查明一直被认为是司法机关行使国家司法权的行为，外国法由法院依职权查明而不容他人染指。当事人查明外国法并向法院提供，只是法院查明外国法的一个渠道，而不是与法院查明外国法同一意义的外国法查明。由于各种原因，法院在多数情况下怠于行使查明外国法的职权，而将查明外国法的责任推诿于当事人，当事人在查明外国法过程中事实上处于主导地位。"在一些涉外案件中，在当事人未能充分提供外国法资料，或法院不能确定当事人提供外国法资料的效力时，法院并不会主动介入依职权调查外国法。当前的司法实践似乎不能为我们提供规则意图的法官和当事人共同协作查明外国法的理想愿景"。[1] 实践中，许多法院要求当事人承担外国法的查明义务，以便尽可能使法院摆脱查明外国法的种种困难，减少其查明外国法的负担。

查明外国法不仅是一项义务，更是一项权利，而且这项权利只能由具有中立地位的法院等主体享有。有学者质疑当事人查明外国法的主体地位，拷问当事人不具有中立地位，让其作为外国法提供主体是否合理？当然，如果不让其享有这项权利而只让其承担外国法查明义务也不具有合理性；[2] 当事人在案件中是利益的诉求者，而外国法查明与利益的确定息息相关，如果当事人查明了外国法，而外国法的适用对查明外国法的当事人不利，该当事人可能拒绝提供已查明的外国法，这也难以保证案件公正审理。因此，法院必须居于外国法查明的主导地位，当事人居于外国法查明的从属地位。

---

〔1〕 徐鹏："外国法查明的比较研究——兼评相关条文设计"，载刘仁山主编：《中国国际私法与比较法年刊》（第10卷），北京大学出版社2007年版，第161~162页。

〔2〕 孙建："我国外国法查明立法的实施问题"，载《天津法学》2017年第1期，第62页。

第二节　外国法查明的责任分配

一、查明外国法责任分配随着社会发展而变化

（一）查明外国法责任分配与理论

查明外国法责任分配取决于对"外国法"性质的界定。界定外国法为"法律"，法官承担查明外国法的责任；界定外国法为"事实"，当事人承担外国法的举证责任；界定外国法为"事实性法律"，法官与当事人共同承担查明外国法的责任。对"外国法"性质的界定还关涉外国法查明的途径和方法，制约查明外国法的程序。

查明外国法制度起源于欧洲大陆国家，后为英美法系国家借鉴、移植。欧洲大陆国家建立查明外国法制度时，界定外国法的性质为"事实"，当事人承担查明外国法的责任。[1] 英美法系国家移植大陆法系国家查明外国法制度时，保持原貌，照单全收，视外国法为"事实"，当事人承担举证责任。19 世纪中叶，在外国法究竟作为"法律"合理，还是作为"事实"适宜的权衡中，部分大陆法系国家改弦易辙，定性外国法为"法律"，而英美法系国家坚守传统，一以贯之坚持外国法为"事实"。在定性外国法为"法律"或者"事实"两极之间，存在一个可以徘徊的中间地带，就是不对外国法做"法律"或者"事实"的界定，而是由法官和当事人共同完成外国法的查明。对外国法定性反映在各国立法和司法实践中，并形成了外国法性质认定三种理论。

第一，法官承担查明外国法责任，其理论基础是"法律说"。"法律说"来源于萨维尼的"法律关系本座说"与内外国法律平等说。该理论认为，内国法院根据法律关系的性质依法律适用规范指引适用外国法，内外国法律平等，本国法官应同适用本国法一样适用外国法。根据"法官知法"（jura novit curia）原则，法官应当承担查明外国法的责任。意大利、奥地利、荷兰等欧洲大陆法系国家，俄罗斯、白俄罗斯等东欧国家，乌拉圭等拉丁美洲国家将外国法看作

---

〔1〕　陆东亚:《国际私法》（第 6 版），正中书局印行 1979 年版，第 141 页。

法律，依据"法官知法"原则，由法官负责查明外国法的内容。[1]"外国法应由法官依职权查明。可以允许的辅助方法有：有关的人的参加、联邦司法部提供的资料以及专家的意见"。"法律说"主张法官依职权查明外国法，无须当事人举证证明。

第二，当事人承担查明外国法责任，其理论基础是"事实说"。"事实说"来源于荷兰学派的"国际礼让说"。"国际礼让说"并不承认法律的域外效力，也不承认外国法具有法律的性质，内国法院之所以适用外国法，只是出于"礼让"而不是因为外国法是法律。内国法院审理涉外民事案件只能适用内国法而不能适用外国法，如果适用外国法则违反国家主权原则，依法律适用规范援引适用的外国法只能作为事实而不能作为法律。英国、美国等英美法系国家和部分拉丁美洲国家把外国法视为"事实"，适用事实认定程序来查明外国法的内容。"事实说"主张法律适用规则援引的外国法有无及相关的内容是如何规定的，须当事人举证证明，不要求法官依职权查明。当事人证明外国法的方法可以是向法院提交刊载有关法律内容的权威文件（官方法律公报、法院判决书所引证的条款等）、聘请专家证明。在英国，当事人承担外国法的证明，法官不能主动对外国法进行调查，[2]外国法不属于司法认知范畴，法官不能采用司法认知方式确认外国法，[3]外国法同其他事实一样由当事人提出适用并予以证明，当事人如果仅提出外国法适用的主张但未提交相关证据，或者提交的相关证据未达到充分的证明，法官可以要求当事人进一步提交证据或者进行更充分的证明。[4]

第三，法官与当事人共同承担查明外国法责任，其理论基础是"折衷说"。"事实说"存在明显缺陷，外国法本来就是法律，并不能因为把它说成事实而改变其性质，本国法院适用外国法是本国法律适用规范指引的结果，不存在损害本国主权的问题。况且，如果将外国法视为事实，那么势必与其他事实相同，由当事人依照"辩论主义"来确定外国法的内容。这意味着如果当事人之间对外国法的内容不存在争议，则法院必须将其作为判决的依据，即使当事人

---

〔1〕 1978 年《奥地利国际私法》第 4 条第 1 款。

〔2〕 Carlos Esplugues et al. , *Application of Foreign Law*, Sellier European Law Publishers, 2011, p. 395.

〔3〕 J. H. C. Morris, *The Conflict of Laws*, 13th ed. , Sweet & Maxwell, 2000, p. 222.

〔4〕 Richard Fentiman, *Foreign Law in English Courts*：*Pleading*, *Proof and Choice of Law*, Oxford University Press, 1998, p. 149.

对外国法内容的认识有错误，法院也不能做出与其相反的认定。此外，如果当事人不能提供外国法的内容，或提供的外国法的内容真假难辨，根据举证责任分配原则，势必由负有举证责任的当事人承担不利后果。外国法内容的证明毕竟不同于案件事实的证明，完全由当事人承担查明责任对当事人是不公正的。"法律说"也有其不可克服的弊端，"法官知法"应仅限于国内法，各国对法官的培养主要局限在国内法领域，没有一个国家的法院要求本国法官必须熟谙外国法，法官不了解外国法是正常现象，正如著名法学家茨威格特所描述的那样，"法官适用外国法时畏畏缩缩，只是个一知半解的初学者⋯⋯"在涉外民商事案件的审判中，当事人及其代理律师可能比法官更具有外国法知识，可能更早关注和了解可能适用的外国法律。因此，将外国法完全等同于内国法，忽视两种法律在适用时的差别，亦不符合实际。

　　为了调和"事实说"和"法律说"之间的矛盾，德国、日本等国家的学者提出了"折衷说"理论。"折衷说"主张外国法既非单纯的事实，亦非等同于本国的法律，而是根据本国法律适用规范指定适用的外国法律，是既有别于本国法律，又有别于案件事实的一种特殊的法律事实。证明法律适用规范指引的域外法的存在也必须采用既有别于确定事实也不同于确定法律的特殊程序。晚近各国立法和司法实践表明，"折衷说"更符合现实之需要，具有更强的说服力和适应性。在英国的司法实践中，英国法院依照英国证据法规则判定当事人的引证外国法或专家证言，法官可以选择接受或者不受这些证据的约束。审判过程中，法官了解外国法内容，可以直接适用。美国各州对外国法律性质认定不一，有些州已采用 1962 年《统一州际和国际诉讼程序法》认同外国法为法律，在确定外国法时，可考虑任何有关的资料。大陆法系国家的立法不乏"折衷说"。《德国民事诉讼法》第 293 条规定，"外国的现行法、习惯法和自治法规，仅限于法院所不知道的，应予以证明。在调查这些法规时，法院应不以当事人所提出的证据为限；法院有使用其他调查方式并为使用的目的而发出必要的命令的权限"。1987 年《瑞士联邦国际私法》第 16 条第 1 款也规定，"法官负责查明外国法的内容。法官可以要求当事人予以合作"。"折衷说"存在两种不同的取向：一是以"事实说"为基础、"法律说"为补充的"特殊事实说"，英美等国家属此类；二是以"法律说"为基础、"事实说"为补充的

"特殊法律说"，德国、瑞士等国家为代表。[1]

除德国、瑞士外，比利时、土耳其、秘鲁等国家认为外国法既不等同于"事实"，又不等同于本国"法律"，是一种特殊的"事实性法律"。查明外国法的内容，既不适用查明内国法律的程序，也不适用查明事实的程序，而是适用一种特殊的查明程序。这种特殊的法律程序因法官和当事人在外国法查明过程中承担的责任不同分为两种情况：第一种情况是外国法原则上由法官负责调查，当事人负有协助查明义务。这种外国法查明方法重视法官的调查，对当事人提交的外国法法官可以确认，也可以拒绝，还可以部分采信。2004年《比利时国际私法典》第15条规定，①法官负责查明依本法指定的外国法的内容。该外国法应该根据在该外国对其做出的解释予以适用。②如果法官不能查明外国法的内容，可以要求当事人进行合作。第二种情况是外国法由当事人负责调查并向法院举证，当事人无法查明外国法或法官对当事人提供的外国法存在疑问，法官可依职权启动外国法查明程序，由法官查明外国法。2015年《巴拿马共和国国际私法典》第144条规定，"巴拿马法院或法官可以依职权采用外国法作为审理案件的准据法，该适用不妨碍本章规定的证据形式"，该条规定外国法属于证据范畴，当事人举证，法院或者法官采信。该法第145条规定，"当事人请求或拒绝适用外国法作为审理案件的准据法时，需通过提供该外国法经公证的副本、司法判例、法理学说，以及通过请该法立法对应国家的两名执业律师出具的意见或证明，说明该法的内容、效力和意义。此外，法官也可以通过适当途径或采取适当方法，直接对外国法进行调查"，该条规定外国法获取途径以及外国法作为证据当事人可以认可或者否定。该法第146条规定，"如无证明，或者法官或法院因任何理由认为证明不够充分，法官或法院在作出判决前，可以依其职权通过外交途径，请求该法立法对应的国家就该准据法的条文、法律效力和意义提供报告"，该条规定当事人不能举证外国法或者证明不充分，法官依职权通过外交途径查明外国法。[2]持"折衷说"的国家都认为外国法的内容应当由法院依职权查明，当事人负有协助的义务。

---

〔1〕刘萍："域外法查明制度的反思与重构"，载《武汉大学学报（哲学社会科学版）》2006年第4期，第513页。

〔2〕马擎宇："从司法审判实践角度完善我国的外国法查明制度"，载《南阳师范学院学报》2011年第7期，第8页。

（二）查明外国法责任分配的变化

查明外国法责任分配的变化主要体现在英美法系国家的立法和实践变革。英美法系国家视外国法为事实，这种认识存在逻辑上的矛盾：①外国法为事实，民事案件也是事实，外国法这一事实为什么可以裁判民事案件这一事实，以事实裁断事实在逻辑上难以成立。②外国法在查明阶段为事实，外国法一经查明，就变为确定当事人之间权利义务的法律，事实瞬间转变为法律，依据何在？这两个无法解释、无法克服的矛盾迫使英美法系国家视外国法为事实的立场有所改变。

1774 年以前，英国自认为英国法律是文明国家的法律，法院审理涉外案件只适用英国法，排除外国法的适用。1774 年英国法官曼斯菲尔德勋爵（Lord Mansfield）在审理莫斯廷诉法布里加斯案（Mostyn v. Fabrigas）中，首开先例适用了外国法，开启了英国法院适用外国法的先河。英国法院"获取外国法的方法是把外国法作为事实举证证明，法院帮助陪审团确认外国法的内容是什么"。[1]《1859 年不列颠法律查明法》放宽了外国法的适用，规定法院可以发布查明外国法的命令。1920 年以后，英国把外国法完全作为事实的立场有所改变，转变的标志有二：一是外国法不再是陪审团决定的事项，而是由法官决定的事项。在英国，陪审团决定事实的认定，法官决定法律的适用。二是外国法无法查明，法院不是驳回当事人诉讼请求，也不直接适用英国法，而是推定外国法与英国法相同适用英国法。外国法不再被看作是事实，而是"事实性法律"。

美国在外国法性质认定上，长期步英国后尘，视外国法为事实，诉讼过程中，当事人要遵循严格的证明规则对外国法进行证明，法官不主动为之。20世纪中叶，随着国际民事交往不断增加，需要查明外国法案件的数量不断增多，查明外国法在涉外案件中的重要性不断增强。查明外国法在司法实践中的重要作用使美国立法机关、司法机关意识到，法官在查明外国法过程中被动应对不利于外国法查明，不利于涉外争议得到公正解决，不利于保护当事人的合法利益，传统的将外国法视为事实的观念受到质疑并有所动摇。从 20 世纪 40 年代末开始，将外国法规为"准法律"或不完全等同于事实的判例陆续出

---

〔1〕　1 Cowp. 161, 174, 98 Eng. Rep. 1021, （K. B. 1774）.

现。[1] 与司法变革遥相呼应，学术界也对视外国法为事实并采用对待事实的方式对待外国法的做法产生的高额费用和低下效率开展了批判。[2] 司法变革和学术界的呼声推动了立法的发展，1962 年美国统一州法委员会制定的《统一州际和国际诉讼程序法》规定确定外国法的任务交由法官，不再由陪审团确定,[3] 开始了外国法由事实向法律的转变。1966 年，美国修订了《联邦民事程序规则》，增加了第 44 条之一 "外国法的确定" 条款，规定一方当事人提起涉及外国法争点的诉讼，则应在该诉答书中记载通知或向其他当事人提交合理的通知书。为确定外国法，法院可以考虑包括证据在内的任何相关资料或典籍，不管其是否由当事人提供或依联邦证据规则是否具有可采性。法院对外国法内容的确定应被视为对法律问题所作的裁决。[4] 该规定颠覆了英美法系国家的传统，标志美国立法对外国法性质的界定发生了根本性转变，外国法为法律而不再是事实，外国法内容的确定为法律问题而不再是事实认定。

二、中国外国法查明责任分配的理论、立法与实践

（一）中国外国法查明责任分配的理论

清朝末年，外国法查明理论以移植的方式在我国出现。移入我国的外国法查明被称之为外国法的证明，"适用外国之法，将俟当事者证明而适用乎，抑不须当事者之证明乎，援各国通例。皆谓裁判官不知，可由受此法律利益当事者自己证明，原无悖于法理，且与英美事实之说相合。盖法律则裁判官应知事实则裁判官可以不知。惟其不知，故须证明。虽然外国法律之为事实与否与外国法之证明与否亦有不相关者，裁判官一人断不能悉全世界之法律，故用当事者证明最为简便之不二法门"。[5] "关于事实，要本人证明。外国法亦为事实，故须证明"。[6]

民国时期，学界仍沿袭了外国法查明为外国法证明的理论观点，但此时的

---

[1] Black Diamond Steamship Corp. v. Robert Stewart & Sons, Ltd., 336, 1949.

[2] Nussbaum, "Proving the Law of Foreign Countries", 3 *Am. J. Comp. L.* 60, 66（1954）.

[3] Uniform Interstate and International Procedure Act § 4.03, 13 U. L. A. 355, 396-97, 1962.

[4] 白绿铉：《美国民事诉讼法》，经济日报出版社 1996 年版，第 230 页。

[5] 郭斌编：《国际私法》，载《法政丛编》（第 12 种），湖北法政编辑社 1905 年版，第 114～115 页。

[6] 吴兴让："国际私法讲义"，载《北洋政法学报》1909 年第 95 期。

外国法证明与清朝末年的外国法证明已经有了本质上的不同。从立法到理论，虽然仍将外国法视为事实，但由法院承担查明责任，应当说民国时期我国开始了外国法性质认定上的转变，不过这个转变是不彻底的，立法上仍然称外国法为事实，但要求法官承担查明责任，这在事实上已经视外国法为法律了。我国台湾地区"民事诉讼法"第278条第1项规定，事实于法院已显著，或为其职务上所已知者，毋庸举证；又该条第2项规定，前项事实，虽非经当事人提出者，亦得审酌之。由是可知外国法之存在，与当事人能否举证无关，况当事人未必皆知法律，若因其不能证明，即使之归于败诉，殊违背正义之原则也。[1]

　　中华人民共和国成立后，我国移植了苏联的法律适用法理论，外国法查明当时称为外国法的确定（establishment of foreign law）。从收集到的资料看，新中国成立至改革开放之前，我国没有法院查明外国法的实践，或者查明外国法的实践未被记录下来。

　　改革开放以后，学界从概念到内容整合了此前外国法证明和外国法确定理论，引入了外国法查明（ascertainment of foreign law）概念并注入中国元素，建立了我国外国法查明理论。该理论主张我们是社会主义国家，在处理案件的过程中，不仅要求法院在适用法律上要准确，而且在认定事实方面也要求弄清真相。所以，不论是适用法律还是认定事实，法院都采取了积极认真的态度。"那种把'事实'与'法律'绝对对立起来的看法，并不是我们的诉讼法的观点。正因为如此，把外国法看作'法律'还是'事实'的争论，在我们看来并没有什么实际意义。我国诉讼法的精神，是要求法院在处理涉外民事案件时，做出切合实际的、合理的判决，以保护当事人的正当权益，有利于我国社会主义事业的发展和国家间的正常交往。为此，应该认为我国法院审理涉外案件时，如需要适用外国法，我国法院可以主动通过包括司法协助在内的各种途径去获取有关外国法规定的内容，以及利用自己在外国法方面的知识，直接适用外国法。必要时也可要求当事人协助调查"。[2] 该理论认为外国法是法律，这与我国传统的法律理念和改革开放初期国情相吻合，有鲜明的时代特点和合理性：①改变外国法证明和外国法确定的称谓，使用外国法查明的概念，不再从当事人和法官的角度下定义，而是采用中性的"查明"一词，符合法院为主

---

〔1〕　翟楚编著:《国际私法纲要》，正中书局印行1945年版，第209页。
〔2〕　韩德培主编:《国际私法》（修订本），武汉大学出版社1983年版，第91页。

调查、证明外国法，当事人协助查明的实际情况；②该理论虽然主张摈弃外国法"法律"与"事实"之争，但外国法"法律"与"事实"之争的客观事实并非主观上欲摈弃就不存在了，外国法"法律"与"事实"之争不容回避，该理论主张法官承担查明外国法责任，事实上已经视外国法为"法律"了；③该理论在改革开放之初对我国查明外国法政策和法律的制定起到了指导作用，1987 年最高人民法院印发的《关于适用〈涉外经济合同法〉若干问题的解答》（以下简称《解答》）以及 1988 年 1 月 26 日最高人民法院审判委员会讨论通过的《民通意见》中查明外国法的规定与该理论相一致；④改革开放之初涉外案件数量少，查明外国法的工作量小，该理论与当时的国情相适宜。改革开放政策实施四十多年后的当下，我国已经融入国际社会，涉外案件数量成百倍增加，法院已经难以招架查明外国法的工作量，查明外国法的责任完全由法院独自承担已不现实，该理论确有深化的必要。

2002 年我国启动《法律适用法》制定工作，该法制定过程中，如何规定外国法查明制度是学界争议的焦点之一。第一种观点主张由当事人查明外国法，理由是《解答》第二部分第 11 条、《民通意见》第 193 条规定法官查明外国法，这样的规定意味着查明外国法既是法官的职权，也是法官的义务。我国外国法查明的立法、理论与实践脱节，"审判实践中，需要查明外国法时，由于各种原因，绝大多数法官不自行查明外国法，而是要求当事人提供，当事人不能提供外国法，法官径直适用中国法。基于此种情况，有学者主张实事求是，通过立法程序直接规定由当事人承担查明外国法的责任"。[1]

第二种观点反对我国外国法查明制度做颠覆性修改，反对由法官查明外国法改变为由当事人查明外国法。因为这种变化涉及对外国法性质的认定，由当事人提供外国法，实质上是将外国法视为"事实"而不再是"法律"，这与新中国成立以来始终将外国法认定为"法律"的传统相悖。将外国法认定为"事实"由当事人承担查明外国法的责任是英美法系国家的制度，而我国《民法典》采用大陆法系国家民法体系，在大陆法系国家民法体系中规定英美法系国家民法体系的内容，显得不伦不类，有损《民法典》的统一性和纯洁性。

第三种观点主张借鉴 2007 年《最高人民法院关于审理涉外民事或商事合

---

〔1〕 齐湘泉："《涉外民事关系法律适用法》起草过程中的若干争议及解决"，载《法学杂志》2010 年第 2 期，第 9 页。

同纠纷案件法律适用若干问题的规定》（以下简称《法律适用若干规定》）第9条的规定，[1] 将查明外国法的责任一分为二，当事人合意选择适用外国法的当事人承担查明责任，法官依据最密切联系原则确定适用外国法的法官承担查明责任，以此缓解查明外国法的矛盾。这种观点也受到质疑，查明外国法责任一分为二分配实质上是"谁主张，谁举证"证据规则在法律适用法领域的适用，本质上还是视外国法为"事实"，只不过举证责任不完全由当事人承担。视外国法为"事实"不符合我国对外国法的认知，貌似公正、客观，其实不然，当事人对法律的认识和理解与法官相比不可能处于同一水准，法官查明外国法的途径远非当事人可比。当事人与法官承担同等的查明外国法的责任，实质上是限制当事人选择适用外国法，因为合意选择了外国法而不能提供外国法则选法毫无意义。《法律适用若干规定》有一个缺漏，就是外国法的适用可能基于当事人选择适用、法院依最密切联系原则确定适用之外，更多的是法律适用规范指向外国法导致外国法适用。法律适用规范指向外国法情况下谁来查明外国法，这是必须解决的问题，而《法律适用若干规定》对此未作规定，这一缺漏至今未能填补。

（二）中国外国法查明责任分配的立法

我国外国法查明立法，缺乏系统的理论指导，外国法查明责任的分配，缺乏科学的统筹规划，无论是立法还是实践，都采取实用主义态度，以法院利益为轴心进行取舍。这种随意性较强且无一定之规的立法缺乏理论根基，经不起实践检验，于是朝令夕改，法律的严肃性和权威性大为减损。总结我国外国法查明立法经验，建构与国际社会接轨、与我国国情相适应的外国法查明制度，实为当务之急。

我国外国法查明的立法起步很晚，2010 年《法律适用法》才以法律形式确立了外国法查明制度，规定了外国法查明的主体和外国法查明责任的分配。《法律适用法》颁布前，外国法查明适用最高人民法院的司法解释，最高人民法院的司法解释虽然没有明确外国法是"法律"还是"事实"，但从外国法查明主体的规定和外国法查明的责任分配，还是可以清晰地看出司法机关的倾向性。

---

〔1〕《最高人民法院关于审理涉外民事或商事合同纠纷案件法律适用若干问题的规定》，2007 年 6 月 11 日由最高人民法院审判委员会第 1429 次会议通过，法释〔2007〕14 号。

最早对外国法查明作出规定的是 1987 年最高人民法院《解答》，《解答》第二部分第 11 条规定涉外经济合同争议适用外国法时法院依职权查明外国法：在应适用的法律为外国法律时，人民法院如果不能确定其内容的，可以通过下列途径查明：①由当事人提供；②由我国驻该国的使、领馆提供；③由该国驻华使、领馆提供；④由中外法律专家提供。该司法解释虽然是针对涉外合同适用外国法时如何查明的问题，但表明了我国对外国法性质认定的一般性立场。此时视外国法为"法律"，法官是查明外国法的唯一主体，法院承担查明外国法的责任。

1988 年最高人民法院《民通意见》第 193 条对外国法查明作了规定："对于应当适用的外国法律，可通过下列途径查明：①当事人提供；②由与我国订立司法协助协定的缔约对方的中央机关提供；③由我国驻该国使领馆提供；④由该国驻我国使馆提供；⑤由中外法律专家提供。"该司法解释是我国查明外国法的一般性规定，与《解答》相比，没有实质性变化，只是扩大了适用范围，增加了通过中央机关查明外国法这一途径。《民通意见》虽然没有明确规定法院是查明外国法的主体，但通过上下文联系并解读，不难看出法官依然是查明外国法的唯一主体，法院承担查明外国法的责任。

《解答》和《民通意见》有关外国法查明的规定在实施过程中出现了一些问题，多数法官在司法审判中推诿查明外国法的责任，要求当事人提供外国法，当事人不能提供外国法，概以外国法无法查明论，《解答》和《民通意见》规定的其他查明外国法的途径很少被启用，即使启用了其他查明外国法的途径，也收效甚微，法院查明外国法的责任在实践中难以落实。鉴于这种情况，2005 年《最高人民法院关于印发〈第二次全国涉外商事海事审判工作会议纪要〉的通知》对查明外国法的责任在法院与当事人之间重新做了分配。该《通知》第 51 条规定，涉外商事案件纠纷应当适用的法律为外国法律时，由当事人提供或者证明该外国法律的相关内容。当事人可以通过法律专家、法律服务机构、行业自律性组织、国际组织、互联网等途径提供相关外国法律的成文法或者判例，亦可同时提供相关的法律著述、法律介绍资料、专家意见书等。当事人对提供外国法律确有困难的，可以申请人民法院依职权查明相关外国法律。[1] 该《通知》对《解答》和《民通意见》规定的查明外国法的责任分配做了根本性的修改，当事人成为查明外国法的基本主体，承担查明外国法的责任；法官负有协助当事人查明外国法的责任，是特殊主体，不再承担查明外国法的主要责任。在外国法性质的认定上，外国法不再是"法律"而是"事实"，英美法系国家查明外国法制度被完整地移植过来并取代了先前移植的大陆法系国家查明外国法制度。

认定外国法为"事实"而不是"法律"并不符合我国国情，实践中出现了数量较多的涉外案件当事人无法查明外国法，法院直接适用中国法的情况，形成了对法律适用法的冲击。为了改变这种状况，解决外国法查明问题，2007年最高人民法院发布了《法律适用若干规定》，又一次对外国法查明作出司法解释。《法律适用若干规定》第9条独具匠心地规定了谁主张适用外国法，谁承担查明责任的外国法查明制度，即当事人选择或者变更选择合同争议应适用的法律为外国法律时，由当事人提供或者证明该外国法律的相关内容。人民法院根据最密切联系原则确定合同争议应适用的法律为外国法律时，可以依职权查明该外国法律，亦可以要求当事人提供或者证明该外国法律的内容。当事人和人民法院通过适当的途径均不能查明外国法律的内容的，人民法院可以适用中华人民共和国法律。[2]《法律适用若干规定》存在的问题前已述及，不再赘述。

《法律适用法》制定过程中，外国法查明制度如何设计一直是争议的焦点。学者们主张外国法是"法律"，应当由法官承担查明责任，或者由法官、当事人共同承担查明责任。立法机关对学者们的意见初期是赞同的，后期受《法律适用若干规定》的影响，态度发生转变，不再视外国法为"法律"，而是主张当事人选择适用外国法的当事人承担查明责任，法官确定适用外国法的法官承担查明责任。《法律适用法》后期制定过程中两种不同的观点处于博弈状态，这在《法律适用法》的起草过程中有明显的表现。

2002年4月，《法律适用法》起草小组起草的第1稿草案第7条规定，"依照本法规定，应当适用的法律为某外国法律时，中华人民共和国的法院或

---

〔1〕《最高人民法院关于印发〈第二次全国涉外商事海事审判工作会议纪要〉的通知》，法发〔2005〕26号。

〔2〕《最高人民法院关于审理涉外民事或商事合同纠纷案件法律适用若干问题的规定》，2007年6月11日由最高人民法院审判委员会第1429次会议通过，法释〔2007〕14号。

者仲裁机构可以责成当事人提供或者证明该外国法律的相关内容，也可以依职权查明该外国法律的有关规定”。该规定设定法院或者仲裁机构是查明外国法主体，法院或者仲裁机构可以责成当事人提供或者证明外国法，也可以依职权查明该外国法律；该规定还体现了便利原则，当事人能够提供或者证明外国法则由当事人提供或者证明，法院或者仲裁机构依职权查明该外国法律方便则由法院或者仲裁机构查明。

2002 年 9 月 14 日，全国人大法工委起草的《法律适用法》第 2 稿草案第 16 条规定，“依照本编规定，应当适用的法律为某外国法律，中华人民共和国的法院或者行政机关可以责成当事人提供该外国法律，也可以依职权查明该外国法律”。该规定与学者们起草的第 1 稿草案的基本观点相同，有所不同的是设定法院和行政机关为查明外国法的主体。

2002 年 12 月 23 日，全国人大法工委起草的《法律适用法》第 3 稿草案第 12 条规定，“依照本法规定应当适用的法律为某外国法律，中华人民共和国法院、仲裁机构或者行政机关可以责成当事人提供该外国法律，也可以依职权查明该外国法律”。该稿草案获得全国人大常委会一审通过，立法机关赞同学者们的观点。

2005 年 12 月，中国政法大学国际私法研究所起草的《法律适用法》第 4 稿草案第 11 条规定，“应当适用的外国法律，法院可依职权查明或由当事人提供。法院可通过以下途径查明：①依据我国缔结或参加的国际条约所规定的方式查明；②由我国驻该国使领馆提供；③由该国驻我国使领馆提供；④由当事人提供；⑤其它途径”。

2010 年 3 月 1 日，中国国际私法学会起草的《法律适用法》第 5 稿草案第 13 条规定，“依照本法规定适用外国法律时，中华人民共和国法院或者行政机关应当依职权查明该外国法律的内容，也可以要求当事人协助查明”。这两稿草案坚持法院承担查明外国法的责任，当事人负有协助法院查明外国法的义务。

2010 年 8 月 23 日，第十一届全国人大常委会第十六次会议第二次审议全国人大法工委起草的《法律适用法》第 6 稿草案（全国人大常委会第二次审议通过）第 11 条规定，“外国法律的查明，当事人选择适用外国法律的，由当事人提供；没有选择的，人民法院、仲裁机构或者行政机关可以要求当事人提供，也可以依职权查明”。该规定对前五稿草案中的外国法查明条款做了颠覆性修改，外国法不再被视为"法律"，而是被当作"事实"，当事人承担查明外国法的主要责任，法院、仲裁机构承担辅助义务。该规定过多地采纳了法院的意见，不适当地照顾了法院的利益，忽视外国法性质界定，忽略查明外国法的司法权因素，因而遭到很多批评。

2010年10月28日，第十一届全国人大常委会第十七次会议第三次审议并通过《法律适用法》，第三次审议稿也是草案的第7稿。[1] 第三次审议稿在第二次审议稿基础上作了折衷规定，增加了法院、仲裁机构查明外国法的责任，采用实用主义的立场在法院和当事人之间分配查明外国法的责任。这种责任分配没有理论支撑，在世界上独一无二，这种规定究竟是具有中国特色的创新，还是立法对司法的妥协，尚需实践做出进一步的验证。

我国外国法查明立法还采取了双边国际条约的形式。自1988年2月8日起，我国陆续和法国等国家签订了39个民商事司法协助协定，这些双边条约中不乏外国法查明条款。例如，《中华人民共和国与法兰西共和国关于民事、商事司法协助的协定》第28条"证明法律的方式"规定，有关缔约一方的法律、法规、习惯法和司法实践的证明，可以由本国的外交或领事代表机关或者其他的有资格机关或个人以出具证明书的方式提交给缔约另一方法院。该协定未明确查明外国法的主体，但肯定了查明外国法的途径，通过外交途径、中央机关途径查明外国法，查明外国法的主体只能是法院。

第三节　我国外国法查明制度实施中的问题

一、我国法院完全有能力查明外国法

外国法查明制度在《解答》中初建，其后一直以司法解释为表现形式，并历经几度修改。2010年《法律适用法》在总结司法实践经验基础上，以立法形式建立起查明外国法制度。总体说来，我国外国法查明制度不尽如人意，实施过程中存在各种问题，学术界的批评不绝于耳，法院也有些无可奈何。尽管

---

[1] Qi Xiangquan, Zhu Conglin & Wu Lili, "Comparison of Drafts of the PRC'S Law of the Application of Law for Foreign-Related Civil Relations", *Chinese Law and Government*, vol. 45, no. 6, 2012, pp. 17-18.

如此，我们还是应当看到，外国法查明制度建立以来，我国各级人民法院在查明外国法方面仍然做了大量工作，法院审理涉外案件需要适用外国法时，依据《法律适用法》的规定和最高人民法院司法解释尽可能的查明外国法，一些经典案例可圈可点，例如，辽宁省高级人民法院审理的韩国公民柳敬爱诉韩国公民姜镐弼借款纠纷案就是其中的一例。

2006 年 2 月 27 日，沈阳市中级人民法院受理韩国公民柳敬爱诉韩国公民姜镐弼借款纠纷一案，原告诉称：2002 年在韩国分三次借给被告 1.447 亿韩元，约定 2 分利息。被告借款后拒不还款，且一直在沈阳市于洪区大兴乡居住。为索回欠款，原告向沈阳市中级人民法院提起诉讼，请求法院判令被告返还借款 1.447 亿韩元，支付利息 1.4091 亿韩元。原告主张本案适用韩国法律；被告辩称从未向原告借过款，向原告借款的是被告的妻子，原告请求利息过高，主张本案适用中国法律。

一审法院审理认为：本案件双方当事人均是韩国人，借款合同履行地在韩国，属涉外案件。双方当事人对适用法律的意见不一致，应当适用与借款合同最密切联系地法律。由于案件双方当事人均是韩国籍人，借款人在韩国，合同履行地在韩国，所以本案的最密切联系地是韩国，应当适用大韩民国法律。一审法院依据《民法通则》第 145 条，《大韩民国民法》第 390 条、第 397 条和《大韩民国商法》第 54 条判决被告偿还原告本金韩币 1.032 764 亿元；本金韩币 1.322 764 亿元的利息。[1]

姜镐弼不服沈阳市中级人民法院一审判决，提起上诉，上诉的理由之一是本案应当适用中华人民共和国法律，不应适用大韩民国法律。

二审法院辽宁省高级人民法院审理查明，一审法院认定的事实属实。二审法院审理认为，本案诉讼双方当事人柳敬爱和姜镐弼均为外国籍人，且双方当事人之间民事关系设立和履行的法律事实发生在外国，故本案为涉外民事案件。柳敬爱和姜镐弼在中华人民共和国领域内进行涉外民事诉讼，依照《中华人民共和国民事诉讼法》规定，应当适用中华人民共和国民事诉讼法。

本案准据法的确定是争议焦点。二审法院认为，由于柳敬爱和姜镐弼之间的借款合同纠纷具有涉外因素，故双方当事人可以选择处理纠纷所适用的法律，但本案当事人对此未达成一致，因此本案应适用与借款合同具有最密切联

---

〔1〕 辽宁省沈阳市中级人民法院民事判决书，（2006）沈中民四外初字第 7 号。

系的国家的法律。虽然原审被告姜镐弼现居住在中华人民共和国境内，但本案所涉借款合同的协商、订立和履行均发生在大韩民国，双方当事人也均为大韩民国公民，而且原审原告柳敬爱至今仍居住在大韩民国境内，大韩民国法律与该借款合同在本质上有重大联系，在权利义务的利害关系上最为密切，大韩民国法律直接影响双方当事人合同目的的实现，并且诉讼双方在借款合同中也没有受中华人民共和国法律约束的意思表示，所以，大韩民国法律是与本案有最密切联系的国家的法律。中华人民共和国法律仅是姜镐弼现住所地国家的法律，对诉讼双方的借款合同不发生影响，不是最密切联系的国家的法律，一审法院处理本案适用大韩民国法律是正确的。由于柳敬爱和姜镐弼之间的借款合同并不违反大韩民国法律禁止性规定，一审法院认定借款合同有效也是正确的。

本案一审法院适用《大韩民国民法》正确，适用《大韩民国商法》不当，因为柳敬爱和姜镐弼之间的借款行为不是商行为。二审法院依职权通过两种途径查明韩国法律：一是查找图书资料。韩国商法以中国政法大学出版社1999年出版的吴日焕翻译的《韩国商法》为据。二是委托查询。委托辽宁省社会科学院查询大韩民国民法，以辽宁省社会科学院提供的《大韩民国民法》为凭予以适用。辽宁省高级人民法院依据查明的韩国法律作出判决，姜镐弼偿还柳敬爱本金韩币1.032 764亿元；利息1242万韩元。[1]

这是一起事实认定清楚，法律适用准确的案例，特别值得一书的是本案中法官对为什么适用外国法说理充分，查明外国法的途径不囿于现有法律的规定，而是根据实际情况因地制宜、实事求是进行查明，堪称完美。本案中蕴涵的外国法查明理论问题值得研究，本案中查明外国法的做法值得推广。

第一，公正确定本案准据法。本案当事人柳敬爱和姜镐弼对何国法律为准据法意见相左，柳敬爱主张适用韩国法，姜镐弼坚持适用中国法。姜镐弼提出适用中国法律的目的是为了减少借款利息的支付，最大限度维护自身权益。柳敬爱和姜镐弼在借款合同中约定利息2分，虽然没有明确是月息2分还是年息2分，但从合同上下文及民间借贷利率确定的习惯来看，显然是月息2分。姜镐弼认为中国法律规定民间借贷利息率最高为银行贷款利息的4倍，比借款合同约定的利率低许多，故主张适用中国法律。本案法官依据我国"涉外合同的

---

[1] 辽宁省高级人民法院民事判决书，（2006）辽民 ·终字第00209号。

当事人没有选择的，适用与合同有最密切联系的国家的法律"的规定，[1] 确定本案的准据法是与合同有最密切联系的国家的法律。通过对本案涉外因素量化分析，认定本案与韩国在本质上有重大联系，且借款合同不违反韩国强制性规定，韩国法律是本案准据法。本案准据法的确定，依律而行，公正、客观、准确。

第二，勇于担当依职权查明外国法。本案准据法为韩国法律，由当事人查明，还是由法官查明？本案中，法官要求当事人提供或者查明外国法有充分的理由，即双方当事人都是韩国公民，对韩国法律的熟悉和了解程度、获取韩国法律的容易程度都高于中国法官。审理本案的二审法院法官定性外国法为"法律"，由法官依职权查明。本案发生的时间是 2006 年，2005 年最高人民法院发布的《第二次全国涉外商事海事审判工作会议纪要》已经实施。根据该《会议纪要》，查明外国法的责任由当事人承担，虽然该《会议纪要》是针对涉外海事商事案件外国法的查明，但实践中一些法院、法官将其扩张适用于民事案件。在这种大背景下法官勇于担责主动查明外国法，职业道德高尚，敬业精神可嘉。

第三，查明外国法的途径有突破。1988 年《民通意见》规定了法官依职权查明外国法的五种途径。本案中，法官没有按图索骥，而是根据实际情况，采用自行查找图书资料、委托科研单位查询方式查明外国法，这在外国法查明方法上是一种突破，在当下仍有指导和借鉴意义。

第四，外国法内容的确定务求准确。外国法查明承担两项任务：一是查明外国法的有无；二是确定外国法的内容。本案在确定外国法内容方面做到了务求准确。一审法院在确定借款利息和借款利率的确定上，采取当事人约定借款期限内的利息按照月利率 2 分计算，超过借款期限的利率按《大韩民国商法》第 54 条 "因商业行为产生的年债务法定利率为 6%" 的规定计算，理由是姜镐弼使用借款在沈阳市于洪区大兴乡投资建立沈阳克劳巴制鞋有限公司，借款目的是用于商业投资。二审法院 "依据本院依职权查明的《大韩民国商法》的规定，姜镐弼与柳敬爱之间的借款行为不是商行为，双方因此而发生的争议不受《大韩民国商法》调整"，[2] 应当按照《大韩民国民法》第 379 条的规定确

---

[1] 《中华人民共和国合同法》第 126 条。
[2] 辽宁省高级人民法院民事判决书，（2006）辽民一终字第 00209 号。

定年利率为 5%，并对一审法院适用法律错误进行改判。

　　第五，辽宁省高级人民法院在判决书中充分论证了本案为什么认定为涉外民事案件，详细说明了本案准据法为什么是韩国法，全面阐释了准据法的确定过程，准确确定了准据法内容，层层递进，逻辑缜密，充分表现出法官对法律适用法规则的精准理解，能够娴熟运用法律适用规则于司法实践，法官素质完全能够胜任外国法查明工作。

　　据统计，我国法院每年适用外国法的案件占涉外案件的 5%，其中不乏柳敬爱诉姜镐弼这样的案例。实践证明，我国法院完全有能力查明外国法，公正适用外国法。司法实践中外国法查明存在诸多问题，根本原因在于理论上没有认识到外国法适用的重要性，思想上认为外国法是否适用无足轻重，观念上倾向于尽可能排除外国法的适用，制度上缺乏行之有效的保障和监督。学者们对应适用外国法而不适用外国法的现象颇有微词，诟病、抱怨、责难多于引导和指导，其结果往往适得其反，实践中存在的问题并没有得到妥善解决。我们应当认真研究对应适用外国法而不适用外国法现象产生的立法、理论、实践方面的原因，对症下药，妥善解决这一问题。

二、我国外国法查明存在的问题

（一）外国法查明理论的误区

　　我国立法未对外国法的性质做出明确、清晰的界定，这一问题必然传导到理论研究之中并对司法实践产生影响。外国法查明的逻辑前提是对外国法的性质做出界定，明确外国法是"法律"还是"事实"，或者是"事实性法律"，在此基础上，在法院和当事人之间分配查明外国法的责任。我国立法、理论和实践都回避了外国法性质界定这一查明外国法的必要前提，在缺乏逻辑的前提下分配查明外国法责任，这势必造成外国法查明责任分配的任意、恣意、忽左忽右、摇摆不定。明确界定外国法性质，能够使当事人在提起诉讼之前就知晓其是否承担查明外国法的责任，以及不能查明外国法应当承担的法律后果。明确界定外国法性质，能够使法官知晓外国法是依职权查明还是由当事人提供或者查明，法官在查明外国法过程中承担何种责任，以便更好地履行法官职责。

　　学界对外国法查明制度有一个认识上的误区，就是把外国法查明制度定性为排除和限制外国法适用制度，这种观点在高校的教材、学者的著述中较为常见。"依冲突规则指定适用外国法的过程中，在排除反致、公共秩序保留、法律规避等阻碍之后，仍需要适用外国法时，提到法院面前还有一个亟待解决的问题，即采用何种方法证实该外国法的规定的存在及其有效性，以便提供法院怎样予以确定适用的问题。这是从程序法的角度可能进行限制适用外国法的最后一项制度"。[1] 外国法查明制度确实具有排除和限制外国法适用的功能，但该功能能否发挥作用取决于法官查明外国法的态度。法官重视查明外国法并实际查明了外国法，该功能的作用为零；反之，法官刻意运用这项制度排除外国法适用，该功能的作用为百分之百。由于理论上定位外国法查明制度是排除和限制外国法适用制度，导致司法实践中法官对外国法查明采取消极态度，甚至认为应当充分利用这项制度最大限度地排除和限制外国法适用，尽可能的适用本国法，有利于维护本国当事人合法权益。建立在狭隘国家主义、民族主义理论基础之上的外国法查明制度，阉割了外国法查明制度的灵魂和精髓，巧妙地利用了该项制度的弊端并使之扩大化，使之功能转换，由一项为查明外国法而建立起来的制度转变成为排除或者限制外国法适用制度。

（二）外国法查明制度设计存在缺陷

外国法查明途径的制度设计不尽合理，没有充分考虑法官运用这些途径查明外国法在司法审判工作中的可操作性和实用性，也没有考虑到法官运用这些查明途径查明外国法时所付出的时间成本和经济成本，最终给司法审判工作带来了不必要的负担。

查明外国法的途径脱离实际，未能与时俱进拓宽查明外国法的渠道。《民通意见》第 193 条第 1 款规定人民法院查明外国法可采取的五种途径，这五种途径有的适宜，有的脱离实际。实践中，通过外交途径查明外国法，即由我国驻外国使领馆提供、由外国驻我国使馆提供外国法很少采用，原因是我国驻外国使领馆很难提供外国法，外国驻我国使领馆很少提供外国法。采用双边民事司法协助条约规定的缔约国之间相互提供法律资料的途径获取外国法实际效果并不理想，实践中操作困难，很少采用。有鉴于此，2012 年《司法解释（一）》第 17 条第 1 款将查明外国法的途径整合为当事人提供、已对中华人民共和国生效的国际条约规定、中外法律专家提供等合理途径。《民通意见》未废止之前，我国查明外国法的途径有五种，这五种查明外国法的途径已为实践所证实并不完全适合我国的实际情况，而各级人民法院在司法实践创立的行之

---

〔1〕 张仲伯主编：《国际私法》，中国政法大学出版社 1995 年版，第 110 页。

有效的查明外国法的方法、互联网时代产生的科技含量很高的查明外国法的方法并不为我国法律所认可。优化已有的查明外国法途径，升华已被实践证明行之有效的查明外国法途径为法律认可的途径，是完善外国法查明制度的重要工作。

我国法律规定了查明外国法的途径，是否任何一起涉外案件都必须穷尽所有途径未能查明外国法的才能认定无法查明外国法，这也是有争议的一个学术问题。有学者主张穷尽所有途径之后可言无法查明，"法院或当事人必须用尽法律规定的全部方法或途径仍无法查明外国法时，才产生补救的问题。倘若只是使用了其中一种或几种方法而未用尽查明方法，法院不能据此得出外国法不能查明的结论，也不能采用其他法律来代替外国法"。[1] 也有学者认为穷尽所有途径查明外国法不现实，法官可以在法律规定的途径中根据案件的具体情况择一适用，法官选择的途径未能查明外国法，则可认为外国法无法查明。

司法实践中，法官对于是否需要穷尽全部查明外国法途径看法也不一致。"通过调研笔者发现，51%的法官表示在实践中是在穷尽所有查明途径后，如果依然无法查明，才适用中国法律的；但同时，也有44%的法官表示只需使用部分查明方式无法查明时，就可以适用中国法律。除此之外，还有少部分法官认为，仅需一种查明途径，如果无法查明的，就可以适用中国法律"。[2] 我国法律规定的查明外国法的途径不是强制性规定，而是指导性规定，目的是为法院或者当事人获取外国法提供几种可选择的途径。《民通意见》第 193 条第 1款规定并无穷尽五种途径之意，而是强调法院不能仅适用其中最为简单的一种途径即轻率地认定不能查明外国法律。查明外国法的五种途径是选择适用，而不是强制性的必须适用。从司法实践来看，穷尽这五种途径查明外国法是不现实的。[3]

（三）怠于查明外国法的各种因素

法院怠于查明外国法，既有主观因素，又有客观原因。主观因素是法官不

---

〔1〕 黄真珍："外国法的查明及我国的相关立法分析"，载《郧阳师范高等专科学校学报》2011 年第 5 期，第 117 页。

〔2〕 马擎宇："从司法审判实践角度完善我国的外国法查明制度"，载《南阳师范学院学报（社会科学版）》2011 年第 7 期，第 11 页。

〔3〕 万鄂湘主编：《中华人民共和国涉外民事关系法律适用法条文理解与适用》，中国法制出版社2011 年版，第 80~81 页。

重视外国法查明，认为涉外民事审判查明外国法可有可无，查明外国法走过场，推诿查明外国法的责任于当事人，当事人不能提供外国法，就草草宣布外国法无法查明，适用中国法律审理结案。我国目前没有外国法无法查明标准，是否外国法无法查明，凭借自由裁断，对法官是否尽职尽责查明外国法，没有有效的法律监督，没有具体的职能部门监管，造成了"外国法无法查明"滥用的蔓延。

法院怠于查明外国法的客观原因是多重的，是多种因素叠加效应。

第一，审限要求。2017 年《民事诉讼法》第 149 条规定人民法院适用普通程序审理的案件应当在立案之日起 6 个月内审结；第 176 条规定上诉案件应当在第二审立案之日起 3 个月内审结。有特殊情况需要延长审限，须报本院院长批准。虽然《民事诉讼法》第 270 条规定审理涉外民事案件的期间不受第 149 条、第 176 条规定的限制，但我国法院有结案率要求，当年受理的案件原则上要当年审结。查明外国法耗时费力，特别是通过中央机关途径、外交途径查明外国法，请求书在国内和国外都要层层转递，其中需要的时间法院不可控。中央机关和外交途径查明外国法，经常出现外国法尚未查明，审理期限已到的情形，为了保证结案率，许多案件经过努力可以查明外国法，但因审限要求放弃。

第二，受托方态度消极或不可为。查明外国法需要受托方的积极配合，受托方态度消极或不可为也是法院怠于查明外国法的原因之一。查明外国法请求书送达受托人后石沉大海、杳无音信的情况时常发生。受托人配合查明外国法，时隔一年或者两年反馈外国法的信息也不是个例。委托我国驻外使领馆或者外国驻我国使领馆查明外国法，往往不可为。外交机构和外交人员司职外交事务，不是法律专家，委托外交机构或外交人员查明外国法，强人所难，受托人往往力不从心。

第三，超负荷运行敷衍查明外国法。我国法院都在超负荷运行，法官工作量巨大。以北京市通州区人民法院为例，通州区人民法院近三年来共审结涉企业商事案件 10 335 件，2017 年商事法官人均结案 355.5 件。[1] 近年来，媒体时常披露某某法官年审案件千余件。查明外国法需要投入时间和精力，这对超

---

[1] 洪雪、朱健勇："通州办商事案人均审结 355 件"，载《法制晚报》2018 年 5 月 18 日，第 A12 版。

负荷工作，加班加点已成常态的法官来说，无疑加大了工作量，而这种成本投入能否产生预期结果不可预见。因此，法官对查明外国法敷衍塞责、态度消极，法院对此种现象并不约束，采取放任态度。

第四，查明外国法错误追责。外国法查明错综复杂，法官对需要查明的外国法不熟悉，不了解，对外国立法环境和立法精神不掌握，难免出现外国法查明错误或者外国法适用错误。对于适用外国法错误，当事人可以提出上诉要求纠正，法官会遭受负面考评。法官费时费力查明外国法，出现问题要担责，不查明外国法万无一失，没有任何风险，如此大的反差，法官无疑不会尽心尽力查明外国法。

第五，经费因素。查明外国法需要经费支出，如果案件数量较多，这是一笔不小的开支。我国各级法院的经费来源于同级人民政府的行政拨款，经济不发达地区的法院经费紧张，外国法查明的费用没有列入经费支出。经济发达地区的法院经费充足，有实力支付查明外国法费用，但投入较高的费用用于难以确定结果的外国法查明，法官们也会踌躇不前。

第六，利益考量。各国民商事法律不同，法官排除或限制外国法的适用，以本国法代替应适用的外国法，既可保证法律适用的准确性，避免外国法查明制度实施过程中产生这样或者那样的问题，又可对本国当事人提供行之有效的保护，最大限度的维护本国公民、法人或者国家的利益。利益考量和权衡是是否查明外国法的重要因素。如果以利益标准权衡查明外国法的得失，倘若大量个案中外国法查明主体均消极地不查明外国法，那么我国法律适用法的实施将遭受巨大冲击。[1]

第七，变通处理查明外国法。涉外案件审判实践中，准据法为外国法情况下，不少法官不是积极查明外国法，而是规劝当事人选择中国法作为准据法，或者变相强制当事人选择中国法。这种做法从程序上符合法律要求，也能提高案件审理效率，但大大毁损了当事人意思自治的法律原则，在某种程度上使当事人合意选择法律变为法官选择法律，同时使得司法实践中，在外国法查明这一重要问题上随意性加大，严重影响了外国法的适用。[2]

---

〔1〕　王徽、沈伟："论外国法查明制度失灵的症结及改进路径——以实证与法经济学研究为视角"，载《国际商务》2016年第5期，第139页。

〔2〕　马擎宇："从司法审判实践角度完善我国的外国法查明制度"，载《南阳师范学院学报》2011年第7期，第11页。

第八，专业技术原因。随着科学技术的发展和各国文化交流，外国法查明不再是高不可攀的事情。我国法官对查明外国法心存恐惧，很重要的原因是相关配套措施不够完善，知晓外国法人才的短缺和检索外国法相关搜索引擎与数据库的缺乏，从软件和硬件两方面严重阻碍了外国法查明的顺利进行。

四、无法查明外国法标准阙如

世界上绝大多数国家立法都规定外国法无法查明的适用法院地国家法律，这种规定的合理性不言自明，但产生的不良后果是为怠于查明外国法绿灯放行。世界上绝大多数国家立法都没有明确规定外国法无法查明认定标准，司法实践中，外国法在什么情况下属于"无法查明"情形完全由审案法官定夺，系属法官自由裁量范畴。我国外国法查明制度建立以来，多数情况下要求当事人提供外国法，查明外国法成为当事人的义务。当事人无法提供外国法律，或者法院认为当事人未能提供被法院认可的外国法，法院非常轻易地以外国法无法查明为由适用法院地的法律。对法官滥用自由裁量权草率认定外国法无法查明的情形，已有学者进行了归纳：①当事人未提供外国法证明，法院即认定外国法无法查明；②法院未告知或者催促当事人提供外国法证明，甚至对当事人提供的外国法证明材料未予注意，就以当事人未能提供外国法为由做出外国法无法查明的认定；③法院对当事人提供外国法的行为或者提供的外国法的资料采用严格的审查标准，千方百计以各种理由认定外国法无法查明转而适用法院地法；④法院未进行任何形式的外国法查明就直接宣布外国法无法查明。[1] 上述情形在我国普遍存在，致使外国法查明制度形同虚设，外国法查明法律规定几近"具文"。之所以出现这种情况，概源于外国法查明制度设计有缺陷，对外国法查明没有任何约束性规定，法官如何查明外国法，是否查明外国法，全凭法官良知。法官不作为，对于能够查明的外国法或者经过努力能够查明的外国法而不去查明，径直适用法院地法，这种不作为被默许，致使外国法查明成为我国涉外民事案件审判中的顽疾。

---

〔1〕 肖芳："我国法院对'外国法无法查明'的滥用及其控制"，载《法学》2012 年第 2 期，第104 页。

第四节　我国外国法查明制度的重新建构

我国外国法查明制度逆势而行，与世界各国外国法查明制度趋势反其道而行之。世界各国对外国法性质的认定，大陆法系国家坚持"法律说"，英美法系国家不同程度的由"事实说"转变为"事实性法律说"。我国则与外国法查明发展趋势相反，对外国法性质的认定由"法律"蜕变为"事实"。1987年最高人民法院《解答》定性外国法为"法律"，由法院负责查明，而2010年《法律适用法》将外国法查明纳入证据规则范畴，套用"谁主张谁举证"规则分配外国法查明责任。从表面上看，《法律适用法》将外国法查明责任一分为二做了分配，法院依职权适用外国法，外国法是"法律"，由法官依职权查明，当事人合意选择适用外国法，外国法是"事实"，当事人承担提供或者查明外国法责任，外国法在我国呈现出特殊形态的"事实性法律"。实质上，《法律适用法》没有改变将外国法定性为"事实"这一格局，而是把外国法定性为事实法律化、规范化。《法律适用法》实施后，最高人民法院发布《司法解释（一）》，《司法解释（一）》第17条并未要求法院通过自身行为查明外国法，而是仅仅规定了法院查明外国法的三条途径，三条途径中的首条途径是要求当事人提供外国法，这与《解答》《民通意见》规定的外国法查明途径完全一致。以往的司法实践证明，当事人提供外国法作为法院查明外国法的途径，大多数法院把查明外国法的责任转嫁给当事人，当事人不能提供外国法，法院则认定外国法无法查明。《法律适用法》一分为二地划分了法院、当事人查明外国法的责任，《司法解释（一）》合二为一，再次归查明外国法的责任于当事人，新瓶装旧酒，虽然换了一个标签，内容并未发生实质性改变，相反，加重了当事人的举证责任。我国现行的外国法查明制度在立法上有缺陷，司法过程中又放任法官扩大这种缺陷，致使我国外国法查明制度与各国通行的外国法查明制度渐行渐远，因此，有必要重新建构。

一、法官应当居于外国法查明主导地位

外国法适用可因三种情况发生：法律适用规范指引适用外国法，法院依据最密切联系原则确定适用外国法，当事人合意选择适用外国法。无论哪一种情

况引起外国法查明，法院都应居于查明外国法主导地位，行使国家司法权查明外国法。

我国是中华法系，中华法系特点之一是刑事法律完备，民事法律薄弱。清朝末年，我国借鉴、移植和继受大陆法系国家法制，特别是德国法制，从而建立起民事法律制度。清末以降，德国法律对我国影响深远，"中国法律制度对德国、法国及其他异国法律制度的继受，实际上促成了中国法律制度最终脱离传统法律文化的转轨，从而逐步发展、建立了一个中国历史上全新的、现代模式的法律制度"。[1] 时至今日我国已经完成了《民法典》的编纂，整个立法过程没有改变借鉴、继受德国法律这一取向，仍然是以德国民法典为蓝本。作为我国民事法律重要组成部分的《法律适用法》，不应当改弦易辙，在外国法查明制度设立上采用英美法系国家的做法，而是应当"以德为镜"，不区分外国法适用原由，概由法官依职权查明，当事人承担协助查明责任。

法官依职权查明外国法，有着当事人查明外国法不可与之比肩的优势。

（一）从事涉外民商事案件审判的法官有着较高的职业素质和法律素养

涉外民事案件的审判与国内民事案件的审判有着诸多不同，对法官的职业素质和法律素养有着更高要求。为了保证涉外民事案件的审判质量，我国在《民事诉讼法》中规定了较高的级别管辖，以使法官能够胜任审判工作。我国各人民法院从事涉外民事案件审判的法官，大都是经过系统法学教育培养出来的法律人才，接受过专业化训练，对外国法的理解和认知，总体上说来要优于当事人。在涉外民事案件审判过程中，法官对案情的掌握和知晓程度，要胜过任何一方当事人，对需要查明的外国法，法官比当事人有更清晰地预判，查明的外国法针对性更强。长期从事涉外民事案件审判工作的法官，在查明外国法方面有丰富的经验积累，有比当事人查明外国法的优势。

（二）法院查明外国法及我国港澳台地区有关规定的途径应当与时俱进，方法多样

外国法及我国港澳台地区有关规定的查明，首先要立足于国内，穷尽国内查明外国法途径后，再启动国外查明途径。

第一，法官首先要根据自己的知识、经验查明外国法及我国港澳台地区法

---

[1] 米健："现今中国民法典编纂借鉴德国民法典的几点思考"，载《政法论坛》2000年第5期，第69页。

律文件，或者自行查找各种判例及相关资料。改革开放四十多年来，我国翻译出版了大量的外国、港澳台地区法律方面的书籍，为查明提供了方便；各国及地区法律制定后都以一定形式的载体公布，其中最常用的载体是官方出版物。官方法律出版物具有权威性，容易为双方当事人认可并接受，各国及地区官方出版的法律法规以及判例法汇编获取渠道广泛，可以采用多种方法查阅。2006年，辽宁省高级人民法院在审理韩国公民柳敬爱诉韩国公民姜镐弼借款合同纠纷案中，通过查找图书资料查明《大韩民国商法》，通过委托国内科研机构查明《大韩民国民法》，已为我们提供了先例。目前，通过国内科研机构或者通过国内专业外国法及地区有关规定查明机构查明的做法已经得到司法机关认同，许多法院已经采用这种方法。

第二，充分利用"互联网+法律"模式查明。2015年3月，十二届全国人大三次会议上，李克强总理在政府工作报告中首次提出"互联网+"行动计划。"互联网+"是要促进新一代信息技术与现代制造业、生产性服务业等的融合创新，发展壮大新兴业态，充分发挥互联网在生产要素配置中的优化和集成作用，将科技创新成果深度融合于当下社会各领域之中，增强新的经济发展动力，促进国民经济提质增效，形成更广泛的以互联网为基础设施和实现工具的经济发展新形态。"互联网+"不仅服务于经济基础，提升实体经济的创新能力，助推经济发展，而且能够服务于上层建筑，在外国法及地区有关规定查明领域一展身手。司法实践中，各地法院利用互联网，因地制宜、因时制宜地创造了一些行之有效的查明方法，2003年，厦门市中级人民法院在审理陈成妙等诉叶清池侵犯龙华公司财产权一案中，涉及香港法律文件的查明。法院从香港特区政府网站（http：//www. justice. gov. hk）上查询到了香港《公司条例》，并在当事人对该法的真实性进行确认且无法提供相反法律规定的情况下予以适用，创造了通过网络查明这一简便快捷的方法。[1] 2006年1月，上海市第一中级人民法院在审理中国公民赵先生诉中国公民姜先生、美国公民高先生及上海鹏欣（集团）有限公司出资合同纠纷案，首创当庭上网查明外国法。[2] 这些好的做法和成功经验应当予以总结和推广。通过互联网查明外国

---

〔1〕 厦门市中级人民法院民事裁定书，（2003）厦经终字第44号。

〔2〕 胡瑜、谢军："上海一中院首创当庭上网查明外国法"，载《光明日报》2006年1月15日，第6版。

法及地区有关规定已经越来越容易，1975 年，法律出版集团 Thomson Legal and Regulator's 开发出 Westlaw International 互联网搜索工具，Reed Elsvier 集团下属的 LexisNexis 公司开发出大型的综合性的 LexisNexis 全球范围的法律资料库。美国、英国、欧盟、加拿大、新加坡、澳大利亚、日本、中国香港等国家和地区的法律法规、案例、各种法律资料和法律信息一应俱全，搜寻查找并不困难。令人欣喜的是 2015 年 9 月 20 日中国港澳台和外国法律查明研究中心、最高人民法院港澳台和外国法律查明研究基地在深圳前海已经建立起来。最高人民法院、中国法学会和国家司法文明协同创新中心共同创立的"研究中心"承担法律查明工作的公共服务建设，建立"一带一路"沿线国家和地区法律库、整理完善境外法适用的案例库、建立法律查明网络信息平台。中国政法大学外国法查明研究中心、西南政法大学中国—东盟法律研究中心、法律出版社、深圳市法学会和深圳市蓝海现代法律服务发展中心参与了研究中心的共建工作。最高人民法院在蓝海现代法律服务发展中心设立"最高人民法院港澳台和外国法律查明基地"，利用境内外法律专家资源优势，积极查明港澳台和外国法律；最高人民法院港澳台和外国法律查明研究基地负责加强法院系统内部的涉外审判业务交流，开展港澳台法律查明和适用研究，进行涉外、涉港澳台审判案例库建设，[1] 为外国法及地区有关规定查明提供了强有力的保障。

（三）法院与高校合作建立专业机构查明外国法

德国、瑞士、荷兰等国家查明外国法的一项成功经验就是委托专业性的科研机构查询。德国马克斯-普朗克比较法与国际私法研究所（Max- Planck Institute for Comparative and International Private Law Hamburg）、慕尼黑国际法和比较法研究所（Munich Institute of International and Comparative Law）、慕尼黑东欧法律研究所（Munich Eastern European Law Institute）、瑞士比较法研究所（Institute Scisse Detroit Compare）、荷兰国际法律研究所（Netherlands Institute of International Law）等都是著名的国际私法、比较法研究机构，汇集了一批高素质外国法研究人才，收藏了各国法律适用法立法和科研成果。德国、瑞士、荷兰法院审理涉外民事案件需要查明外国法时，大都委托这些科研机构查明外国法。英美法系国家也有类似机构，例如，美国纽约大学设立有专门的外国法数据库，

---

〔1〕 吕绍纲、光子健："国家级法律查明'一中心两基地'落户深圳前海"，载人民网：http：//sz. people. com. cn/n/2015/0921/c202846-26460574. html，最后访问日期：2018 年 10 月 23 日。

可供法院、当事人查明外国法。我国在借鉴德国、瑞士、荷兰等国家通过科研机构查明外国法经验的基础上，结合我国的实际情况，推陈出新，建立起法院与高校联合查明外国法研究机构。2014 年，华东政法大学与上海市高级人民法院、宁波市中级人民法院和上海国际仲裁中心合作建立了"华东政法大学外国法查明中心"，为上海乃至长三角地区的涉外司法审判和国际商事仲裁提供高质量的外国法查明服务。该中心成立后已经成功为宁波等地法院审理的涉外案件查明了外国法。2014 年 11 月 28 日，中国政法大学与最高人民法院民事审判第四庭签署《中国政法大学—最高人民法院民事审判第四庭关于共同组建外国法查明研究中心的框架协议》，双方共同组建外国法查明研究中心。2015 年 1 月 20 日，外国法查明研究中心揭牌仪式在中国政法大学举行，并开始运行。该外国法查明研究中心依托中国政法大学比较法学研究院，以该院为中心聚集了一批国内外外国法研究领域专家、学者，整合了国内涉外法律人才与审判理论研究力量，有针对性的就具体涉外民商事案件审判过程中的法律适用，尤其是外国法查明等事项提供咨询意见，并开展相关学术研究活动。2016 年，湖北省高级人民法院与武汉大学共建的"武汉大学外国法查明研究中心"成立，充分利用武汉大学国际法研究所的深厚学术蕴藉和丰富智力资源，服务湖北省国际法实践，重在解决外国法查明这一涉外审判的瓶颈和难题。该中心根据湖北省高级人民法院以及相关法院提出的要求查明外国法，供法院参考使用。该中心还将利用丰富研究资源，收集相关国家地区立法、司法信息，举办学术研讨会，解决外国法查明中的重大理论和实践问题。

"法官如何确定外国法的相关内容并正确适用是个难题，外国法查明一直是制约涉外民商事审判效率的瓶颈"。[1] 法院和高校联合设立全国性、区域性的外国法查明机构，搭建外国法查明平台，并借此打造我国的外国法资料库，服务于各级人民法院查明外国法要求，有助于从根本上改变我国外国法查明现状，有利于解决外国法查明难这一瓶颈问题。积极拓展查明外国法的途径，充分发挥"由中外法律专家提供"这一查明外国法途径的作用，加强与国内外法学科研机构的联系，建立中外法律数据库，着力打造外国法查明平台，这是基础性、前瞻性的工作，需要长期规划，稳步推进，切勿一哄而起，一拥而上，重复建设，劳民伤财。

---

〔1〕　袁定波："最高法将建外国法查明平台"，载《法制日报》2014 年 11 月 28 日。

（四）建立法院聘任、当事人推举并重的外国法查明专家制度

最高人民法院在涉及外国法查明的数个司法解释中都规定中外法律专家提供外国法是查明外国法的途径之一。[1]司法实践中，法院很少采用专家查明外国法这一途径，究其原因，①我国古往今来没有专家查明外国法向法院提供的传统和习惯，也没有培养起通过专家查明外国法的法律意识。②专家查明外国法制度不完善。司法解释虽然规定了中外专家查明外国法途径，但是法院聘请、还是当事人推举专家司法解释没有明晰。③聘请专家的费用承担没有明确。现在的做法是"谁聘请，谁付费"，高昂的费用往往使当事人望而却步。④专家的法律地位不明确，学界通常的说法是法院委托的外国法查明专家可适用专家证人身份；当事人聘请的外国法查明专家可适用专家辅助人或鉴定人身份。不论是将外国法查明专家视为专家证人，还是将外国法查明专家视为专家辅助人或司法鉴定人等，都只是根据专家意见在涉外民事审判中所起的作用而做的一种主观定位，我们不能简单地将外国法查明专家定位为证人或鉴定人或辅助人，而应结合具体的涉外民事案件分析。[2]⑤当事人聘请专家提供的外国法往往被法院以各种理由不采纳，挫伤专家查明并提供外国法的积极性，影响当事人聘请专家查明外国法的积极性。⑥对某一国法律有深入研究的专家工作比较忙，抽不出时间协助法院或者当事人查明外国法；也有专家不愿意参与诉讼，或者不屑查明外国法。⑦查明外国法专家资格未作明确规定，专家水准参差不齐。

法律专家因其对某一外国法进行过比较深入的研究，因而能精确地把握外国法的内容，所以由专家提供外国法的内容成为外国法查明的重要途径。在英美法系国家，专家向法院提供外国法已是成熟的法律制度，"司法实践中，美国法院适用外国法时没有援引专家证言的情况非常罕见"。[3]20世纪末至21

---

〔1〕《最高人民法院关于适用〈涉外经济合同〉若干问题的解答》第2部分第11条、《最高人民法院关于贯彻执行〈中华人民共和国民法通则〉若干问题的意见》第193条、《第二次全国涉外商事海事审判工作会议纪要》第51条、《最高人民法院关于适用〈中华人民共和国涉外民事关系法律适用法〉若干问题的解释（一）》第17条。

〔2〕张红宽："外国法查明中的专家制度探析"，载《河南财经政法大学学报》2016年第5期，第153页。

〔3〕霍政欣："美国法院查明外国法之考察"，载《北京科技大学学报（社会科学版）》2007年第4期，第78页。

世纪，许多大陆法系国家引入专家证人制度，[1]由专家提供或者证明外国法。我国是较早引入专家证人制度的国家，但该制度在我国发挥的作用并不理想，其原因是该制度在我国没有真正建立起来。我国可以借鉴仲裁机构聘任外籍仲裁员的做法，建立外国法查明专家库，最高人民法院可以从教育背景、职务职称、语言能力、研究领域、职业资格、科研成果等因素考虑，制定专家标准，聘请从事法学教育、法学研究及法律实务工作的中国、外国公民作为外国法查明专家，成立专家库，法院或者当事人可以从专家库中聘请或者推举专家查明外国法。专家库的专家仅为推荐，法院或者当事人也可以在专家库以外聘请或者推举符合条件的专家查明外国法。专家查明外国法的报酬，可以规定下线和上线并在此范围内浮动。专家是独立的只对法律负责的个体，不依附于任何一方，以中立、客观、公平、公正的立场出具专家意见。最高人民法院有必要出台专家查明、提供外国法规则，规范专家查明外国法行为，明确查明外国法程序，以防止专家因故意或重大过失提供错误的外国法信息。

（五）法官依职权查明外国法，有着比当事人更广阔的渠道

我国与外国签订的司法协助条约中多含有相互提供法律、证明法律条款，[2]缔约双方提供、接受对方提供的法律文本是大多数民事司法协助协定的重要内容之一。法官依职权查明外国法，可以充分利用司法协助协定建立起来的中央机关渠道，彰显法官主导外国法查明优势。

二、当事人在查明外国法程序中应处于辅助地位

外国法查明的重要意义，已有学者做了精辟的阐述和概括：外国法的查明与适用关系到我国的司法形象，理论的探索和制度的构建需充分考虑中国的国际地位。外国法查明表面上是程序性问题，但实质上包含法官法律推理的过

---

〔1〕 1995 年《意大利国际私法制度改革法》第 14 条第 1 款规定，法院应依职权查明外国准据法。为此目的，除了国际公约中提到的方式外，他可以使用通过司法部获得的信息，或自专家或专门组织获得的信息。1999 年《白俄罗斯共和国民法典》第 1095 条第 2 款规定，为确定外国法的内容，法院可按照特定程序请求白俄罗斯共和国司法部、其他主管国家机关以及外国的类似部门或机关予以协助或解释，或请专家证明。2009 年《奥地利关于国际私法的联邦法》第 4 条规定，外国法应依职权查明。允许采用的辅助手段包括当事人协助、联邦司法部的答复以及专家的鉴定意见。

〔2〕 1987 年《中华人民共和国和比利时王国关于民事司法协助的协定》第 14 条第 2 款规定，如缔约一方法院在审理民事诉讼案件中必须适用缔约另一方法律，可以通过双方中央机关请求该另一方提供必要的情报。

程，科学地查明外国法既是正当程序原则的客观体现，又是法律实质正义的实现途径。查明外国法是一项重要的司法程序和司法活动，法官应当居于主导地位，当事人处于辅助地位，协助法官查明外国法。

（一）当事人查明外国法之利

当事人查明外国法是一把双刃剑，利弊各异。其利在于以下两点：

第一，当事人有查明外国法的积极性。任何涉外民事争议，都是当事人之间的利益冲突。为了维护自身合法权益，或者为了通过诉讼获取利益，当事人能够想方设法查明外国法，尽其所能提供外国法，为外国法适用提供必要条件。

第二，当事人查明外国法有利于减轻法官负担。司法实践中，外国法查明之所以在当事人和法官之间相互推诿，原因之一是涉外民商事诉讼一般只涉及当事人自身权益，与法院没有切身利益，法院案多人少，司法任务繁重，办案经费有限，当事人承担外国法查明责任，可以减轻法官负担，节省法院经费开支和人力投入。

（二）当事人查明外国法之弊

当事人查明外国法的弊端如下：

第一，当事人"挑选法律"。在以成文法为主的大陆法系国家，上位法与下位法之间，不同时期制定的前法与后法之间，难免存在法律抵触；在以判例法为主的英美法系国家，联邦法与各州之间的法律、各州与各州之间的法律难免不同；即使同类案件，不同时间的判例、不同法官作出的判决也会存在差异。这为当事人"挑选法律"提供了可能性，当事人会像"挑选法院"一样"挑选法律"，法官采信了当事人挑选的法律，必然造成法律适用不公正。

第二，当事人查明外国法难以保证公正性。当事人与案件有利益关系，当事人查明外国法或者当事人聘请律师查明外国法，不可避免地要查找对自己有利的外国法并向法院提供；对自己不利的外国法，当事人即使查找到，也不会向法院提供。因此，当事人提供的法律，法院必须经过严格的审查，才能决定是否适用。当事人提供的法律难以保证公正性，一些大陆法系国家学者对当事人查明外国法提出了严厉的批评。法国学者认为，在外国法查明中当事人双方各自利益不同，他们在进行外国法的查明和向法院提供外国法信息时都具有很大的主观倾向性，无法保证有关外国法信息的客观公正，完全由当事人进行外国法的查明，会产生外国法被"扭曲"的危险。德国的一些学者认为，需要查明的外国法应当由具有中立地位的法官查明，法官主动查明的外国法才具有公正性。[1] 正是由于当事人提供的外国法难以保证公正性，我国法院在外国法采信方面采取了类似于"证据"的认定模式，根据委托查明外国法主体的不同，决定采信程度。如果法院委托国内外外国法专家查明外国法，只要专家意见不存在违背公共政策或法律规避的情况，法院一般都会采纳。若是当事人委托专家查明外国法，即使当事人向法院提交了外国法专家意见书，多数情况下法院不予采用。此外，实践中还存在双方当事人均已提供外国法专家意见书，而当法律意见存异时，法官径直判令外国法无法查明的案件。[2]

第三，当事人查明外国法是对意思自治原则的变相限制，在某些情况下不利于保护弱者利益。《法律适用法》把意思自治原则作为基本原则，倡导在涉外民事关系各领域广泛使用。但该法第 10 条"当事人选择适用外国法律的，应当提供该国法律"的规定变相限制当事人选择适用外国法。涉外民事关系或者涉外民事案件当事人选择适用外国法，原因可能是多方面的：①双方当事人对选择的外国法熟悉、了解，选择的外国法对权利义务的确定公正，当事人自愿选择适用外国法，也能够提供外国法。②当事人合意选择外国法是谈判妥协的产物。国际民事交往中的双方当事人之间存在利益冲突，为了维护自身利益，当事人都主张适用本国法。双方当事人实力均衡，可能导致选择适用第三国法，双方当事人实力相差悬殊，经济上处于优势地位的一方当事人国家的法律往往被选择作为准据法。这两种情形下的外国法选择，当事人双方或者一方对选择适用的外国法可能了解甚少，有可能一无所知。③格式合同导致选择外国法。在跨国公司居于垄断地位的领域，或者财大气粗、经济实力处于绝对主导地位的外国公司经营的范畴，大都采用格式合同确定当事人双方的权利义务，而格式合同已经选择了准据法，弱势一方当事人在经济交往中只能被迫接受合同条款，并无讨价还价的余地，此种情况下弱势一方当事人对选择的外国法可能并不了解。④中方当事人不熟悉国际民事交往规则，盲目签订了合同，争议发生后，才知道合同中有法律选择条款，而且选择了外国法，而中方当事人对选择的外国法一无所知，凡此种种，不一而足。当事人选择适用外国法，

---

〔1〕 孙建："我国外国法查明立法的实施问题"，载《天津法学》2017 年第 1 期，第 62 页。

〔2〕 王徽、沈伟："论外国法查明制度失灵的症结及改进路径——以实证与法经济学研究为视角"，载《国际商务》2016 年第 5 期，第 141 页。

并不一定是选择了对自己有利的法律，并非完全是订立协议时对该外国法有所了解才做出选择，很多情况下对外国法的选择是无奈之举。《法律适用法》不问当事人选择适用外国法的原由，一刀切的要求当事人选择适用外国法就必须提供外国法，并不合理。涉外民事关系中，当事人选择适用外国法未必是因为他们了解该外国法，而可能仅仅由于他们认为适用各方当事人以外的第三国法律更为公平，或者信赖于某国经济发达且法律完备，从而在并不了解外国法的情况下选择其适用之。这也是司法实践中，法院往往以当事人不能提供外国法为由确定外国法不能查明。[1]

《法律适用法》立法宗旨是"合理解决涉外民事争议，维护当事人的合法权益"，立法机关制定该法时整体上很好地贯彻了立法宗旨，努力打造这部法律为"市民法"，但该法第 10 条背离了立法宗旨，出于维护司法部门利益考虑，使该条成为"消极的法官法"，为法官不查明外国法脱责、背书。尽管我国各级法院审判任务重，外国法查明对法官专业能力要求较高，耗时耗力且效率较低，这些都不应该成为不查明外国法律的理由。我国应当对外国法查明制度本身的立法缺陷做出修改，法官查明外国法的责任意识应当进一步加强，外国法查明制度应当在不断总结实践经验的基础上进一步完善。

---

〔1〕 截至 2014 年 7 月 31 日，共有 17 个案例援引了《法律适用法》第 10 条。其中，2011 年 2 个、2012 年 2 个、2013 年 9 个及 2014 年上半年 4 个。17 个案例中双方选择适用域外法律的有 14 个，其中只有 3 个按照当事人的选择适用域外法。其余 11 个都以"外国法无法查明"为由适用中国法。参见林燕萍、黄艳如："外国法为何难以查明——基于《涉外民事关系法律适用法》第 10 条的实证分析"，载《法学》2014 年第 10 期，第 119 页。2018 年 10 月 20 日登录北大法宝检索，援用《法律适用法》第 10 条的案例为 46 个。

第八章

法律适用法法条竞合的法律选择

法条竞合是法律发展过程中的必然现象，初始于实体法，发展于程序法，当下已经扩展至法律适用法领域。国内外学者对实体法、程序法领域法条竞合现象的理论研究已经很深入，但迄今为止尚未有学者从法条竞合角度对法律适用法领域的法条竞合现象进行研究。法律适用法领域的法条竞合在中国尤为突出，有必要对其进行理论研究。

第一节　法条竞合理论的起源、移植与发展

一、法条竞合理论的起源与发展

法条竞合是一种古老而又年轻的法律现象，罗马法时期已为学者所关注，时至今日法学界仍在寻求解决路径。罗马法时期的法条竞合集中在实体法领域，表现为刑法规则的竞合和民法规则的竞合。刑法法条竞合的解决是从诉的角度入手将诉拆分为诉的竞合与诉的并合，[1] 无论哪种情形均在量刑时数罪并罚；但倘若复数的诉权在伦理上可以认定为同一种类的诉权时则适用其一排除其他（但罚金刑仍需数罪并罚）。[2] 民法法条竞合的解决没有形成规则，只有解决思路，即划分法律规范为个别法与共同法，个别法是"由于特殊原因而

---

〔1〕　诉的竞合指一个犯罪行为符合数个犯罪构成，诉的并合指数个犯罪行为符合数个犯罪构成。

〔2〕　Friedrich Schaffstein, *Die allgemeinen Lehren vom Verbrechen in ihrer Entwicklung dutch die Wisenschaft des Gemeinen Strafrechts*, Amsterdam Scientia Verlag, 1973, S. 212.

表现为一般规范例外的个别规范"；共同法是"在狭窄的例外范围以外被加以适用的一般原则"，[1] 其约束社会每一个成员，整个社会一体遵行。个别法与共同法竞合，"给原则带来例外的特殊功利当然地受到较为深切和直接的注意"，[2] 解决民法领域法条竞合的特别法优于一般法原则在罗马时期已经孕育。

法条竞合理念产生于罗马法时期，法条竞合情形下法律选择实践也始于罗马法时代，但法条竞合理论体系却是数百年后德国学者创立的。受罗马法及中世纪意大利刑法的启示，1871 年《德意志帝国刑法典》第一章"数罪俱发"对从重刑和并合刑作出了规定，[3] 致使沉寂了几个世纪的法条竞合理论浮出且再次陷入争论的漩涡。1885 年宾丁（Karl Binding）在《刑法纲要》一书中提出了法条竞合包括特别关系、补充关系、吸收关系和择一关系理论。1927 年霍尼斯（Heones）在《不可罚的事前事后行为》一书中扩充了吸收关系，纳入了不可罚的事前行为和不可罚的事后行为，进一步完善了法条竞合的类型。对于法条竞合的判断标准，克鲁格（Kruger）提出了概念逻辑方法，普颇（Pupo）提出了实质性标准方法，经过德国几代法律学人从 19 世纪中叶至 20 世纪中叶百年探索和砥砺，终于构建起法条竞合的理论体系。德国法条竞合理论对大陆法系国家产生了巨大而深刻的影响，被许多国家借鉴、吸收。[4] 日本明治维新以后，采取了一系列举措推动社会变革，在司法改革过程中，日本移植了德国法条竞合学说，视其为犯罪罪数理论的一个分支。[5] 日本法条竞合理论与德国不完全相同，有自己的特性，比如犯罪构成要件说理论就存在很大差异。[6]

法条竞合理论发轫于德国，流传于日本，初始于刑法学，成长于法理学。法条竞合理论虽为大陆法系国家认可和尊崇，但何为法条竞合，法学界并未形

〔1〕［意］彼德罗·彭梵得：《罗马法教科书》，黄风译，中国政法大学出版社 1992 年版，第 10 页。

〔2〕［意］彼德罗·彭梵得：《罗马法教科书》，黄风译，中国政法大学出版社 1992 年版，第 11 页。

〔3〕商务印书馆编译所编译：《德国六法》，上海商务印书馆 1913 年版，第 445 页。

〔4〕丁慧敏："德国竞合论下的法条竞合"，载《刑事法评论》2013 年第 2 期，第 456~457 页。

〔5〕［日］井田良："外国法の継受という観点から見た日本の刑法と刑法学"，载《日本法の中の外国法》，早稲田大学比較法研究所 2014 年版，第 142 页。

〔6〕［日］虫明満：《法条競合と包括一罪》，香川大学法学会出版 2012 年版，第 89 页；［日］只木誠：《罪数論の研究》，成文堂 2004 年版。

成共识，学者们各持己见，认识不一。早期的法条竞合理论认为法条竞合是法条构成要件全部或者部分重合，德国著名法理学家卡尔·拉伦茨（Karl Larenz）持此观点并将法条竞合定义为"很多法条的构成要件彼此会全部或部分重合，因此，同一案件事实可以被多数法条指涉，大家称之为法条的相会（竞合）"。[1] 后期学者丰富、发展了法条竞合定义的内涵，不过并没有实质性改变法条竞合属性，一般认为"法条竞合是指由于法律对犯罪的重复规定，一个犯罪行为同时触犯数个互相存在着整体或者部分包容关系的刑法分则条文，此时只能适用其中一个条文，排斥其他条文适用的情况"。[2]

法条竞合理论在刑法领域得到得天独厚的发展，独领风骚。法条竞合的本质是"很多法条的构成要件彼此会全部或部分重合，同一案件事实可以被多数法条指涉"。[3] 法条竞合情形下只能适用其中一个条文，排斥其他条文适用。[4] 从法条竞合的定义中可以看出，法条竞合并非刑法领域的"专利"，而是一种普遍的社会现象。作为与刑法比肩具有基本法地位的民法，同样存在法条竞合现象，不过民法领域法条竞合研究一直式微，并有另辟蹊径解决的趋势。20世纪70年代以来，欧美国家开展了法学方法论研究，[5] 民法法条竞合现象被纳入"法律发现"范畴，[6] 作为"法律发现"理论体系中的"法律发现方法"进行探讨。[7] 对民法法条竞合现象的研究，我国学术界呈现两大流派，一派主张借鉴刑法学中的法条竞合理论解决民法法条竞合问题，[8] 这一观点在我国占主导地位；另一派学者主张借鉴欧美国家"法律发现"理论，运用立法法中一般性法律选择原则解决民法领域法条竞合问题，[9] 这一观点可谓解决民法法条竞合的新锐理论。

---

〔1〕　［德］卡尔·拉伦茨：《法学方法论》，陈爱娥译，商务印书馆2005年版，第146页。

〔2〕　参见 http://www.chinalawedu.com/new/1300a23230aaa2012/201261wangyi 12127. shtml，最后访问日期：2015年12月27日。

〔3〕　［德］卡尔·拉伦茨：《法学方法论》，陈爱娥译，商务印书馆2005年版，第146页。

〔4〕　［德］卡尔·拉伦茨：《法学方法论》，陈爱娥译，商务印书馆2005年版，第146页。

〔5〕　陈金钊等：《法律方法论研究》，山东人民出版社出版2010年版，第104页。

〔6〕　英国学者戴维·M. 沃克所著《牛津法律大辞典》中有与"法律发现"词条及释义相近的概念——"法律方法论"，其释义是："可用以发现特定法律制度或法的体系内，与具体问题或争议的解决有关的原则和规则的方法知识的总和。"

〔7〕　邱爱民："论法律发现及其方法"，载《西南政法大学学报》2006年第3期，第15页。

〔8〕　蓝承烈："民事责任竞合论"，载《中国法学》1992年第3期，第55页。

〔9〕　蓝承烈："民事责任竞合论"，载《中国法学》1992年第3期，第56~59页。

二、法条竞合理论在我国的输入与发展

法条竞合理论对我国而言是舶来品，清末民初西法东渐，法条竞合理论在民国时期自日本传入我国，民国时期的刑法教科书中已有法条竞合的内容，"外观上法条竞合云者，一个行为，触犯数个结果，彼项法条，为此项法条所排斥，本此项法条处断之之谓也"。[1] 法条竞合理论移植到中国，引起了部分学者的关注，民国时期的刑法类书籍中已有法条竞合的内容。[2]

中华人民共和国成立之后的 30 年时间里，法条竞合理论研究中断。1982年学界重启法条竞合理论的研究，[3] 20 世纪 90 年代，法条竞合研究得以在一个更为广泛的学术视野内展开，这主要得益于台湾地区学者对法条竞合理论的引入。当下，我国刑法学界、法理学界对法条竞合进行了深入细致地理论研究并取得了丰硕的成果，对法条竞合这个颇具特色的理论问题，从概念引入到理论本土化，其中罪数论或者竞合论研究最为充分，也是成果最为丰硕的一个领域，对于正确解释立法以及正确适用法条都起到了重要的作用。[4]

三、我国解决法条竞合的实践

法条竞合并非刑法领域特有的现象，在民法、诉讼法、行政法等领域都存在。在民法领域，高空高压等对周围环境有高度危险作业造成他人损害的赔偿，1986 年《民法通则》第 123 条和 1995 年《中华人民共和国电力法》（以下简称《电力法》）第 60 条分别作出了规定，这两条法律规定竞合且实质性抵触，抵触之处在于两条法律中规定的归责原则不同。《民法通则》第 123 条规定的责任属特殊侵权责任，采用无过错责任原则归责，只要有损害事实发生，电力部门就应当承担赔偿责任。《电力法》第 60 条规定的侵权责任属过错

---

[1] 王觐:《中华刑法论》，中国方正出版社 2005 年版，第 303 页。
[2] 王觐:《中华刑法论》，中国方正出版社 2005 年版，第 303 页。
[3] 20 世纪 80 年代初，马克昌教授在我国最早论及法条竞合。1982 年马克昌教授在《法学》1982 年第 1 期发表 "想象的数罪与法规竞合" 一文，介绍了法条竞合理论及法条竞合情形下的法律选择，该文被 1982 年第 1 期《法学研究资料》全文转载。他引用了李斯特、麦耶、泷川幸辰、宫本英修、冈田庄作等德日刑法学家的论述，把法条竞合解释为一法条的全部内容为他一法条内容的一部分为法条竞合。
[4] 陈兴良:"法条竞合的学术演进：一个学术史的考察"，载《法律科学》2011 年第 4 期，第 60 页。

责任，电力企业在电力运行事故中给用户或者第三人造成损害的，存在过错前提下承担赔偿责任，不可抗力或用户自身过错造成损害的，电力企业不承担赔偿责任。

黑龙江省各级法院受理多起高空、高压等高度危险作业致人损害案件，案件审理过程中是适用《民法通则》还是适用《电力法》存在歧异，各方意见相左。黑龙江省高级人民法院就此问题向最高人民法院进行请示。[1] 最高人民法院以复函形式进行了答复：《民法通则》《电力法》对归责原则的规定有区别，《电力法》是特别规定，根据特别法优于普通法原则，电力作业致人损害案件应适用《电力法》。[2]

《民法通则》第99条第1款与《中华人民共和国婚姻法》（以下简称《婚姻法》）第22条竞合且冲突，2009年1月25日，吕某与张某为女儿起名"北雁云依"将冲突引爆，此案层报至最高人民法院，最高人民法院提请全国

---

[1]《黑龙江省高级人民法院关于从事高空高压等对周围环境有高度危险作业造成他人损害的应适用民法通则还是电力法的请示》，〔1999〕黑民他字第3号。最高人民法院：近年来，我省有关高空、高压等高度危险作业致人损害的案件时有发生，在审判实践中就此类案件应适用《民法通则》还是适用《电力法》歧异很大，特报请你院，请予批复。《民法通则》第123条规定，高空、高压等对周围环境有高度危险的作业造成他人损害的应承担民事责任，如果能够证明损害是由受害人故意造成的，不承担民事责任。而1995年12月颁布的《电力法》第60条规定，电力企业在因电力运行事故给用户或者第三人造成损害的应承担赔偿责任，但如果由于不可抗力或用户自身的过错造成损害的，电力企业不承担赔偿责任。《民法通则》第123条规定的责任属特殊侵权的一种，是无过错责任。《电力法》第60条规定的责任，属过错责任。由于同是全国人大制定的法律，实践中适用哪部法，运用过错原则还是无过错责任原则难以把握。一种意见认为：应适用《民法通则》第123条的规定。理由：①从法理上看，这样处理符合无过错责任的归责原则，体现了国家与法律对高度危险作业的严格要求；②有利于电力作业部门对电力安全的管理；③从处理效果上来看，适用《民法通则》有利于保护人民群众的合法权益，有利于安定团结。另一种意见认为：应适用《电力法》第60条的规定。理由：①从立法本意来看，作业人即使管理完善并严格依照有关安全规程及技术标准操作仍不能确保不发生损害事故。为保护作业人的合法权益不受侵害，应根据过错原则来确定责任的承担。②从法律适用来看，《民法通则》属基本法，《电力法》属特别法，最高人民法院关于印发《全国经济审判工作座谈会纪要》的通知中规定：特别法与基本法对同一问题作了不同规定的优先适用特别法。近日，江苏高院对一起电力作业致人损害的赔偿案件，依据《电力法》有关规定，判决电力部门不承担赔偿责任。经我院审委会研究多数人意见认为应适用《民法通则》123条的规定。

[2]《最高人民法院关于从事高空高压对周围环境有高度危险作业造成他人损害的应适用〈民法通则〉还是〈电力法〉的复函》，〔2000〕法民字第5号。黑龙江省高级人民法院：你院《关于从事高空高压等对周围环境有高度危险作业造成他人损害的应适用民法通则还是电力法》的请示收悉。经研究认为：《民法通则》规定，如能证明损害是由受害人故意造成的，电力部门不承担民事责任；《电力法》规定，由于不可抗力或用户自身的过错造成损害的，电力部门不承担赔偿责任。这两部法律对归责原则的规定是有所区别的。但《电力法》是《民法通则》颁布实施后对民事责任规范所作的特别规定，根据特别法优于普通法，后法优于前法的原则，你院所请示的案件应适用《电力法》。

人大常委会作出立法解释。2014 年 11 月 1 日，第十二届全国人大常委会第十一次会议通过《全国人民代表大会常务委员会关于〈中华人民共和国民法通则〉第九十九条第一款、〈中华人民共和国婚姻法〉第二十二条的解释》，明确公民行使姓名权应当遵守的法律和原则。[1]

在刑事诉讼法领域，1996 年《中华人民共和国刑事诉讼法》（以下简称《刑事诉讼法》）第 96 条、第 36 条、第 37 条分别与 2008 年《中华人民共和国律师法》（以下简称《律师法》）第 33 条、第 34 条、第 35 条竞合，致使法条内容冲突，效力不明。2008 年政协十一届全国委员会第一次会议上，政协委员何悦就《刑事诉讼法》与《律师法》内容冲突和优先适用问题提出"关于尽快将《刑事诉讼法》与《律师法》内容相统一的建议"议案，[2] 列举了《刑事诉讼法》与《律师法》有 5 项内容冲突，提出为避免因《律师法》和《刑事诉讼法》在同一问题上的不同规定导致律师无法履行职责，建议全国人大修订《刑事诉讼法》解决这一问题。全国人大常委会法制工作委员会对政协十一届全国委员会第一次会议第 1524 号（政治法律类 137 号）提案进行了答复，明确了《律师法》对律师在刑事诉讼中执业权利的规定是对《刑事诉

---

〔1〕《全国人民代表大会常务委员会关于〈中华人民共和国民法通则〉第九十九条第一款、〈中华人民共和国婚姻法〉第二十二条的解释》（2014 年 11 月 1 日第十二届全国人大常委会第十一次会议通过）中，最高人民法院向全国人民代表大会常务委员会提出，为使人民法院正确理解和适用法律，请求对《民法通则》第 99 条第 1 款"公民享有姓名权，有权决定、使用和依照规定改变自己的姓名"和《婚姻法》第 22 条"子女可以随父姓，可以随母姓"的规定作法律解释，明确公民在父姓和母姓之外选取姓氏如何适用法律。全国人民代表大会常务委员会讨论了上述规定的含义，认为：公民依法享有姓名权。公民行使姓名权属于民事活动，既应当按照《民法通则》第 99 条第 1 款和《婚姻法》第 22 条的规定，还应当遵守《民法通则》第 7 条的规定，即应当尊重社会公德，不得损害社会公共利益。在中华传统文化中，姓名中的姓，即姓氏，体现着血缘传承、伦理秩序和文化传统，公民选取姓氏涉及公序良俗。公民原则上随父姓或者母姓符合中华传统文化和伦理观念，符合绝大多数公民的意愿和实际做法。同时，考虑到社会实际情况，公民有正当理由的也可以选取其他姓氏。基于此，对《民法通则》第 99 条第 1 款、《婚姻法》第 22 条解释如下：公民依法享有姓名权。公民行使姓名权，还应当尊重社会公德，不得损害社会公共利益。公民原则上应当随父姓或者母姓。有下列情形之一的，可以在父姓和母姓之外选取姓氏：①选取其他直系长辈血亲的姓氏；②因由法定扶养人以外的人扶养而选取扶养人姓氏；③有不违反公序良俗的其他正当理由。少数民族公民的姓氏可以从本民族的文化传统和风俗习惯。现予公告。

〔2〕何悦："关于尽快将《刑诉法》与《律师法》内容相统一的建议"，载《中国律师》2008 年第 4 期，第 23 页。

讼法》的修改，应按修订后的《律师法》执行。[1] 2012 年我国修改了《刑事诉讼法》，吸纳了《律师法》的规定，消除了《刑事诉讼法》和《律师法》中的法条竞合冲突。

四、我国法律适用法领域法条竞合异军突起

世界范围内，法律适用法领域的法条竞合研究并未受到重视，究其原因，盖因许多国家采取了法典方式立法，或者立法相对完善，尚未出现法条竞合现象，或者存在法条竞合现象，现有法律规则可以解决，没有为法条竞合理论研究提供空间。我国法律适用法立法从无到有，从少到多，从简到繁，从分散到集中，日臻繁荣。我国法律适用法立法主体多元、形式多样，只立不废，出现了数量较大且种类繁多的法条竞合，其中不乏相互抵触的法条竞合，而学界缺乏法律适用法法条竞合与法条竞合情况下法律适用条款选择的系统理论研究。

2010 年《法律适用法》对涉外民事关系各个领域的法律适用作出了较为全面的规定，由于没有废止此前的法律适用规定，没有对《法律适用法》与先前民事法律中的法律适用规则之间关系作出符合《中华人民共和国宪法》（以下简称《宪法》）、《中华人民共和国立法法》（以下简称《立法法》）的解释，故产生了数量较大的法条竞合。《法律适用法》颁布后出现的法条竞合引起了一些学者注意，有学者从全国人大和全国人大常委会立法权限、不同法律中法律适用规则与法律位阶等角度论及了法条竞合的解决，[2] 但尚未从法条竞合理论角度深入探讨，故形成了法律适用法法条竞合情形下法律适用规则选择研究的理论空白。结合我国法律适用法立法与实践，以创新的思维探讨法条竞合情形下的法律适用条款选择不仅具有理论意义，也是司法实践的迫切要求。因

---

〔1〕《全国人民代表大会常务委员会法制工作委员会对政协十一届全国委员会第一次会议第 1524号提案的答复》："何悦委员：您提出的关于尽快将刑诉法与律师法内容相统一的提案收悉。现答复如下：十届全国人大常委会于 2007 年 10 月 28 日通过了修订的《律师法》，该法已于 2008 年 6 月 1 日开始施行。依照宪法规定，全国人大常委会对于全国人民代表大会制定的法律，在不与其基本原则相抵触的情况下，可以进行修改和补充。新修订的《律师法》，根据中央关于司法体制改革的精神和国务院提出的修订草案以及各方面的意见，总结实践经验，对《刑事诉讼法》有关律师在刑事诉讼中执业权利的有些具体问题作了补充完善，实际上是以新的法律规定修改了《刑事诉讼法》的有关规定，对此应按修订后的《律师法》的规定执行。您提出的关于尽快将刑诉法与律师法内容相统一的意见，我们将在立法工作中认真研究。"详见《中国律师》2008 年第 9 期，第 33 页。

〔2〕 戴小冬："《涉外民事关系法律适用法》的适用效力探讨"，载《西南农业大学学报（社会科学版）》2013 年第 3 期，第 24～26 页。

此，有必要对法律适用法法条竞合的情形进行归纳，对法条竞合的种类及成因进行分析，对法条竞合的解决路径进行探索，对法条竞合情形下法律适用规范选择方法进行寻求。

第二节　我国法律中的法律适用规范竞合

法律适用法上的法条竞合是指同一涉外民事关系，可以同时适用两个或者两个以上存在全部或者部分重合关系，或者存在交叉关系的法律适用规范调整，从可适用法条之间的逻辑关系来看，适用其中一个法条当然排除其他法条适用的情况。以一定的逻辑结构形式具体规定某种涉外民事关系应适用何国法律来调整的法律适用规范，其核心价值是选择法律。法律适用规范的选法功能要求此类法律规范具有单一性，不应出现不适当的竞合情形，特别是不应出现相互抵触的竞合现象，以避免陷入同一涉外民事关系可以适用多个法律适用规范选择多国法律或者多个法律调整的困局。由于立法体制、立法技术等原因，我国法律适用法立法出现了数量较大且形式多样的法律适用规范竞合，这些竞合的法律适用规范中不乏相互抵触的情形，造成了法律事实识别之后法律适用规范选择左右为难，准据法的确定陷于困境。法律适用规范竞合情形下极易出现法律适用规范选择不当，准据法确定失当，当事人之间权利义务分配失衡，司法公正性受到影响的情况。

一、法律适用法法条竞合的类型

中华人民共和国成立后的法律适用法立法起始于 1979 年《中华人民共和国中外合资经营企业法》，[1] 现行立法采用单行法立法为主、篇章式立法为

---

〔1〕 1979 年 7 月 1 日，第五届全国人民代表大会第二次会议通过的《中华人民共和国中外合资经营企业法》第 1 条规定，允许外国公司、企业和其他经济组织或个人在中国直接投资，确定了外国人的法律地位和投资的主体资格。第 2 条第 1 款规定，中国政府依法保护外国合营者合法权益；第 2 款规定，合营企业的一切活动应遵守中华人民共和国法律、法令和有关条例规定。《中华人民共和国中外合资经营企业法》（2016 年修正）第 2 条第 3 款规定，国家对合营企业不实行国有化和征收；在特殊情况下，根据社会公共利益的需要，对合营企业可以依照法律程序实行征收，并给予相应的补偿。

辅、散见式立法为补的模式,[1] 呈现立法主体多元化、法律形式多样性特征。法律适用法立法主体在国内有全国人民代表大会、全国人民代表大会常务委员会、国务院、中央政府各职能部门、地方人大、地方政府各职能部门、最高人民法院;在国际上有国家、国家间政府组织和国家间非政府组织,我国缔结或者加入的国际条约、我国认可的国际惯例或者当事人选择适用的不违反我国社会公共秩序的国际惯例是我国法律的组成部分。我国法律适用法法律形式表现为法律、行政法规、国务院各部委规章、最高人民法院司法解释、国际条约和国际惯例。法律有位阶,各种规范性法律文件在法律体系中纵向排列形成阶梯,下位阶法律必须服从上位阶法律。根据我国《宪法》《立法法》等法律的规定,法律适用法领域法的位阶从高到低排序依次是:根本法、国际条约、基本法、普通法(一般法)、行政法规、地方性法律、最高人民法院司法解释、各部委规章、地方性行政规章和国际惯例,上述规范性文件及规范性文件中的调整涉外民事关系的法律适用规范构成了法律适用法多层次、全方位、纵横交错的庞大法律体系。立法主体多元为法条竞合创设了可能,法律形式多样为法条竞合提供了条件,我国法律适用法立法处于新法、旧法交替时期及立法技术不成熟等因素导致法条竞合变成现实。我国法律适用法法条数量有限,但广布于民事、商事法律之中,法条竞合比率之高令其他部门法望其项背。

我国法律适用规范存在多种形式的法条竞合,包括但不限于以下类型:

(一)同位法之间的法律适用规范竞合

同位法一般由同一或者同级立法机关制定,在法的位阶中处于同一效力位置和等级的规范性文件。1986 年《民法通则》第 145 条规定,"涉外合同的当事人可以选择处理合同争议所适用的法律,法律另有规定的除外。涉外合同的当事人没有选择的,适用与合同有最密切联系的国家的法律",1999 年《合同法》第 126 条作了同样的规定。《民法通则》和《合同法》都是全国人民代表大会制定的法律,两部法律中竞合的法条属于同位法之间的法条竞合。

---

〔1〕 2010 年《中华人民共和国涉外民事关系法律适用法》属于单行法立法;2013 年《中华人民共和国民事诉讼法》第四编"涉外民事诉讼程序的特别规定"、1986 年《中华人民共和国民法通则》第八章"涉外民事关系的法律适用"等属于编章式立法;在我国的法律、法规中以条款形式规定涉外民事关系的法律适用属于散见式立法,如 1999 年《中华人民共和国合同法》第 126 条关于涉外合同法律适用的规定。

（二）上位法与下位法中的法律适用规范竞合

上位法是由上级立法机关制定，在法的位阶中处于较高效力位置和等级的规范性文件；下位法是由下级立法机关制定，在法的位阶中处于较低效力位置和等级的规范性文件。从法的效力范围来看，法律制定的主体级层高，法律效力范围大，则为上位法；反之，法律制定的主体级层低，法律效力范围小，则为下位法。2010年《法律适用法》第28条规定，"收养的条件和手续，适用收养人和被收养人经常居所地法律。收养的效力，适用收养时收养人经常居所地法律。收养关系的解除，适用收养时被收养人经常居所地法律或者法院地法律。"1999年民政部《外国人在中华人民共和国收养子女登记办法》第3条规定，"外国人在华收养子女，应当符合中国有关收养法律的规定，并应当符合收养人所在国有关收养法律的规定；因收养人所在国法律的规定与中国法律的规定不一致而产生的问题，由两国政府有关部门协商处理。"《法律适用法》和《外国人在中华人民共和国收养子女登记办法》对涉外收养的法律适用都作了规定，《法律适用法》是全国人大常委会制定的法律，《外国人在中华人民共和国收养子女登记办法》是民政部制定的行政规章，两部法律中的涉外收养法律适用规范竞合属于上位法与下位法中的法条竞合。

（三）一般法与特别法中的法律适用规范竞合

一般法是与特别法相对应的概念，其本身具体所指的对象并不固定。一般法通常情况下是指在一国范围内，对一般的人、事或物有效的法律；特别法一般是指在一国的特定地区，或在特定期间内，或在特定的领域内对特定的人、事或物有效的法律。一般法适用于一般的法律关系主体，特别法适用于特定的法律关系主体。1985年《继承法》第36条第1、2款规定，"中国公民继承在中华人民共和国境外的遗产或者继承在中华人民共和国境内的外国人的遗产，动产适用被继承人住所地法律，不动产适用不动产所在地法律。外国人继承在中华人民共和国境内的遗产或者继承在中华人民共和国境外的中国公民的遗产，动产适用被继承人住所地法律，不动产适用不动产所在地法律。"1986年《民法通则》第149条规定，"遗产的法定继承，动产适用被继承人死亡时住所地法律，不动产适用不动产所在地法律。"《继承法》和《民法通则》虽然都是由全国人民代表大会制定的，但《民法通则》调整的是一般民事关系，《继承法》调整的是继承领域的民事关系，二者之间既是同位法，亦属一般法与特别法的关系。《民法通则》和《继承法》对涉外继承法律适用都作了规定，属于一般法与特别法中的法律适用规范竞合。

（四）前法与后法中的法律适用规范竞合

前法与后法是以调整同一法律关系的法律（或者法律条款）颁布或者生效的时间为节点对法进行的分类，后法（或者法律条款）颁布或者生效之前的法律谓之前法，前法之后颁布或者生效的法律（或者法律条款）谓之后法。1986年《民法通则》第144条规定，"不动产的所有权，适用不动产所在地法律。"2010年《法律适用法》第36条规定，"不动产物权，适用不动产所在地法律。"《民法通则》系前法，《法律适用法》属后法，两部法律都对涉外物权法律适用作了规定，属于前法与后法中的法律适用规范竞合。

（五）显性法律适用规范竞合与隐性法律适用规范竞合

显性法律适用规范竞合是不同法律对同一涉外民事关系法律适用作出规定引起的竞合，这种竞合是表面的、直观的，从法律条文的表述中清晰可见。上述法条竞合均属显性法律适用规范竞合。隐性法律适用规范竞合是同一法律或者不同法律对不同领域的涉外民事关系法律适用作出的规定，这些不同的法律适用规范虽调整不同领域的涉外民事关系，但调整的范围重叠或者交叉，而这些调整范围重叠或者交叉的法律适用规范可以同时适用同一涉外民事关系引起的竞合。隐性法律适用规范竞合是内在的、隐秘的，非经特定法律事实援引难以表露出来。例如，2010年《法律适用法》第24条"夫妻财产关系，当事人可以协议选择适用一方当事人经常居所地法律、国籍国法律或者主要财产所在地法律。当事人没有选择的，适用共同经常居所地法律；没有共同经常居所地的，适用共同国籍国法律"的规定是调整涉外夫妻财产关系法律适用规范；该法第27条"诉讼离婚，适用法院地法律"的规定是调整涉外诉讼离婚的法律适用规范；该法第36条"不动产物权，适用不动产所在地法律"的规定是调整涉外不动产物权关系的法律适用规范。上述三条法律适用规范调整的领域不同，形式上没有交集，但在涉及中国境内不动产分割的涉外离婚诉讼中，这三条法律适用规范都可以用以援引案件准据法，增加了准据法选择的不确定性。司法实践中已出现了这样的案例：双方当事人在中国法院提起离婚诉讼，当事人没有协商选择应适用的法律，当事人共同经常居所地在外国、共同国籍国为外国，案件涉及的不动产在中国境内。该案件中的不动产分割，《法律适用法》

第 24 条、第 27 条、第 36 条都可以适用，[1] 是依据《法律适用法》第 24 条规定适用当事人共同经常居所地法律或者共同国籍国法律分割中国境内的不动产，还是依据《法律适用法》第 27 条规定适用法院地法律分割中国境内的不动产，或者是依据《法律适用法》第 36 条规定适用不动产所在地法律分割中国境内的不动产，这三条法律适用规范产生了实质性竞合，这种竞合属于隐性法律适用规范竞合。

（六）国际条约与国内法中的法律适用规范竞合

我国迄今为止没有加入多边法律适用条约，但我国缔结的双边国际条约、加入的多边国际条约中不乏法律适用条款。我国加入的 1958 年《纽约公约》第 5 条第 1 款中规定，"裁决唯有于受裁决援用之一造向声请承认及执行地之主管机关提具证据证明有下列情形之一时，始得依该造之请求，拒予承认及执行：第 2 条所称协定之当事人依对其适用之法律有某种无行为能力情形者，或该项协定依当事人作为协定准据之法律系属无效，或未指明以何法律为准时，依裁决地所在国法律系属无效者……"该项规定包含两条法律适用规范，一是当事人行为能力的法律适用，一是仲裁协议效力的法律适用。《纽约公约》规定当事人行为能力适用属人法，大陆法系国家多以当事人国籍国法为属人法，英美法系国家多以当事人住所地法为属人法，由此可以推论《纽约公约》规定的当事人行为能力准据法为当事人国籍国法或者住所地法。2010 年《法律适用法》第 12 条第 1 款规定，"自然人的民事行为能力，适用经常居所地法律"；该法第 14 条第 1 款规定，"法人及其分支机构的民事权利能力、民事行为能力、组织机构、股东权利义务等事项，适用登记地法律。"《纽约公约》关于

---

〔1〕 2012 年上海市长宁区人民法院审理的刘女士诉杨先生车库分割案与 2012 年 A 市人民法院审理的黄明姝诉张查理房屋分割案，案情基本相同，两案中的当事人都是美国公民，在美国有经常居所地，诉争的标的物是位于中国境内的不动产。上海市长宁区人民法院适用《法律适用法》第 36 条 "不动产物权，适用不动产所在地法律"的规定确定准据法为中国法律，根据中国法律确认涉案车库属于夫妻共同财产，平均分割。A 市人民法院适用《法律适用法》第 24 条 "夫妻财产关系，当事人可以协议选择适用一方当事人经常居所地法律、国籍国法律或者主要财产所在地法律。当事人没有选择的，适用共同经常居所地法律；没有共同经常居所地的，适用共同国籍国法律"的规定确定准据法为美国法律，根据美国法律，诉争财产系丈夫个人财产，黄明姝无权分割，法院驳回黄明姝诉讼请求。参见章伟聪、袁玮："外籍离婚夫妻在沪争财产该用哪国法？法院：不动产物权适用不动产所在地法律"，载《新民晚报》2013 年 3 月 25 日，第 A23 版；韩玫："登记在外籍夫妻一方名下的房屋权属认定的法律适用问题"，载最高人民法院民事审判第一庭编：《民事审判指导与参考》（2012 年第 4 辑），人民法院出版社 2013 年版，第 50～57 页。

当事人行为能力法律适用规范与我国《法律适用法》关于自然人、法人行为能力法律适用规范竞合且抵触。《纽约公约》规定仲裁协议的效力依当事人协议选择的法律确定，当事人没有选择仲裁协议准据法的，依仲裁裁决作出地国家法律确定。《法律适用法》第18条规定，"当事人可以协议选择仲裁协议适用的法律。当事人没有选择的，适用仲裁机构所在地法律或者仲裁地法律。"《纽约公约》与《法律适用法》仲裁协议效力法律适用规范竞合且抵触。

（七）一般法与行政法规中的法律适用规范竞合

2010年《法律适用法》是一般法，该法第39条规定，"有价证券，适用有价证券权利实现地法律或者其他与该有价证券有最密切联系的法律"，该条规定是一条双边法律适用规范，确认了外国法与中国法具有平等法律地位，在有价证券领域平等适用。1994年颁布的《国务院关于股份有限公司境外募集股份及上市的特别规定》（以下简称《特别规定》）是行政法规，《特别规定》第29条规定，章程规定的内容与公司其他业务有关事务的争议适用中国法律。该条规定是单边冲突规范，确认中国法律适用具有唯一性，排除了外国法的适用。《法律适用法》与《特别规定》中的法律适用规范竞合。

（八）一般法与最高人民法院司法解释中的法律适用规范竞合

2010年《法律适用法》第10条规定，"涉外民事关系适用的外国法律，由人民法院、仲裁机构或者行政机关查明。当事人选择适用外国法律的，应当提供该国法律。不能查明外国法律或者该国法律没有规定的，适用中华人民共和国法律。"1988年《民通意见》第193条规定，"对于应当适用的外国法律，可通过下列途径查明：①由当事人提供；②由与我国订立司法协助协定的缔约对方的中央机关提供；③由我国驻该国使领馆提供；④由该国驻我国使馆提供；⑤由中外法律专家提供。通过以上途径仍不能查明的，适用中华人民共和国法律。"该条规定虽然没有明确查明外国法的主体，但结合该司法解释第178条第2款"人民法院在审理涉外民事关系的案件时，应当按照民法通则第八章的规定来确定应适用的实体法"的规定来看，该司法解释倾向于法院是明确查明外国法的主体，法院审理涉外民事案件应依职权查明外国法，这里的"应当"意味着强制。《法律适用法》与最高人民法院司法解释中的外国法查明及外国法无法查明的法律适用规定竞合。

（九）最高人民法院不同司法解释中的法律适用规范竞合

1988年《民通意见》第178条第2款规定，"人民法院在审理涉外民事关系的案件时，应当按照民法通则第八章的规定来确定应适用的实体法。"2012年《司法解释（一）》第3条规定，涉外民事关系法律适用法与其他法律对同一涉外民事关系法律适用规定不一致的，适用涉外民事关系法律适用法的规定。1988年《民通意见》与2012年《司法解释（一）》中排除反致的规定竞合。

（十）排除或限制外国法适用制度竞合

我国在借鉴各国立法的基础上建立起排除或限制外国法适用制度，该制度有的采用法律形式加以规定，如1986年《民法通则》第150条规定："依照本章规定适用外国法律或者国际惯例的，不得违背中华人民共和国的社会公共利益"，2010年《法律适用法》第5条规定："外国法律的适用将损害中华人民共和国社会公共利益的，适用中华人民共和国法律"；有的采用司法解释形式作出规定，如1988年《民通意见》第194条规定："当事人规避我国强制性或者禁止性法律规范的行为，不发生适用外国法律的效力"，2012年《司法解释（一）》第11条规定，"一方当事人故意制造涉外民事关系的连结点，规避中华人民共和国法律、行政法规的强制性规定的，人民法院应认定为不发生适用外国法律的效力。"不同的法律、不同的司法解释对相同的排除或限制外国法适用制度作出规定，必然产生竞合，以上公共秩序保留制度的竞合、法律规避制度的竞合可为例证。

（十一）法律原则和法律选择规范竞合

法律原则是法律选择规范的指导思想，体现法律选择规范的精髓和灵魂，是一般法律规则的基础，是司法的基本要旨和重要遵循。法律规则是指采取一定的结构形式具体规定民事主体的权利义务以及相应的法律后果的行为规范。2010年《法律适用法》规定了两条法律原则，一条是该法第2条规定的最密切联系原则，另一条是该法第3条规定的意思自治原则。最密切联系原则同时为法律选择规则，适用于区际法律冲突、有价证券、合同领域；意思自治原则同时亦为法律选择规则，代理、信托、仲裁协议、夫妻财产关系、协议离婚、动产物权（包括运输中的动产物权）、有价证券、合同、侵权责任、不当得利、无因管理、知识产权转让和许可使用领域当事人都可以协商确定准据法。《法律适用法》确立了最密切联系原则、意思自治原则法律原则的地位，又规定了某些涉外民事关系适用与案件有最密切联系的法律、当事人以意思自治方式选择的法律，竞合了法律原则和法律选择规范。

（十二）法律适用规范自竞合

法律适用规范自竞合是法律适用法特有的现象，是法律适用规范特有的自身结构决定的。法律适用规范由"范围"和"系属"构成，把特定的民事关系或法律问题与应适用的法律连接起来的纽带或桥梁谓之"连接点"，法律适用规范只规定一个"连接点"，单一的连接点指向一个国家的法律，不会出现法律适用规范自竞合情形。法律适用规范"连接点"为两个或者两个以上，呈复数状态的，当事人或者法官可以根据同一法律适用规范从两个或者两个以上国家的法律中选择其中一个国家的法律作为准据法，此种情况下的竞合属法律适用规范自竞合。

二、竞合的法条抵触程度

竞合的法条之间有的并不抵触，只是在不同的法律中对同类涉外民事关系的法律适用作出了相同的规定，适用哪一条法律适用规范援引准据法，都指向同一国家的法律，最终的判决结果一致；有的则相互抵触，适用不同的法律适用规范援引准据法，会指向不同国家的法律，判决结果会出现差异性，或者结果迥然不同。从竞合的法律适用规范是否抵触角度进行划分，法律适用法法条竞合可以分为五种情形：

第一类为竞合的法律适用规范内容一致，不存在抵触。1986年《民法通则》第145条与1999年《合同法》第126条、2010年《法律适用法》第41条关于涉外合同法律适用的规定属于这种情形。

第二类为竞合的法律适用规范部分内容相同，或者重叠，竞合部分非实质性冲突。1986年《民法通则》第144条"不动产的所有权，适用不动产所在地法律"规定了不动产所有权的法律适用，未涉及不动产其他权属的法律适用。2010年《法律适用法》第36条"不动产物权，适用不动产所在地法律"的规定涵盖了不动产所有权利的法律适用，不动产所有权法律适用包括其中，还涵盖不动产买卖、租赁、抵押、担保、使用等情况下的法律适用。这两条规定只是调整范围的差异，无实质性冲突。

第三类为竞合的法律适用规范部分内容相同，或者重叠，竞合部分实质性抵触。1994年《特别规定》第29条规定章程规定的内容与公司其他业务有关事务的争议适用中国法律，2010年《法律适用法》第39条规定，"有价证券，适用有价证券权利实现地法律或者其他与该有价证券有最密切联系的法律。"

有价证券是无形财产的一种表现形式，涵盖范围广泛，依其所表现的财产权利的不同可分为商品证券、货币证券、资本证券及衍生品证券。《特别规定》第29条规定的证券仅指资本证券，为有价证券所涵摄，该条是单边冲突规范，该规范强制性规定中国法律在涉外证券领域适用具有绝对性和唯一性，强制性排除外国法的适用。《法律适用法》第39条采用双边冲突规范规定内国法和外国法在有价证券领域平等适用，体现出一个走向世界金融市场国家的自信和成熟。《法律适用法》中有价证券的法律适用规范与《特别规定》中证券法律适用规范部分竞合，竞合部分实质性抵触，不相容。

第四类为竞合的法律适用规范部分内容交叉或者重叠，交叉或者重叠部分内容是否实质性抵触情形不一。1986年《民法通则》第146条规定，"侵权行为的损害赔偿，适用侵权行为地法律。当事人双方国籍相同或者在同一国家有住所的，也可以适用当事人本国法律或者住所地法律。中华人民共和国法律不认为在中华人民共和国领域外发生的行为是侵权行为的，不作为侵权行为处理。"2010年《法律适用法》第44条规定，"侵权责任，适用侵权行为地法律，但当事人有共同经常居所地的，适用共同经常居所地法律。侵权行为发生后，当事人协议选择适用法律的，按照其协议。"这两条法律适用规则对侵权行为、侵权责任的法律适用都规定了三项原则，第1款规定了侵权行为地法律适用基本原则，两款法律适用规则重叠，规定基本一致，侵权行为、侵权责任适用侵权行为地法律。第2款规定了侵权行为地法律适用补充原则，即共同属人法原则，两款法律适用规则规定的原则一致，但内容不同，《民法通则》以当事人共同国籍法、共同住所法为属人法，《法律适用法》以当事人共同经常居所地法为属人法，《民法通则》与《法律适用法》对属人法的规定实质性抵触。《民法通则》第146条第1款规定和第2款规定系无条件选择性法律适用规范，侵权行为地法和当事人属人法地位相同，没有顺序之分、先后之别，可以任意选择适用；《法律适用法》第44条第1款规定和第2款规定系有条件选择性法律适用规范，当事人共同经常居所地相同，经常居所地法优先侵权行为地法适用，这也是《民法通则》第146条与《法律适用法》第44条抵触之处。《民法通则》第146条与《法律适用法》第44条第3款都规定了侵权行为、侵权责任法律适用例外原则，《民法通则》规定的例外原则与《法律适用法》规定的例外原则大相径庭，《民法通则》以"双重可诉原则"为侵权行为例外原则，《法律适用法》以"意思自治原则"为侵权责任例外原则，两款法律适用规则对例外原则的规定实质性抵触。

第五类为竞合的法律适用规范全部抵触。1986 年《民法通则》第 148 条规定，"扶养适用与被扶养人有最密切联系的国家的法律。"《法律适用法》第 29 条规定，"扶养，适用一方当事人经常居所地法律、国籍国法律或者主要财产所在地法律中有利于保护被扶养人权益的法律。"《民法通则》以"最密切联系的国家"为连接点规定扶养适用最密切联系的国家的法律，采用主观和客观相结合的连接点确定准据法；《法律适用法》以一方当事人经常居所地、国籍国或者主要财产所在地为连接点规定扶养适用有利于保护被扶养人权益的法律，采用客观连接点确定准据法。依据最密切联系原则确定准据法，法官要综合考量各方当事人住所、经常居所地、国籍、财产所在地等诸多因素，进行分析判断，将主观意志和客观因素结合起来确定准据法；而依据《法律适用法》第 29 条规定，法官或者当事人从一方当事人经常居所地、国籍国或者主要财产所在地法律中选择实现被扶养人权益最大化的法律即可，排除了法官意志因素。《民法通则》与《法律适用法》在涉外扶养法律适用的规定上没有契合之处，完全抵触。

竞合的法律适用规范相同或者相近，任择其一适用都指向同一准据法，对当事人权利义务的确定影响甚微，但极易造成法律选择的任意性，损害法律的权威性和严肃性。竞合的法律适用规范相互抵触，选择不同的法律适用规范则指向不同国家的法律，不同的准据法对当事人权利义务的分配可能产生截然相反的结果。无论哪种形式的法条竞合，都影响法律适用法的实施，以致削弱法律的公正性。因此，有必要研究法律适用法法条竞合的成因，解决法律适用规范竞合情形下的法律适用规则选择问题，特别是要解决相互抵触的法律适用规范竞合情形下的法律适用规则选择问题。

第三节 法律适用规范竞合的成因

法律适用法法条竞合最早表现为 1985 年《涉外经济合同法》第 5 条[1] 与 1986 年《民法通则》第 145 条的部分竞合；之后为 1985 年《继承法》第 36

---

[1]《中华人民共和国涉外经济合同法》于 1999 年废止。

条与 1986 年《民法通则》第 149 条的竞合。《继承法》第 36 条与《民法通则》第 149 条竞合且相互抵触，引发了吴某遗产继承案适用中国法律还是适用日本法律的争议。[1] 法律适用法立法初期虽然存在法条竞合现象，但数量少、影响小，实践没有提供足够的理论研究空间，学者们亦没有意识到法律适用法法条竞合问题，故未给予应有的关注。

法律适用规范竞合作为现代社会的一种法现象，其产生的原因是多方面的，国际因素、国内因素，政治因素、经济因素，社会因素、法律因素、文化因素、法律传统等众多因素在不同的竞合现象中各自起着不同的作用，担当着不同的角色，共同或分别铸就了竞合的结果。因立法缺乏统筹引起的法律适用规范竞合，其产生的法律抵触、造成的理论混乱正在显现，不可小觑；司法实践中不同的法院审理的相同的涉外民事案件，因法官选择的法律适用规范不同致使援引的准据法不同，导致判决结果大相径庭的案例已经出现，与法律适用法追求的判决结果一致性格格不入，渐行渐远。法律适用规范竞合的作用是消极的，但其产生的原因并非是完全消极的，积极的立法可以说是法律适用规范竞合产生的主要原因，因此，法律适用规范竞合产生的原因具有两面性，积极的立法进取与消极的立法失范同时兼备。在我国，法律适用法法条竞合的成因主要有以下几点：

一、国际条约转化为国内法引起法条竞合

中国的改革开放是一个渐进直至全面融入国际社会的过程。短短 40 余年时间里，中国迅速崛起成为世界第二大经济体，成为经济全球化、世界多极化的重要推动力量。在中国经济融入国际社会的同时，中国法律融入国际社会也取得了重大进展，缔结、加入了一系列多边、双边国际条约，在与国际社会接轨的基础上建立起具有中国特色的法律体系。中国缔结、加入的民事性质国际条约通过纳入方式成为国内法律的组成部分，司法实践中直接适用并有高于国内法的效力。我国在确定缔结、加入的民事性质国际条约具有直接适用效力的同时，还采用转化的立法方式将国际条约的一些条款吸纳为国内法，或者采用最高人民法院司法解释方式对国际条约的实施作出规定，这就造成了国际条约

---

〔1〕 吴某遗产继承案及该案中的法律适用争议，参见齐湘泉：《涉外民事关系法律适用法总论》，法律出版社 2005 年版，第 239~243 页。

中的法律适用规范与国内法中的法律适用规范竞合。

二、"碎片式"分散立法是法条竞合的主要原因

我国法律适用法立法起始于改革开放之初，当时的国情是封闭的国门刚刚开启，对外经济贸易、跨国人员往来规模和数量有限，调整涉外民事关系的立法经验匮乏，指导涉外民事关系法律适用立法的理论贫瘠，因此，法律适用法立法采取了"碎片化"的分散模式，立法机关选择了与国情适应但偏于保守的"宜粗不宜细"理论作为立法指导思想，立法方式采取"成熟一个制定一个""需要什么制定什么"的实用主义，立法原则力求"简明扼要，明确易懂"，[1] 立法体制采用开放式的零打碎敲。[2] 由于传统和惯性作用，改革开放初期的立法模式一直延续下来，时至今日虽有改观，但并未在本质上有令人期待的突破。《法律适用法》颁布之前，我国法律适用法立法呈现以篇章式为主、散见式为辅的模式。1986 年《民法通则》、1992 年《海商法》、1995 年《民用航空法》、1995 年《票据法》采用章式模式规定了涉外民事关系法律适用，1985 年《继承法》、1985 年《涉外经济合同法》、1991 年《收养法》（1998 年修订）、1999 年《合同法》等法律以法条形式规定了合同、继承、收养的法律适用。《民法通则》《法律适用法》对涉外民事关系法律适用作了整体性规定，各部门法对本法调整的涉外民事关系法律适用作了具体性规定，整体性规定与整体性规定之间、整体性规定与具体性规定之间缺乏有效的协调，就难免出现法条竞合。

三、部分法条竞合是法律适用法发展过程中必然产生的法律现象

法律适用法法条竞合固然受立法体制、立法模式、法律传统、社会制度的制约和影响，是法律适用法发展过程中的副产品，但部分法条竞合是有意为之的一种立法方式，这是由法律适用法自身特点决定的。涉外民事关系准据法的确定，凭借法律适用规范中的连接点的指引，在法律适用法问世之后数百年的时间里，涉外民事关系的种类、数量不是很多，单一连接点的法律适用规范足

---

[1] 王胜明："《涉外民事关系法律适用法》的指导思想"，载《政法论坛》2012 年第 1 期，第 2 页。

[2] 江保国："迷宫中的路径：论《法律适用法》之适用"，载《行政与法》2011 年第 7 期，第 108 页。

以胜任准据法的选择。19 世纪以来，资本主义经济和国际民事交往迅猛发展，涉外民事关系日益复杂，单一连接点的法律适用规范难以应对复杂多变的社会情势，对准据法的选择力不从心，日显僵化、机械、呆板。为使法律适用规范与社会发展同步、协调，各国纷纷对法律适用规范"软化"处理，"软化"法律适用规范的方法之一就是增加法律适用规范的连接点，变单一连接点为复数连接点，增强准据法的多选择性，提高法律选择的灵活性。法律适用规范"软化"处理焕发了法律适用规范的活力，也造成了法律适用规范自竞合。

四、多层次立法体制为法条竞合洞开方便之门

我国现行立法体制是全国人大制定基本法律，全国人大常委会制定基本法律以外的法律，国务院制定行政法规，国务院各部委制定部门规章，最高人民法院根据司法实践的需要颁布司法解释，司法解释中不乏规则创造的成分。[1] 各立法机关和立法部门在制定法律和行政规章时都力求全面，追求完整，许多前法制定的规则后法重复制定一遍，上位法制定的规则下位法挪移其中，人为制造了许多法条竞合。不同时期的法律适用法立法都深入贯彻了"宜粗不宜细"指导思想，致使法条原则、抽象、概括，可以进行不同的理解，做出不同的解释，这带来了适用上的困难，造成了操作上不方便。为了解决法律适用问题，行政机关发布细则，最高人民法院颁布司法解释，客观上促成法条竞合。

五、法律适用法的废改立释未能同步进行

法律来源于实践，反映社会最基本的物质生活。法律的制定必须基于一定的社会关系，法律的发展必须与社会发展协调。社会发展变化了，法律需要重新制定，或对原有的法律做相应的修改，或通过立法解释赋予原有法律新的内涵。法律的修改是国家重要的立法活动，与制定法律一样不可或缺，法律修改可采用后法取代前法、在相关法律中作出新的规定或者明确宣布废止与后法相抵触的、与社会发展不适应的法律规范等方式。无论采用何种形式制定法律，采用何种方式修改法律，立法机关应当在制定法律或者修改法律时注意与原有法律之间的协调性。我国现阶段法的废止活动处于一种失范状态，默示废止和

---

〔1〕 刘想树："中国国际私法立法问题论略"，载《河北法学》2009 年第 4 期，第 11 页。

模糊性废止大行其道,[1] 不以明文规定废止前法,而是通过后法的实施默示
废止前法,以期使前法失去法律效力。法律适用法的废止情况亦是如此,《法
律适用法》对此前颁布的法律的效力不作规定,调整同一涉外民事关系的前法
和后法同时具有法律效力,最高人民法院采用司法解释形式解决法条竞合情况
下的法律选择和法律适用,以保障法律适用的统一。我国法律适用法立法废改
立释之间存在脱节问题,未能同步进行,立法机关更重视法律制定,轻视法律
的废止、修改和解释,后法不对前法进行必要的清理,这不可避免地造成法条
竞合。

第四节 法律适用规范竞合的解决路径

法律适用法法条竞合的解决,或者说法律适用规范竞合法律适用规则的选
择,实践中主要采用后法对前法效力有明确规定的,按照后法的规定选择法律
适用规范;法律没有明确规定竞合的法律适用规范之间相互效力的,按照《立
法法》规定及法律原则选择应适用的法律适用规范两种方法。

一、后法对前法效力有明确规定的,按照后法的规定选择法律适用规范

(一)后法终止前法,原则上适用后法

后法对涉外民事关系法律适用作出了规定并且明确规定前法效力终止的,
适用后法。1985 年《涉外经济合同法》第 5 条对涉外经济合同的法律适用作
了规定,1999 年《合同法》第 428 条规定自 1999 年 10 月 1 日起终止《涉外
经济合同法》的效力,被后法废止的前法不再具有法律效力,后法对涉外民事
关系法律适用作出规定的,适用后法。

前法被后法废止后虽然不再具有法律效力,但后法生效之前发生的涉外民
事关系在后法生效之后涉及法律适用问题的,依据民事法律中"法不溯及既
往"原则,仍然适用前法而不适用后法。如果新法特别作出明确规定"溯及既

---

〔1〕 汪全胜、金玄武:"论立法后评估回应之法的废止",载《北京行政学院学报》2009 年第 5
期,第 74~79 页;张萍、刘仁山:"《涉外民事关系法律适用法》在我国国际私法中的地位及其效力问
题",载《河南财经政法大学学报》2015 年第 1 期,第 75 页。

往"，则后法生效之前发生的涉外民事关系在后法生效之后适用后法调整，这是"从旧兼从新原则"在法律适用法领域的体现。最高人民法院《司法解释（一）》第 2 条对此作出了明确规定：涉外民事关系法律适用法实施以前发生的涉外民事关系，人民法院应当根据该涉外民事关系发生时的有关法律规定确定应当适用的法律；当时法律没有规定的，可以参照涉外民事关系法律适用法的规定确定。涉外民事关系法律适用法的溯及力问题是一个比较特殊的问题，因为法律适用法本身不是实体法，也不是程序法，一般说来，实体法不溯及既往的法律适用原则以及程序法相对溯及既往的法律适用原则不能简单地适用于涉外民事关系法律适用法。但是，法律适用法的功能在于通过法律选择规范确定实体法，法律选择规范的适用最终导致当事人实体权利义务的实现，因此，应当借鉴实体法的溯及力原则确定法律适用法的溯及力，以不溯及既往为法律适用法适用原则，以溯及既往为适用原则的例外，以保证当事人对其行为的合理预期。[1]

（二）以后法规定确定前法效力

后法未废止前法，但后法对前法的法律效力有明确规定的，按照后法的规定确定法律适用规范的效力。《法律适用法》是 2010 年颁布的调整涉外民事关系的单行法，1985 年《继承法》、1986 年《民法通则》规定有涉外民事关系法律适用条款。《法律适用法》第 51 条规定，"《中华人民共和国民法通则》第 146 条、第 147 条，《中华人民共和国继承法》第 36 条，与本法的规定不一致的，适用本法。"[2] 《法律适用法》并未废止《民法通则》第 146 条、第 147 条以及《继承法》第 36 条的规定，只是规定这三个法律条款与《法律适用法》规定不一致时排除适用，以《法律适用法》相关规定取而代之，与《法律适用法》规定不抵触的仍然具有法律效力。

二、后法没有明确规定竞合的法律适用规范之间相互效力时的法律选择

后法与前法之间存在承继关系，后法一般要对前法的时间效力和空间效力

---

〔1〕 张先明："正确审理涉外民事案件 切实维护社会公共利益——最高人民法院民四庭负责人答记者问"，载《人民法院报》2013 年 1 月 7 日，第 6~7 版。

〔2〕《民法通则》《继承法》是全国人大制定的，《法律适用法》是全国人大常委会制定的，根据《宪法》第 67 条第 3 款规定，全国人大常委会有权"在全国人民代表大会闭会期间，对全国人民代表大会制定的法律进行部分补充和修改，但是不得同该法律的基本原则相抵触"。《法律适用法》第 51 条的规定是对《民法通则》第 146 条、第 147 条，《继承法》第 36 条规定的修改。

作出规定。后法与前法之间没有承继关系，或者后法没有明确规定竞合的法律适用规范之间相互效力的，按照《立法法》规定及法律原则选择应适用的法律适用规范。

（一）同位的法律适用规范竞合的法律选择

同位法之间的法律适用规范竞合系横向的法条竞合，竞合的同位法可以是同一立法机关制定的法律，也可以是同一行政机关制定的行政法规或者部门规章，还可以是最高人民法院不同司法解释中适用法律适用规范的规定竞合。同位法在法的位阶中处于同一等级，法律效力等同。同位法之间法律适用规范竞合，依据后法优于前法原则，适用后法确定应适用的准据法。后法优于前法原则为我国立法所肯定，2015 年《立法法》第 92 条规定，"同一机关制定的法律、行政法规、地方性法规、自治条例和单行条例、规章，特别规定与一般规定不一致的，适用特别规定；新的规定与旧的规定不一致的，适用新的规定"，该规定是后法优于前法原则的法律依据。《立法法》第 92 条在确立后法优于前法原则的同时，也明确规定了后法优于前法原则的适用条件：①后法与前法的立法主体必须相同，须是同一立法机关制定的法律。同一立法机关制定的法律位阶相同，法律效力相同，不同立法机关制定的法律存在位阶差异，法律效力有高低之分，形成等级不同的上位法和下位法，上位法和下位法之间适用上位法优于下位法原则，不适用后法优于前法原则。②后法与前法必须是同一机关制定的法律规范，非法律规范不适用后法优于前法原则。

（二）上位法与下位法中的法律适用规范竞合的法律选择

上位法和下位法是相对应的概念，全国人民代表大会制定的法律具有最高效力位置和等级，相对于该层级的法律，全国人民代表大会常务委员会制定的法律、国务院制定的行政法规、国务院各部委制定的行政规章、最高人民法院颁布的司法解释都是下位法。全国人民代表大会常务委员会制定的法律，相对于国务院制定的行政法规、国务院各部委制定的行政规章、最高人民法院颁布的司法解释是上位法。上位法与下位法竞合，依据上位法优先于下位法原则，适用上位法中的法律适用规范选择法律。2015 年《立法法》第 87 条 "宪法具有最高的法律效力，一切法律、行政法规、地方性法规、自治条例和单行条例、规章都不得同宪法相抵触" 的规定和第 88 条 "法律的效力高于行政法规、地方性法规、规章。行政法规的效力高于地方性法规、规章" 的规定确立了上位法优先于下位法原则。

（三）一般法与特别法中的法律适用规范竞合的法律选择

一般法与特别法位于同一位阶，依据特别法优于一般法原则，选择特别法中的法律适用规范；一般法高于特别法位阶，选择一般法中的法律适用规范；一般法低于特别法位阶，选择特别法中的法律适用规范。2015 年《立法法》第 92 条规定的特别法优于一般法原则、第 88 条确立的上位法优先于下位法原则是一般法中的法律适用规范与特别法中的法律适用规范竞合法律选择的依据。

（四）前法与后法中的法律适用规范竞合的法律选择

前法与后法位于同一位阶，依据后法优于前法原则，选择后法中的法律适用规范；前法位阶高于后法，选择前法中的法律适用规范；前法位阶低于后法，选择后法中的法律适用规范。

我国许多学者视后法优于前法原则与新法优于旧法原则为同一法律原则的不同表述，我国《立法法》也采用了"新法""旧法"的表达方式，实际上"新法""旧法"这种表述值得推敲。探讨前法与后法竞合的法律选择，前提条件是前法与后法都是现行有效的法律，如果后法废止了前法，断无产生竞合之可能，亦无选择法律之必要。采用前法与后法的词汇表述不同时间颁布的法律的效力，有助于表示后法颁行后前法仍是具有法律效力的法。我国立法采用"新法优于旧法"表述不同时期颁布的法律之间相互关系，这种表述没有使用"前法与后法"的表述科学。"新法优于旧法"的涵摄范围远远超越"后法优于前法"，除涵盖"后法优于前法"，后法和前法都是现行有效的法律外，还包括另外两种情况：第一种情况是旧法已被废止，不再具有法律效力；第二种情况是国家更替、政府更迭，前国家、前政府的法律被称为"旧法"。在法律适用法领域，适用"后法优于前法原则"来表述不同时期颁布的法律之间的关系更为确切。

（五）显性与隐性法律适用规范竞合的法律选择

显性法律适用规范竞合依据上位法优先于下位法原则、后法优于前法原则、特别法优于一般法原则不难解决法律适用规则选择问题。隐性法律适用规范竞合的法律选择，是《法律适用法》颁布后出现的新的法律问题，我国立法未作出过如何选择法律的规定，亦无可以适用的解决隐性法律适用规范竞合法律选择的法律原则。学者们在理论上对隐性法律适用规范竞合的法律选择进行过探讨和论证，至今尚未取得共识。司法实践中，因缺乏统一的法律选择规则，法官径自自由裁量，以个人对法律的理解选择法律适用规范确定准据法，造成相同案件因适用不同国家的法律导致判决结果相互抵触的情况出现。隐性法律适用规范竞合的法律选择是我国立法、理论、实践面临的新的法律问题，需要进行更深入的理论探讨，在总结司法实践经验的基础上，通过新的立法解决或者由全国人大职能部门做出立法解释解决。

（六）国际条约与国内法中法律适用规范竞合的法律选择

调整国际民事关系的国际条约有高于调整国内民商事关系法律的效力，我国《民法通则》等法律及最高人民法院司法解释已作出过规定，不存在异议。根据我国的法律规定和最高人民法院司法解释，国际条约中的法律适用规范与国内法中的法律适用规范竞合时优先适用我国缔结和加入的国际条约。

（七）一般法与行政规章、最高人民法院司法解释中的法律适用规范竞合的法律选择

一般法中的法律适用规范与行政法规、行政规章中的法律适用规范竞合、一般法中的法律适用规范与最高人民法院司法解释中的法律适用规范竞合，依据《立法》第88条"法律的效力高于行政法规、地方性法规、规章"的规定及上位法优先于下位法原则，适用一般法。

（八）排除或限制外国法适用制度竞合的法律选择

上位法与下位法规定了相同的排除或限制外国法适用制度，依据上位法优先于下位法原则，适用上位法。同位法规定了相同的排除或限制外国法适用制度，依据后法优于前法原则适用后法。一般法与特别法规定了相同的排除或限制外国法适用制度，根据法律的位阶决定其适用。一般法与特别法位阶相同或者位阶低于特别法；适用特别法；一般法位阶高于特别法，适用一般法。

（九）法律原则和法律选择规范竞合的法律选择

法律原则与法律选择规则竞合，优先适用法律规则，当立法存在缺失，没有具体的法律适用规则调整涉外民事关系时，才可以适用法律原则对涉外民事关系进行调整，以弥补法律空缺。法律选择规则优先适用不是绝对的，特殊情况下法律原则可以优先法律适用规则适用：①穷尽法律规则原则。法官、仲裁员、国家机关工作人员适用法律原则处理案件时，必须穷尽法律规则，方得适用法律原则。穷尽法律规则的目的在于防止法官滥用自由裁量权，保证法律确定性、稳定性和可预测性。②实现个案正义原则。存在法律规则是不能适用法律原则的，但不排除为了实现个案正义，在存在法律规则情况下适用法律原则

审理案例，美国纽约州上诉法院富德法官在 1963 年审理的贝柯克诉杰克逊案适用法律原则裁断当事人之间的权利义务即为典型案例。[1] ③更强的理由原则。没有更强的理由，不能径行适用法律原则。[2] ④例外原则。确定适用的法律与该涉外民事关系不具有最密切联系的，则适用与该涉外民事关系具有最密切联系的法律。[3]

三、法律适用规范自竞合的法律选择

自竞合的法律适用规范从法律适用规范类型角度看属于选择性法律适用规范，分为有条件和无条件两种。有条件选择性法律适用规范系属规定的两个或者两个以上可以适用的法律处于不同地位，适用时依序进行，顺序排在首位的法律首先适用，只有在前一顺序法律不存在或者无法适用时，才能选择后一顺序的法律适用。有条件选择性法律适用规范竞合的法律选择按照法律规定的顺序进行即可完成，当事人、法官的意志不能左右法律选择，不能僭越法律规定的选择顺序，不会出现法律选择困难。

无条件选择性法律适用规范竞合的法律选择相对复杂，当事人或者法官的意志在法律选择过程中起决定性作用，人为因素对法律选择有着举足轻重的影响。从理论上讲，无条件选择性法律适用规范系属规定的两个或者两个以上可以适用的法律具有同等地位，可以不分先后顺序任意进行选择，法条自身具有开放性，对选择不附加限制条件。司法实践中，无条件选择性法律适用规范竞合法律选择存在的问题是法律选择权的分配，是当事人行使法律选择权还是法官行使法律选择权。《法律适用法》分则部分计有 40 个条款，这 40 个条款中有 14 条系无条件选择性法律适用规范，[4] 其比率之高，数量之大，范围之广，堪为各国立法之最。在 14 条无条件选择性法律适用规范中，除第 24 条规定夫妻财产关系当事人可以协议选择适用一方当事人经常居所地法律、国籍国法律或者主要财产所在地法律，以及第 45 条规定产品责任被侵权人选择适用

---

〔1〕 Babcock v. Jackson，12N. Y. 2nd 473，（1963）.

〔2〕 舒国滢："法律原则适用中的难题何在"，载《苏州大学学报（哲学社会科学版）》2004 年第 6 期，第 19 页。

〔3〕 王胜明："涉外民事关系法律适用法若干争议问题"，载《法学研究》2012 年第 2 期，第 189 页。

〔4〕《法律适用法》规定的无条件选择性法律适用规范有：第 14 条、第 17 条、第 18 条、第 22 条、第 24 条、第 28 条、第 29 条、第 30 条、第 32 条、第 33 条、第 39 条、第 41 条、第 45 条、第 50 条。

侵权人主营业地法律、损害发生地法律的，或者侵权人在被侵权人经常居所地没有从事相关经营活动的，适用侵权人主营业地法律或者损害发生地法律外，其余12条均未规定选择权归属法官还是归属当事人。《法律适用法》没有明确规定选择法律的主体，出现立法缺失，而立法缺失又为争议的产生埋下伏笔。

法律适用规范自竞合法律选择权的归属，学界的主流观点认为应当归属于法官。这种主流观点一方面是基于传统的法律意识，认为涉外民事案件审理过程中，法官居于主导地位，选择案件应适用的准据法既是法官的权利，也是法官的义务。法官选择涉外民事案件应适用的法律是法官自由裁量权的体现，是实现个案实体正义的保证，符合法律适用规范价值取向。另一方面是源于逻辑推理和法律推定：《法律适用法》有12个条款未规定选择法律的主体，没有规定当事人或者受害人选择法律的，理应推定由法官选择法律。

传统的法官选法意识和简单的逻辑推理无法证成法律适用规范自竞合法官当然享有法律选择权。《法律适用法》立法成果之一是变"法官法"为"市民法"，意思自治原则作为该法的灵魂一以贯之于始终，法律选择不再是法官的独有权力，当事人选择涉外民事关系应适用的法律的理念居于主导地位。《法律适用法》以当事人为中心进行资源配置，客观反映市场经济对私法的内在要求，私权自治，法律选择自主，开启了以当事人为主导确定涉外民事关系法律适用的新时期。法律适用规范自竞合的法律选择，应当贯彻《法律适用法》立法宗旨，赋予当事人、法官同等的法律选择权利。

法律适用法法条竞合是我国现行立法体制下必然出现的法律现象，其由或然演进为实然相伴相随于法律适用法发展过程。应当客观看待、公正评价法律适用规范竞合，不能因其是法律适用法繁荣过程中的产物任其发展，也不能因其不利于法律适用法实施而全盘否定。总体说来，法律适用法法条竞合弊远大于利，其弊在于有损于法律的严肃性和权威性，加大了法律选择难度，加重了法官的负担；其利在于增强了法律选择的灵活性。因此，我们应当加强法律适用法立法的科学性，注意横向法律之间、不同层级的纵向法律之间的协调和统一，最大限度地避免法律适用法法条竞合。对于已经产生的法条竞合，应当根据《宪法》《立法法》规定的法律适用原则解决。对于依据现行法律无法解决的法条竞合，应当加强理论研究，探索出解决路径，为法律适用法的修改和完善提供理论依据。

2020年5月28日，第十三届全国人民代表大会第三次会议通过《中华人民共和国民法典》，该法于 2021 年 1 月 1 日起施行，《民法通则》《民通意见》届时废止。《民法通则》《民通意见》废止后，法律适用法法条竞合现象大幅度减少。

第九章

民事主体法律适用的变革与发展

第一节　自然人民事权利能力的理论、立法与实践

一、自然人民事权利能力理论

民事主体是指根据法律规定，能够参与涉外民事法律关系，享有民事权利和承担民事义务的人。民事主体分为一般民事主体和特殊民事主体。一般民事主体包括自然人、法人和经济组织，自然人以国籍状态的不同还可以分为本国人、外国人和无国籍人，国家和国际组织参与涉外经济活动构成特殊民事主体。

自然人乃自然界中之人，自然人作为民事主体，必须具有法律上的人格。人格理论始于罗马法，在罗马法上，人格是一个公私法兼容、人格与身份并列、财产关系和人身关系合一的概念。始于罗马法的人格理论，最重要的特点就在于人与人格的分离。根据罗马法的规定，并非一切人均为权利主体，作为权利主体的人除了是人以外，还需具备"自由民"身份，是市民社会中的"市民"，享有在法定限度内按照自己的意愿处置其人身和行动的自由权。罗马法分离人与人格，反映了古代罗马社会人与人之间的不平等关系。

近代社会普遍承认自然人之人格，自然人享有天赋的自然权利，带着这些权利步入市民社会，国家只是为了保障自然人的权利而存在。法律上对生命人的主体承认、自然人概念的全面形成，经历了一个漫长的历程。1804 年《法

国民法典》的颁布，生命人才被彻底置于民事权利的中心，1896年《德国民法典》的颁布，人类社会在立法上才第一次用专门的术语——"自然人"来指称无条件地、当然地为权利主体的生物人，并以此区别于民事法律关系上的另一类权利主体——"法人"。

自然人具有民事权利能力，民事权利能力是指法律赋予民事主体享有民事权利和承担民事义务的能力，是民事主体享有权利和承担义务的资格，是自然人作为民事主体进行民事活动的前提条件。自然人民事权利能力的取得是无条件的，自然人存续期间不会发生变更或消灭，不受剥夺和限制。设立自然人权利能力制度的目的，就在于肯认自然人的社会文化价值。自然人民事权利能力形成和发展过程中产生了公民权利能力平等原则和公民权利能力不得转让原则，这两项原则的主旨在于保障自然人权利能力的实现。自然人权利能力平等原则肯认自然人民事权利能力彼此同一，其基本特点是参与机会人人平等以及权利能力人人完全。自然人权利能力不得转让原则是指公民的权利能力仅因死亡而消灭，不得转让或者抛弃，非依法律规定也不得限制或者剥夺。

法律适用法中"自然人"的概念是民法"自然人"的概念在涉外民事关系领域的延伸，体现着涉外民事主体蕴涵着天赋人权的价值理念。民法理论上民事权利能力是自然人从事民事活动的前提条件，从事民事活动又是自然人生存、发展的基本前提，民事权利能力就是自然人的生存资格。现代文明社会以保存人的生存资格为第一要义，普遍地、无区别地赋予所有自然人民事权利能力是法律的一项不可动摇的基本原则。[1]在法律适用法理论上，承认自然人民事权利能力是与生俱来的，自然人的法律地位是独立的、平等的，自然人的民事权利能力具有不可转让性。法律适用法研究民事权利能力与民法研究民事权利能力是不同的，法律适用法侧重研究依据何国法律、何种法律确认自然人民事权利能力的取得和消灭。

二、自然人权利能力法律适用的立法

各国自然人权利能力取得和消灭的立法相同，自然人权利能力"始于出生，终于死亡"。但具体到"何为出生""何为死亡"问题上，各国的法律规定又不相同，由此产生法律冲突。

---

〔1〕 王利明主编：《民法》，中国人民大学出版社2000年版，第52~53页。

"出生"是自然人权利能力的端始,在"出生"的认定上,各国法律规定的各不相同,有阵痛说、露头说、出生完成说、独立呼吸说、存活说、胎儿权利能力说等标准。"死亡"意味着自然人权利能力终结,在"死亡"标准上,各国法律规定的不同。死亡分为生理死亡(自然死亡)、宣告死亡和认定死亡(又称作第三种死亡)。对于生理死亡,不同国家分别以脑死亡、呼吸停止或者心脏停止跳动为标准。对于法律死亡,有的国家规定了失踪宣告制度,有的国家规定了死亡宣告制度,有的国家既规定了失踪宣告制度,又规定了死亡宣告制度。即使采用相同法律制度的国家,对失踪多长时间能够宣告失踪人失踪或者宣告失踪人死亡的规定也不相同。认定死亡是依据自然人下落不明的情形可确信其已死亡时,即使尚未发现或无法辨认出其遗体,有关司法机关和行政机关可以依据相关法律规定和程序直接认定其死亡。[1]

许多国家设立了"推定存活"制度,各国关于"推定存活"制度的规定不同,也会发生自然人权利能力的冲突。所谓"推定存活"是指在数个相互有继承权自然人同时死亡,而依事实又不能确定死亡先后顺序的情况下,法律规定推定死亡先后顺序的制度。

少数国家承认安乐死的合法性。安乐死是近年来一些国家承认的死亡方式,在安乐死的合法性上,除了荷兰等少数国家以立法形式承认安乐死的合法性以外,大多数国家出于对生命的尊重,惧于安乐死合法可能为犯罪提供机会,拒绝承认安乐死的合法性。

各国自然人民事权利能力规定的不同必然产生法律冲突,必须适用法律适用规则确定应适用的法律。自然人民事权利能力的法律适用,各国立法几乎一致,普遍采取适用当事人属人法。属人法作为自然人民事权利能力的法律适用规则是最适宜的,民事权利能力是自然人最本质的属性,这一属性显然是由自然人本国的政治、经济、历史、文化等因素综合决定的。因此,适用属人法最符合民事权利能力的本质要求。

属人法是以法律关系当事人的国籍、住所或惯常居所、现住地作为连接点的系属公式,一般用来解决人的身份、能力、亲属、婚姻家庭和财产继承关系等法律冲突。1804年《法国民法典》颁布以前,世界范围内属人法盖指自然人住所地法,《法国民法典》对属人法进行了变更,以国籍国法作为属人法。

---

〔1〕《德国失踪法》第1条第2款、第39条,《瑞士民法典》第34条。

法国变更属人法得到大陆法系国家的赞同和跟随，开始了大陆法系国家和英美法系国家属人法的分野，形成了国籍国法和住所地法在属人法上的对立。

两大法系属人法的对立不利于国际经济的发展，20世纪中期，属人法开始融合。融合方式一是大陆法系国家在立法上开始向住所地法回归，英美法系国家在与人的身份有关的领域采用国籍国法作为属人法；二是越来越多的国家开始采用惯常居所地法代替住所地法或本国法作为属人法。

法人作为自然人拟制体也有属人法，法人属人法一般是指法人国籍所属国法律，法人国籍通常由登记地决定，因此，法人属人法多为登记地国法。法人属人法主要用来解决法人的权利能力、行为能力和内部关系等方面的法律适用。

三、我国自然人权利能力的法律适用

（一）我国属人法立法的发展

我国自然人权利能力适用当事人属人法。清朝末年至20世纪90年代，中国的属人法是单一的国籍国法。20世纪90年代，中国的属人法发生了变化，不再坚持单一的国籍国法原则，采用以国籍国法为主、住所地法为辅、经常居所地法为补原则确定属人法；在与人的身份有关的领域，国籍国法与住所地法平分秋色，且住所地法有增强的趋势。进入21世纪，我国属人法发生了革命性变革，2010年《法律适用法》第11条规定了"自然人的民事权利能力，适用经常居所地法律"，抛弃了国籍国法，转用经常居所地法，形成属人法以经常居所地法为主、国籍国法为辅、住所地法为补的格局。

世界上独有我国将经常居所地法作为属人法的首要法律，许多国家和地区将经常居所地法作为国籍国法或者住所地法的补充。以经常居所地法为属人法在立法上是超前的，《法律适用法》制定过程中，属人法是维持传统的国籍国法，还是标新立异——以经常居所地法为属人法，学者们的争议十分激烈，多数学者支持采用经常居所地法为属人法，这一建议为立法机关采纳。

（二）经常居所地法为属人法利弊分析

《法律适用法》确立经常居所地法为属人法，兼顾国籍国法，摒弃住所地法，对这一变革，学界认识不同、贬褒不一。有学者认为属人法变革是立法创新，是《法律适用法》的立法亮点，以经常居所地为首要连接点，符合经济全

球化背景下国内外自然人、法人民事往来日益频繁的新形势和新情况。[1]"从发展的观点来看，以惯常居所原则为主，国籍、住所原则为辅的综合确定属人法的方法仍是今后属人法趋同化的方向"。[2]《法律适用法》"坚定地采用经常居所地法作为属人法，独树一帜，必将在国际上产生重大影响"。[3]有学者对《法律适用法》采用以经常居所地为连接点进行了质疑和批判，认为无论采用传统的本国法主义抑或住所地法主义都各有其基础，但以经常居所地法为标准，不知其追求价值为何，其弊端是割裂个人与特定国家间的精神联系，销蚀属人法的精神属性。[4]以经常居所地原则取代国籍原则是不可取的，国籍原则和住所原则在国际私法属人法问题上的分歧虽然一直存在，但完全抛弃国籍原则并没有被多数国家接受。[5]还有学者对我国属人法变革存有疑虑，认为"惯常居所"这一属人法新连接点的出现只是全球化进程深入和当代国际社会文化发展的多元趋势的体现，就此抛弃与我国传统文化相贴切并更符合我国国情的国籍原则有待进一步商榷。[6]大量采用"经常居所"作为自然人属人法的首要甚至唯一的连接点，而作为传统连接点的"住所"毫无踪迹可觅，"国籍"也仅是作为补充连接点而被保留，这一立法上的"创新"之举，无疑留下很大的探讨空间。[7]

国籍国法、住所地法和经常居所地法作为属人法，都有其合理性，也都有不可克服的缺陷。采用哪一法律为属人法，取决于主权国家立法的价值取向，以及是否符合本国国情，是否有利于促进国际经济发展与跨国交流，是否方便当事人生活等因素，综合考量这些因素后定夺。从理论上探讨，采用经常居所地法为属人法的合理性在于以下几点：

第一，有利于减少或者消除国籍冲突、住所冲突。跨国人员往来的频繁和

---

[1]　肖永平："中国国际私法立法的里程碑"，载《法学论坛》2011年第2期，第47页。

[2]　刘益灯："惯常居所：属人法趋同化的必然选择"，载《中南工业大学学报（社会科学版）》2002年第3期，第307页。

[3]　黄进："中国涉外民事关系法律适用法的制定与完善"，载《政法论坛》2011年第3期，第11页。

[4]　宋晓："属人法的主义之争与中国道路"，载《法学研究》2013年第3期，第206页。

[5]　杜涛：《涉外民事关系法律适用法释评》，中国法制出版社2011年版，第191~195页。

[6]　董伶俐："论惯常居所地及其在我国的适用"，载《辽宁警察学院学报》2016年第1期，第22页。

[7]　杜焕芳："自然人属人法与经常居所的中国式选择、判准和适用？——兼评《涉外民事关系法律适用法司法解释（一）》第15条"，载《法学家》2015年第3期，第160页。

承认双重国籍国家的增多造成了具有双重国籍、多重国籍或无国籍的人越来越多，加剧了国籍冲突。对事实住所的承认加剧了法定住所和事实住所冲突。大陆法系国家以国籍国法为属人法，英美法系国家以住所地法为属人法，形成了属人法冲突。国际社会一直致力于寻求解决属人法冲突的路径并为此做出了不懈努力，1955 年海牙《关于解决本国法与住所地法冲突的公约》在统一属人法的道路上寻找到以惯常居所为连接点，采用惯常居所地法协调本国法与住所地法之间的对立。此后，海牙国际私法会议制定的一系列婚姻、家庭、继承、产品责任、交通事故等法律适用公约多以惯常居所为连接点指引准据法。各国立法受海牙公约的影响，越来越多地直接或间接地采用惯常居所地法调整涉外民事关系。经常居所地为属人法连接点，排除国籍和住所因素，可以减少或者消除国籍冲突、住所冲突和国籍与住所冲突，避免涉外民事争议准据法确定过程中产生争议。

第二，扩大了本国司法管辖权。外国自然人、无国籍人、华侨以及外国法人在本国有居住（经营）一定时间的事实存在，法院可以经常居所地为标志行使管辖权，不问当事人的国籍和住所，这在扩大了本国司法管辖权的同时，为涉外民事争议的迅速解决创造了条件。

第三，扩大了本国法的适用范围。法院以经常居所地为标志受理案件，多数情况下导致本国法的适用。经常居所地法院适用本国法对案件进行定性，根据法律适用规范的指引确定准据法，如果准据法是外国法，外国法的适用如果违反本国公共政策，可以适用公共秩序保留排除外国法的适用，转而适用本国法。涉外民事关系准据法为外国法，外国法无法查明，适用本国法，间接扩大了本国法的适用范围。

第四，符合连接点的发展趋势。跨国人员往来已经成为经济发展的必要条件，交通工具日新月异的发展为人员跨国流动提供了便利，异国定居或者居住一段时间的现象越来越普遍，国籍、住所地作为属人法的连接点已经不能完全适应社会的发展，需要寻找更具有弹性、现实性和可操作性的属人法连接点，以满足社会发展之需。经常居所地这一连接点虽然是为了协调国籍和住所地冲突而被创造出来，但因其符合社会发展规律而被广泛采用，成为连接点的新秀。我国采用经常居所地为属人法连接点，符合社会发展趋势，推动了连接点的发展，为经常居所地在更广泛领域的使用开辟了道路。

第五，有利于法律适用的公正。地球正在变得越来越小，有人把当今世界比喻成"地球村"。自然人、法人作为"地球村"的村民，移居他国居住（经营）已经成为普遍现象，移民的数量与日俱增。长期移居外国的本国人与国籍国已无实质联系，对这些人来说，国籍只是一个政治身份，只是隶属国籍国的一张名片。对长期移居外国的本国公民硬性适用国籍国法或者法律意义上的住所地法，只会造成对当事人的不公。福尔果遗产继承案可以很好地说明这个问题，福尔果5岁随母去了法国，68岁去世，在法国生活63年，应当说福尔果已经"法国化"了，与法国的联系的密切程度远远超过与国籍国、法律上的住所地国巴伐利亚的联系。在福尔果遗产争议案中，适用惯常居所地（法国）的法律比适用原始住所地国（巴伐利亚）的法律更合理、更公正。[1]

第六，有利于区际法律冲突的解决。区际法律冲突在许多国家存在，出现区际法律冲突要根据法律选择规则确定适用哪一法域法律。我国是"一国两制三法系四法域"国家，这种状况在今后相当长一段时间里不会改变，区际法律冲突将长期存在。我国各法域公民有共同的中华人民共和国国籍，国籍在区际法律冲突的解决中无法适用。以经常居所地作为属人法的连接点，可以充分发挥属人法在解决区际法律冲突中的作用，在与人的身份有关的争议中，直接适用经常居所地法。中国作为复合法域国家，采用经常居所地作为属人法的连接点更易为各法域所接受，且各法域已经不同程度地接受以经常居所地法为属人法。经常居所地法方便确定，查找容易，能够快捷的解决涉外民事争议。

第七，经常居所地相对容易确定。与住所相比，经常居所地相对容易确定。住所是自然人以久住的意思而居住的某一处所，构成住所要具备居住事实和当事人久居的意思表示。构成经常居所地，有的国家要求有实际居住事实即可，1987年《瑞士联邦国际私法》即是如此，该法第20条"本法所指的习惯居所，就是当事人在某国居住有一定期限的处所，即使该期限极为短暂"的规定仅要求有居住期限。有的国家虽然在要求居住期限的同时考虑久居的意愿，但其程度远逊于住所，2004年《比利时国际私法典》即为典型例证，该法第4条规定，惯常居所系指自然人设立其主要居所的所在地，即使未进行登记并且与居住许可或无限期居住许可无关；为确定惯常居所地，应该考虑显示与该地

---

〔1〕　贺连博：《反致问题研究》，知识产权出版社2006年版，第32~38页。

具有持久联系或表明建立此类联系之意愿的个人或职业性质的情况。[1] 经常居所地容易确定，适用经常居所地法不仅方便当事人，也可以节约司法资源。

第八，经常居所地与自然人联系密切。随着当代国际社会人员流动的日渐频繁，在一国居住未取得所在国国籍、未在所在国设立住所的大有人在，此种情况下经常居所地通常就是自然人的生活中心和利益中心，自然人与经常居所地联系最为密切。以经常居所地法为属人法，既有利于当事人经常居所地国社会秩序的维护，也有利于当事人自身利益的保障。

采用经常居所地法为属人法有其自身优势，但也存在以下弊端：

第一，加剧了属人法的内在矛盾。经常居所地法为属人法具有两面性，虽能解决国籍国法、住所地法冲突，但也可能引发更为复杂的经常居所地法与国籍国法、住所地法冲突。经常居所地法为属人法，对采用经常居所地为连接点确定涉外民事关系准据法的国家来说，能够解决国籍冲突和住所冲突，在涉外民事争议解决中，不考虑当事人的国籍或者住所，直接适用经常居所地法。对属人法自身而言，经常居所地法为属人法引起了更为复杂的法律冲突，属人法由国籍国法和住所地法两军对垒发展成国籍国法、住所地法和经常居所地法三足鼎立，加剧了属人法的内在矛盾。

一国规定经常居所地法为属人法与国际条约规定经常居所地法为属人法的法律后果不同，缔约国、加入国对本国缔结或者加入的国际条约必须遵守，无论本国以国籍国法为属人法还是以住所地法为属人法都必须摒弃，转而以经常居所地法为属人法，从而避免或者消除属人法冲突。一国规定经常居所地法为属人法，对本国而言，消除了属人法冲突，不考虑当事人以国籍国法还是以住所地法为属人法的状况，径直适用经常居所地法，但对其他国家来说，属人法冲突不仅不能避免，反而增加了新的冲突。我国一些学者以国际条约采用经常居所地为连接点确定准据法消弭了大陆法系国家和英美法系国家属人法冲突为依据，来论证我国采用经常居所地法为属人法的合理性，这并不科学。国际条约是各国协调意志的产物，是妥协和礼让的结果，而我国以经常居所地法为属人法，反映出来的是我国国家意志，对其他国家属人法的规定并无实质性影响。国际条约以经常居所地法为属人法代表着属人法的发展方向，对各国属人

---

〔1〕 杜涛：《国际私法的现代化进程：中外国际私法改革比较研究》，上海人民出版社 2007 年版，第 347 页。

法立法有着潜移默化的影响，但并不改变各国属人法立法。

第二，无论从国内司法实践还是从国际大环境考察，经常居所地确定有其困难的一面。我国采用经常居所地法为属人法，既基于特定时代的国情和立法政策驱动，又是立法经验的升华。1986 年《民法通则》第 15 条规定了公民以他的户籍所在地的居住地为住所，经常居住地与住所不一致的，经常居住地视为住所，[1] 拉开了属人法变革的序幕；1988 年《民通意见》第 9 条解释经常居住地为"公民离开住所地最后连续居住一年以上的地方，为经常居住地"，从居住时间对经常居住地进行量化，为法院确定经常居住地提供了量化标准。1992 年最高人民法院《关于适用〈中华人民共和国民事诉讼法〉若干问题的意见》第 5 条延续以往规定，定义了"公民的经常居住地是指公民离开住所地至起诉时已连续居住一年以上的地方"，从程序法角度为经常居住地的确定再次提供了保障。我国建立经常居住地法律制度初期，仅考虑当事人居住时间，不考虑是否有久居的意图，经常居住地容易确定，适用较为方便。

2010 年《法律适用法》规定我国属人法为经常居所地法，但未对经常居所地做出界定。最高人民法院第三次对经常居所地作出解释以弥补立法缺漏，2012 年《司法解释（一）》第 15 条规定，"自然人在涉外民事关系产生或者变更、终止时已经连续居住一年以上且作为其生活中心的地方，人民法院可以认定为涉外民事关系法律适用法规定的自然人的经常居所地，但就医、劳务派遣、公务等情形除外"。该解释承继《民通意见》和民事诉讼法相关司法解释，仍然以一年的居住期限作为经常居住地设立的时间标准，所不同的是增加了在一定程度上考虑当事人以住所地为经常居所地的主观意图，加大了经常居所地识别的难度。

最高人民法院司法解释规定构成经常居所地需要具备客观和主观两个要素，但何为"连续居住一年以上"，何为"作为其生活中心的地方"，司法解释并未明确，实践中仍需法院结合具体案件判断确认。在郭宗闵、青岛昌隆文具有限公司与李恕珍股东资格确认纠纷一案中，受案法院对经常居所地作出了具体解释。该案中，一审法院认定"本案被继承人郭音伟虽然在台湾地区死亡，但其死亡前长期工作生活于青岛，故郭音伟死亡时的经常居所地应认定为

---

〔1〕　自然人居住一年以上的地方。1986 年《民法通则》使用"经常居住地"一词表述，2010 年《法律适用法》使用"经常居所地"一词表述，这两种表述并无实质不同。

大陆地区"，"李恕珍在郭音伟死亡前长期在青岛居住"，故认定李恕珍与郭音伟的共同经常居所地在大陆。依据《法律适用法》第 24 条规定，李恕珍与郭音伟夫妻财产关系的准据法为中华人民共和国法律。[1]

郭音伟和李恕珍的户籍地址都为台湾地区台北市中山区新福里 20 邻新生北路三段 1 号 3 楼之六，李恕珍是台湾籍，郭音伟有台湾居民和美国国籍双重身份，二人共同身份为台湾地区居民。

郭宗闵、青岛昌隆文具有限公司不服一审判决，提出上诉，上诉的理由之一是法律适用错误。上诉人认为郭音伟和李恕珍的户籍地址均为台湾地区台北市中山区新福里 20 邻新生北路三段 1 号 3 楼之六，李恕珍是台湾居民，郭音伟亦是台湾居民并具有美国国籍，二人的共同居所地在台湾。一审法院将青岛确定为郭音伟死亡前的二人共同经常居所地，主要证据是郭音伟 2011 年至 2013 年的出入境记录，但该记录显示郭音伟去世前并未在青岛连续居住超过一年的时间。在本案中未出现李恕珍的出入境记录。一审判决认定二人共同居所地为青岛适用中华人民共和国法律确定夫妻共同财产关系不能成立。

二审法院认为，"连续居住一年以上"不是指绝对连续状态，而是指相对持续的居住状态。在居住期间，当事人因工作派遣、出国旅游、短期学习、赴外就医等原因导致其不能连续居住在某一地，但只要居住状态相对持续，且达到一年以上，不影响经常居所的构成。对于"作为其生活中心的地方"标准，要从当事人的主观意愿、主要职业、社会关系、财产状况、家庭生活等各方面进行综合考察。连续居住与生活中心两个标准之间是并列关系，是判断经常居所地时重要的相互参考因素。本案中，郭音伟死亡之前与李恕珍并不是一直在中国大陆地区居住，但从二人的出入境记录及停留的时间和相对连续状态来看，可以认定在大陆已连续居住一年以上。从郭音伟在青岛的投资活动、财产状况、居住证明、驾驶执照、公用事业收费服务便民卡持有等情况可以得出其生前已以青岛为生活中心。李恕珍提交的证明中在青岛生活的证据较少，但其与郭音伟系夫妻关系，从郭音伟对其委托授权情况以及在青岛连续居住情况等也能够看出李恕珍在郭音伟生前以青岛为生活中心。综合以上事实，法院判定大陆是郭音伟与李恕珍的共同经常居所地，一审法院适用中华人民共和国法律作为解决本案中夫妻财产关系争议和继承关系争议的准据法并无不当。[1] 本案揭示了"连续居住一年以上"并非绝对连续，不要求连续居住12个月甚至365天以上，而是相对连续，一年中多数时间居住在一地即可。判断是否构成"作为其生活中心的地方"要考察当事人工作、生活全部情况，通过这些客观事实推定当事人是否以某地为经常居所的主观意图。

2017年上海市两级人民法院审理的徐灵与张贺离婚财产分割案，涉及经常居所地的界定。一审法院认为，徐灵、张贺虽为香港地区居民，在香港结婚，但张贺常年在内地经商，徐灵时常在内地居住，故认定双方当事人的共同居所地在内地，内地法律为准据法。徐灵不服一审判决，提起诉讼，上诉理由之一是经常居所地认定错误。二审法院审理认为，徐灵、张贺均为香港地区居民，1987年在香港结婚，长期居住于香港，故双方的共同经常居所地应认定为香港地区。婚后两人长期异地生活，无共同的经常居所地，应适用共同区籍法律，即香港地区法律。[2] 该案揭示了住所地与经常居所地之间的关系，住所地同时也是经常居所地，自然人离开住所地一年以上，建立了新的经常居所，

---

〔1〕 山东省高级人民法院民事判决书，（2016）鲁民终2270号。

〔2〕 案情简介：徐灵（女）与张贺均为香港地区居民，1987年在香港结婚，婚后生下一女张茜茜。张贺常驻内地做生意，徐灵做全职太太在家照顾女儿。1998年，徐灵在上海出首付款购买一套房屋，所有权人为徐灵，徐灵以自己名义申请了银行贷款并按期还款。2014年，徐灵在香港法院提起离婚诉讼，香港法院判决暂准离婚，但未对所有婚内财产分割作出判决。2015年，张贺在上海起诉徐灵，请求分割徐灵在上海所购房屋。张贺认为本案系不动产物权纠纷，应适用不动产所在地法律。涉案的位于上海的房屋系婚后购买，依据《婚姻法》规定，属于夫妻共同财产，因此请求法院确认其对涉案房屋享有50%的产权份额。徐灵认为按照《法律适用法》规定，在双方未就本案适用的实体法律协商一致情况下，应适用双方共同经常居所地法律——香港地区法律。香港实行夫妻分别财产制，夫妻婚后财产，除双方有明确的约定外，分属夫妻个人。涉案房屋系是徐灵全额出资购买，张贺无权要求取得系争房屋的所有权。一审法院审理认为，徐灵、张贺均系香港居民，婚姻缔结地为香港，诉争不动产所在地在内地，共同经常居住地为内地。二人未能协议选择应适用的法律，张贺要求适用《婚姻法》，符合《法律适用法》的规定。一审法院依据《婚姻法》认定系争房屋属于夫妻共同财产。徐灵不服一审判决，向上海市第一中级人民法院提上诉。上海一中法院认为，徐灵、张贺系争的房屋权属纠纷基于双方婚姻关系引起，具有明显的人身属性，故应适用《法律适用法》第24条夫妻财产关系准据法选择的规定。本案中，徐灵、张贺1987年在香港登记结婚，且此前长期居住于香港，故双方的共同经常居所地应认定为香港。婚后两人虽然长期异地生活，无共同的经常居所地，也应适用共同国籍国法律，即中国法律。由于当事人双方系香港居民，故应适用香港地区法律。香港实行夫妻分别财产制，上海一中法院依据《香港法例》第182章《已婚者地位条例》的规定，认定张贺与徐灵诉争的房屋产权登记在徐灵名下，应认定为徐灵个人财产，撤销一审法院判决，改判驳回张贺的诉讼请求。参见张帆："港人离婚分割在沪房产 上海一中法院二审改判适用香港法律"，载大公网讯：http://www.sohu.com/a/130750671_467320，最后访问日期：2018年11月6日。

原经常居所地不因新的经常居所的建立而丧失。这两起法院判决对此后同类案件具有指导意义。

我国以法律形式明确规定居住于某处一年以上的地方为经常居所地的做法在世界上并不多见，多数国家均未对经常居所地的设定期限作出规定。大陆法系国家大都未规定经常居所地法的适用，少数规定适用"惯常居所地法"的国家采用"较长期间内生活之地"、"可评估期间"或者居住"一定的期限"的居住地等模糊概念推定经常居所地。[1] 英美法系国家主要由法官行使自由裁量权来确定构成经常居所地的期限，在英国的案例中，期限是弹性的"合理的时间"，这个"合理的时间"由法官综合案件的情况确定。在内萨诉首席裁判官案（Nessa v. Chief Adjudication Officer）中，上诉法院的多数法官认为用 1 天来计算合理时间太短，但也不能明确多长时间就足够。相反，持异议的法官认为 1 天即足够。[2] 在斯沃德林诉首席裁判官案（Swaddling v. Chief Adjudication Officer）中，法官认为过了 8 个星期，惯常居所就可以确立。[3] 英国 1998 年的一起案件，法官认为 1 个月的居住期限已能满足经常居所的评估要求；而在 2001 年一起案件中，法官认为 161 天能够满足经常居所评估要求；在 2003 年一起案件中，法官认为 71 天不能满足经常居所评估要求。澳大利亚对构成经常居所地的期限要求也是长短不一，在一起案件中，法官认定 3 个月时间可以满足经常居所期限要求；而在另一起案件中，法官认为 7 周的时间不足以满足经常居所期限要求。[4] 英国、澳大利亚、加拿大、新西兰等国家都有法官自由裁量经常居所地期限的实践，而法官裁量的经常居所地期限或长或短，无规律可循。

构成经常居所地的期限无规律可循，但衍生出判定自然人经常居所地方法，以下四种方法经常被运用：①等同方法。住所地等同于经常居所地。②客观方法。根据自然人在某一特定法域的居住事实和期限，抽象化为生活中心地来判定。③目的方法。考量公共政策、税收政策或特定自然人保护等相关法律

---

〔1〕《列支敦士登国际私法》第 9 条第 2 款规定："惯常居所，位于其较长期间内生活之地，即使该期间自始便已设定"。1987 年《瑞士联邦国际私法》第 20 条规定习惯居所就是当事人在某国居住有一定期限的处所。

〔2〕 See Nessa v. Chief Adjudication Officer, 2 *ALL England Law Reports* (1998), p. 728.

〔3〕 See Swaddling v. Chief Adjudication Officer, Case C-90/97, *The Times*, 4 March 1999.

〔4〕 何其生："我国属人法重构视阈下的经常居所问题研究"，载《法商研究》2013 年第 3 期，第 86 页。

的特殊目的，规定只要居住一段时间即可满足经常居所地的期限要求。④综合方法。不拘泥于某一种具体做法，综合多种方法、考量多种因素判定自然人的经常居所地。[1]

第三，我国属人法采用经常居所地为连接点的做法是否能为世界各国接受还需要实践证明，如果外国不认可经常居所地法为属人法，我国法院以经常居所地法作出的判决在外国法院申请承认与执行时可能遭遇障碍。

（三）我国属人法立法存在的问题及解决

1. 法律术语一致性问题

我国现行有效的法律中，属人法的规定杂乱且任意，属人法的内容包括定居国法、行为地法、最密切联系地、本国法、住所地法和经常居住地等不一而足。[2]《法律适用法》确定经常居所地法为属人法后，由于之前的法律仍然有效，后法和前法之间产生抵触。《民法通则》将自然人连续居住一年以上的地方称为"经常居住地"，《法律适用法》将自然人连续居住一年以上的地方称为"经常居所地"，两种称谓虽然仅差一个字，实践中也通用，但二者存在差别并应作区分。在德国离婚法中，当事人居住 6 个月以上的处所谓之"经常居所地"，当事人没有共同经常居所地，适用经常居住地法，显然经常居住地的设定期限在 6 个月以下。上述法律术语不统一的情况应当在法律修订时解决。

2. 经常居所地构成问题

经常居所地的性质认定对经常居所地的构成有至关重要的影响。经常居所地性质的界定，学界一直存在争议。一种观点主张经常居所具有事实属性，经常居所地是事实概念，不需做出任何定义，也与特定的法律体系无关。经常居

---

〔1〕　杜焕芳："自然人属人法与经常居所的中国式选择、判准和适用？——兼评《涉外民事关系法律适用法司法解释（一）》第 15 条"，载《法学家》2015 年第 3 期，第 157~158 页。

〔2〕　《民法通则》第 143 条规定，中华人民共和国公民定居国外的，他的民事行为能力可以适用定居国法律。《民法通则》第 149 条规定，遗产的法定继承，动产适用被继承人死亡时住所地法律，不动产适用不动产所在地法律。《票据法》第 96 条第 1 款规定，票据债务人的民事行为能力，适用其本国法律。《民通意见》第 179 条规定，定居国外的我国公民在中国境内的民事行为能力，如其行为是在我国境内所为，适用我国法律；在定居国所为，可以适用其定居国法律。《民通意见》第 181 条规定，无国籍人的民事行为能力一般适用其定居国法律；如未定居的，适用其住所地国法律。《民通意见》第 182 条规定，有双重或多重国籍的外国人，以其有住所或者与其有最密切联系的国家的法律为其本国法。《民通意见》第 183 条规定，当事人的住所不明或者不能确定的，以其经常居住地为住所，当事人有几个住所的，以与产生纠纷的民事关系有最密切联系的住所为住所。

所地的技术性表达是从住所概念中抽象出来的，其关注焦点仅仅在居住的持续性。[1] 一种观点认为经常居所地是一个法律概念，其构成需要具备主观和客观两个要素。主观要素表现为自然人的思想状态，有在一国停留的"定居意思"，主观要素具有不确定性，需要根据客观事实做出判断。客观要素体现为自然人在一国居住的事实，这在判断是否构成经常居所地时尤其重要。自然人在一国并无"定居意思"，只要在居住国居住超过法定期限，当然在居住国获得经常居所，希望离开该国的主观要素不能阻止经常居所的获得。客观要素在满足居住期限条件下可决定经常居所，增加了法律适用的确定性。[2]

我国经常居所地的界定经历了完全由客观要素决定到客观要素和主观要素共同决定这样一个发展过程。1986 年《民法通则》第 15 条、1988 年《民通意见》第 9 条、1992 年《关于适用〈中华人民共和国民事诉讼法〉若干问题的意见》第 5 条采用客观要素标准，公民离开住所地连续居住一年以上的地方即为经常居所地。2012 年《司法解释（一）》第 15 条在坚持客观要素的同时增加了主观要素，"强调'生活中心'要素蕴含着居住意图之考虑"[3]，陡增经常居所地识别的难度。

最高人民法院民四庭负责人针对《司法解释（一）》第 15 条进行了解释：自然人的"经常居所地"类似于国际条约中的"惯常居所地"。确定"惯常居所地"往往被认为是一个事实问题，故国际条约未对认定"惯常居所地"的标准作出规定。各国立法例中很少有界定"经常居所地"的规定，德国、瑞士法律中有抽象规定，强调其应当是"生活中心"。借鉴以往自然人"经常居住地"的司法解释，参考德国、瑞士法律强调的"生活中心"要素，即可明确何为自然人的"经常居所地"，"连续居住一年以上"的时间标准较为合理。国外就医治疗、劳务派遣国外务工、公务派遣国外工作以及公派国外培训学习等，因不具有在国外设立"生活中心"主观要素，司法解释针对这种情形规定

---

[1] 赖来焜：《当代国际私法学之构造论——建立以"连结因素"为中心之理论体系》，神州图书出版有限公司 2001 年版，第 479 页。

[2] 刘益灯："惯常居所：属人法趋同化的必然选择"，载《中南工业大学学报（社会科学版）》2002 年第 3 期，第 305 页。

[3] 于飞："论我国国际私法中的经常居所"，载《河北法学》2013 年第 12 期，第 37 页。

了"但书"。[1]

我国经常居所地的规定存在内在矛盾。经常居所地本质上是事实概念，只要具备连续居住一年期限的刚性条件，经常居所地即告构成，无需"生活中心"这一柔性条件支撑；自然人意欲将我国作为"生活中心"，则无需苛求连续居住一年。我国构成经常居所地的条件是刚柔相克，应当改为刚柔相济。刚性规定自然人在住所以外的地方连续居住一年以上则现住地为经常居住地，柔性规定自然人在住所以外的地方连续居住不足一年，但有长期在此居住的意图，则现住地为经常居住地。

刚柔相济规定经常居所地更有利于发挥经常居所地的作用，更符合客观实际，谢明治诉王水生继承在大陆探亲期间死亡的台湾居民的遗产纠纷案足以说明这一问题。

中国台湾地区居民王清福1992年10月到大陆探亲，将随身携带的钱财约10万元交给大陆居民王水生保管。1993年2月王清福在王水生家中病逝。王清福胞妹之子谢明治起诉要求继承遗产。四川省合江县人民法院认定被继承人王清福的法定住所在台湾且在大陆居住的时间少于5个月，未能在大陆建立经常居所。法院依据1991年《民事诉讼法》第34条第3款规定以被继承人遗产所在地为标志确定了对本案的管辖权。从本案事实来看，王清福生病期间有充足的时间返回台湾地区且其在台湾地区有一养女，但其生病期间并未与台湾的养女联系，由此推断，王清福叶落归根不再打算返回台湾；从法律角度来说，王清福已经抛弃了在台湾的住所，意在大陆长期居住。此案的启示在于自然人建立经常居所地的主观要素明确，不必拘泥连续居住一年以上的时间限制。[2]立法不应片面地追求法律的确定性，剥夺经常居所地应当拥有的弹性，应当给法官预留自由裁量的空间，以便根据客观情况准确确定经常居所地。

3. 经常居所地法冲突的解决应当作出规定

《法律适用法》没有规定经常居所地法律冲突的解决，在经常居所地法为属人法情况下没有规定经常居所地法律冲突的解决实属立法缺漏。经常居所地

---

〔1〕 "最高人民法院民四庭负责人就《关于适用〈中华人民共和国涉外民事关系法律适用法〉若干问题的解释（一）》答记者问"，载 http://www.doc88.com/p-0834647775145.html，最后访问日期：2018年11月9日。

〔2〕 杨洪逵："谢明治诉王水生继承在大陆探亲期间死亡的台湾居民的遗产纠纷案"，载《中国法律》1996年第1期，第32~33页。

作为管辖权确定的标志和法律选择规范的连接因素，已为越来越多的国家所接受。世界各国经常居所地的规定差异很大，获得经常居所地的条件也有不同规定，自然人有两个或两个以上经常居所或者没有任何经常居所情形不可避免的出现，产生经常居所地法的积极冲突和消极冲突。应当通过立法形式或者司法解释方法对经常居所地法冲突的解决作出规定，使经常居所地法冲突的解决有法可依，有章可循。

4. 国籍国法、住所地法作为属人法不可偏废

《法律适用法》以经常居所地法为属人法，抛弃住所地法，例外适用国籍国法，这种一刀切的做法未必符合我国国情。我国传统上是向外移民国家，久居外国的华侨数量很大；实施"一带一路"倡议后，我国资本输出和劳务输出与日俱增，越来越多的中国公民需要长居海外。这些中国公民没有放弃中国国籍、国内住所和获取外国国籍、外国住所的主观意图，但经常居所地法作为属人法已无法对居住海外的中国公民实行保护。因此，不能轻易放弃国籍国法的适用，应当适当扩大国籍国法的支配范围，以有效保障身处异国他乡的中国公民的合法权益。

在经常居所地法无法确定的情况下，应当适用国籍国法。宣告自然人死亡的期间，《民法总则》规定为 4 年，经常居所地的设立，《司法解释（一）》规定为 1 年，《法律适用法》第 13 条规定"宣告失踪或者宣告死亡，适用自然人经常居所地法律"。假设一中国公民去甲国，4 年之内未与国内亲属联系，失联人的利害关系人在中国法院提起宣告失联人死亡诉讼，法院能否适用甲国法律宣告失联人死亡？如果法院适用甲国法律，失联人实际上在甲国生活 1 年，之后去了乙国，法院适用甲国法宣告失联人死亡，岂不是法律适用错误。涉外自然人死亡宣告，除中国外，没有任何一个国家适用经常居所地法律，我国适用经常居所地法，可谓标新立异，而这种标新立异并无科学依据，有违反常识性规律之嫌。自然人死亡宣告无法确定经常居所地法时，应当适用国籍国法。

我国摒弃住所地连接点适用的原因是住所地与经常居所地重合，但这种解释过于牵强，对于某些涉外民事关系适用住所地法比适用经常居所地法更具有合理性。

总之，经常居所地的价值导向和确定经常居所地的过程中都应以自然人的现实利益为重心，我国现行立法采用"连续居住"和"生活中心"标准认定

自然人经常居所地正是对自然人现实利益重心原则的贯彻和运用。[1]但采用含义模糊的"生活中心"界定尚未明确构成要素的"经常居所地",并不能达到提升法律适用的确定性和可预见性的效果。[2]有必要加强对"生活中心"成立标准的研究逐步演化出界定"经常居所地"的合理规则,值得注意的是在对"生活中心"进行研究时不宜照搬或参照外国立法和司法实践,而应根植于我国的法律现实土壤。[3]同时,对居住期限加以硬性规定的做法也不符合我国的现实情况,且有违背涉外民商事关系主体的本愿之嫌。属人法关系到一国的经济利益和文化传统,立法时必须考虑国情,[4]使属人法的变革有利于法律适用的统一。[5]

第二节　自然人民事行为能力的立法与实践

一、自然人的民事行为能力法律适用立法

（一）自然人的民事行为能力

自然人民事行为能力是指作为民事主体的自然人独立地以自己的行为为自己或他人取得民事权利和承担民事义务,从而使法律关系发生、变更或消灭的资格。民事权利能力是民事行为能力的前提,民事行为能力是民事权利能力实现的途径,二者密不可分。

自然人的民事行为能力由国家以法律的形式赋予和确认,不依民事主体的主观意志为转移。法律确认一个人有民事行为能力,该人就具有民事行为能力,有资格实施相应的民事法律行为。具有民事行为能力的民事主体对其实施

---

〔1〕 刘仁山:"现时利益重心地是惯常居所地法原则的价值导向",载《法学研究》2013年第3期,第182~186页。

〔2〕 薛童:"论作为自然人生活中心的经常居所地",载《国际法研究》2015年第6期,第114页。

〔3〕 薛童:"论作为自然人生活中心的经常居所地",载《国际法研究》2015年第6期,第116~124页。

〔4〕 杜新丽:"从住所、国籍到经常居所地——我国属人法立法变革研究",载《政法论坛》2011年第3期,第33页。

〔5〕 包运成,黄栋梁:"《涉外民事关系法律适用法》中'经常居所'规定之评析",载《遵义师范学院学报》2011年第3期,第17页。

的民事活动的法律后果负责。自然人只有具备了民事权利能力，其实施的民事行为方可有效，才能对其不法行为承担法律责任，不具备民事权利能力的自然人，实施的民事行为不能发生预期的法律后果，也不对其行为承担法律责任。

民事活动是一种涉及财产利益或其他利益的活动，需要行为人具有相当的判断能力和认知能力，行为人对自己的行为后果缺乏必要的预见和认知，其自身的利益就难以得到保护。无民事行为能力人或者限制民事行为能力人独立实施重要的民事行为时，由于对事物缺乏正确的判断能力，容易受到他人的欺诈，自身权益很可能被他人侵犯；另外，由于缺乏经济上的履行能力，或者缺乏承担民事责任的心理条件，会导致已经成立的民事法律关系处于极不稳定的状态，影响正常的交易秩序。因此，法律在赋予所有自然人以民事权利能力，承认每个自然人享受权利和承担义务的同时，赋予达到法定年龄、具备心理条件的自然人独立参加民事活动的行为能力，未达到法定年龄或者不具备心理条件的自然人不能独立参加民事活动或只能在一定范围内独立参加民事活动。因此，一切自然人都具有同等的民事权利能力，但自然人是否具备民事行为能力，或具备何种范围的民事行为能力，必须根据法律规定的条件予以确定。

（二）自然人民事行为能力法律适用立法

自然人有民事权利能力并不必然具有行为能力，权利能力与行为能力不具有一体性。自然人行为能力不是像权利能力那样"始于出生，终于死亡"，而是决定于法律规定的年龄标准和精神状况。各国立法均规定了自然人取得行为能力必须同时具备两个条件：一是年龄条件，自然人须达到法定年龄，对行为有认知能力；二是心理和生理条件，自然人须心智健全，能够承担行为引起的法律后果。自然人同时具备上述两个条件才能具有行为能力。

各国法律对自然人成年年龄规定不同，差异较大。中国、德国、法国、英国等国家规定自然人成年年龄为 18 岁，日本、瑞士规定为 20 岁，意大利规定为 22 岁，荷兰规定为 23 岁，奥地利规定为 24 岁，丹麦、西班牙、智利规定为 25 岁。各国成年年龄规定的不同，造成成年年龄规定较低的国家的公民在成年年龄规定较高的国家为限制行为能力人，成年年龄规定较高国家的公民在本国是限制行为能力人，但在成年年龄规定较低的国家则为具有完全民事行为能力人。

自然人达到成年人的法定年龄，但心理或者生理不健全，精神不健康，也不具有行为能力，不能从事民事活动，处理财产权益。许多国家为了保护虽已

达到成年年龄，但能力低下、心智不健全人的利益，设立了禁治产（interdic-
tion）制度，禁治产是指禁止为财产方面的法律行为。禁治产人的法律地位与
未成年人一样，所享有的民事权利由法定代理人行使，所负有的民事义务由法
定代理人承担。

德国、日本曾经是禁治产制度完备的国家，但这两个国家现在已经废止了
禁治产制度，采用监护制度、保佐制度取而代之。禁治产制度没有因为德国、
日本的废止而寿终正寝，许多国家仍然采用这种制度。在实行禁治产制度的国
家，精神失常或心神耗弱或低能不能管理自己财产的人；挥霍无度致使本人和
家庭生活发生困难的人；酗酒成性或吸毒成瘾不能管理自己的事务，或因此使
本人或者家庭生活发生困难，或危及他人安全的人，行为能力都要受到限制。
法国等国家的法律除规定了禁治产外，还规定了准禁治产制度。禁治产者相当
于完全无行为能力人，诸如精神病人、白痴等；准禁治产人相当于限制行为能
力人，包括精神上的障碍、低能人、年老体弱者等。英国只承认因心神失常
（mental disordered）而做出的禁治产宣告，对其他原因概不承认。对禁治产的
效力，有国家主张被宣告为禁治产者的法律行为无效，有的国家认为其法律行
为并不当然无效，属于可撤销行为。

自然人行为能力的法律适用，各国的法律规定基本相同，形成了国际通行
规则：自然人行为能力适用当事人的属人法。自然人依属人法有行为能力，则
无论在何处都有行为能力；自然人依属人法无行为能力，则无论在何处都无行
为能力。1804 年《法国民法典》是较早规定自然人行为能力依其属人法的法
律，该法第 3 条规定，"关于个人身份和法律上的能力的法律，适用于全体法
国人，即使其居住于国外时亦同"。《法国民法典》做出这一规定的目的意在统
一属人法，消除一些省份规定的人的行为能力依其住所地法的情况。法国首开
先河规定自然人行为能力适用属人法，大陆法系国家纷纷借鉴、效仿，在本国
法律中也规定自然人的行为能力依其本国法。英美法系国家同样规定自然人行
为能力适用属人法，但英美法系国家的属人法是住所地法，而不是本国法。部
分大陆法系国家没有追随法国规定自然人行为能力适用本国法，而是赞同自然
人行为能力适用住所地法，1984 年《秘鲁民法典》第 2070 条规定的"自然人
的身份和能力，依其住所地法"即为例证。

自然人行为能力适用属人法还有第三种情况，就是将本国法和住所地法一
并规定为属人法，扩大了属人法的范畴，民事行为能力以本国法为主，住所地

法为辅。荷兰法律规定，人的行为能力依其本国法，荷兰法院判例又表明，如果当事人与其所属国没有真正的实质性的联系，则以住所地法来确定其民事行为能力。[1]

自然人行为能力适用属人法虽然已经成为国际社会公认的法律适用原则，但也存在弊端。随着全球经济的一体化，国际民商事交往日益频繁，若严格以属人法为民事行为能力准据法，存在不利于经济关系稳定和内国交易安全的因素，特别是可能对善意相对人、第三人的利益造成损害。在一国境内，无论缔结何种法律关系，都要求当事人在实施行为前，明确了解对方的国籍或住所，进而查明其本国法或住所地法的内容，最终确定对方到底有无行为能力，这显然极不便利且有碍交易进行。有鉴于此，各国在确认自然人行为能力适用属人法的同时，也做了以下例外规定：

第一，依属人法无行为能力而依行为地法有行为能力者，视为有行为能力。这种例外规定在 1896 年《德国民法施行法》中已经出现，该法第 7 条第 3 款规定，"外国人依本国法为无能力或限制能力人，而依德国法为有能力者，就其在德国所为之法律行为视为有能力"。德国法中的属人法例外规定为大陆法系国家所借鉴，但为了确保交易安全和法律适用公正，许多国家规定了例外的例外，2001 年《韩国国际私法》的规定具有代表性，该法第 15 条规定，"在为法律行为者和对方于法律行为成立当时在同一国家的情况下，虽然行为人依据其本国法为无能力者，但依据法律行为发生地国家法律为有能力者，则该行为人不能主张无能力。但如果对方在法律行为当时知道或应该知道行为人无能力，则行为人可以主张无能力"。日本、葡萄牙、希腊、意大利、波兰、泰国、埃及、奥地利、秘鲁等国家的法律中都有类似规定。

国际条约也不乏依属人法无行为能力而依行为地法有行为能力者，视为有行为能力的规定。1930 年日内瓦《解决汇票和本票的若干法律冲突公约》和 1931 年日内瓦《解决支票的若干法律冲突公约》第 2 条都规定，凡因汇票、本票、支票而受约束的人，依其本国法为无行为能力者，而依其签署地国法律为有行为能力者，视为有行为能力。

第二，处理不动产的行为能力，适用不动产所在地法。不动产的特殊属性

---

〔1〕 See René van Rooij, Maurie V. Polak, *Private International Law in the Netherlands*, Kluwer Law and Taxation Publishers, 1987, pp. 212-213.

决定了处理不动产行为能力与处理动产行为能力不同，处理不动产行为能力不
适用属人法，适用不动产所在地法。大陆法系国家多在本国法律适用法中对处
理不动产行为能力作出明确规定，英美法系国家在审判实践中，同样采用不动
产的行为能力适用不动产所在地法规则。自然人本国法对人的行为能力有限制
规定，如为英美所不知道（如因浪费而限制行为能力），英美国家则完全不予
适用。[1]

二、我国自然人行为能力的法律适用

（一）我国自然人行为能力实体法规定

2017 年《民法总则》在承继《民法通则》的基础上对自然人民事行为能
力的规定进行较大幅度修改，进一步完善了自然人行为能力法律制度，加大了
对民事法律秩序的维护，健全了对民事主体合法权益的保护。《民法总则》规
定，能够辨认自己行为，年满 18 周岁以上的自然人为成年人，[2] 成年人具有
完全民事行为能力，可以独立实施民事法律行为。16 周岁以上的未成年人以
自己的劳动收入为主要生活来源视为具有完全民事行为能力。[3] 18 周岁以下
8 周岁以上的自然人为未成年人，未成年人为限制民事行为能力人，实施民事
法律行为由其法定代理人代理或者经其法定代理人同意、追认，但可以独立实
施纯获利益的民事法律行为或者与其年龄、智力相适应的民事法律行为。[4]
不满 8 周岁的未成年人和不能辨认自己行为的成年人为无民事行为能力人，[5]
为无民事行为能力人由其法定代理人代理实施民事法律行为。[6] 8 周岁以上的
未成年人不能辨认自己行为的，由其法定代理人代理实施民事法律行为。不能
完全辨认自己行为的成年人为限制民事行为能力人，实施民事法律行为由其法
定代理人代理或者经其法定代理人同意、追认，但是可以独立实施纯获利益的
民事法律行为或者与其智力、精神健康状况相适应的民事法律行为。[7] 不能
辨认或者不能完全辨认自己行为的成年人，其利害关系人或者有关组织，可以

---

[1]　钱骅主编：《国际私法》，中国政法大学出版社 1992 年版，第 112 页。

[2]　《中华人民共和国民法总则》第 17 条。

[3]　《中华人民共和国民法总则》第 18 条第 2 款。

[4]　《中华人民共和国民法总则》第 19 条。

[5]　《中华人民共和国民法总则》第 20 条。

[6]　《中华人民共和国民法总则》第 21 条第 1 款。

[7]　《中华人民共和国民法总则》第 22 条。

向人民法院申请认定该成年人为无民事行为能力人或者限制民事行为能力人。[1] 经司法程序认定的无民事行为能力人或者限制民事行为能力人，可以根据其智力提升和精神健康恢复情况，由本人、利害关系人或者有关组织申请，经人民法院认定恢复其为限制民事行为能力人或者完全民事行为能力人。

（二）我国自然人行为能力法律适用法规定

1986 年《民法通则》第 143 条"中华人民共和国公民定居国外的，他的民事行为能力可以适用定居国法律"是最早出现的自然人行为能力的法律适用的规定，该规定过于简单，缺乏操作性，"定居国"一词非法律用语，且仅规定了中国公民定居国外行为能力的法律适用，没有规定在我国境内的外国人行为能力的法律适用，完整性阙如，因而饱受诟病。1988 年《民通意见》对自然人行为能力法律适用做了补充：①定居国外的我国公民的民事行为能力，如其行为是在我国境内所为，适用我国法律；在定居国所为，可以适用定居国法律。②外国人在我国领域内进行民事活动，如依其本国法律为无民事行为能力，而依我国法律为有民事行为能力，应当认为有民事行为能力。③无国籍人的民事行为能力，一般适用其定居国法律；如未定居的，适用其住所地法律。[2] 最高人民法院司法解释对《民法通则》第 143 条规定进行了完善。

除《民法通则》外，尚有单行法对自然人行为能力法律适用进行了特别性规定。1995 年《票据法》第 97 条"票据债务人的民事行为能力，适用其本国法律。票据债务人的民事行为能力，依照其本国法律为无民事行为能力或者为限制民事行为能力而依照行为地法律为完全民事行为能力的，适用行为地法律"即为特别规定的例证。该条规定反映出金融领域民事行为能力一般性规则，即在商业交往中，一个人依照行为地法有民事行为能力，就不能根据其本国法或住所地法主张其无民事行为能力。

2010 年《法律适用法》第 12 条再次对自然人民事行为能力法律适用作出一般性规定，"自然人的民事行为能力，适用经常居所地法律。自然人从事民事活动，依照经常居所地法律为无民事行为能力，依照行为地法律为有民事行为能力的，适用行为地法律，但涉及婚姻家庭、继承的除外。"该条规定揭示

---

[1]《中华人民共和国民法总则》第 24 条。
[2]《最高人民法院关于贯彻执行〈中华人民共和国民法通则〉若干问题的意见（试行）》，第 179~181 条。

出我国坚持自然人民事行为能力适用属人法，与世界各国的规定保持一致；以行为地法矫正适用属人法可能产生的不足，保障交易秩序；婚姻家庭、继承法律关系与人的身份密切相关，属人法的适用一以贯之，排除行为地法的矫正。

行为地法作为自然人行为能力属人法适用的例外具有广泛共识，在涉外民事关系各领域普遍适用，之所以如此，主要有以下原因：①自然人行为能力与法律行为的有效性相联，当今国际社会涉外民事关系法律适用发展趋势是尽量使法律行为的有效性尽可能不受行为能力有否的影响，鼓励贸易，促进交易，保护当事人的正当预期。②随着国际经济贸易的发展和国际经济交往日益增多，严格依据"属人法"中的连接点确认自然人是否具备行为能力显然是不利于内国的交易安全，[1] 为了保护内国的交易安全，在依自然人本国法无民事行为能力，依行为地法具有民事行为能力时，各国通常选择后者，认定有行为能力。《法律适用法》以行为地法矫正适用属人法的偏差，与各国立法吻合，增加法律适用的公正性和灵活性。

婚姻家庭、继承是与人的身份有关的法律关系，理所当然地适用属人法。《法律适用法》第三章对婚姻家庭法律关系的法律适用作了特别规定，这些规定因其调整对象的特殊性，不适用"例外"的规定，即便是自然人民事行为能力问题亦是如此。

第三节　自然人宣告失踪或者宣告死亡的法律适用

一、自然人失踪或死亡宣告的法律冲突

宣告失踪（declaration of absence）是指自然人下落不明达到法律规定的期限，经利害关系人申请，由国家有关部门宣告其失踪，从而在法律上解除或确立与其有关的法律关系。宣告死亡（declaration of death）又称推定死亡，是指自然人下落不明达到法律规定的期限，经利害关系人申请，由国家有关部门宣告其死亡，从而在法律上解除或确立与其有关的法律关系。宣告失踪与宣告死

---

〔1〕　赵相林、杜新丽等：《国际民商事关系法律适用法立法原理》，人民法院出版社 2006 年版，第142 页。

亡的目的是使因下落不明的失踪人引起的家庭关系、财产关系和人身关系不稳定状态尽快得到恢复，保护当事人和利害关系人的合法权益，维护社会秩序的稳定。

宣告失踪制度源自于罗马法中为失踪人财产设立管理人的有关规定，宣告死亡制度源自日耳曼法中的死亡推定制度。到了近现代，许多国家立法对这两项法律制度都作了规定，而各国的规定各不相同，由此引发法律冲突。

第一，对自然人失踪或死亡宣告制度的设置不同。有的国家只规定了宣告失踪制度或者仅规定了宣告死亡制度，有的国家同时设置了宣告失踪制度和死亡宣告制度。法国、日本只有宣告失踪制度而无宣告死亡制度，德国只设立死亡宣告制度，没有失踪宣告制度。[1]

第二，失踪宣告或死亡宣告的时间规定不同。法国规定自然人离开其住所下落不明满 4 年即可宣告失踪，日本规定必须满 7 年。我国《民法总则》规定，自然人下落不明满 2 年的，利害关系人可以向人民法院申请宣告该自然人为失踪人（第 40 条）；下落不明满 4 年，或者因意外事件，下落不明满 2 年，利害关系人可以向人民法院申请宣告该自然人死亡。因意外事件下落不明，经有关机关证明该自然人不可能生存的，申请宣告死亡不受 2 年时间的限制（第 46 条）。

第三，失踪宣告或死亡宣告发生法律效力的日期不同。有的国家主张从宣告之日或宣告确定之日发生效力；有的国家主张从最后消息日发生效力；有的国家主张从宣告所认定的死亡之日起发生效力；还有国家的主张失踪期间届满之日起发生效力。

第四，失踪宣告或死亡宣告的法律后果不同。许多国家设立了宣告失踪人财产管理制度，但各有不同。意大利法律规定，自然人下落不明，法院根据利害关系人申请并视具体情况为下落不明人的财产设置财产管理人；下落不明达 2 年，利害关系人或检察机关可申请作出宣告失踪的判决，由继承人临时占有失踪人的财产；失踪人无任何信息 10 年，法院可做出死亡宣告，继承人继承被宣告死亡人的财产。我国未设立财产管理人制度和临时占有制度，根据《民法总则》第 42 条第 1 款规定，"失踪人的财产由其配偶、成年子女、父母或者其他愿意担任财产代管人的人代管"。

---

〔1〕 2010 年《德国民法施行法》第 9 条。

二、自然人失踪或死亡宣告的管辖权

自然人宣告失踪和宣告死亡法律适用与案件管辖权紧密联系，何国法院对案件有管辖权，各国主要有以下三种主张：

第一，失踪人国籍国法院管辖。失踪或死亡宣告是自然人权利能力的终止，只能由其国籍国法律来决定。但同时也应注意，如果该人已远离其国，并在外国设立了住所且发生了诸多法律关系，而该外国若无权宣告，则会造成法律关系处于不确定状态的后果。

第二，失踪人住所地国法院管辖。失踪或死亡宣告关涉失踪人住所地国公共秩序和社会利益，应由被宣告失踪人或死亡人住所地国法院管辖。

第三，原则上由失踪人本国法院管辖，但在一定条件和一定范围内可由其住所地国、居所地国或者财产所在地国法院管辖。2004 年《比利时国际私法典》第 40 条规定，"比利时法院对失踪的确认或对其失踪效力的确定享有管辖权：①失踪的自然人在其失踪时具有比利时国籍或在比利时有惯常居所；或者②诉讼请求与失踪人在诉讼提起时位于比利时境内的财产有关"。

第二次世界大战后，为妥善处理战乱失踪人死亡宣告问题，在联合国参与下，1950 年通过了《关于失踪人死亡宣告公约》。该公约规定，凡失踪人的最后住所或居所地、财产所在地、死亡地，以及一定的亲属申请人的住所或居所地，都可以行使失踪人的死亡宣告管辖权。而且一经宣告，则有关死亡及死亡日期等，各缔约国均应承认。[1]

三、自然人宣告失踪或宣告死亡的法律适用

自然人宣告失踪或宣告死亡的法律适用，多数国家适用被宣告失踪人或死亡人的属人法，这是因为宣告失踪或宣告死亡的法律后果是失踪人在法律上死亡，失踪人的权利能力、行为能力消灭，与人的身份有关，所以适用失踪人的属人法。各国对属人法的规定不同，有的国家适用本国法，2004 年《比利时国际私法典》第 41 条规定，失踪宣告适用自然人失踪时的本国法；有的国家适用住所地法，《秘鲁民法典》第 2069 条规定，失踪宣告，依失踪人最后住所地法，失踪宣告对失踪财产的后果亦依该法。瑞士对在失踪人最后为人所知的

---

〔1〕　李双元主编：《国际私法学》，北京大学出版社 2000 年版，第 266 页。

住所地国家或其本国做出的失踪或死亡宣告均予承认。

自然人宣告失踪或宣告死亡，不仅与人的身份有关，也与财产有关，被宣告失踪或宣告死亡人财产所在地国家实际控制失踪人的财产，而失踪人财产的处理与财产所在地国家公共利益息息相关，所以，一些国家规定自然人宣告失踪或宣告死亡适用属人法，财产所在地法作为属人法的补充。2001年《韩国国际私法》第12条规定，"外国人生死不明时，如果该外国人在大韩民国有财产，或存在应适用大韩民国法律的法律关系，或存在其他正当理由，法院可依据大韩民国法律对其作出失踪宣告"。

近年来，越来越多的国家认为自然人宣告失踪或宣告死亡涉及法院地国家的公共秩序，主张适用法院地国家法律，2001年《俄罗斯联邦民法典》第1200条规定，"在俄罗斯联邦，认定自然人失踪和宣告自然人死亡适用俄罗斯法"。德国等国家将法院地法作为自然人宣告失踪或宣告死亡补充适用的法律，2010年《德国民法施行法》第9条规定，"死亡宣告、死亡及死亡时间的确定以及推定存活与推定死亡，适用失踪人在根据现有信息获知其仍存活的最后时间所属国的法律。如果失踪人在该时间为外国国民，则在存在正当利益的前提下可以依照德国法律宣告其死亡"。

四、我国自然人宣告失踪或宣告死亡的法律适用

《法律适用法》第13条规定，"宣告失踪或者宣告死亡，适用自然人经常居所地法律"，从该规定可以看出，我国适用于自然人宣告失踪或宣告死亡的属人法与其他国家或地区适用的属人法有所不同，我国适用的是经常居所地法。对该条规定，有学者向全国人大法工委建议，自然人失踪或死亡宣告关涉自然人权利能力的消灭，立法应当严谨，从现在能够检索到的资料来看，尚未有适用经常居所地法的国家。自然人宣告失踪或宣告死亡适用国籍国法或者住所地法为宜，原因有：①经常居所地设立的时间要求过短，具有居住一年的事实就构成居所，势必造成一个人有多处经常居所地。许多情况下当事人并无在我国设立居所的主观意愿，只是工作需要在我国居住，适用经常居所地法随意性过大，甚至违反当事人的意愿。国籍体现自然人与国家之间的固有联系，非经法定程序不能变更，具有确定性和稳定性，自然人宣告失踪或宣告死亡适用国籍国法更为合理和严谨。②我国一直适用国籍国法宣告失踪、宣告死亡，坚持适用国籍国法可以保持法律适用的连续性。③涉外宣告失踪、宣告死亡，多

数情况下是中国公民在外国失踪、死亡，适用的经常居所地法是外国法，这无疑增加了法院查明外国法的责任。④在各国或地区大都适用本国法宣告自然人失踪或死亡，我国适用经常居所地法，可能导致我国的宣告不为外国承认。学者的这条立法建议没有得到立法机关的采纳。

自然人宣告失踪或宣告死亡适用经常居所地法，其利在于方便、快捷，能够扩大本国法院管辖权，扩大本国法的适用范围，能够迅速实现社会关系的稳定，这也许是我国适用经常居所地法的原因。

我国涉外、涉港澳台宣告失踪或宣告死亡的案例不多，从相关案例看，《法律适用法》颁布前适用失踪人国籍国法，[1]《法律适用法》颁布后适用被宣告死亡人经常居所地法。特别事件引起的涉外、涉港澳台宣告失踪或宣告死亡法律适用有特殊性，2010年10月台湾地区宣告大陆居民死亡的法律适用值得探讨。2010年10月21日，17级强台风"鲇鱼"袭台，12点半到13点，在狂风暴雨的连续侵袭下，建成78年的台湾苏花公路发生了有史以来最大的塌方事件，塌方瞬间造成广东创意旅行社赴台旅游团19名游客、台湾导游曾庆华、台湾司机郭铭麟和蔡智明、大陆领队田园及一对台湾夫妇消失得无影无踪。台湾展开了海陆空立体大搜救，仅找到游客龚艳的遗骸。台湾苏花公路坍方事故十余天后仍无旅游团的人与车的下落，11月1日失踪人家属全部签署死亡认定申请书，11月2日向宜兰地检署递状申请核发死亡证明书，11月3日宜兰地检署开庭讯问后，依据台湾"灾害防救法"规定核发19名大陆游客死亡证明。[2]台湾宣告19位大陆居民死亡是一个特殊案件，该案适用的是事实发生地法。

第四节 法人能力及有关事项的法律适用

一、法人能力、组织机构及股东权利

法人是社会组织在法律上的人格化，是法律意义上的"人"，不是实实在

---

[1] 参见"王娜申请杨本平宣告死亡案——自然人权利能力终止法律适用实例"，载齐湘泉：《涉外民事关系法律适用法总论》，法律出版社2005年版，第278~279页。

[2] "10·21台湾苏花公路塌方事故"，载百度百科：https://baike.baidu.com/item/10·21台湾苏花公路塌方事故/6246901? fi=aladdin，最后访问日期：2019年7月1日。

在的生命体，法人的产生和消灭不是基于自然规律，而是人的意志使然。法人制度是随着生产力的发展，商事组织的发达，经济交往的频繁涌现出来的法律制度。古罗马法中"团体"的概念是法人的雏形，"法人"称谓首次出现在1794年《普鲁士邦普通法典》，1900年《德国民法典》正式采用。法人制度的完备促进了理论研究的发展，当下定义法人为有一定的组织机构、有独立支配的财产或独立预算、能以自己的名义参与民事活动，承担民事义务，依照法定程序成立，经国家有关机关核准登记的组织。

法人是自然人概念扩张的结果，这决定了法人必然有着自然人的某些基本特征。法人作为一种社会组织，同自然人一样具有民事权利能力和民事行为能力，能够参加民事活动，享有权利并承担义务；法人的民事权利能力以管理机关的意思作为其意思，以管理机关的行为为其行为参加民事法律关系。法人民事权利能力和民事行为能力同时取得、同时消灭，这与自然人民事权利能力和民事行为能力异时取得、同时消灭不同。

为了便于拓展业务，法人可以设立分支机构，分支机构是以法人财产设立的相对独立进行活动的组织，独立活动的法人分支机构需要进行登记。法人分支机构仍属于法人的组成部分，活动范围受母公司经营范围约束，行为后果由法人承担，不具有独立责任能力。在我国，经登记的法人分支机构有诉讼行为能力。

法人的组织机构，也称法人机关，机关一词源自拉丁文，原意是"器官"。法人是拟制的人，本无"器官"可言，但法人要独立参与民事活动，就必须有行为的决策者，决策者就是法人的机关。法人机构既可由自然人一人担任，也可由自然人集体组成。现代法人的典型形式是股份有限公司，股份有限公司的特点是资本均分为股份，投资人以认购的股份金额承担责任，公司以全部财产对外承担责任。股份有限公司实行董事会领导下的总经理负责制，股东大会及其选出的董事会是公司的决策机构，总经理及其助手组成公司的执行机构，监事会是公司的监督机构。

股东是股份制公司的投资人，也指合资经营企业的投资者。股东有权出席股东大会并有表决权，股东作为投资者享有收益权、重大事项决策权和选择管理者的权利。

法人成立必须登记，一般情况下，法人登记地与法人决策机构所在地是同一的，法人在哪一国家登记，法人的决策机构就设立在哪一国家。跨国公司的出现，造成了法人登记地与法人决策机构所在地分离的现象。法人是实体，占有空间位置。法人主要办事机构所在地或者法人主营业所所在地，称为法人的住所。《民法总则》第63条规定，法人以其主要办事机构所在地为住所。依法需要办理法人登记的，应当将主要办事机构所在地登记为住所。

二、法人能力、组织机构及股东权利等事项的法律适用

法人权利能力和行为能力、法人组织机构及股东权利等事项的法律适用，国际上通行的做法是适用法人的属人法。各国对法人属人法有不同的理解，在法律上作出了不同的规定。多数国家以法人登记国法为属人法。1987年《瑞士联邦国际私法》第154条规定，公司适用公示或者注册国家的法律。2010年《俄罗斯联邦民法典》第1202条第1款规定"法人以其设立地法为属人法"。

法人以登记国法为属人法虽为多数国家采用，但一些国家也有其他做法：①法人主事务所法为属人法。1979年《奥地利国际私法》第10条规定，"法人，或其他任何承受权利或负担义务的社团或财团，其属人法应是法人实体设有主事务所的国家的法律"。②法人管理中心所在地法为属人法。1982年《土耳其国际私法和国际诉讼程序法》第8条第4款规定，"法人或团体的民事权利能力和行为能力适用其规章规定的管理中心所在地的法律，如果管理的实际中心在土耳其，则适用土耳其的法律"。③法人实际所在地法为属人法。2007年《马其顿共和国关于国际私法的法律》第16条规定，法人的权利能力和行为能力，依其国籍国法；法人具有其据以设立的法律所属国的国籍；如果法人的实际所在地不在其设立地国而在另一国，而且根据该另一国法律具有其国籍，则该法人应视为该另一国法人。④法人登记国法为属人法，在东道国有主事务所或从事经营活动适用东道国法律。法人的权利能力和行为能力等事项除受法人属人法支配外，还要遵守东道国的外国人法。2001年《韩国国际私法》第16条规定，法人或团体应适用确定其设立的准据法。但如果在外国设立的法人或团体在大韩民国有主事务所或主要商业活动，则该法人或团体应适用大韩民国法律。

各国对属人法确定的标准不同，在适用属人法来确定法人的权利能力和行为能力等事项时存在冲突。

我国法律规定法人能力、组织机构及股东权利等事项适用属人法，我国的

法人属人法是法人登记地国家的法律。2010 年《法律适用法》规定，法人及其分支机构的权利能力、行为能力、组织机构、股东的权利义务等事项，适用登记地法律；法人主营业地法律为补充性法人属人法，"法人的主营业地与登记地不一致的，可以适用主营业地法律。法人的经常居所地，为其主营业地"。从该规定可以看出，我国将法人登记地法、法人主营业地法一并作为法人属人法，具体规定了法人主营业地为法人经常居所地。该规定是选择性法律适用规范，法人登记地法和法人主营业地法不一致，法官可以自由裁量适用登记地国法或者主营业地法。这样规定保证了在外国登记成立，在我国从事经营活动的外国法人适用我国法律规制。

《法律适用法》第 14 条第 1 款规定法人的民事能力适用登记地法，但并未明确登记地法即法人的本国法，刻意回避了国籍法的提法，该法第 14 条第 2 款则明确了法人的经常居所地为其主营业地，《民法通则》第 39 条规定法人的住所为其主要办事机构所在地，我国立法对法人的经常居所地、住所分别采用的是营业中心地说与管理中心地说，唯对法人国籍的确定标志似未明确。鉴于《法律适用法》实施时《民法通则》仍在有效，为贯彻执行《民法通则》制订的《民通意见》，只要其规定不与《法律适用法》相悖，理应继续有效。按《民通意见》第 184 条的规定，[1]《法律适用法》第 14 条第 1 款中的登记地法即为法人的本国法，由此看来，《法律适用法》在法人的属人法上并未弃用国籍这一标志。尽管如此，国籍在我国法人属人法中的地位已与此前大不相同。根据《法律适用法》第 14 条第 2 款规定，当法人的主营业地与登记地不一致时，可以适用其主营业地法。由此，法人登记地（即国籍）的适用可被其主营业地（即经常居所地）所替代；而当两者一致时，登记地与主营业地则是竞合的。因而，根据《法律适用法》第 14 条第 1 款规定，法人民事能力适用登记地法，在大多情形下，也就是法人的主营业地法，即经常居所地法。质言之，该条款实际上对适用于法人民事能力的属人法标志已呈现出以经常居所地（主营业地）取代国籍（登记地）的趋向。此处的经常居所地与国际上的惯常居所地应为同一概念。[2]

---

　　[1] 1988 年《民通意见》第 184 条规定，外国法人以其注册登记地国家的法律为其本国法，法人的民事行为依其本国法确定。外国法人在我国领域内进行的民事活动，必须符合我国的法律规定。
　　[2] 洪莉萍："中国《涉外民事法律关系适用法》评析"，载《中国政法大学学报》2012 年第 5期，第 110 页。

第五节 人格权的法律适用

一、人格与人格权

人格是一个多含义、多层次、内容广泛的概念，法学上的人格是从权利义务角度研究"人"作为民事权利主体的"资格"。"人格"一词源于罗马法，在古罗马，同时具备自由人、家父、市民三种身份的人才是一个被法律承认享有权利承担义务的人，这种地位在罗马法上称为"人格"。中世纪，罗马法关于一般人格权概念的萌芽被扼杀。欧洲文艺复兴时期，人格概念开始复苏。至近代，各国立法中始终没有一般人格权的概念，都是规定具体人格权。《法国民法典》和《德国民法典》制订时期，人们的认识还停留在具体人格权，没有考虑到抽象人格权问题。瑞士法学家欧根·胡倍尔（Eugen Huber）教授1892年接受联邦政府委托起草民法典草案时发现人格权作为一般权利的存在，一般人格权统领着具体人格权，并且还在继续创设新的具体人格权。胡倍尔教授将这一发现写进了民法典，设立"人格的保护"部分。1912年《瑞士民法典》诞生了现代一般人格权的概念，建立了一般人格权保护制度，对世界各国民事立法产生了重大的影响。

人格权是作为民事主体必备的、以人格利益为内容，并为法律所承认和保护的民事权利。人格权是作为一个人不能被剥夺与生俱来的权利，是社会个体生存和发展的基础，是一项基础性权利。随着社会发展，人权思想日益加强，法律所保护的人格利益的种类和范围日益扩大。当下人格权可以分为两类：一类以权利人的人身为客体，包括生命权、身体权、健康权；一类以权利人的其他人格利益为客体，包括姓名权、自由权、名誉权、肖像权、隐私权、尊严权、情报知悉权等。人格权是发展的，休息权、安宁权等权利，以及由人格权发展而来的环境权、家庭安宁权等被认为应纳入人格权范畴。

人格权具有以下特点：①人格权是一种原始的权利，与生俱来。人格权与权利能力一样，始于出生、终于死亡。就人格权说，无所谓权利的取得。关于姓名权，权利人对某一姓或者名取得的权利，也许从命名时，从使用时产生，但仍要说他一出生就享有专用姓名的权利。②人格权是专属权。人格权由权利人专有，不得让与或继承，和权利能力一样，不得抛弃，也不得转让。③人格权是绝对权，对世性。人格权可以对抗一切人，人格权被侵害时，有像物权被侵害时一样的各种请求权。

二、人格权的法律冲突与法律适用

人格的独立和人格权的承认是以经济发达、政治昌明为前提的，并非所有的国家都承认、保护人格权。在承认人格权的国家，在不同的历史时期，对人格权的主体、人格权的内容、人格权的范围规定得也不同，这些差异导致了人格权法律冲突的产生。在法律适用法中，规定人格权法律适用的国家和地区并不多，这是因为人格权法尚未成为普遍意义的立法。从各国立法来看，对一般人格权的承认和保护，适用属人法。1987 年《瑞士联邦国际私法》第 33 条规定："除本法另有规定外，自然人住所地的瑞士法院和主管机关对自然人的权利问题行使管辖权，并适用当事人住所地法律"。1999 年《澳门民法典》第 26 条规定："对人格权之存在、保护以及对其行使时所施加之限制，亦适用属人法"。

许多国家立法规定了具体人格权的保护和具体人格权冲突的法律适用。1979 年《奥地利国际私法》第 13 条规定，人的姓名的使用，无论其获得姓名的依据为何，均依照其当时的属人法判定；对姓名的保护，依照侵害行为发生地国法律判定。2004 年《比利时国际私法典》第 37 条规定，自然人姓名的确定适用该自然人的本国法。国籍变更对自然人姓名的影响适用该自然人具有新国籍的国家的法律。1997 年《德国民法施行法》第 10 条、2007 年《马其顿共和国关于国际私法的法律》第 19 条都规定姓名权的确定适用自然人国籍国法。

我国承认人格权，对人格权依法予以保护。《宪法》第 38 条规定，中华人民共和国公民的人格尊严不受侵犯。禁止用任何方法对公民进行侮辱、诽谤和诬告陷害。1986 年《民法通则》第 101 条规定，公民、法人享有名誉权，公民的人格尊严受法律保护，禁止用侮辱、诽谤等方式损害公民、法人的名誉。2001 年《最高人民法院关于确定民事侵权精神损害赔偿责任若干问题的解释》中明确规定公民的人格尊严权受到侵害的，受害人可以请求精神损害赔偿，为公民一般人格权的保护提供了明确的法律依据。2020 年《中华人民共和国民法典》对一般人格权和具体人格权作出了详尽的规定。

2010 年《法律适用法》第 15 条"人格权的内容，适用权利人经常居所地法律"的规定，是从一般人格权的角度对人格权内容的法律适用作出的，不是从人格权保护的角度对人格权受到侵害应适用何种法律进行保护作出的，之所以这样规定，主要是各国对哪些权利属于人格权范畴分歧较大，对人格权的保护首先要确定人格权的内容。就我国而言，民法是否应该规定人格权，人格权具体包括哪些内容的争议也一直没有很好地解决。人格权是发展的，社会越进步，对人格权保护的要求就越高，人格权的内容就会越得到充实，这也提出了人格权内容的确定问题。总体说来，《法律适用法》对人格权内容法律适用的规定还是基于包括我国在内的世界各国对人格权保护的现状做出的，虽然内容并不全面，但与各国法律适用法对人格权法律适用立法相比，可谓是先进的立法。

人格权的内容适用权利人经常居所地法律，而不是适用权利人国籍国法，强调的是法律适用的属地性，这与大多数国家规定人格权适用权利人国籍国法不同，这样规定着眼于我国是发展中国家，我国对人格权范围的规定没有达到发达国家的水平，对在我国境内设立了经常居所地的外国人，适用我国法律确定其人格权的内容和范围。

第六节　涉外代理的法律适用

一、涉外代理

代理是指代理人在代理权范围内以被代理人名义独立地与第三人进行法律行为，由此产生的法律效果直接归属于被代理人的一种法律制度。代理关系的主体、客体、内容三者之一具有涉外因素，则是涉外代理。

依据不同的标准，代理可作多种分类：依代理产生的根据不同，分为委托代理、法定代理和指定代理；依代理人的人数不同，代理可分为一人代理或数人共同代理；依授权人的不同，代理可分为代理及复代理。

各国政治制度、经济制度、法律、文化各方面的差异，造成了对代理制度规定的不同，这种不同主要体现在大陆法系国家和英美法系国家对代理制度的不同规定上。

在代理的归类上，大陆法系国家将代理制度归类于民法或者商法。在代理的具体规定上，大陆法系国家之间也不相同，有的国家将委任与代理混合在一起；有的国家将委任与代理分开，将委任列入总则，代理列入分则债法部分。英美法系国家代理法自成一体，单独规定，形成独立的法律体系。

在代理的分类上，大陆法系国家将代理分为直接代理与间接代理，强调代理人必须以本人名义来实施代理行为。对代理人在代理活动中没有披露被代理人的信息，没有表明自己代理人的身份的间接代理，许多国家不承认是代理，而认为是行纪关系。英美法系国家将代理分为显名代理和隐名代理，并将居间关系、行纪关系等都纳入了代理关系的范畴。

在代理内容上，两大法系的区别更大。代理权产生，大陆法系国家认为应由委托授权和法律规定两种方式产生；英美法系国家认为可由实际授权、表见授权、必要授权或追认授权等方式产生。在无权代理人的责任问题上，德国、日本等国家规定第三人对无权代理人的行为有选择权；法国等国家只要求无权代理人承担赔偿责任；英美法系国家采用模式授权担保原则，要求无权代理人对第三人承担严格的损害赔偿责任。

在代理关系终止上，大陆法系国家原则上认可本人提前终止代理关系，但要求在合理的时间内通知代理人；英美法系国家主张代理人如果与代理关系联系密切，本人不能单方终止代理关系。本人死亡、法人破产等法定终止代理关系情形的出现，大陆法系国家认为只能终止民事代理关系，不可终止商事代理权，而英美法系国家主张，法定终止代理关系情形的出现，民事、商事代理权均归于消灭。

代理关系成立，本人与代理人之间产生代理内部关系，本人与第三人、代理人与第三人之间产生外部代理关系。代理的法律适用，区分代理内部关系和外部关系分别确定。

二、涉外代理的法律适用

1978 年海牙《代理法律适用公约》对代理的法律适用作了规定。公约将代理关系分为内部关系和外部关系，分别确定应适用的准据法。代理内部关系适用意思自治原则，允许当事人自行选择准据法。对当事人选择法律的权利不做任何约束。在选择法律方式上，明示选择和默示选择都予认可。对于默示选择，公约要求能够从合同条款或案件情况中推导出合理根据。当事人没有选择法律的，适用代理关系成立时代理人营业所所在地法律，没有营业所的，适用其惯常居所地法。但是如果代理人在本人营业所所在地（或其惯常居所地）实施主要代理活动，则应适用该地法律。代理人有一个以上营业地的，则应适用与代理关系有最密切联系的营业地法。

代理外部关系的法律适用，意思自治原则同样是首要原则。本人和第三人可以选择代理权及外部关系的准据法，这种选择必须采用书面形式，排除了默示方式。当事人未选择或缺乏有效的选择时，代理权受代理人实施代理行为时代理人营业所所在地法支配。代理的法律后果（本人与第三人关系）以及代理人与第三人的关系亦受该法支配。如果当事人有数个营业所，则适用与代理行为有最密切联系的营业所所在地法；如果代理人没有自己的营业所，但根据与本人之间的雇佣合同而实施代理行为，则以该代理人所隶属的本人的营业所为其营业所所在地。在出现以下四种情况时，公约规定不适用代理人营业所所在地法，代之以代理人的代理行为地法：①代理人以本人的名义在本人营业所所在地或（若无营业所）其惯常居所地进行代理行为；②代理人在第三人营业所所在地或（若无营业所）其惯常居所地进行代理行为；③代理人在交易所或拍卖行实施代理行为；④代理人无营业所。

海牙《代理法律适用公约》1992 年生效，许多国家是根据该公约确定的法律适用规则规定本国代理关系法律适用的。代理关系错综复杂，许多国家在借鉴代理公约的基础上，根据本国的实际情况规定了代理的法律适用。

综观各国法律适用法立法，将代理作为独立的法律关系规定法律适用的国家不是很多，多数国家将代理纳入合同范畴，适用合同准据法进行调整。

将代理作为独立法律关系的国家，对代理法律适用的规定基本相同，适用当事人协商选择的法律。当事人没有选择合同应适用的法律的，本人与代理人之间的内部关系，本人与当事人、代理人与当事人的外部关系，适用代理人实施代理行为时营业地国家的法律，代理人无营业地，适用代理行为地国家的法律。2005 年《保加利亚共和国关于国际私法的法典》第 62 条规定：①在代理人和第三人之间的关系上，代理人代理权的成立和范围、代理人实际上或名义上行使代理权的行为的结果，由代理人实施代理行为时其总事务所所在地国法支配。②在下列情况下，不管第 1 款规定如何，仍适用代理人行为地国法：a）代理人的总事务所或其惯常居所位于该国，而且代理人在该国以被代理人的名义实施了代理行为；b）第三人的总事务所或惯常居所位于该国；c）代理人在交易所实施代理行为或参与了拍卖；d）代理人未设立任何总事务所。③被代理人或者第三人可以书面形式选择适用于第一款所指事项的法律。这种法律选择必须为对方当事人明确地接受，且不得影响代理人的利益。

2010年《法律适用法》第16条规定："代理适用代理行为地法律，但被代理人与代理人的民事关系，适用代理关系发生地法律。当事人可以协议选择委托代理适用的法律。"从该条规定可以看出：①我国对代理的内部关系和外部关系做了区分，被代理人与代理人之间的内部关系，适用代理关系发生地法律。被代理人与当事人，代理人与当事人的外部关系，适用代理行为地法律。②把代理更多地看作一种法律行为，追求法律适用的确定性，依照"场所支配行为"的法则，适用行为地法律或者代理关系发生地法律，当事人选择的法律是依据客观连接点确定的法律的补充。③1986年《民法通则》第64条第1款对代理进行了分类，"代理包括委托代理、法定代理和指定代理"，《法律适用法》对代理的法律适用也做了区分，把委托代理视为合同性质，允许当事人合意选择法律。④以选择性法律适用规范的形式规定代理的法律适用，允许当事人对代理的法律适用进行选择，当事人未作选择的，依法律规定确定代理应适用的法律，增强了法律适用的灵活性。

第七节　信托的法律适用

一、信托

信托是指委托人基于对受托人的信任，将财产权委托给受托人，由受托人按委托人的意愿以自己的名义，为受益人的利益或者特定目的进行管理或者处分的行为。信托是一种特殊的财产管理制度和法律行为，也是一种金融制度，信托与银行、保险、证券共同构建了现代金融体系。信托历史悠久，起源于英国"尤斯制"，发展成英国衡平法中的用益权制度。18世纪，信托制度传入美国，现代信托制度是19世纪在美国发展起来的，美国是信托制度最为健全、信托产品最为丰富、发展总量最大的国家。20世纪，信托制度陆续被大陆法系国家引进。信托制度已经在世界范围内得到了承认和确立，只是因为各国国情的差异，其发展呈现出不均衡的态势。

　　信托具有以下法律特点：①委托人将其财产交予受托人管理、处分，受托人按委托人的意愿以自己的名义管理或者处分财产；②受托人为受益人的利益管理、处分信托财产，而不是为受托人或第三人利益；③受托人必须恪尽职守，诚实、信用、谨慎，有效管理委托人的财产，为受益人的最大利益管理、处分信托财产；④受托人因管理、处分信托财产而支出的费用，由信托财产承担，但应在书面信托文件中列明或明确告知受益人；⑤受托人依照信托文件的约定取得信托报酬；⑥受托人应在约定的信托财产运作范围进行管理、处分，受托人在约定的范围内管理、处分财产，不承担信托财产亏损责任，受托人违反约定管理、处分财产，承担信托财产亏损赔偿责任。

　　信托财产可以是动产，也可以是不动产，还可以是动产、不动产兼具。信托制度中，信托财产处于核心地位，信托财产是指委托人通过信托行为转移给受托人，并由受托人按照契约规定的目的进行管理和处理的财产，包括管理和处理财产所获得的收益。信托财产是信托法律关系建立和存续的基础，维系信托法律关系各方当事人的权利义务。信托财产具有独立性，一旦信托有效设立，信托财产就从委托人、受委托人和受益人的固定财产中分离出来，成为独立的财产整体，委托人、受委托人以及受益人的债权人行使债权的效力均不得及于信托财产。信托财产的独立性也有例外，委托人基于不正当目的损害债权人利益时，各国法律规定了相应的保护债权人合法利益的措施。

二、信托的法律冲突与法律适用

（一）信托的法律冲突

　　信托制度发轫于英国，成熟于美国，拓展到大陆法系国家，各国在借鉴和移植信托制度的过程中，根据本国的国情对其本土化，以法律形式将其制度化，使得各国信托法律的不同，形成法律冲突。信托法律冲突不仅表现为大陆法系国家与英美法系国家之间的法律差异，也表现为英国、美国等英美法系国家之间对信托规定的不同。大陆法系国家由于历史背景和对信托接受程度的不同，在信托性质的认识上存在较大差异。最早引进信托制度的日本通过"物权—债权""法主体性说"及"物权债权并行说"来构建信托概念，揭示信托本质；而德国至今尚无信托实体法，其学者倾向于用"债权限制物权""附解除条件法律行为说"来解释信托观念；韩国学者则用"财产权机能区分说"来解释信托的本质，认为财产权区分为管理权与价值支配权，信托的本质在于信托人享有管理权，而受益人享有价值支配权。英美两国信托制度也有所不同，英国法比较强调受托人的权利，一旦信托设立，信托人即丧失全部的管理权；美国法则将委托人的意志，即信托目的放在第一位。在英国，受益人成年并取得行为能力，可以终止信托；美国法律则规定，除非为了实现委托人的信托目的，否则不得提前终止信托。[1]

除上述法律冲突外，信托在以下几个方面也存在冲突：①信托成立方式上，有的国家允许宣言信托，英国、日本、韩国等国家禁止宣言信托。②在信托财产的权属方面，英美法系国家多采用"二元所有权"，即受托人有名义上的所有权，受益人享有实质上的所有权。大陆法系国家采用罗马法上"一元所有权"，只要受托人取得信托财产就享有完全的所有权。③在信托当事人的能力上，有的国家规定委托人不能同时又是受托人，或者受托人不能同时又是受益人，只是当其为众多受益人之一时方可；有的国家对经营信托业务的人的资格有着严格限制，只允许银行兼营信托业务，不允许信托公司兼营银行业务；有的国家只允许法人经营信托业务；有的国家在允许法人经营信托业务的同时也允许自然人经营信托业务。④在委托人的地位上，英美法系国家法律规定信托一旦有效设定，委托人便与信托关系相脱离，原则上，委托人不再对信托财产享有任何权利，除非其在信托文件中对某些权利作了保留。日本、韩国信托法规定委托人于信托设立后居于信托关系人之地位，并享有诸多方面的权利，这些权利于委托人死后，还可为其继承人所享有。[2] ⑤在信托财产的范围上，有的国家对信托财产的种类并不加以限制，有些国家则把信托财产限定为金钱、有价证券、金钱债券、动产、不动产、土地使用权和土地租赁权。[3]

（二）信托的法律适用

1984年第15届海牙国际私法会议上通过了《信托的法律适用及其承认的公约》（以下简称《信托公约》），《信托公约》对信托的法律适用规定如下：①适用当事人选择的法律。当事人的选择方式可以是明示的，也可以是默示的。默示选择的法律可由以下两种情况推知：委托人在信托文件中明显地提到某一特定法域信托法的条款，并对其适用作了排除、限定或扩展；信托文件中

---

〔1〕 屈广清主编：《国际私法导论》，法律出版社2003年版，第371页。

〔2〕 肖明、邓志伟："涉外信托的法律冲突及法律适用"，载《法律适用》2002年第6期，第41页

〔3〕 李双元等：《中国国际私法通论》，法律出版社2003年版，第261页。

特别插入专门条款，仅仅是为处理信托依据某法域法律可能出现的问题，尽管信托文件未指明该法，也应推定委托人默示适用该法。②当事人没有选择或当事人选择的准据法是没有信托制度国家的法律时，信托适用与之有最密切联系的法律。《信托公约》还列举了在实践中据以确定最密切联系地的几个因素：信托管理地、信托财产所在地、受托人居住或营业所、信托的目的地及其目的实现地。③信托准据法可支配信托的有效性、解释、效力及管理等问题。公约采用了分割原则，即信托的某一可分割事项，特别是管理事项可由不同的法律支配。

除国际条约对信托法律适用作出规定外，各国也对信托法律适用作出了规定：

第一，信托适用不动产所在地法。信托制度起源于英国的"尤斯制"。13世纪，英国宗教徒习惯在死后把土地捐献给教会，英国当时的法律规定教会的土地免征役税。教会的土地激增，意味着国家役税收入的逐渐减少，影响到国王和封建贵族的利益。13世纪初，英王亨利三世颁布了《没收条例》，规定凡把土地赠与教会团体的，要得到国王的许可，凡擅自出让或赠与者，要没收其土地。为了规避这个法律，宗教徒改变了捐献行为方式，在遗嘱中把土地赠与第三者，同时规定教会有土地的实际使用权和收益权。在此后很长一个历史时期，信托适用不动产所在地法律，或委托人所在地法。

第二，20世纪50年代以来，信托制度逐渐完善，信托的财产由原来的不动产为主转变为动产为主，信托的内容由对土地的管理转变为对委托人委托财产的管理，信托的性质由捐赠转变为契约，这些变化带来了法律适用规则的变化，信托的法律适用开始倾向于尊重当事人意思自治，采用更多的连接点确定信托的准据法，并产生了信托自体法理论。

信托自体法理论主张信托适用当事人选择的法律，当事人对支配信托的法律没有明确选择时或不能依情况认定当事人选择的意向时，信托自体法应是与信托有最密切、最真实联系的法律。对不动产信托，适用物之所在地法。

多数学者主张信托准据法选择过程中采用分割制原则，将信托按性质分割为几个方面，分别适用不同的法律。一般来说，信托准据法适用于信托的有效性、信托的管理、信托的解释、信托的变更等问题。信托当事人的行为能力由各自的属人法支配，或由信托自体法支配。

三、我国涉外信托的法律适用

我国的信托业并不发达，既没有法律传统，也没有信托观念。19 世纪末 20 世纪初，信托进入中国，我国信托业才开始起步。中华人民共和国成立后，长期推行计划经济体制，信托不复存在。改革开放以来，我国的信托业有了一定的发展，1979 年 10 月中国国际信托投资公司成立，继后全国各地也陆续建立起一些信托公司。为了规范我国的信托业务，我国于 2001 年 4 月 28 日通过了《中华人民共和国信托法》，以促进信托业的健康发展。

2010 年《法律适用法》对信托的法律适用作出了规定，进一步完善了我国的信托制度，该法第 17 条规定，"当事人可以协议选择信托适用的法律；当事人没有选择的，适用信托财产所在地法律或者信托关系发生地法律。"

我国虽然没有参加《信托公约》，但从我国的立法来看，显然是借鉴了该公约的规定，认定信托关系是一种合同关系，受当事人意思自治原则支配，适用当事人选择的法律。

当事人没有选择信托适用的法律，我国没有借鉴英美法系国家适用最密切联系原则确定准据法的规定，没有把法律选择的权力交给法官，而是径直规定适用信托财产所在地法律或信托关系发生地法律。信托适用信托财产所在地法律，是信托财产的性质决定的，信托财产是物，根据物权法则，物权关系适用物之所在地法，所以，信托适用信托财产所在地法律。信托适用信托关系发生地法律，是因为信托除了具有物权属性外，还有契约属性，合同适用合同缔结地法是合同法律适用客观原则，规定信托关系适用发生地法律是信托合同属性使然。

第八节　自然人国籍、经常居所地冲突的解决

一、自然人的国籍与国籍冲突

（一）自然人的国籍

国籍是自然人作为一个特定国家的成员而隶属于这个国家的资格，是一种法律上的身份。国籍是区别一个人是内国人还是外国人或无国籍人的标志。一

个人依据什么条件取得一国国籍或者依据什么条件丧失一国国籍，都由内国法决定。在国际公法上，国籍是一个人对国家承担效忠义务的根据，也是国家对本国公民实行外交保护的根据。在法律适用法领域，国籍的意义同样重要：①国籍是判断内外国人的标志，民事法律关系一方当事人具有外国国籍，该民事关系即为涉外民事关系，需要适用法律适用法调整；②国籍是涉外诉讼管辖权确立的依据之一，特别是在与人的身份有关的涉外民事案件中，一方当事人具有本国国籍，本国法院都主张案件的管辖权；③国籍是属人法的连接点之一，通过国籍的援引，可以确定涉外民事关系应适用的法律。

自然人的国籍是国家给予的，根据国家主权原则，每一个国家都有权根据本国的情况规定自然人国籍取得、变更、丧失和恢复的条件。

自然人国籍的取得主要有两种方式：以出生方式取得国籍和以传来方式取得国籍。以出生方式取得国籍称为国籍的原始取得，以传来方式取得国籍称为国籍的继有取得。

国籍的丧失是指基于某种原因个人失去了作为一国国民的资格。国籍的丧失可分为自愿丧失和非自愿丧失。自愿丧失国籍是指本国国民自愿申请退籍，符合法律规定的条件就可退出国籍；有的国家规定自然人自愿申请退籍，申请人已经取得外国国籍或者已经申请取得外国国籍是退出本国国籍的条件。非自愿丧失国籍是指自然人因某些法律事实非自愿放弃国籍和被剥夺国籍。

国籍的恢复是指自然人在丧失一国国籍后又重新取得原有的国籍。不同的国家对国籍的恢复有不同的要求，有的国家规定自然人在原国籍丧失后，只要满足一定条件便可恢复原始国籍，有的国家规定自然人发表恢复国籍声明即可恢复国籍，有的国家要求自然人必须提出恢复国籍的申请，经审查批准才能恢复国籍。

各国立法对国籍的取得、变更、丧失、恢复规定不同，采取了不同的国籍原则，因此导致国籍冲突的发生。

（二）自然人的国籍冲突

国籍冲突可以分为两类，一是国籍的积极冲突，即一个人同时具有两个或两个以上国家的国籍；二是国籍的消极冲突，即一个人不具有任何国家的国籍。

国籍的原始取得和传来取得都可能产生国籍的积极冲突和消极冲突。国籍的原始取得，有的国家采取血统主义原则，以父母的国籍为子女的国籍；有的国家采取出生地主义原则，子女在哪一国家出生就具有哪一国家国籍；有的国家采取合并主义原则。在采取合并主义原则的国家中，有的国家以血统主义原则为主，出生地主义原则为辅；有的国家以出生地主义原则为主，血统主义原则为辅；还有的国家将二者均衡用之。采取血统主义原则取得国籍国家的公民在采取出生地主义原则取得国籍的国家生育子女，该子女一出生便具有双重国籍；反之，采取出生地主义原则取得国籍国家的公民在采取血统主义原则取得国籍的国家生育子女，该子女一出生则不具有任何国家的国籍。

国籍的传来取得也能产生国籍冲突。国籍传来取得方式中最重要的是归化，归化是指自然人申请加入外国国籍，被请求国经过审查，认为符合加入本国国籍的条件批准其加入本国国籍，该自然人就具有了原始国国籍和加入国国籍。

国籍冲突可以因婚姻、收养、认领、入赘、国家分裂、国家合并、领土调换、战争等原因发生。例如甲国法律规定本国女子同外国人结婚不丧失本国国籍，乙国法律规定外国女子同本国男子结婚即自动取得乙国国籍，如果甲国女子与乙国男子结婚，该女子一结婚便具有两国国籍；反之，甲国规定本国女子与外国人结婚即丧失其本国国籍，乙国规定外国女子与本国男子结婚并不当然取得甲国国籍，甲国女子与乙国男子结婚，该女子一结婚便不具有任何国家国籍而成为无国籍人。

双重（多重）国籍或无国籍都是一种不正常的状态，不仅给自然人民事主体资格的确定和民事权利的保护带来许多不便，也给涉外民事关系的法律适用带来许多困难，使涉外民事法律关系和社会秩序处于不稳定状态。因此，各国国内立法都规定了国籍冲突的解决方法。

1980 年《中华人民共和国国籍法》对中国国籍的取得、丧失和恢复作了规定。我国国籍法采取双系血统主义确定国籍，只要父母双方或任意一方为中国国民的，本人无论出生在国内还是出生在国外，具有中国国籍。我国坚持"一个国籍"的原则，不承认中国公民具有双重国籍，定居外国的中国公民，自愿加入或取得外国国籍的，自动丧失中国国籍。在我国，不存在中国公民国籍冲突法律适用问题，只存在外国公民国籍冲突法律适用问题，我国《法律适用法》规定的国籍法律适用规范，专门用来解决外国人国籍冲突。

（三）国籍冲突的法律适用

国籍冲突分为国籍的积极冲突和国籍的消极冲突，国籍冲突的法律适用也分为国籍积极冲突的法律适用和国籍消极冲突的法律适用。

1. 国籍积极冲突的法律适用

自然人国籍的积极冲突有两种情况，第一种情况是一个人同时具有内国国籍和外国国籍，解决这种国籍冲突国际上通行做法是按照"内国国籍优先的原则"，以内国国籍为当事人的国籍，适用内国法。"此亦国籍法本身性质使然，盖一国国籍法原在确定其国民之资格"。[1] 1997 年《奥地利国际私法》第 9 条第 1 款规定，自然人的属人法为该人的所属国法律，如果具有外国国籍的人同时具有奥地利国籍，则以奥地利国籍为准。1997 年《德国民法施行法》第 5 条第 1 款规定，当事人有多重国籍，如果该人还是德国人，则德国法有优先适用效力。

第二种情况是当事人的双重或多重国籍均为外国国籍时，如何确定其本国法。各国的实践不一致，归纳起来主要有以下几种做法：

第一，适用最后取得的国籍所属国法律。1939 年《泰国国际私法》第 6 条第 1 款规定："在应适用当事人本国法时，如当事人非同时取得两个以上外国国籍，则适用最后取得的国籍所属国家的法律"。1964 年《捷克斯洛伐克国际私法及国际民事诉讼法》第 33 条第 2 款规定："当事人同时具有几个外国国籍时，以最后取得的国籍为优先"。实践中，有时一个人有两个以上国籍并非先后取得，而是同时取得的，针对这种情况，上述两部法律都规定，当事人同时取得两个以上国籍，以住所所在地法为其本国法。

第二，适用当事人住所或惯常居所所在地国家的法律。1982 年《南斯拉夫国际冲突法》第 11 条第 2 款规定："对于非南斯拉夫公民并具有两个或两个以上外国国籍的人在适用本法时，视其具有他作为公民并有住所的那个国家的国籍"，荷兰、意大利、埃及、匈牙利等国也采取这种做法。采取这种做法的理由是：具有两个以上国籍的人同其惯常居所或住所所在国关系较为密切，所以应以该国国籍为准。

第三，适用与当事人有最密切联系国家的法律。以当事人"实际国籍"为其国籍是当今较有影响的一种理论，为许多学者所赞同[2]，也被不少国家的

〔1〕 马汉宝：《国际私法总论》，吉丰印制有限公司 1983 年版，第 82 页。

〔2〕 例如法国著名学者亨利·巴蒂福尔与保罗·拉加德在其所著的《国际私法总论》中就提出了"实效国籍""积极国籍"的优越性。参见［法］亨利·巴蒂福尔、保罗·拉加德：《国际私法总论》，陈洪武等译，中国对外翻译出版公司 1989 年版，第 106~107 页。

立法和实践采纳。1997 年《德国民法施行法》第 5 条第 1 款规定，如果被指引的是某人所属国法律，而该人属于多个国家，则适用其中与该人有最密切联系国家的法律，这种联系可通过惯常居所或者其生活经历确定。2005 年《乌克兰国际私法》第 16 条第 2 款规定，如果自然人有两个或者更多国籍，则其属人法为与其有密切联系国法，其中包括住所地国法或主要营业地国法。1997 年《奥地利国际私法》、2010 年《瑞士联邦国际私法》也都采用了这种做法。

2. 国籍消极冲突的法律适用

国籍消极冲突的法律适用，各国立法及实践所采取的解决办法基本一致，一般以当事人住所所在地国的法律为其本国法，当事人无住所或住所不能确定时，以其居所所在地国法为其本国法。1997 年《德国民法施行法》第 5 条第 2 款规定，如果某人无国籍或其国籍无法查明，则适用其惯常居所地国法律，或者当其无惯常居所时，适用其居所地国法律。2006 年《日本法律适用通则法》第 38 条第 2 款规定，应依当事人本国法，其无国籍时，依其经常居住地法。

既无住所亦无居所的无国籍人国籍确定的法律适用，一些国家规定适用法院地法。1982 年《土耳其国际私法和国际诉讼程序法》第 4 条、1982 年《南斯拉夫国际冲突法》第 12 条进行了这样的规定。对于原有国籍后因身份变更或政治上的原因而无国籍的情况，也有人主张以当事人原有国籍或最后所属国籍为其国籍，定其本国法。这种观点虽然提出了解决国籍冲突的方法，但这种方法存在的不足显而易见，当事人已丧失原有国籍，第三国似乎没有强制适用原国籍国法的理由，而且该当事人可能久已远离故国，与原有国籍国联系很少，此时适用其原有国籍国法并不很妥当。[1]

3. 我国国籍冲突的法律适用

我国国籍冲突法律适用的规定与世界各国的规定基本一致，1988 年《民通意见》第 182 条规定，"有双重或多重国籍的外国人，以其有住所或与其有最密切联系的国家的法律为其本国法。"对国籍消极冲突的解决，《民通意见》第 181 条规定："无国籍人的民事行为能力，一般适用其居住国法律；如未定居，适用其住所地国法律。"《法律适用法》第 19 条对国籍冲突的法律适用作了规定，"依照本法适用国籍国法律，自然人具有两个以上国籍的，适用有经常居所的国籍国法律；在所有国籍国均无经常居所的，适用与其有最密切联系

---

〔1〕 马汉宝：《国际私法总论》，吉丰印制有限公司 1983 年版，第 86 页。

的国籍国法律。自然人无国籍或者国籍不明的，适用其经常居所地法律。"

比较《民通意见》和《法律适用法》的规定，可以看出，我国国籍冲突的法律适用没有实质性改变，仅是不再考虑住所的适用，以经常居所地法代之。《民通意见》第182条"与其有最密切联系的国家的法律"，指的是居所地法、经常居所地法或者现住地法；《法律适用法》第19条"与其有最密切联系的国籍国法律"，指的是现住地法。

二、经常居所地冲突的法律适用

（一）住所、经常居所、居所、现住地的厘清

"住所"（domicile）是法律适用法经常使用的术语，指一人以久住的意思而居住的某一处所。[1] 构成法律上的住所，一般认为要具备两方面要件：一是客观要件，有在某一地方居住的事实，二是主观要件，有在某一地方久住的意思。

英美法系国家以住所确定本国法，注重住所在法律适用中的作用，实践丰富。英美法系国家的学者对住所的研究比较深入，法律对住所的规定更加详尽。英美国家法律对住所确立的要求十分严格：①任何人必须有一个特定住所；②一个人同时不得有两个或两个以上住所；③住所取得后，无故不能变动；④只有具备行为能力的人，才享有设立选择住所的能力。[2]

在英国法律上，住所分为三种：①原始住所（domicile of origin），自然人出生时的住所是其原始住所，即其父母的住所；②选择住所（domicile of choice），自然人因自主选择而取得的住所；③法定住所（statutory domicile），依法律直接规定而取得的住所。美国关于住所的制度基本与英国类似，但有两点区别：一是美国不承认原始住所因选择住所的放弃而自动恢复的制度；二是虽也强调住所取得须有居住意思表示，但并不太注重这种久居的意思表示。[3]

大陆法系国家一般将住所分为意定住所和法定住所，原始住所和选定住所。意定住所是自然人自由设定的住所，法定住所则为法律直接规定的住所；原始住所是人出生时的住所，选定住所是当事人为进行特定的法律行为选定的

---

[1]《法学词典》编辑委员会编：《法学词典》，上海辞书出版社1980年版，第334页"住所"条款。

[2] Dicey, Morris, *Conflict of Laws*, 10th ed., Sweet & Mazewell, p. 98.

[3] 美国1971年《冲突法重述（第二次）》，第11~23节。

住所。在住所的分类上，大陆法系国家与英美法系国家既有相同点，又有差异点。

从理论上讲，自然人的住所应当是唯一且确定的，但在现实中，自然人可能有两个或两个以上的住所，并且这些住所还可能位于不同的国家，这就产生了住所法律冲突。法律适用法中住所冲突一方面是因各国对于住所的概念、取得、变更以及放弃的规定不同产生的，另一方面是由于当代国际社会的交流增多，自然人流动性日益增强而产生。

从各国立法来看，多数国家法律规定每一个自然人只能有一个住所，《瑞士民法典》第23条第2款规定，"一个人不能同时有几个住所"。少数国家允许一个人同时设立两个或者两个以上的住所，《德国民法典》第7条第2款规定，"住所得同时设定于数地"。我国是承认多住所的国家，1986年《民法通则》第15条规定，"公民以他的户籍所在地的居住地为住所，经常居住地与住所不一致的，经常居住地视为住所"。2015年《最高人民法院关于适用〈中华人民共和国民事诉讼法〉的解释》第4条规定："公民的经常居住地是指公民离开住所地至起诉时已连续居住一年以上的地方，但公民住院就医的地方除外。"

居所（residence；temporary living place）是指自然人居住的处所，法律上的居所通常指自然人为特定目的暂时居住的处所。住所与居所是既有联系又有区别的两个概念。住所是一个法律上的概念，在法律上，自然人都拥有住所，如果一个人没有住所，或没有办法查清其住所，可以把暂时居住的地方视为住所。居所是民事主体为了特定生活目的而居住的地方，是暂时的，非定居的场所，通常不具有法律意义。一般而言，住所只有一个，居所可以有数个。1972年1月18日欧洲理事会讨论"住所及居所法律概念统一化"所作决议对住所做出如下界定：自然人的住所是自然人与特定国家之间的一种法律关系。这种关系是基于以下事实认定的：自然人自愿在该国建立并保留其独一的或主要居所的事实；自然人有在该国建立并保留其个人生活中心、社会及经济利益中心的意愿，这种意愿可以根据其过去及将来居住的期间以及自然人或其职业与其居住地国家所存在的某种联系的事实来确定。[1] 从该定义可以得出的结论是：居所是住所的基础，是住所的表现形式，住所是居所的永久化和固定化。

惯常居所（habitual residence）一般指持续某段时间的一种经常的身体出现，"持续一定期间的经常的事实居所"，惯常居所与我国法律中的"经常居住地"的内涵基本一致。惯常居所是居所的一种特定形式，二者所不同的是惯常居所强调的是"惯常"这样一个时间概念，居所则聚焦于居住场所这一事实。一些国家抛弃了住所概念转而采用惯常居所，这种情况下的惯常居所也包括了住所。

"惯常居所"是20世纪60年代出现的一个法律概念，因其符合社会发展的实际情况而迅速被接受，继而广泛被使用。惯常居所首先出现在国际条约中，1955年海牙《关于解决本国法和住所地法冲突的公约》第一次使用惯常居所作为自然人属人法的连接点，1956年《抚养儿童义务法律适用公约》、1961年《关于未成年人保护的管辖权和法律适用公约》、1973年《关于抚养义务法律适用公约》相继采用了惯常居所地这一连接点。1988年海牙《死者遗产继承法律适用公约》更是将惯常居所作为了主要的连接点，同时辅助以其他的多元连接因素，使公约易于被接受，达到了较好的协调结果。[2] 从各国国内立法来看，较早引入经常居所概念的是美国和加蓬，1971年《美国承认离婚和别居法》、1972年《加蓬民法典》相继引进惯常居所这一概念。惯常居所这一连接点所具有的易识别性和较强的可操作性，使它成为法律适用法最常用的连接点。

现住地（current residence）是指自然人现实居住的地方。一些国家和地区在立法中使用了现住地概念，把现住地作为属人法的连接点。2001年《韩国国际私法》第3条第2款规定，当事人的国籍不能确认或当事人没有国籍时，适用其惯常居所所在国家的法律，没有惯常居所时，适用其居所所在国家的法律。本款所规定的"居所"，指的是现住地。1999年《澳门民法典》第30条第5款对现住地的规定更为明确，"对无常居所之人，以其偶然居所所在地为

---

[1]《住所及居所法律概念统一化》（The Standardisation of the Legal Concepts of Domicile and of Residence）第1条。转引自单海玲："论涉外民事关系中住所及惯常居所的法律适用"，载《比较法研究》2006年第2期，第97页。

[2] 刘益灯："惯常居所：属人法趋同化的必然选择"，载《中南工业大学学报（社会科学版）》2002年第3期，第306页。

其住所；不能确定偶然居所时，则视其身处之地为其住所"。

（二）我国关于住所地、经常居所地的规定

在我国，自然人的住所地是户籍所在地，经常居住地是自然人一年之内未变换居住的地点。我国法律具有大陆法系的特征，在属人法的确定上，在很长的历史时期内采用当事人的国籍国法。1985 年颁布的《继承法》开始改弦易辙，第一次将被继承人的住所地作为涉外动产继承的连接点，将住所地纳入属人法范畴。1986 年《民法通则》首次引入经常居住地概念，扩展了住所地的适用范围，规定自然人的民事行为能力可以适用定居国法律，侵权行为可以适用当事人共同住所地法律。1988 年《民通意见》第 183 条首开经常居所地为法律适用规范连接点的先河，规定"当事人的住所不明或者不能确定的，以其经常居住地为住所"，形成了属人法以国籍国法为主、住所地法为辅、经常居所地法为补的格局。

我国属人法的发展是迅猛的，与国际社会的接轨是迅速的。2010 年《法律适用法》从根本上变革了我国的属人法，以经常居所地取代了住所地，并且创立了现在居所地概念，规定"自然人经常居所地不明的，适用其现在居所地法律"为经常居所地法律。[1]

惯常居所作为新兴的连结点，其与住所、国籍相比较必然具有一定的优越性，克服了二者的一些原有弊端，其突出的优势体现在两个方面：①对住所的认定不仅需要当事人有久住的事实，而且还要查明其主观意思，加之多重国籍和住所的存在，以及近年来各国立法允许已婚妇女取得独立的住所和国籍，大大增加了法院的司法负担，而惯常居所的认定则容易得多。②惯常居所是当事人的生活中心，也多为个人财产所在地，它与当事人的婚姻、家庭、继承和身份关系有最密切联系。当事人的身心成熟状况、权利能力和行为能力，也与惯常居所所在地的伦理观念、道德原则和法律环境密切相关。惯常居所作为管辖权和法律选择的连结因素，具有合理性和最密切联系性，有利于控制当事人与物，采取有效的司法强制措施，保证法律关系的稳定。当然惯常居所并不是完美的，也是存在着一些弊端的，比如不稳定性以及可能导致法律规避等。[2]

自然人属人法是法律适用法的重要部分，对属人法连结点的选择是平衡不

---

[1] 《法律适用法》第 20 条。

[2] 钟雯："浅析属人法的惯常居所地法主义"，载《华商》2008 年第 12 期，第 57 页。

同法域之间利益关系以及不同法域当事人之间利益关系的重要手段。因此，我国在对属人法进行规定时，不仅要充分考虑法律适用法上的公平，同时也要兼顾我国公民的个人价值，使属人法的法律效果对我国自然人能够起到切实有效的保护作用。

《法律适用法》颁布前，我国自然人的属人法是国籍国法，兼采用住所地法，惯常居所地法很少采用。《法律适用法》对我国属人法内涵进行了扩张，经常居所地成为属人法的重要内容，成为援引准据法的重要连接点，大有取代国籍、住所之势，自然人的民事权利能力和民事行为能力、宣告失踪或者宣告死亡、人格权的内容、国籍冲突、结婚、夫妻人身关系、夫妻财产关系、离婚、扶养、监护、法定继承、遗嘱方式和遗嘱效力、合同、侵权、不当得利和无因管理等领域都规定了经常居所地法的适用。《法律适用法》以经常居所地为主、国籍为辅综合确定属人法的方法与当今属人法的发展方向相一致，与国际社会属人法趋同化的趋势相吻合，与我国国情相适应。

（三）经常居所地法律冲突及解决

经常居所地创立以来，迅速得到国际社会和各国立法的追捧，成为属人法的新秀，被国际条约和许多国家广泛接受，越来越多的适用于涉外民事关系各领域。由于各国对经常居所地的认识和理解不同，法理上对经常居所地规定的不同，产生了经常居所地法律冲突。

第一，我国等一些国家以经常居所地代替住所地，在立法中不再使用或者很少使用住所地这一概念；德国、俄罗斯等国家继续沿袭住所地的使用，不接受经常居所地连接点；比利时等国家住所地和经常居所地并用，以"登记"作为住所地和经常居所地的分界。

第二，在规定经常居所地法为属人法的国家，对经常居所地的时间设定也有很大区别。1987年《瑞士联邦国际私法》第20条第2款规定，"本法所指习惯居所，就是当事人在某国居住有一定期限的处所，即使该期限极为短暂"，瑞士对经常居所地规定几近等同于现住地；1996年《列支敦士登国际私法》第9条第2款规定"惯常居所，位于其较长期间内生活之地，即使该期间自始便已设定"，列支敦士登要求经常居所地的设立必须有较长的居住时间。

第三，各国对经常居所地的设立是否须有主观意愿规定的不同。比利时法律规定惯常居所的设立应特别考虑自然人与该地方构成永久联系的具有个人或职业性质的各种情况或当事人构建此种联系的意愿；列支敦士登法律规定经常居所地的设立只需有居住的事实即可。

经常居所地法律冲突可以表现为积极冲突和消极冲突。经常居所地积极冲突是指一个自然人同时在两个国家或者两个以上国家拥有惯常居所；经常居所地的消极冲突是指一个自然人在任何国家没有惯常居所。经常居所地积极冲突的解决与国籍和住所积极冲突的解决原则是一致的，一个人在本国和外国都有经常居所，适用本国法律，一个人拥有的经常居所均在外国，可采取以下规则解决：①适用最密切联系原则确定经常居所地。根据《法律适用法》第 3 条第 2 款规定，适用最密切联系原则确定经常居所地，当事人现在居所、国籍、法律事实发生地都是最密切联系的因素。②以最后取得的经常居所为经常居所。当事人的经常居所不是同时取得时，以其最后取得的经常居所为经常居所。③法院确定经常居所。当事人经常居所不能确定，法院地可根据案件的具体情况确定经常居所。

经常居所地消极冲突的解决，中国、韩国等国家已经作出明确规定，在应适用当事人经常居所地法的情况下，当事人没有经常居所时，适用其居所所在国家的法律。

后　记

　　本书在国家社科基金重点项目"涉外民事关系法律适用法实施研究"（项目编号：1031-22514019）最终研究成果基础上修改而成。

　　参加本书撰写的人员有（按撰写的章序排列）：

　　齐湘泉　绪论、第二章、第三章、第四章第三节、第五章、第六章、第七章、第九章；

　　齐　宸　第一章、第八章；

　　李　旺　第四章第一节、第二节。

　　本书写作大纲由齐湘泉拟定；清华大学李旺教授，中央财经大学王克玉教授，北方工业大学田晓云教授，中国政法大学朱子勤教授、张玲副教授，大庆师范学院何铁军教授参加了大纲的讨论并提出修改意见；李旺、王克玉、文媛怡、姜东、刘素在本课题下发表了相关论文，何铁军出版了专著；中国政法大学张莉莉参加了第七章第一稿部分内容的撰写工作；中国政法大学文媛怡、刘素参加了结项报告校对工作。

　　中国政法大学张帆、姜东、安朔、邹佳利、谢春彤参加了资料收集、数据整理工作。

　　全书由齐湘泉统稿。